Werter Krishau,

Ich hoffe, dass Dir das Buch viel Freude beim Lesen macht und hilft, weiterhin die agilen Werte und Prinzipien hochzuhalten und anderen zu vermitteln.
Vielen Dank für all die erfrischenden Gespräche.

Jiri Lundak

Agile Prozesse

Jiri Lundak

Agile Prozesse

Fallstricke erkennen und vermeiden

entwickler.press

Jiri Lundak
Agile Prozesse – Fallstricke erkennen und vermeiden
ISBN: 978-3-939084-55-6

© 2009 entwickler.press
Ein Imprint der Software & Support Verlag GmbH

Bibliografische Information Der Deutschen Bibliothek
Die Deutsche Bibliothek verzeichnet diese Publikation in der Deutschen
Nationalbibliografie; detaillierte bibliografische Daten sind im Internet über
http://dnb.ddb.de abrufbar.

Ihr Kontakt zum Verlag und Lektorat:
Software & Support Verlag GmbH
entwickler.press
Geleitsstraße 14
60599 Frankfurt
Tel.: +49 (0)69 630089 0
Fax: +49 (0)69 630089 89
lektorat@entwickler-press.de
http://www.entwickler-press.de

Projektleitung: Maike Möws, mmoews@entwickler-press.de
Lektorat und Korrektorat: Frauke Pesch, Katharina Klassen
Satz: mediaService, Siegen
Umschlaggestaltung: Maria Rudi
Belichtung, Druck & Bindung: M.P. Media-Print Informationstechnologie GmbH,
Paderborn

Inhaltsverzeichnis

entwickler.press

E Einleitung

Wir haben es nicht leicht in der Softwareentwicklung. Immer will uns jemand sagen, wie wir vorzugehen haben, damit unsere Projekte erfolgreicher werden und wir nicht jedes Mal mit den gleichen Problemen zu kämpfen haben.

Dabei versuchen wir schon seit Jahrzehnten in der Softwarewelt auf einen grünen Zweig zu kommen. Zuerst mit definierten Prozessen, die einer strengen Sequenz folgen, bis zu Prozessrahmenwerken wie dem Rational Unified Process (RUP), die man auf die Bedürfnisse der Organisation oder des Projekts adaptieren sollte.

E.1 Agilität - nur ein Modetrend?

Und nun auch noch diese agilen Prozesse, die als Gegenbewegung zu den so genannten schwergewichtigen, definierten Prozessen zu verstehen sind. Sie sind in den letzten Jahren zu einer regelrechten Mode geworden und beinahe schon im Mainstream angekommen. Sie gelten sozusagen als der letzte Schrei in der Welt der Entwicklungsprozesse. Sind sie bereits das Ei des Columbus, der heilige Gral, die Lösung all unserer Entwicklungsprobleme? Das möchte ich nicht behaupten.

Eines ist jedoch nicht zu leugnen, und zwar dass es in dieser Bewegung eine bedeutende Gruppe von Menschen gibt, die aus den Fehlern der Vergangenheit lernen möchte. Man kann sie ruhig Idealisten nennen, weil sie versuchen, den idealen Entwicklungsprozess zu finden und sich dafür einsetzen, dass auch andere darüber nachdenken, was mit ihrem Entwicklungsprozess nicht stimmt.

Doch diese Idealisten haben etwas zu Wege gebracht, was in den Jahren davor kaum denkbar war: alle Parteien, die normalerweise an einem Projekt beteiligt sein können, d. h. den Kunden, den Entwickler, genauso wie den Tester, näher zusammenrücken zu lassen. Gleichzeitig sind alle diese Beteiligten vermehrt auch am Vorgehen innerhalb der Projekte interessiert. Der Entwicklungsprozess ist in der agilen Welt nicht mehr nur die Domäne einiger weniger Köpfe, wie Projektmanager und Teamleiter, sondern zunehmend ein Allgemeingut, zu dem alle Beteiligten etwas beisteuern dürfen. Halt, nein! Sogar viel beisteuern müssen, damit er funktioniert.

Und das ist der eigentliche Knackpunkt von agilen Prozessen: Sie leben von der engen Zusammenarbeit und Partizipation aller Projektmitglieder. Dies bedeutet für den Einzelnen, dass er viel stärker gefordert ist. Es gibt in agilen Projektorganisationen keinen Winkel, in den sich jemand zurückziehen kann. Es gibt keine stille Ecke, in der ein Programmierer, losgelöst von der Umwelt, vor sich hin programmieren kann.

E.2 Agile = heile Welt?

Diese intensive Zusammenarbeit hat durchaus ihre Schattenseiten. Durch die engere Verzahnung ist ein agiler Prozess empfindlicher auf die bewusste oder unbewusste Weigerung einzelner Projektmitglieder, ihren Teil zum Gelingen des Vorhabens beizutragen.

Daraus ergeben sich wiederum unendlich viele mögliche (negative) Einflüsse auf den gelebten agilen Prozess. Leider wird uns in der Industrie meist vermittelt, positiv zu denken und uns an so genannte Best Practices zu halten. Darunter versteht man sehr oft Praktiken und Vorgehensweisen, die garantiert zum Erfolg führen sollen. Es genügt einem einfachen Rezept zu folgen und schon stellt sich der Projekterfolg ein.

Eine solche Best Practice im agilen Umfeld stellt beispielsweise das iterative Vorgehen dar. Viele lesen eine kurze Beschreibung über Iterationen und verfallen der irrigen Annahme, dass es genügt, im Kalender zweiwöchige Zeiträume zu definieren und nach deren Ablauf jeweils Zwischenergebnisse präsentieren zu lassen. Was wird dann oft als Ergebnis gezeigt? Konzepte, UML-Modelle und Spezifikationen. Ein Musterbeispiel einer missverstandenen Praktik.

Doch was führt zu solch schaurigen Missverständnissen? Es ist gar nicht so sehr das „Nicht-Verstehen-Wollen" oder das „Nicht-Verstehen-Können", als das Vernachlässigen der Werte und Prinzipien, die der agilen Vorgehensweise zugrunde liegen.

E.3 Wandel der Werte

Wer den Geist und die Philosophie des agilen Prozesses erfasst hat und zu leben beginnt, der wird nicht in tagelange Streitgespräche darüber verfallen, ob nun die ideale Iteration zwei Wochen oder einen Monat dauert. Wer versteht, warum sich eine bestimmte Handlungsweise positiv auswirken und warum die Vernachlässigung gewisser Regeln in einem bestimmten Kontext die Situation verschlimmern kann, wird sich in Internetforen nicht darüber erhitzen, wie das ideale Bürolayout definiert sein muss.

Das Schlimme an der ganzen Sache mit den agilen Prozessen ist, aus der Sicht des rational denkenden Menschen (beinahe wäre mir „Manager" herausgerutscht), dass sie eben nicht immer rationalen, vorhersagbaren und planbaren Modellen folgen. Deshalb fällt es vielen von uns nicht leicht, sich mit ihnen anzufreunden. Wir würden sie liebend gerne in eine Schablone pressen und in ein Set von garantiert funktionierenden Vorgehensschritten zwingen.

Doch leider tun uns die agilen Vordenker den Gefallen nicht, uns eine fertige Gebrauchsanleitung zum agilen Prozess beizupacken. All zu oft lassen sie uns allein mit einem Abriss von Werten und Prinzipien, die uns, anstatt uns mit gebrauchsfertigen Lösungen zu versorgen, höchstens im Denken anregen und meistens lediglich einen neuen Haufen von Fragen provozieren.

E.4 „Agil funktioniert nicht!"

In unserem Drang nach mundgerechten Vorgehensweisen stürzten wir uns begehrlich auf Extreme Programming (XP), da es eine Aufzählung von 12 Praktiken enthält, die man fast unmittelbar in die Tat umsetzen kann. Das ist auch so eine Sammlung von Best Practices, die man nur befolgen muss und schon stellt sich der erwünschte Erfolg ein. Wenigstens bieten diese Praktiken eine Angriffsfläche, die man beurteilen, kritisieren und gegebenenfalls partiell verwerfen kann. Wie viele haben sich nur diejenigen Aktivitäten ausgesucht, die mit ihrer bisherigen Vorgehensweise vereinbar waren und sich gewundert, dass es ihren Projekten immer noch so schlecht ging wie vor XP? In solchen Fällen – und wer kennt nicht mindestens einen solchen – fällt sehr schnell der Satz: „Agil funktioniert auch nicht!". Deshalb kann der anfängliche Enthusiasmus im Flug in Depression und Apathie umschlagen.

Bitte, man verstehe mich nicht falsch! Ich habe nichts gegen Rezepte, die funktionieren. Allerdings braucht es meistens für pauschal gültige Rezepte (für Iterationen 1 bis n) auch eine stabile, unveränderliche und somit vorhersagbare Situation, um davon profitieren zu können (wie in Abbildung E.1 aufgezeigt).

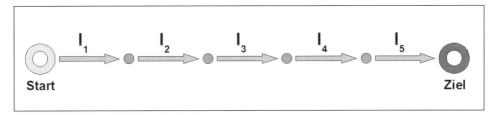

Abbildung E.1: Das ideale agile Projekt

Leider habe ich in meiner Karriere noch kein solches Projekt erlebt. Die meisten Projekte, die ich begleiten durfte, verliefen eher wie in Abbildung E.2 typisiert dargestellt.

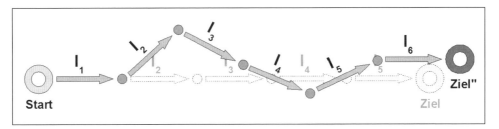

Abbildung E.2: Ein nicht vorhersagbares Projekt

Was einem sofort auffällt, ist die Tatsache, dass über einen längeren Zeitraum, so viele Veränderungen im Projekt und im Projektumfeld stattfinden, dass es unmöglich ist, nach einem am Anfang des Projekts festgelegten, simplen Schema F vorzugehen, ohne Gefahr zu laufen, das Projekt „in den Sand" zu setzen. Man beachte auch: Je größer so ein Projekt, desto wahrscheinlicher sind diese Veränderungen, die es unberechenbar machen.

E.5 Der größte Unsicherheitsfaktor

Bei Weitem der größte Unsicherheitsfaktor ist dabei der Mensch selbst: unvorhersehbar in seiner Denk- und Handlungsweise und trotzdem (oder gerade deshalb) nicht einfach ersetzbar.

Was kann man – angesichts dieser inhärenten Unsicherheit und Veränderung – tun, um mit agilem Vorgehen nicht „auf Grund zu laufen"? Der Entwicklungsprozess selbst muss kontinuierlich den neuen Gegebenheiten angepasst werden, damit er wirksam bleibt.

Dies ist natürlich leichter getan als gesagt. Damit ich aber nicht in die Falle tappe und einfach wieder Best Practices empfehle, möchte ich in diesem Buch einen anderen Weg beschreiten.

Wir alle kennen den Spruch: „Selbsterkenntnis ist der erste Schritt zur Selbstheilung". Wie einfach fällt es doch den meisten von uns, das Haar in der Suppe des anderen auszu-machen und selbst ein ganzes Wollknäuel hinunter zu schlingen?

Wir wollen uns deshalb in erster Linie einen Spiegel vorhalten und unsere eigene Situa-tion kritisch hinterfragen. Dies fällt uns leichter, wenn wir unsere persönliche Situation mit den Erlebnissen und Erfahrungen anderer vergleichen können, die sich in ähnlicher Lage befanden. Hoffentlich kann dann jeder Einzelne von uns daraus seinen eigenen Aktionsplan ableiten.

E.6 Sinnfindung im komplexen Umfeld

Da es viele Probleme sind und die Situationen im Projektalltag zu den komplexen (nicht nur komplizierten) Phänomenen gehören, die wir täglich zu verstehen und zu meistern versuchen, ist es entsprechend schwierig, sich einen Reim darauf zu machen, was die tiefer liegenden Ursachen eines Problems sein könnten. Das Fehlen offensichtlicher, kau-saler Zusammenhänge macht es beinahe unmöglich, klassische Ursachenanalyse zu betreiben, besonders wenn die Ereignisse bereits eine längere Zeit zurückliegen.

Es ist deshalb wichtig, andere Wege bei der Analyse von Ursachen und beim Ergreifen von entsprechenden Maßnahmen zu beschreiten. Einige einfache Grundsätze und Tech-niken werden uns dabei eine Hilfe sein. Ich habe dieses Buch deshalb in die folgenden drei Segmente aufgeteilt:

- Eine grundlegende Einführung zum Thema „Warum agile Projekte überhaupt Prob-leme haben können" und eine Heuristik zum feststellen, ob ein gewisses Vorgehen überhaupt mit den Werten und Prinzipien der Agilität vereinbar ist.

- Der Hauptteil des Buchs besteht aus einer Taxonomie von Problemen aus dem Umfeld von agilen Projekten und den Organisationen und Menschen, die sie durch-führen. Dabei wollen wir aufgrund von Problemgeschichten einzelne Faktoren beleuchten, die oft auch zusammenwirken, um unser Leben in agilen Projekten zu erschweren. Wir werden aber nicht nur jeden Einflussfaktor in Isolation betrachten, sondern versuchen, eine holistische Sicht der Dinge zu fördern.

■ Der dritte Teil wird alsdann doch noch einige Interventionsmöglichkeiten aufzeigen, die es uns ermöglichen, im komplexen Umfeld Entscheidungen zu treffen und den Lauf der Dinge positiv zu beeinflussen.

E.7 Wer dieses Buch nicht lesen sollte

Ich empfehle dieses Buch keinem, der sich nicht im Entferntesten für agile Prozesse interessiert. Außerdem rate ich jedem ab, es zu lesen, der glaubt, dass sich mit agilem Vorgehen alle Probleme in der Softwareentwicklung in Luft auflösen. Ebenfalls kann ich das Buch niemandem empfehlen, der einfach ein immer funktionierendes Rezept für seine Projektprobleme sucht.

Alle anderen, seien sie nun agiler Vorgehensweise gegenüber kritisch eingestellt oder seien sie seit Jahren in agilen Projekten tätig, empfehle ich einen offenen Sinn für die Probleme zu haben, die mit der Agilität in Organisationen, die sie anwenden wollen, zu Tage gefördert werden. Dann werden die einen oder anderen unter Ihnen die wahren Ursachen der Probleme Ihrer Organisation oder Ihres Projekts besser beurteilen können und vielleicht Lösungen für Ihre eigenen Probleme finden, die ich nur erahnen kann.

E.8 Ein Wort des Dankes

Dieses Buch wäre ohne eine Vielzahl von Personen nicht möglich gewesen. Allen voran möchte ich mich bei der Gemeinschaft der Verfechter agiler Vorgehensweisen bedanken, die sich selbstkritisch mit ihrer Arbeitsweise auseinandersetzen, und die meist auch bereit sind, ihre Art des Vorgehens weiter zu entwickeln. Sie waren immer bereit, das vorliegende Manuskript mit der nötigen Portion Skepsis zu hinterfragen und gegebenenfalls korrigierend einzugreifen.

Ebenfalls zu Dank verpflichtet bin ich all meinen gegenwärtigen und ehemaligen Kollegen, die im Projektalltag viel dazu beitragen, dass agile Projekte eben doch gelingen können. Speziell trifft dies auf Roberto Frezza und Guido Furrer zu.

Besonders erwähnen möchte ich Joseph Pelrine, der nicht nur als Verfechter von XP und Scrum der ersten Tage, mit seinem Wissen viel zu meinem Nachdenken über die Probleme agiler Prozesse beigetragen hat, sondern der auch durch seine unkonventionelle Art außerhalb der ausgetretenen Denkpfade zu wandeln, viel dazu beigetragen hat, dass ich das Vorgehen nach agilem Ansatz neu zu überdenken begann.

Zum Schluss auch ein Dank an meine Familie, meine geliebte Frau Maria und meine beiden Töchter Michelle und Vanessa, die in den letzten Monaten viel Geduld gezeigt haben und denen ich nun eine gehörige Portion an Zeit und Aufmerksamkeit schuldig bin.

1 Warum Probleme mit der Agilität?

„Tue nie etwas halb, sonst verlierst du mehr, als du je wieder einholen kannst."
– Louis Armstrong

Ich bin sicher, werter Leser, dass Sie folgende oder ähnlich gelagerte Aussagen auch schon gehört haben:

- „Agilität ist nur alter Wein in neuen Schläuchen. Das haben wir alles schon vor Jahren so gemacht!"
- „Diese agilen Prozesse funktionieren doch nicht. In unserer Firma haben wir besondere Umstände. Da kann man das nicht anwenden."
- „Seit sechs Monaten machen wir nun auf agil. Es läuft ganz gut. Wir haben die Analyse und das Design schon hinter uns und sind nun daran, den ersten Prototypen in Iterationen fertigzustellen."
- „Seit wir agil vorgehen, habe ich keine Zeit mehr. Immer muss ich noch schnell was flicken, was die anderen verbrochen haben. Wir kommen einfach nicht vom Fleck."
- „Diese Funktionalität kann man nur am Stück implementieren. Das ist nicht auf kleine Stücke aufteilbar."
- „Am besten teile ich das dem Olaf zu. Dann ist wenigstens der Applikationsteil durchgängig im Design."

Solche und ähnliche Aussagen werden oft gemacht, wenn Agilität in einer Firma zum Thema wird. Jeder macht sich sein eigenes Bild von agilem Vorgehen und wie es auszusehen hat. Missverständnisse und Fehlannahmen sind nicht selten. Gründe gibt es dafür viele.

Gerade die Feststellung, dass die neu eingesetzte, agile Vorgehensweise nicht „funktioniert", wird des Öfteren als Argument gebraucht, um diese Art der Softwareentwicklung zu verwerfen. So ein pauschales Urteil ist uns jedoch zu billig. Die Sachlage ist schon etwas komplizierter.

1.1   Missverständnisse

Abbildung 1.1: Missverständnisse um den Begriff „Agilität"

Es gibt in der Regel zwei Lager, die mit der agilen Vorgehensweise Probleme haben:

1. Diejenigen, die von agilen Prozessen gehört haben, diese aber selbst nicht einsetzen.

2. Sowie die Fraktion derjenigen, die versuchen, agile Prozesse in ihre tägliche Arbeit zu integrieren, damit aber nur beschränkten Erfolg haben.

Das erste Lager hat gewisse vorgefasste Meinungen über Agilität, die oft in ungenügender Information und falschen Annahmen wurzeln, z. B.:

■ **Agilität in der Softwareentwicklung bedeute undiszipliniertes Vorgehen.** Damit ist in der Regel gemeint, dass auf bewährte Praktiken wie Anforderungsmanagement, Architektur oder Dokumentation verzichtet wird. Es wird viel mehr sofort in die Tasten gehauen und programmiert, bevor eigentlich klar ist, was der Kunde will.

■ **Agile Projekte seien schlecht planbar.** Dies ist deshalb der Fall, weil Vertreter der agilen Bewegung gegen die Verwendung von Plänen in Projekten sind. Stattdessen schaut man nur ein bis zwei Iterationen in die Zukunft, womit ein Enddatum nicht voraussehbar ist.

Diejenigen hingegen, die versuchen, agile Prozesse in ihrem Umfeld zu etablieren, begegnen ihrem eigenen, gerüttelten Maß an Herausforderungen:

■ **Agilität scheint nicht zur Kultur des Unternehmens zu passen.** Die Mitarbeiter sind alle gewohnt, Aufträge selbstständig auszuführen und tun sich schwer damit, Aufgaben im Team zu lösen. Andere wiederum wollen immer gesagt bekommen, was sie zu tun haben und beharren auf ihrem bescheidenen Beitrag zum Ganzen.

entwickler.press

- **Das technische Umfeld steht der Agilität im Weg.** Das technische Rüstzeug der Firma oder der Mitarbeitenden hält den höheren Ansprüchen der agilen Vorgehensweise nicht stand.

- **Einzelne Stakeholder scheinen mit agilem Vorgehen Probleme zu haben.** Der Kunde ist traditionelles Vorgehen gewöhnt und möchte gar nicht so intensiv mit dem Entwicklungsvorhaben zu tun haben.

- **Jeder versteht etwas anderes unter agilem Vorgehen.** Deshalb gibt es Missverständnisse wie vorzugehen ist und welche Handlungsweise agilen Grundsätzen gegenüber förderlich ist bzw. welche ihnen zuwiderläuft.

Um herauszufinden, warum es überhaupt zu Problemen mit der Agilität kommen kann, wollen wir zuerst einige grundlegende Fehlannahmen beleuchten. Wir werden in den folgenden Kapiteln dann genauer auf jede einzelne eingehen.

1.2 Eine Pauschallösung?

Das Grundübel, mit dem wir es zu tun haben, scheint oft zu sein, dass wir unter Druck stehen, Lösungen für Probleme zu finden, und dies sehr schnell. Wir haben keine Zeit, uns mit unseren Problemen lange und tief genug auseinanderzusetzen, um eine dauerhafte Lösungsstrategie zu erarbeiten. Stattdessen muss besser gestern als morgen eine Lösung auf den Tisch.

Da kommen agile Prozesse als „neue" moderne Methoden gerade richtig. Immer mehr Unternehmen und Projekte setzen darauf, also muss ja etwas daran sein. Der Markt kann nicht trügen. Immer mehr Softwarehersteller springen auf den agilen Zug auf und bieten Werkzeuge, die uns Agilität frei Haus liefern. Da kommt uns eine „Silverbullet" – eine Pauschallösung – gerade recht.

Jeder, der jedoch schon ein oder mehr Jahrzehnte im Softwareentwicklungsbusiness tätig ist und die eine oder andere negative Erfahrung mit dem Versprechen DER hyperproduktiven Softwareentwicklungsmethode gemacht hat, weiß, dass es die Universallösung unserer Softwareentwicklungsprobleme nicht gibt. Bereits Fred Brooks – vor rund 20 Jahren[1] – und viele weitere nach ihm[2] haben bereits darauf hingewiesen. Und trotzdem scheinen unzählige Personen immer noch daran glauben zu wollen, besonders diejenigen, die nicht direkt an der Front der Softwareentwicklung mitkämpfen.

Da wollen wir doch gleich ein Missverständnis auflösen: Agile Prozesse sind keine Lösung der Softwareentwicklungsprobleme, sondern sind nur ein Mittel, um Probleme möglichst früh zu erkennen und anzugehen. Einige Praktiken aus dem agilen Umfeld wirken sich natürlich positiv auf bestehende Probleme aus. Jede Firma, ja jedes Projekt, ist jedoch ein eigenständiger Mikrokosmos, der seine eigenen Hindernisse, Rahmenbedingungen und Akteure hat. Die Konsequenz daraus ist, dass jedes Vorgehen an diese Gegebenheiten angepasst werden muss, damit es in diesem Kontext funktionieren kann. Und da sich die Rahmenbedingungen laufend ändern, muss auch das Vorgehen kontinu-

---

[1] Frederick P. Brooks jr., *The Mythical Man-Month (Annivesay Edition)*, Addison-Wesley, 1995
[2] Gerald M. Weinberg, *Quality Software Management, Volume 3, Congruent Action*, Dorset House, 1994

ierlich weiter justiert und angepasst werden. Eine Pauschallösung gibt es nicht. Stattdessen ist ein bestimmter beschriebener Prozess höchstens ein guter Startpunkt.

Jeder Prozess, der der agilen Kategorie angehören möchte, muss deshalb mindestens einen Inspektions- und Adaptionsmechanismus des Vorgehens selbst beinhalten, damit eine Anpassung möglich ist und auch aktiv gelebt wird. Findet keine Adaption statt, sind Probleme vorprogrammiert.

1.3   Schlechte Nachrichten

Der englische Ausspruch „Do not shoot the messenger!", der etwa mit „Erschießt nicht den Boten (nur weil er eine schlechte Nachricht überbringt)!" übersetzt werden kann, bedeutet im Kontext des Einsatzes von agilen Prozessen, dass wir nicht einfach dem agilen Ansatz die Schuld geben können, wenn er scheinbar nicht die gewünschten Ergebnisse vorbringt.

Das agile Vorgehen ist tatsächlich oft der „Bote", der die schlechte Nachricht überbringt. Da agile Prozesse sehr stark auf der Zusammenarbeit und den Fähigkeiten der einzelnen beteiligten Menschen aufsetzen, zeigen sie auch oft unmittelbar Unzulänglichkeiten derselben und der sie einbettenden Organisation auf. Agile Prozesse decken zum Beispiel schonungslos auf, wenn:

- das Team nicht in der Lage ist, qualitativ hochwertige Software in jeder Iteration auszuliefern.

- Organisationen dazu tendieren ihre Mitarbeiter mit vielen nebensächlichen Aufgaben unnötig von ihrer eigentlichen Arbeit abzulenken.

- Mitarbeiter Probleme haben, eine Verpflichtung (englisch Commitment), die sie eingegangen sind, auch in die Tat umzusetzen.

- Mitarbeiter nicht in der Lage sind, über Rollengrenzen hinweg konstruktiv zusammenzuarbeiten.

- die technische Infrastruktur, z. B. das häufige Ausliefern von Produktinkrementen, nur unzulänglich unterstützt.

- fragile Architektur, die nur mit Mühe getestet werden kann und durch schlecht definierte Abhängigkeiten für die inkrementelle Weiterentwicklung eine hohe technische Schuld darstellt.

- unterschwellige Persönlichkeits- oder Zielkonflikte bestehen.

- das tatsächlich gelebte Entwicklungsvorgehen mit dem vom oberen Management Verordneten nichts mehr zu tun hat.

- der Verkauf oder die Geschäftsleitung schlechte Rahmenbedingungen für ein Projekt schafft, indem es Verträge unterschreibt, die alle Parameter eines Projekts (Zeit, Ressourcen, Umfang und Qualität) im vorherein unflexibel festschreibt.

Solche Unzulänglichkeiten und noch viele weitere werden durch agiles Vorgehen offengelegt und es liegt an den Menschen innerhalb der Organisation selbst, aus diesen Signalen Lehren zu ziehen und sich zu verbessern.

Doch geben wir es zu: Wie schwer fällt es uns, mich eingeschlossen, unsere Fehler offen zuzugeben, den eigenen Stolz hinunterzuschlucken und ehrliche Schritte zu unternehmen, um uns zu verbessern. Dies ist mitunter das größte Problem: über den eigenen Schatten zu springen und Fehler als Gelegenheit zum Lernen zu betrachten – das umso mehr, wenn noch weitere lähmende Faktoren dazukommen, wie Druck zum Konformismus und individuelle, leistungsorientierte Entlohnung.

Abbildung 1.2: Der agile Prozess als Lupe für Probleme

Agile Prozesse, mit ihrer starken Personen- und Ergebnisorientierung, wirken sozusagen wie eine Lupe (Abb. 1.2), die uns unsere Fehler deutlicher und öffentlicher vor Augen führt, als wir es uns manchmal wünschen. Die Probleme waren meist zuvor schon vorhanden, werden jedoch vom agilen Vorgehen betont, eskaliert oder manchmal sogar verschärft.

Gleichzeitig wirken agile Prozesse oft wie ein Dampfkochtopf (Abb. 1.3): Aufgrund der starken Fokussierung und Zielorientierung steht die Beteiligten unter Druck und je kleiner das Team und je fokussierter die Vorgehensweise, desto mehr nimmt der Druck zu (wir werden später noch genauer darauf eingehen, warum das so ist). So positiv dieser Druck auch sein mag, er hat auch seine negativen Nebenerscheinungen, falls nicht ein passender Druckausgleich stattfindet. Wir werden in späteren Kapiteln noch genauer auf die Umstände eingehen, die den Druck ins Negative verkehren.

Abbildung 1.3: Der agile Prozess als Dampfkochtopf

All diese Eigenschaften agiler Prozesse sollten nicht missverstanden werden, indem man den agilen Prozess beschuldigt, nicht zu funktionieren. Vielmehr müssen die Organisation und der Einzelne in der Lage sein, das Spiegelbild seines Herangehens, das er vom agilen Prozess reflektiert bekommt, als Anlass für korrektive Veränderung zu schätzen.

Agiles Vorgehen bedeutet gelebtes Change-Management von Tag Eins an. Veränderung (Change) zu leben, bedeutet auch Mühe, Aufwand und Bereitschaft, laufend die aktuelle Position zu überdenken und bei Bedarf zu korrigieren.

1.4 Agil ohne Aufwand?

Damit wären wir auch schon bei einer weiteren Quelle für Probleme mit dem agilen Vorgehen: Obwohl man es besser weiß, tut man oft nichts dafür, dass die Hindernisse, die man in der eigenen Organisation erkennt, auch beseitigt werden. Oder man bleibt mitten in den Bemühungen stecken, weil man die kurzfristigen Konsequenzen scheut. Dies kann der Fall sein, weil man gegen das seit Jahren eingefahrene, von der Unternehmensführung abgesegnete Vorgehen verstoßen muss. Oder man tritt einflussreichen Persönlichkeiten auf die Füße.

Und all zu oft glaubt man Hochglanzprospekten, die einem vorgaukeln, wenn man Produkt X oder Y einsetzt, ist man auf Anhieb agil. Da wird einem von „Projekt-Dashboards", also Projektschaltzentralen vorgeschwärmt, ohne zu hinterfragen, ob es sich dabei nicht doch eher um Produkte zur Überwachung der Mitarbeiterproduktivität geht, als um Werkzeuge, die den Teams helfen, sich über ihr Projekt im klaren zu sein.

Kein Werkzeug ist in der Lage, agile Vorgehensweise zum Status Quo innerhalb einer Organisation zu erheben. Werkzeuge sind lediglich ein Hilfsmittel, um lästige, wiederkehrende Aufgaben zu automatisieren oder um die Kommunikationsbandbreite zwischen den am Projekt beteiligten Personen zu vergrößern.

Agil sein ist harte Arbeit für alle Beteiligten. Ebenso, wie ich für das dauerhafte Loswerden von überzähligen Pfunden konsequent und ausdauernd auf den „Trimm-dich-Pfad" muss, ebenso muss die Organisation, die agiles Vorgehen verinnerlichen will, stetig daran arbeiten, dass dies Realität wird. Dabei handelt es sich um einen regelrechten Kulturwandel. Es erweist sich immer wieder, dass meist die ganze Firma davon „in Mitleidenschaft gezogen" wird. Agilität wirkt sich weit über Teamgrenzen hinweg auf ganz andere Bereiche, wie Verkauf und Vertragswesen oder Einstellungsgespräche für neue Mitarbeiter, aus.

Viele, die versucht haben, einen Mittelweg zwischen traditioneller und agiler Vorgehensweise zu beschreiten, sind entweder wieder vollständig in alte Gepflogenheiten zurückgefallen oder haben nicht den vollen Nutzen agiler Vorgehensweise ernten können.

1.5 Vorgeschriebene Agilität?

Manchmal beobachtet man, dass das Management mehr von der Idee eines agilen Vorgehens begeistert ist als die Ausführenden. Wenn sodann in einer Organisation ein bestimmtes Vorgehen vorgeschrieben wird, ist die Gefahr groß, dass die Akzeptanz des Prozesses bei denjenigen, die ihn leben sollten, leidet. Dies ist sicher nicht nur bei agilen Prozessen so. Doch weil hier die Menschen besonders stark gefordert sind, können innere Widerstände dazu führen, dass der Prozess nur auf dem Papier definiert bleibt.

Auf der Seite des Managements bemüht man sich dann oft – in der redlichen Absicht die Einführung des Prozesses so leicht wie möglich zu machen – das genaue Vorgehen so exakt wie möglich schriftlich festzuhalten, damit jeder dem Leitfaden folgen kann und weiß, wie er sich in allen denkbaren und manchmal auch undenkbaren Situationen zu verhalten hat. Dieser Rückgriff auf die detaillierte Spezifikation wird auch dadurch gefördert, dass die Organisation oder Firma gleichzeitig gewissen Richtlinien und Standards wie ISO-9001, TCM, etc. entsprechen soll.

Ausführliche Handbücher oder Checklisten können eine Hilfe sein, einen bestimmten Prozess zu definieren und die Beteiligten an ihre Pflichten zu erinnern. Sie sind jedoch denkbar schlecht dafür geeignet, einen Prozess, der sich im Laufe der Zeit an die aktuellen Gegebenheiten anpassen soll, in die Köpfe und in die Herzen der Mitarbeiter zu bringen. Oftmals werden zwar die genauen Vorgehensweisen in bestimmten Situationen festgehalten, aber nicht die Gründe genannt, warum es sinnvoll ist, so oder so zu handeln. Dadurch wird dem kontinuierlichen Lernen ein Riegel vorgeschoben.

Es ist natürlich nichts gegen eine knappe Beschreibung einzuwenden. Es ist in diesem Fall jedoch nachhaltiger, einen Metaprozess zu beschreiben, der vor allem auch die Inspektions- und Adaptionsschleifen einschließt, damit die Prozessverbesserung mitberücksichtigt ist. Das Ausleben im Detail wird dabei denjenigen überlassen, die auch die Last der Ausführung innehaben.

Abbildung 1.4: Die Prozessschablone

Leider findet die Adaption des Prozesses dann oft nicht statt, sondern die Prozessschablone wird hervorgeholt und neu angewandt (Abb. 1.4). Durch solche Reglementierung des Prozesses geht unweigerlich ein Teil der Selbstbestimmung der Mitarbeitenden oder der „Leidtragenden" des Prozesses, wenn man so will, verloren.

Wenn agile Teams jedoch das Zepter selbst in die Hand nehmen und ihren Prozess selbst weiterentwickeln wollen, wird dies von Seiten des Managements des Öfteren als Bedrohung betrachtet, da scheinbar nicht mehr nach Vorschrift vorgegangen wird. Wenn dann die obere Etage unangemessen reagiert und die Bestrebungen zur Selbstorganisation unterbindet, läuft man Gefahr, den agilen Ansatz im Keim zu ersticken. Dies stellt vor allem große Unternehmen vor entsprechende Herausforderungen, Selbstbestimmung mit gesamthaft koordiniertem Ansatz zu balancieren.

Insofern ist Agilität auch eine Prüfung für das Vertrauen, dass die Geschäfts- oder Projektleitung in seine Mitarbeiter hat. Wird ihnen das Vertrauen entgegengebracht, dass sie in der Lage sind, für ihre Probleme die besten Lösungen zu erarbeiten? Es bedarf eines guten Informationsflusses und einer großen Portion Courage loszulassen, um die Früchte der Selbstorganisation ernten zu können.

1.6   Das Eisberg-Modell

Eine wichtige Feststellung wollen wir in diesem Abschnitt noch machen, bevor wir uns damit beschäftigen, wie wir tieferliegende Ursachen für Probleme mit der Agilität zum Vorschein bringen können: Wir haben die Tendenz, unsere Projekte (agile wie auch traditionelle) zu sehr nach sichtbaren Metriken zu beurteilen, statt die vielen „weichen" Erfolgsfaktoren zu berücksichtigen. Dabei liegen gerade dort viele Ursachen unserer Probleme. Mein Freund und langjähriger Querdenker im agilen Umfeld, Joseph Pelrine, hat einen schönen Vergleich geprägt, der treffend die Kräfte veranschaulicht, die miteinander im Streit liegen: Das Eisberg-Modell.

Das Eisberg-Modell (wie in Abbildung 1.5 dargestellt) zeichnet sich dadurch aus, dass es die Welt der Wahrnehmung in eine sichtbare, leicht zu überprüfende Sphäre über der Wasserlinie und in eine unsichtbare, obskure Sphäre, die nur schwierig zu ergründen ist und noch schwieriger beeinflusst werden kann, unter der Wasserlinie, unterteilt.

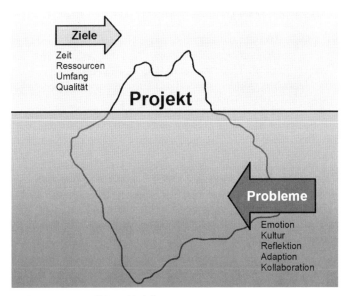

Abbildung 1.5: Das Eisberg-Modell

Die sichtbare Spitze des Eisbergs, die so leicht zu beobachten ist, macht nur einen kleinen Teil des Ganzen aus. Interessant dabei ist, dass sich der Eisberg unter Umständen gar nicht, wie vielleicht erwartet, in Windrichtung bewegt, sondern möglicherweise sogar gegenläufig. Durch die viel größere Angriffsfläche unter Wasser wird ein Eisberg mit der Meeresströmung treiben.

Ebenso sind die Kräfte, die unter der „Wasserlinie" eines Projekts am Werk sind, oft viel stärker als die offensichtlichen Treiber oberhalb davon. Das Schlimme daran ist, das es bei einem Projekt gar nicht so leicht ist, unter diese direkt zugänglichen Ereignishorizont zu spähen, geschweige denn geeignete Interventionen einzuleiten, die das Ganze in die gewünschte Richtung bewegen.

Dargestellt durch die Spitze des Eisbergs finden wir die leicht beobachtbaren bzw. messbaren Faktoren eines Projekts, wie die Parameter des so genannten Teufelsquadrats[3]: Dauer, Ressourcen, Umfang sowie Qualität. Außerdem gehören dazu Dinge wie Normen und Standards, die in einer Organisation – ebenso wie Verträge und andere offizielle Abmachungen – allseits klar kommunizierte Rahmenbedingungen schaffen. Obwohl ihre Wirkung scheinbar durch entsprechende Kontrollmechanismen (z. B. Metriken, vorgeschriebene Prozessabläufe mit Kontrollpunkten sowie Abnahmeprozedere) sichergestellt werden kann, gibt es unleugbar eine starke Wechselwirkung mit nicht geschriebenen Normen, mit persönlichen Präferenzen und dadurch genügend Raum

---

[3]   Harry M. Sneed, *Software-Projektkalkulation*, Hanser, 2005

und Nährboden für jede Menge von Verhaltensmustern und Wahrnehmungen, die einem Projekt in die Quere kommen können.

1.7   Ursachen für Probleme erkennen

Es ist gar nicht so leicht, Symptome von Problemen und deren tieferliegende Ursachen auseinanderzuhalten. Dies ist vor allem darauf zurückzuführen, dass wir es mit sozialen Systemen zu tun haben, die keinen linearen Gesetzen und Regeln folgen, sondern, aufgrund der vielen, höchst unterschiedlichen Akteure und der hohen Frequenz ihrer Interaktionen untereinander und mit ihrer Umwelt, sehr unvorhersehbar reagieren.

Die Wissenschaft hat für diese Systeme, die in der Natur sehr häufig vorkommen, eine besondere Bezeichnung geprägt und nennt sie „Complex Adaptive Systems" (Komplexe adaptive Systeme) oder kurz CAS.

Diese Systeme zeichnen sich, wie der Name andeutet, durch komplexe Interaktion aus und passen ihr Verhalten (durch Adaption) veränderten Umständen laufend an. Dabei bilden sich Muster, die eine Zeit lang konstant angewandt werden können, die sich aber im Laufe der Zeit stetig verändern. Mehr zum Thema CAS kann im Buch von Ralph D. Stacey, Douglas Griffin und Patricia Shaw[4] nachgelesen werden.

Eine Eigenschaft solcher CAS ist unter anderem, dass der Ausgang eines bestimmten Eingriffs in das System nicht vorhergesagt werden kann, da kausale Zusammenhänge nicht direkt beobachtet oder gar im Voraus festgelegt werden können, und das im Gegensatz zu einem komplizierten System, wo Ursache und Wirkung, wenn auch schwierig nachvollziehbar, doch noch direkt zusammenhängen[5].

In einem komplexen System kann man nur noch zurückblickend (retrospektiv) feststellen, welche Ursachen zu einem bestimmten Endergebnis geführt haben. Dies nennt man auch retrospektive Kohärenz. Wir betrachten solche Rückschlüsse im Nachhinein als logisch schlüssig und einleuchtend. Diese Rückschlüsse sind jedoch, aufgrund der Vielzahl der möglichen Einflussfaktoren auf das Geschehen, nie vorhersehbar.

Um in solch einem Umfeld – und jedes umfangreichere Projekt, sei es bezüglich der Anzahl der beteiligten Personen, der Dauer oder der sich verändernden Technologien – überhaupt sinnvoll agieren zu können, muss man anders vorgehen als bei traditionellen Projekten gewohnt, wo ein Plan ausgearbeitet wird, an dem man sich auf Gedeih und Verderb festhält.

In komplexen System ist stattdessen das einzig Vernünftige, dem Zyklus, der in Abbildung 1.6 festgehalten ist, zu folgen: zu Handeln (Act) und die Auswirkungen zu untersuchen bzw. zu sondieren (Probe) und davon ein Muster für ein weiteres mögliches Vorgehen (Adapt) und daraus wieder die nächste Handlung abzuleiten.

---

[4]   Ralph D. Stacey, Douglas Griffin & Patricia Shaw, *Complexity and Management*, Routledge, 2000
[5]   C. F. Kurtz & Dave J. Snowden, *The new dynamics of strategy: Sensemaking in a complex and complicated world*, IBM Systems Journal, Vol. 42, No. 3, 2003

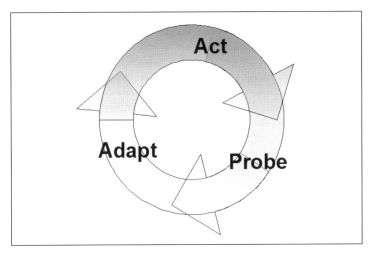

Abbildung 1.6: Adaptives Handeln im komplexen Umfeld

Die Auswirkungen zu beobachten oder zu untersuchen, fällt uns einfacher, wenn wir eine Möglichkeit finden, zwischen Symptomen und den wahren Ursachen eine Situation zu unterscheiden. Wie können wir das tun? Nun, wir können die Methode der „Fünf-Warum"- („Five-Why"-Methode)[6] anwenden, die besonders durch die „Lean Manufacturing"-Bewegung rund um den Autohersteller Toyota bekannt wurde[7]. Diese Methode ist sehr einfach beschrieben und sieht schematisch dargestellt, wie in Abbildung 1.7 gezeigt, aus.

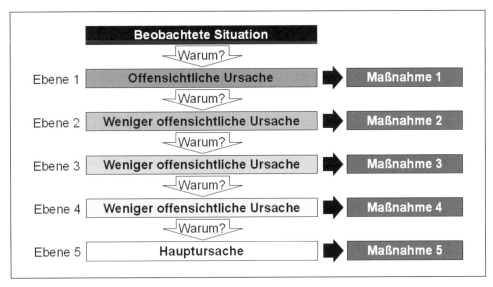

Abbildung 1.7: Toyotas „Five-Why"-Methode

---

[6] http://en.wikipedia.org/wiki/5_Whys, *Wikipedia (Englisch), Stichwort: 5 Whys*, Stand Februar 2009
[7] Jeffrey Liker, *The Toyota Way*, McGraw-Hill, 2003

Indem man in einem Tatbestand nach dem Warum fragt und auf die gegebene Antwort wieder die Warum-Frage stellt und dies rund fünfmal wiederholt, gräbt man im übertragenen Sinn sehr tief nach den wahren Ursachen für ein Problem oder eine bestimmte Situation. Natürlich muss man nicht immer genau fünf Mal nachfragen. Das Iterieren der Warum-Frage kann man dann beenden, wenn man die zuletzt festgestellte Ursache nicht mehr sinnvoll hinterfragen kann. Dadurch kann man sehr einfach die Symptome und die tieferen Ursachen eines Problems auseinander halten. Zudem kann man folgende Sachverhalte bezüglich dieser Methode festhalten:

- Je tiefer die Ebene der Ursachenfindung, desto näher ist man an den grundlegenden Ursachen.

- Je tiefer man mit einer Maßnahme ansetzt, desto wirkungsvoller ist sie. Setzt man nur Maßnahmen auf Ebene 1 um, betreibt man lediglich Bekämpfung von Symptomen.

- Gleichzeitig sind Maßnahmen auf tieferer Ebene oft schwieriger umzusetzen, weil sie meist mit fundamentaleren Veränderungen (z. B. mit einem Kulturwandel) verbunden sind.

Ein praktisches Beispiel soll dies etwas plastischer illustrieren:

Die Situation: Der tägliche Build schlägt immer fehl.

Ebene	Warum?	Maßnahme
1	Weil die Entwickler ihre Unit-Tests vor dem Einchecken ins Versionskontrollsystem nicht im lokalen Workspace ausführen.	Testausführung erzwingen
2	Weil die Entwickler unter Zeitdruck arbeiten.	Mehr Zeit pro Aufgabe einräumen
3	Weil sich das Team zu Beginn der Iteration zu viel vorgenommen hat.	Umfang der Iteration besser bestimmen
4	Weil man nicht mit den Fehlern gerechnet hat, die dringend im Produktivsystem zu beheben sind.	Dringende Fehler besser in Iterationsplanung berücksichtigen (z. B. durch Puffer, bestimmt aus Erfahrungswert)
5	Weil wir nicht wissen, wie viele dringende Fehler pro Iteration durchschnittlich anfallen.	Fehlermetrik definieren und beobachten
6	Weil wir zwar unsere Situation kennen, aber nichts getan haben, um sie zu verbessern.	Maßnahmen aus Retrospektiven in die Tat umsetzen

Hier haben wir nicht fünf, sondern sogar sechs Schritte gebraucht. Natürlich können im oberen Beispiel ganz andere Ursachen zum Vorschein kommen. Auch können pro Stufe mehrere Ursachen ausgemacht werden.

Wir stellen beispielsweise fest, dass wir eigentlich ein Problem mit der Adaption unseres Entwicklungsprozesses haben. Wir wüssten was zu tun ist, aber wir setzen die beschlossenen Maßnahmen nicht (konsequent genug) um. Interessant ist auch, dass wir uns sehr weit vom eigentlichen Symptom, dem gebrochenen Build, entfernt haben. Auch hätte unsere erste Reaktion, nämlich die Testausführung zu erzwingen, wahrscheinlich unser wahres Problem nicht an seiner Wurzel gelöst, sondern eventuell noch ganz andere Probleme geschaffen.

Allerdings muss man bedenken, dass diese erste Maßnahme durchaus positive Neben-effekte haben kann, indem sie mindestens eine negative Auswirkung der wahren Ursa-che behebt und vielleicht sogar dazu führt, dass sich die Teammitglieder beginnen zu fragen, warum das Ganze eigentlich notwendig ist.

1.8   Eine Taxonomie von Problemen

Obwohl die eben beschriebene Methode sehr wirksam ist, dürfen wir nicht der Ansicht verfallen, durch ein einmaliges Anwenden die tieferliegenden Ursachen bereits isoliert zu haben. In komplexen Systemen können oft kleine Ursachen enorme Wirkung entfal-ten, falls wir sie nicht rechtzeitig erkennen. Außerdem spielen meist viele Faktoren mit in die Situation hinein. Wir dürfen somit unseren Blick nicht nur eng auf das aktuell sich darbietende Problem richten, sondern müssen versuchen nach Ursachen in verschiede-nen Bereichen des Projektmikrokosmos zu suchen.

Um die vielen Probleme, mit denen Organisationen, die agil vorgehen wollen, konfron-tiert sind, besser beurteilen zu können, wollen wir die Ursachen in fünf Kategorien unterteilen. Diese Einteilung habe ich gewählt, weil ich der Ansicht bin, dass sich alle unsere Probleme mit agilem Vorgehen auf Mängel in den nachfolgenden fünf Kategorien reduzieren lassen. Natürlich könnte man noch feingranularer werden, aber ich bin der Ansicht, dass wir durch erhöhte Präzision in diesem Zusammenhang nicht zu einem aussagekräftigeren Ergebnis kommen. In Abbildung 1.8 sind diese Problemgebiete sche-matisch als Fünfeck aufgezeichnet.

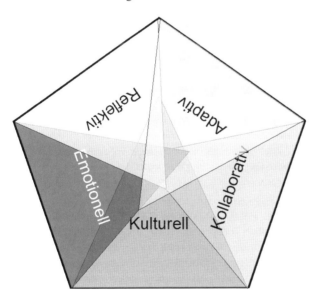

Abbildung 1.8: Fünf Problemkategorien für agile Prozesse

Wichtig ist vor allem festzuhalten, dass alle Problemgebiete sich gegenseitig beeinflussen und auch verstärken können. Meist haben wir auf mehreren Fronten gleichzeitig zu kämpfen, was durch die sich in der Mitte überschneidenden Dreiecke dargestellt wird. Bei den fünf Problembereichen handelt es sich um:

- **Emotionelle Hindernisse:** Dies sind meist Probleme oder Eigenschaften eines einzelnen Individuums. Diese beruhen auf seiner Persönlichkeit, seiner bisherigen Erfahrung und seiner Einstellung zu Veränderungen und anderen Gegebenheiten im agilen Umfeld. Der Einzelne bringt sich selbst auf verschiedene Weise in die Organisation und ein Team ein. Durch seine Äußerungen, Handlungen oder auch Nicht-Handlungen beeinflusst er die anderen in der Gruppe. Gleichzeitig werden ihn seine Emotionen auch in seinen Entscheidungen und seiner Beurteilung von Situationen beeinflussen. Im IT-Umfeld spricht man nicht gerne über Gefühle – wir sind ja alle so rational – und trotzdem spielen sie eine essenzielle Rolle bei der Ausformung unser selbst und des Einflusses, den wir auf andere ausüben. Emotionen bilden somit sozusagen ein „kosmisches Grundrauschen", das jegliche weiteren Problembereiche durchdringt und färbt.

- **Kulturelle Gegebenheiten:** Viele Vorgehensweisen, Traditionen, Normen und Werte, die sich in einer Organisation über Jahre, manchmal gar Jahrzehnte herangebildet haben, sind allgemein akzeptiert und deshalb nur schlecht durch andere Normen, Werte und Vorgehensweisen zu ersetzen. Kultur ändert sich auch nur sehr langsam. Manche haben festgestellt, dass gewisse kulturelle Werte mehr als 5 Jahre brauchen, bis sie verinnerlicht werden[8]. Agile Prozesse verlangen oft nach kulturellem Wandel, denn die Grundwerte sind zu traditioneller Herangehensweise manchmal diametral verschieden. Auch kulturelle Rahmenbedingungen beeinflussen unsere Vorgehensweise laufend und stetig. Sie haben jedoch auch die Tendenz, Grenzen zu setzen und dämpfend auf Einflüsse zu wirken, die das organisatorische System umzugestalten suchen.

- **Probleme der Reflexion:** Eine Kernproblematik, die in vielen verschiedenen Variationen auftritt, besteht darin, dass wir manchmal gar nicht in der Lage sind, uns selbst zu beobachten und die richtigen Rückschlüsse zu ziehen. Dies trifft zum Beispiel auf das Erheben von sinnlosen oder schlicht falschen Kennzahlen zu. Oder wir sind nicht ehrlich mit uns selbst und lassen uns auch nicht kritisch von anderen beurteilen. Auch reflektieren wir als Gruppe oder Team nicht über unsere Zusammenarbeit und unsere Vorgehensweise, obwohl wir wüssten, wie wichtig dies wäre.

- **Probleme der Adaption:** Nach dem Nachsinnen über uns selbst und über unser Team, ist es Zeit, Maßnahmen zu beschließen und dann auch in die Tat umzusetzen. Gerade hier hapert es manchmal stark. Entweder sind die Ziele falsch oder wir haben nur unzureichende Maßnahmen vereinbart oder aber, was noch schlimmer ist, wir versäumen es schlicht weg, das Richtige zu tun, obwohl wir es besser wissen müssten. Dies mag auf Nachlässigkeit oder Bequemlichkeit oder andere Faktoren zurückzuführen sein. Der schlimmste Nebeneffekt ist jedoch, dass dadurch weitere Bemühungen, Dinge zum Besseren zu verändern, an Glaubwürdigkeit verlieren.

---

[8]   Bernd Stauss & Christian Friege, *Zehn Lektionen in TQM: Was deutsche Unternehmen von exzellenten US-Firmen über Qualitätsmanagement lernen können*, Harvard Business Manager, Jahrgang 18 (1996), Nr. 2, S. 20-32

■ **Probleme der Kollaboration:** Viele Probleme stecken auch in der Zusammenarbeit der verschiedenen Individuen. Besonders bei agilen Prozessen, wo auf die Interaktion der einzelnen Beteiligten sehr viel Wert gelegt wird, treten sie besonders deutlich zu Tage. Dabei stellt man fest, dass wir als Einzelne sehr klare Erwartungen hegen, wie andere mit uns interagieren sollten, aber dann in der Praxis versagen, wenn es darum geht, enge Zusammenarbeit auch wirklich zu leben.

Wir werden in den folgenden Kapiteln immer wieder auf diese Problemkategorien zurückgreifen. Wie können wir nun diese Taxonomie im Zusammenhang mit unserer zuvor genannten „Five Why"-Methode benutzen, um auf tiefere Ursachen für unsere Probleme schließen zu können oder zumindest Kandidaten dafür zu finden? Das wollen wir im folgenden Abschnitt genauer anschauen.

1.9   Ursachen beurteilen

Wir wollen eine möglichst einfache und übersichtliche Art finden, um Haupt- und Nebenursachen von bestimmten Situationen oder Problemen mit agilen Prozessen und deren Einsatz in Organisationen visualisieren zu können.

Eine sehr einfache und ziemlich übersichtliche Möglichkeit bietet das von Kaoru Ishikawa eingeführte Diagramm, auch Fischgräten-Diagramm genannt (Abbildung 1.9). Mehr über das Ishikawa-Diagramm kann unter Wikipedia[9] nachgelesen werden.

Vielleicht an dieser Stelle noch ein Wort zur Vorsicht: Das Feststellen der tieferen Ursachen von Problemen im agilen Prozess ist immer eine Teamarbeit. Es ist nie der Teamleiter oder das Management, das diese Beurteilung losgelöst von der Basis, von den Leuten, die direkt mit den Problemen konfrontiert sind, vornimmt und Maßnahmen einleitet. Stattdessen sollte diese Analyse stets den direkten Input des Teams beinhalten, genauso, wie der Katalog der beschlossenen Maßnahmen dem Team gehört und auch vom diesem – natürlich mit Beteiligung von anderen Stakeholdern – umzusetzen ist.

Als Hauptachsen verwenden wir jeweils eine tieferliegende Ursache, wie wir sie anhand der „Five Why"-Methode herausgefunden haben. Als Nebenzweige halten wir alle „oberflächlicheren" Ursachen fest. Der Vorteil dieser Darstellung ist, dass wir uns auf eine ganzheitliche Sicht der Dinge konzentrieren. Wichtig ist jedoch auch, dass man sich nicht zu sehr im Detail verliert. Damit dies nicht geschieht, ist es ratsam, solche Ursachen-Nachforschungssitzungen zeitlich zu begrenzen.

Weil in komplexen Systemen auch kleine Ursachen eine große Wirkung entfalten können, sollte beim unmittelbaren Feststellen eines Problems innegehalten und die aktuelle Situation hinterfragt werden, anstatt lange zu warten, wodurch die möglichen Zusammenhänge durch andere Ereignisse wieder verwischt werden. Diese Art des Vorgehens setzt natürlich voraus, dass das Team an sich, ebenso wie die einzelnen Teammitglieder, in der Lage ist und sich auch die Zeit nimmt, diese Analyse durchzuführen. Sie sind am nahesten am Problem dran und sollten diese Nähe nutzen, um sinnvolle Maßnahmen abzuleiten.

---

[9]   http://de.wikipedia.org/wiki/Ishikawa-Diagramm,   *Wikipedia,   Stichwort: Ursache-Wirkungs-Diagramm*, Stand Februar 2009

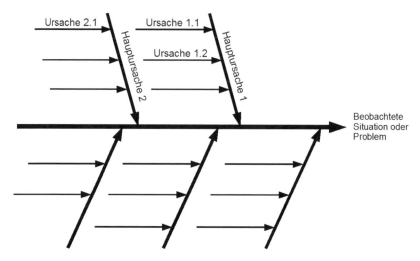

Abbildung 1.9: Schematisches Ishikawa-Diagramm (Fischgräten-Diagramm)

Wir könnten die festgestellten Ursachen unserer Beispielsituation aus Abschnitt 1.7, als Resultat der „Five Why"-Analyse wie in Abbildung 1.10 dargestellt, festgehalten:

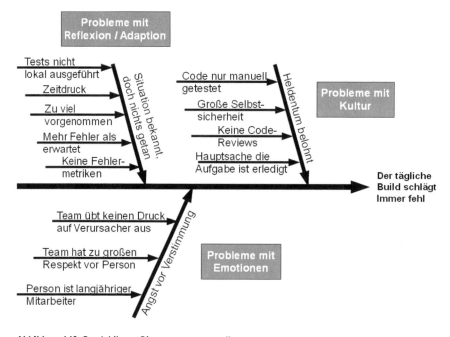

Abbildung 1.10: Das Ishikawa-Diagramm angewandt

Wir werden im Verlauf unserer Untersuchung von möglichen Ursachen in den fünf Problemkategorien regelmäßig von dieser Darstellung Gebrauch machen, um die Zusammenhänge von einzelnen Ursachen zu beleuchten.

1.10 Die Wahrnehmung eichen

Wir haben nun grundlegende Überlegungen angestellt, warum es überhaupt möglich ist, dass auch in agilen Projekten Probleme auftreten können. Wir haben eine Taxonomie vom möglichen Problemgebieten aufgestellt und haben uns auch damit beschäftigt, wie wir in der Lage sind, nach tieferliegenden Ursachen zu graben. Uns fehlt allerdings noch eine Grundlage für unsere detaillierte Betrachtung der Problemkreise. Wir brauchen sozusagen ein Eichmaß, einen gemeinsamen Maßstab, den wir heranziehen können, wenn wir unterschiedlicher Ansicht darüber sind, was denn nun Agilität in Softwareprojekten eigentlich bedeutet.

Nur wenn wir wissen, wohin wir wollen, können wir uns daran machen, unsere gegenwärtige Lage zu beurteilen. Die daraus resultierenden Einsichten können sodann unsere Entscheidungen und Handlungen leiten.

Unser Blick mag aber auch aus einem anderen Grund getrübt sein. Es kann durchaus sein, dass wir gar nicht der gleichen Ansicht sind, was eigentlich ein erfolgreiches, agiles Projekt ausmacht. Anlässlich der XPDay-Konferenz in London im Jahr 2007 hatte ich die Gelegenheit, mein Publikum zu fragen, wie es Misserfolg im agilen Projekt definieren würde. Nicht überraschend kam dabei heraus, dass es wohl fast so viele Definitionen wie Anwesende im Raum gab. Eine Auswahl an Antworten lautete:

- Das Projekt wird nicht rechtzeitig fertig.
- Nicht alles, was der Kunde wollte, ist im Produkt.
- Das Produkt hat keine automatisierten Tests.
- Der Kunde ist nicht für das Projektteam verfügbar.
- Die Iterationen sind länger als sechs Wochen.

Wir sehen somit, dass wir eine Definition von Erfolg bzw. Misserfolg brauchen, auf die wir uns zumindest für den Rest des Buchs einigen können.

Wikipedia definiert Misserfolg auf folgende Weise: „In general, failure refers to the state or condition of not meeting a desirable or intended objective"[10]. Da es zum Zeitpunkt des Erscheinens dieses Buchs keine deutsche Übersetzung dieser Definition gibt, versuche ich mich damit und stelle fest: „Im Allgemeinen bezieht sich der Begriff ‚Fehlschlag‘ auf den Zustand oder den Umstand, ein wünschbares oder beabsichtigtes Ziel nicht zu erreichen." Daraus leiten wir für unsere Betrachtung agiler Projekte die folgende Definition von Misserfolg, in Anlehnung an das erste Prinzip des Agilen Manifests[11], ab:

„Unser größter Fehlschlag ist ein unzufriedener Kunde, aufgrund später oder sporadischer Lieferung wertloser Artefakte."

Wir werden unsere Wahrnehmung der nun folgenden Werte und Prinzipien im agilen Umfeld auf diese grundlegende Definition stützen. Es empfiehlt sich, dass Sie, werter Leser, sich für ihre individuelle Situation ebenfalls Gedanken über eine für sie passende Definition machen. Stellen Sie sodann sicher, dass alle an ihrem Projekt Beteiligten dieselbe Definition zumindest akzeptieren. Dies wird alle nachfolgenden Diskussionen und Meinungsverschiedenheiten zumindest auf eine definierte, klare Grundlage stellen.

---

[10] http://en.wikipedia.org/wiki/Failure, *Wikipedia (Englisch), Stichwort: Failure*, Stand Februar 2009
[11] http://agilemanifesto.org/principles.html, *Prinzipien des Agilen Manifests*

2 Wann ist man agil?

> *„Das Wesentliche ist beständig, die Form ist flüchtig.*
> *Bewahre das Wesentliche; verändere die Form; kenne den Unterschied."*
> *– Dee Hock*

Im vorangegangenen Kapitel haben wir festgestellt, dass es heute tatsächlich Probleme mit der Agilität gibt. Nicht überall, wo Agilität draufsteht ist auch Agilität drin. Nicht wenige Pläne, agil vorzugehen, verlaufen im Sand. Und manch agiles Projekt kämpft mit Problemen, die gar einen erfolgreichen Projektabschluss gefährden können. Deshalb ist es nur angebracht, sich damit zu befassen und einige grundlegende Fragen zu klären:

- Was macht agile Softwareentwicklung eigentlich aus?

- Woran kann man objektiv beurteilen, ob ein Vorgehen agil oder nicht agil ist?

- Wo fängt Agilität an und wo geht sie in „eine einfach andere Spielvariante der traditionellen Softwareentwicklung" über?

Diese Fragen zu beantworten, ist entscheidend, wenn wir versuchen wollen, die Grenzpfade der agilen Adaption innerhalb unserer Unternehmen zu beschreiten. Ohne einen Lackmus-Test würden wir hoffnungslos in der Vielfalt der möglichen Praktiken, Verhaltens- und Vorgehensweisen untergehen.

Mit einem verlässlichen Maßstab an der Hand hingegen, sind wir in der Lage, jede Situation, natürlich unter Berücksichtigung des entsprechenden Kontextes, zu beurteilen und zu hinterfragen. Dabei brauchen wir nicht ein starres Set an Regeln, sondern einen Satz an Grundsätzen, die flexibel und allgemein genug sind, um auf alle Projekte und Organisationen angewandt werden zu können.

Diese Herangehensweise wird uns helfen, nicht in die Falle zu tappen und festzustellen: „Ah, du tust X nicht, also gehst du nicht agil vor!" oder „Wir sind agil, weil wir Tests vor dem Code schreiben".

2.1 Agile Methoden

Immer mehr so genannte agile Methoden scheinen in den letzten Jahren aus dem Boden zu sprießen. Namen gibt es viele: Extreme Programming, Scrum, DSDM (Atern), die Familie der Crystal-Prozesse, Feature-driven Development (FDD), Lean Software Development und einige mehr. Gleichzeitig scheinen auch bei den traditionellen Entwicklungsprozessen zunehmend leichtgewichtige Adaptionen zum Vorschein zu kommen. Denken wir an RUP, V-Modell XT in Deutschland und das schweizerische Hermes, die allesamt nun ebenfalls in agilen Varianten verfügbar sind. Das Zauberwort hier heißt: Tailoring, also das „Zuschneiden" der Methode auf die Bedürfnisse der Organisation oder des Projekts.

Es scheint einfach zu sein, ein Buch oder einen Artikel über diese Methoden zu lesen und daraus einige Dinge zu übernehmen und von da an von sich oder seiner Organisation zu behaupten, dass man nun agil vorgeht. Ich möchte nicht leugnen, dass man aus Büchern etwas Nützliches lernen kann, sonst würde ich ja keines schreiben. Es ist jedoch wichtig sicherzustellen, dass man sich nicht nur in den agilen Umzug einreiht, indem man sich einen agilen Überwurf zulegt.

Wenn wir uns mit einer Diskussion der agilen Softwareentwicklung befassen wollen, kommen wir nicht umhin, uns zuerst das Agile Manifest (siehe *www.agilemanifesto.org*) zu Gemüte zu führen, das von führenden Vordenkern der agilen Bewegung im Jahr 2001 verfasst worden ist.

Das Manifest lautet:

> Wir decken bessere Wege auf, Software zu entwickeln, indem wir es vorleben und anderen helfen, dies ebenso zu tun. Durch diese Arbeit haben wir schätzen gelernt:
>
> **Menschen und Interaktion** mehr als **Prozesse und Werkzeuge**
>
> **Funktionierende Software** mehr als **umfassende Dokumentation**
>
> **Zusammenarbeit mit dem Kunden** mehr als **Vertragsverhandlungen**
>
> **Eingehen auf Veränderungen** mehr als **das Befolgen eines Planes**
>
> *Das heißt, obwohl die Dinge auf der rechten Seite für uns einen gewissen Wert besitzen, schätzen wir die Dinge auf der linken Seite als wichtiger ein.*

2.2 Agile Werte

Im agilen Manifest und in vielen Dokumenten, die agile Entwicklungsmethoden beschreiben, wird über Praktiken diskutiert, die man als Teammitglied unbedingt durchführen sollte, will man als „agil" gelten. Viele dieser Praktiken gab es bereits vor der agilen Bewegung (Iteratives Vorgehen und crossfunktionale Teams), andere sind erst mit agilen Methoden in Mode gekommen (z. B. testgetriebene Entwicklung und Paar-Programmierung).

Viele vergessen jedoch, dass Praktiken nur versuchen, Prinzipien gerecht zu werden. Die Prinzipien wiederum sind in Werten verankert, die unser Handeln von Grund auf beeinflussen.

Oft scheinen einzelne Praktiken dem traditionellen Verständnis von Effizienz und Wirtschaftlichkeit zu widersprechen (z. B. das Paar-Programmieren) und werden deshalb kritisiert. Dabei gehen die zugrunde liegenden Prinzipien meist vergessen.

Prinzipien und Normen wiederum, ohne ein Fundament in Form von konsistenten Werten, sind lediglich hohle Regeln, die nur die wenigsten freiwillig auf Dauer einhalten wollen.

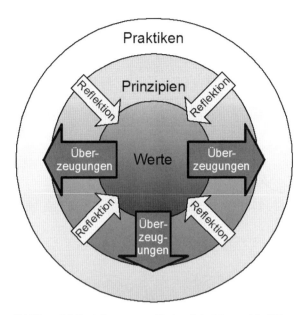

Abbildung 2.1: Beeinflussung von Werten, Prinzipien und Praktiken

In Abbildung 2.1 ist die Wechselwirkung zwischen diesen drei Begriffen angedeutet. Dabei fällt auf, dass auf der einen Seite Praktiken die Prinzipien und Werte, die wir hochhalten, beeinflussen. Denken wir dabei daran, wie die Praxis der automatisierten Tests in den letzten Jahren unsere Einstellung zum Testen revolutioniert hat: Selbst in Projekten, die eigentlich mit Agilität nichts am Hut haben, kommen diese Testtechniken zum Einsatz.

Der weitaus wichtigere Einfluss geht jedoch von den Werten aus. Sie geben unserem Handeln alle wichtigen Impulse und machen uns zu den Menschen und Organisationen, die wir heute sind. Dabei können sie sowohl Agilität fördern als auch diesbezüglich hinderlich sein.

Die von den Projektbeteiligten gelebten Werte haben sich oft über Jahre herausgebildet und sind in der Organisation fest verankert. Deshalb findet ein Wandel der Werte nur sehr schwer statt und muss über Jahre vorangetrieben werden. Wir werden uns gegen Ende des Buchs darüber unterhalten, was man tun kann, um diesen Wandel zu fördern.

Allerdings ist es gar nicht so leicht, die vorherrschenden Werte in einer Organisation auszumachen. Dies ist deshalb der Fall, weil wir Werte und zum Teil auch Prinzipien nicht direkt beobachten können. Vielmehr sind sie lediglich indirekt, aufgrund von beobachtbaren Handlungen, Aussagen und gelebten Normen feststellbar. Zudem findet man bei jedem individuellen Mitarbeiter eine eigene Menge an Werten, die sie nur mit einer Untermenge an anderen Mitarbeitern teilen.

Die Zusammenhänge von Werten, Prinzipien und Praktiken kann man sehr gut mit dem Baum-Modell veranschaulichen (Abbildung 2.2). Obwohl unsere Handlungsweisen in Wertanschauungen wurzeln, sind diese in der Regel unsichtbar. Aber ohne diese Wurzeln sind Praktiken allein auf die Dauer nicht überlebensfähig. Die Organisation wird die Praktiken nicht um ihrer selbst willen adoptieren, außer der Nutzen ist evident. Wenn eine bestimmte Handlungsweise kurzfristig negative Auswirkungen auf die Mitarbeitenden zeitigt oder Schwächen der Organisation aufzeigt, dann wird es noch schwieriger, sie auf die Dauer fortzusetzen.

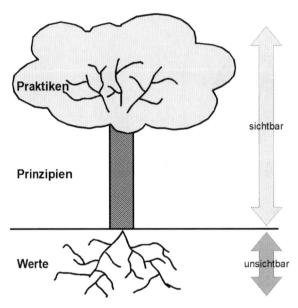

Abbildung 2.2: Das Baum-Modell

Ohne die richtigen Werte, die mit der gewünschten Vorgehensweise eng verknüpft sind, kann kein agiler Prozess auf Dauer gelebt werden. Doch was sind das für Werte, die förderlich sind?

Nur ein agiler Prozess, nämlich XP, zählt explizit Werte auf, die den Prozess fördern. Kent Beck[1] hat vier davon aufgeführt: Einfachheit, Kommunikation, Feedback, Mut. In der zweiten Auflage des Buchs[2] wurde dieser Aufzählung noch Respekt hinzugefügt.

Liest man weitere Literatur zu agilen Prozessen (z. B. von Larman[3], Cockburn[4], Schuh[5], Boehm und Turner[6] sowie Poppendieck[7]) und spricht mit Leuten, die an agilen Projekten beteiligt waren, dann kommen noch viele weitere Werte zum Vorschein. Hinzu kommen noch verschiedene Werke, die sich mit Verbesserung der Zusammenarbeit beschäftigen

[1]   Kent Beck, *Extreme Programming Explained*, Addison-Wesley, 1999
[2]   Kent Beck, *Extreme Programming Explained (2nd Edition)*, Addison-Wesley, 2004
[3]   Craig Larman, *Agile & Iterative Development*, Addison-Wesley, 2004
[4]   Alistair Cockburn, *Agile Software Development*, Addison-Wesley, 2002
[5]   Peter Schuh, *Integrating Agile Development in the Real World*, Charles River Media, 2005
[6]   Barry W. Boehm & Richard Turner, *Balancing Agility and Discipline*, Addison-Wesley, 2003
[7]   Mary Poppendieck & Tom Poppendieck, *Lean Software Development*, Addison-Wesley, 2003

entwickler.press

(z. B. von Tabaka[8], Weick und Sutcliffe[9], Block[10] sowie Hock[11]) und die auch viele Gedanken zum Thema liefern.

Statt einfach alles aufzuzählen, was irgendwo erwähnt worden ist, wollen wir uns selbst Gedanken darüber machen, welche Werte dem agilen Vorgehen förderlich sind und welche nicht. Ken Schwaber[12] erwähnt in Zusammenhang mit Scrum das Konzept des „gesunden Menschenverstandes", das angewendet werden soll. Dies ist genau das, was wir nun tun wollen. Folgende Werte wollen wir deshalb etwas näher unter die Lupe nehmen:

■ Einfachheit

■ Transparenz

■ Kohärenz

■ Adaption

■ Lernen

■ Zusammenarbeit

■ Mut

■ Vertrauen und Respekt

■ Verantwortlichkeit

Ich gebe zu, dies ist eine sehr subjektive Liste, aber sie entspricht meinen Erfahrungen und deren meiner Kollegen.

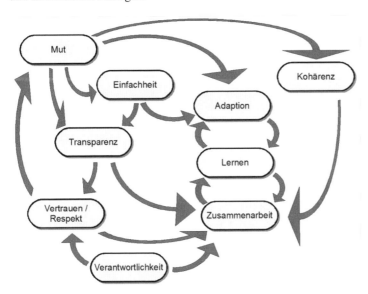

Abbildung 2.3: Werte beeinflussen sich gegenseitig

---

8   Jean Tabaka, *Collaboration Explained*, Addison-Wesley, 2006

9   Karl E. Weick & Kathleen M. Sutcliffe, *Managing the Unexpected*, Jossey-Bass, 2001

10   Peter Block, *Stewardship*, Berrett-Koehler Publishers, 1996

11   Dee Hock, *Birth of the Chaordic Age*, Berrett-Koehler Publishers, 1999

12   Ken Schwaber, *Agile Software Development with Scrum*, Prentice Hall, 2002

Wie wir aus Abbildung 2.3 erkennen können, beeinflussen sich die verschiedenen Werte gegenseitig, dabei gibt es verschiedene positive Feedback-Schleifen. Die Pfeile deuten verstärkenden Einfluss auf einen anderen Wert aus, d. h. zum Beispiel, dass Zusammenarbeit durch gegenseitigen Respekt und Vertrauen sowie fortwährendes Dazulernen und Kohärenz in der Wahrnehmung gefördert wird. Wir wollen uns nun in den nächsten Abschnitten ein wenig genauer mit den einzelnen Werten beschäftigen.

2.2.1   Einfachheit

> *„Einfachheit ist ein Zustand, der sich dadurch auszeichnet, dass nur wenige Faktoren zu seinem Entstehen oder Bestehen beitragen, und dadurch, dass das Zusammenspiel dieser Faktoren durch nur wenige Regeln beschrieben werden kann. Damit ist Einfachheit das Gegenteil von Komplexität.“*[13]

Dies ist einer der originalen Werte von XP. Agile Methoden fördern die Einfachheit. Dies äußert sich zum Beispiel in vielen Projekten dadurch, dass man lieber auf elektronische Hilfsmittel zur Kommunikation im Team, wo immer möglich, verzichtet. Ein weiteres Beispiel von Einfachheit ist die Maxime in XP: „Do the simplest thing that could possibly work" (Kent Beck, 1999). Dies heißt übersetzt, das Einfachste zu tun, das nötig ist, um eine bestimmte Funktionalität zu designen und zu implementieren. Dies bedeutet keinesfalls, eine naive, übersimplifizierte Lösung zu finden, sondern soll vor allem übertrieben und unnötig kompliziertes Design verhindern.

Die einfachste Lösung ist normalerweise die beste Lösung. Warum kann man das sagen? Nun, je komplexer und detaillierter die Artefakte (z. B. der Programmcode oder die Organisationstruktur) sind, desto schwieriger und teurer ist es, sie zu ändern. Denken wir nur an schlecht designten Spaghetticode, der praktisch undurchschaubar ist oder an eine stark hierarchisch aufgebaute Firmenorganisation, in der die Kommunikationswege lang und kompliziert nachvollziehbar sind.

In der Agilität wird durch Verzicht auf Features, die nicht wirklich gebraucht werden, der Overhead reduziert, der dazu gebraucht wird, sich mit dieser Funktionalität näher auseinanderzusetzen. Dies fängt schon beim Priorisieren von zu implementierenden Feature an: Wen ich das, was ich nicht wirklich brauche, erst gar nicht in meiner Feature-liste aufführe, muss ich mir auch keine weiteren Gedanken darüber machen, und dies jedesmal, wenn ich die Liste neu priorisieren muss (was ja in agilen Projekten sehr häufig vorkommt). Das Beste aber kommt noch: Ich muss diese Features auch nicht:

- tiefer analysieren
- designen
- implementieren
- testen
- dokumentieren

---

[13]   http://de.wikipedia.org/wiki/Einfachheit, *Wikipedia, Stichwort: Einfachheit*, Stand Februar 2009

Eine Menge an Zeit und Kopfzerbrechen kann ich mir da sparen. Agile Methoden haben deshalb die Tendenz, die Arbeit, die *nicht* zu tun ist, zu maximieren.

Durch die Reduktion der Komplexität, erhöht man außerdem auch die Wertschöpfung, die sonst durch Mehraufwand und höhere Kosten minimiert würde. Da z. B. eine einfache Architektur auch einfacher verstanden, geändert und erweitert werden kann, geht viel weniger Geld durch zeitaufwändige Fehlersuche und überproportionalen Änderungsaufwand verloren.

Aber verstehen wir hier nicht etwas falsch! Einfache Architektur bedeutet *nicht KEINE* Architektur. Vielmehr bedeutet einfache Architektur *angemessene* Architektur. Sie passt zur Lösung und nimmt nicht noch zwanzig weitere Anwendungsfälle vorweg, die möglicherweise gar nicht eintreten werden.

Einfachheit in Bezug auf Dokumentation wird im Zusammenhang mit agilen Prozessen manchmal als Absenz von Dokumentation interpretiert. Dabei sollte in der Zwischenzeit allen klar sein, dass damit vielmehr die angemessen notwendige Dokumentation gemeint ist. Dabei darf man durchaus nicht alltägliche Wege gehen, indem man z. B. anschließend an eine kurze Designbesprechung am Whiteboard die Digitalkamera zückt und das Ergebnis auf diese Weise festhält. Welche Abhängigkeit besteht zu den anderen Werten, die wir betrachten?

- Einfachheit braucht Mut, da viele Einfachheit als schlecht ansehen und ein System für sie nur einen Wert hat, wenn möglichst viele Akronyme darin vorkommen.

- Mut ist auch nötig, um Dinge in der Organisation einfacher zu machen, da man da oft gegen etablierte Vorgehensweisen sowie vorgeschriebene Abläufe und Normen verstößt.

- Einfachheit in der Kommunikation unterstützt die Transparenz. Bei Fragen wie „Wo stehen wir als Team?" und „Wie viel an Arbeit ist erledigt?", muss es sehr einfach sein herauszufinden, wie weit das Team bereits gekommen ist. Alles andere fördert den Selbstbetrug.

- Einfache Systeme und Vorgehensweisen sind einfacher zu Verstehen, womit das Lernen gefördert wird.

- Außerdem sind einfache Lösungen meist effektiver und einfacher umzusetzen und die Reaktion auf Veränderungen wird erleichtert. Einfachheit schafft somit eine Grundvoraussetzung, damit Adaption überhaupt sinnvoll möglich ist.

2.2.2 Transparenz

> *„Der Begriff der Transparenz ist (in der Politik) ... eine metaphorische Nutzung des Begriffs „Transparenz" aus der Optik: Ein ‚transparentes' Objekt ist eines, was durchschaut werden kann. Die Forderung nach Transparenz ist eine nach Information, Offenheit, Kommunikation und Rechenschaft."* [14]

---

[14] http://de.wikipedia.org/wiki/Transparenz, *Wikipedia, Stichwort: Transparenz*, Stand Februar 2009

Das Zitat aus der Wikipedia (obwohl der Politik entlehnt) beschreibt treffend, wie wir als soziale Gruppe von Menschen gefordert sind, falls wir Transparenz leben wollen.

Transparenz ist eine der quintessenziellen Werte, die in einem agilen Projekt gelebt werden müssen, denn sie fördert Ehrlichkeit und Offenheit. Und davon lebt der agile Prozess. Dabei braucht das agile Team selbst den Durchblick, denn es sollte sich laufend selbst beobachten und seine Handlungsweise hinterfragen. Agile Teams möchten wissen, wo sie stehen, damit sie ihre Fortschritte beurteilen und eventuell Maßnahmen ergreifen können, falls sie ausbleiben.

Deshalb hat man das Bedürfnis, möglichst direkt und ohne Umwege an Informationen heranzukommen. Aus der Teamsicht stellt man sich Fragen wie:

- Wie ist der Build gelaufen?
- Wo stehen wir mit unserem Commitment vom Beginn der Iteration?
- Wo klemmt es? Wo haben wir Probleme? Welche Maßnahmen hatten Erfolg?
- Implementieren wir wirklich, was der Kunde möchte?

Der Kunde hingegen möchte wissen:

- Was kann ich am Ende dieser Iteration als Resultat erwarten?
- Wie viel ist noch zu tun?
- Wie schnell kommen wir mit dem Projekt vorwärts?

So gut sich Transparenz auch auf die breite Streuung von Informationen auswirken kann, sie kann durchaus auch negative Auswirkungen haben, wenn Werte in der Firma oder im Projekt Überhand nehmen, die der Zusammenarbeit nicht förderlich sind (siehe dazu auch den Abschnitt 2.3). Wird z. B. das Kontrollbedürfnis hochgehalten oder herrscht eine Kultur der Schuldzuweisung, kann Transparenz den Druck auf einzelne Ausführende des Projekts oder gar das ganze Team stark erhöhen. Herrschen andererseits Rahmenbedingungen, die dem Einzelnen mehr Freiheiten einräumen und fühlt er sich nicht in einem „Polizeistaat", dann kann Transparenz zu einer positiven Art von Druck – ausgeübt vom Team – führen, der dann bewirkt, dass das einzelne Glied des Teams teilweise seine Autonomie aufgibt, wenn nötig Hilfe von außen annimmt und dadurch enger mit seinen Kollegen oder auch mit dem Kunden zusammenarbeitet.

Tendenziell führt außerdem zunehmende Transparenz zu einem Abbau bürokratischer Kontrollmechanismen, da diese oft der Hauch von Überflüssigkeit und Redundanz umweht. Dadurch kann Agilität auch in andere Bereiche des Unternehmens Einzug halten, und erstaunlich oft geschieht dies peu à peu ganz ohne lautstarken Lobbyismus. In welchem Verhältnis steht Transparenz zu den anderen Werten?

- Transparenz fördert das Lernen, da die Ursachen und Gründe für Probleme schneller lokalisiert werden können. Es fällt einem leichter, Strategien zur Lösung eines Problems zu entwickeln und sinnvoll zu reagieren, wenn Ursachen leichter feststellbar werden.

- Gleichzeitig erhöht sich die Last der Rechenschaft, der Verantwortlichkeit auf den Schultern der einzelnen, am Prozess teilnehmenden Personen. Es fällt z. B. schneller und direkter auf, wenn jemand durch unbedachtes Einchecken viele automatisierte Akzeptanztests fehlschlagen lässt.

- In einem erbaulichen, „gesunden" Umfeld führt Transparenz zu mehr Vertrauen und Respekt zwischen den beteiligten Personen, denn sie sehen, dass die meisten von ihnen mit guten Absichten und viel Elan bei der Sache sind.

- Transparenz erhöht die Chancen auf gute Zusammenarbeit. Die Rollenverteilung ist klar, die Netzwerke sind offen und die Menschen zugänglich. Jeder weiß, woran er ist und was er zu erwarten hat, statt raten zu müssen. Dadurch werden Reibungsflächen geglättet und Sandbänke ausgebaggert.

- Transparenz ist aber auch auf Mut und Einfachheit angewiesen, damit bestehende Wände und Hindernisse aus dem Weg geräumt werden können. Transparenz stößt nicht bei jedem auf Gegenliebe. Wer etwas zu verstecken hat, z. B. eine versteckte Agenda, ungenügende Fähigkeiten, dem ist es lieber, irgendwo im Verborgenen wirken zu können und nicht all zu sehr aufzufallen.

2.2.3 Kohärenz

> *„Als Kohärenz…bezeichnet man allgemein den inneren oder äußeren Zusammenhang oder Zusammenhalt von etwas."* [15]

Warum Kohärenz, z. B. zwischen dem, was man sagt und dem, was man tut, so wichtig ist, wird einem klar, wenn man Kinder hat. Stimmen Worte und Taten nicht überein, dann werden die Kinder die Taten nachahmen und die Worte ignorieren. Fehlt diese Art der Kohärenz, dann kann man kein Beispiel sein.

Menschen möchten zum Beispiel in einer „Leader"-Persönlichkeit eine solche Kohärenz beobachten und werden dadurch angespornt, ebenso zu handeln. Wird ihnen jedoch ein Teamleiter vorgesetzt, der von ihnen gewisse Dinge zu tun verlangt, die er selbst nicht tut (oder nicht mehr tun kann, z. B. aufgrund des Mangels an Fähigkeiten), dann läuft er große Gefahr, nicht anerkannt zu werden und als jemand betrachtet zu werden, der „von der ganzen Sache ja doch nichts versteht".

Genauso verhält es ich mit einem Scrum Master (in einem Scrum-Team), der ja die Aufgabe hat, dem Team alle Hindernisse aus dem Weg zu räumen, damit es ungestört und konzentriert arbeiten kann. Wenn seine Taten mit der Rolle, die er inne hat, nicht übereinstimmen, dann wirkt er unglaubwürdig und verspielt sehr schnell das Vertrauen, das ihm (wenn auch nur als Vorschuss) entgegengebracht wird.

Ein anderes Beispiel von wichtiger Kohärenz ist die Übereinstimmung der verschiedenen individuellen und projektbezogenen Ziele. Das heißt nicht, dass Einzelne nicht eigene Ziele haben können (z. B. etwas Bestimmtes zu lernen usw.). Es ist jedoch wichtig, dass es keine versteckten Agenden gibt, die den Zielen des Projekts diametral entgegengesetzt sind. Dies ist gar nicht so einfach, besonders, wenn die Organisation groß ist. Dies

---

[15] http://de.wikipedia.org/wiki/Koh%C3%A4renz, *Wikipedia, Stichwort: Kohärenz*, Stand Februar 2009

ist mitunter auch ein Grund dafür, warum kleine Teams zielgerichteter und effektiver zusammenarbeiten.

Ein weiteres Gebiet, in dem Kohärenz eine wichtige Rolle spielt, zeigt sich, wenn es um gegebene Versprechen geht. Wird einem Team versprochen, dass es selbstständig, sozusagen autonom (aber mit Rücksicht auf andere Teams) handeln kann und man hält diese Versprechen nicht ein, indem man immer wieder ins Geschehen innerhalb des Teams eingreift (selbst ohne triftigen Grund), dann bleiben für dieses Team Schlagworte wie Selbstorganisation, Ermächtigung (englisch „Empowerment") oder geteilte Verantwortung nur leere Worthülsen.

Aber auch ein agiles Team muss kohärent handeln. Wenn es z. B. zu Beginn einer Iteration ein Versprechen macht (ein Commitment eingeht), dann aber sein Versprechen nicht einhält und beim nächsten Mal sein erneutes Versprechen der Erfahrung nicht anpasst, dann läuft es Gefahr, dass es vom Kunden in Zukunft nicht ernstgenommen wird.

Zu guter Letzt wirkt sich Kohärenz auch darin aus, wie das Management mit seinen Mitarbeitern umgeht: Lässt es verlauten, dass man die Mitarbeiter darin unterstützen möchte, agil vorzugehen und schafft aber nicht die Rahmenbedingungen, die dieses Vorgehen begünstigen? In solch einem Fall, wird sich sehr schnell die Meinung durchsetzen, dass es dem Management gar nicht so ernst ist mit dem neuen Ansatz. Auch Kohärenz wirkt sich auf die anderen agilen Werte aus:

- Durch Kohärenz wird die Zusammenarbeit gefördert, da alle Beteiligten ein gemeinsames Ziel verfolgen und durch die Übereinstimmung der Aussagen mit den Handlungen die Sicherheit haben, dass am gleichen Strick gezogen wird.

- Kohärentes Reden und Handeln legen die Grundlage für das oft so herbeigewünschte Vertrauen.

- Kohärenz zu zeigen, erfordert Mut, da es nicht immer einfach ist, versprochene Dinge in die Tat umzusetzen. Das auch noch im Angesicht von Widerstand und anderen Hindernissen innerhalb der eigenen Organisation zu leben, verstärkt dieses Bedürfnis noch.

2.2.4 Adaption

> „Als Adaption ... wird die Umarbeitung eines künstlerischen Werks bezeichnet; ... Als Adaption in Technik und Wissenschaft wird bezeichnet: eine sich selbst anpassende Regelung ... "[16]

Im weitesten Sinne sind auch Softwareprodukte „künstlerische Werke". Aufgrund der weichen Eigenschaften von Software, gleicht die Softwareentwicklung des Öfteren mehr einer Übung in Umarbeitung als einem einmaligen, perfekten Wurf.

Die Zeiten, als man glaubte, dass sich Anforderungen einfrieren lassen, sind vorbei. Und doch spuken in vielen Köpfen noch Fantasien herum, dass ein am Anfang eines Projekts gefasster Plan bis zum Ende durchgehalten werden kann. Dabei ist selbst in traditionel-

---

[16] http://de.wikipedia.org/wiki/Adaption, *Wikipedia, Stichwort: Adaption*, Stand Februar 2009

len Projekten oft zu beobachten, dass zwei bis drei (dann meist größere) Kurskorrekturen notwendig sind.

Agile Projekte umarmen die Tatsache der steten Veränderung (Embrace Change), statt sie mit allen Mitteln bekämpfen zu wollen. Veränderung kann man aber nur begegnen, wenn man seine Vorgehensweise laufend dieser Veränderung anpasst.

Wie in einem Boxkampf geht es darum, „Schicksalsschlägen" oder veränderten Rahmenbedingungen gegenzuhalten, indem man ausweicht oder eine andere Taktik des Angriffs wählt. Niemand könnte sich vorstellen, einen Boxkampf zu gewinnen, indem er jeden Schlag vor dem Kampf genau geplant hat. Kein Gegner wird einem den Gefallen machen und sich an diesen „Plan" halten. So ist es stattdessen wünschenswert für einen Boxer, sich ein möglichst großes Repertoire an Techniken und Taktiken anzutrainieren, um sie Situationsabhängig einzusetzen. Außerdem ist es nicht verboten, auch während des Kampfes auf die Taktik des Gegners einzugehen und das eigene Vorgehen anzupassen.

Agile Projekte ähneln einem Boxkampf, indem zwar das Ziel feststeht, aber es bei Weitem nicht so klar ist, wie man das Ziel erreichen kann. Und genauso, wie zwar beim Boxkampf, der Coach dem Boxer in den Pausen gute Ratschläge erteilen kann, aber der Boxer selbst sein Handeln anpassen muss, will er erfolgreich sein, so muss auch das agile Team eigenständig sein Vorgehen der Situation anpassen. Je weiter entfernt vom Geschehen (z. B. im oberen Management) beschlossen wird, wann was anzupassen, zu adaptieren ist, desto unpassender oder gar (was noch gefährlicher ist) ineffektiver sind die Maßnahmen. Und das, weil sie entweder zu spät kommen oder nur Symptome bekämpfen, statt Ursachen. Wir werden in folgenden Kapiteln noch näher darauf zu sprechen kommen.

Grundvoraussetzung für eine wirkungsvolle Adaption des Handelns ist jedoch regelmäßige und zeitnahe Inspektion. Dabei ist es nicht das Ziel, von außen inspiziert zu werden. Sondern jeder an einem agilen Projekt beteiligte hat die Verpflichtung, seine Vorgehensweise und seine Sicht der Dinge zu hinterfragen und – falls er Mängel feststellt – etwas dagegen zu unternehmen.

Es geht hier somit nicht nur um eine von außen festgelegte Kontrolle (die ja auch in agilen Projekten, z. B. bei einer Ergebnisbeurteilung durch den Kunden geschieht), sondern um eine Selbstkontrolle der direkt betroffenen Mitarbeiter. Und dies ist nicht ein sich gegenseitiges Bespitzeln, sondern ein sich gegenseitiges Helfen, das Teamziel zu erreichen.

Enorm wichtig bei der regelmäßigen Inspektion ist jedoch, dass sie nicht ohne Folgen bleiben darf. Wenn etwas geändert werden soll, dann muss auch tatsächlich etwas geändert werden und auch geändert werden dürfen. Geschieht dies nicht, dann wird auch Inspektion aufhören, da sie keinen Nutzen bringt.

Dieser Prozess der stetigen Verbesserung ist eines der Hauptmerkmale von agilen Vorgehen und zeitigt, wo zugelassen und gefördert, immer positive Ergebnisse. Durch das kontinuierliche Umsetzen von neuen Ideen und das unmittelbare Validieren des Nutzens der Maßnahmen sind die Lernzyklen kurz und die Verbesserungen rasch spürbar.

Natürlich muss der Zeitpunkt, wann etwas angepasst wird, mit Umsicht gewählt werden. Obwohl fortlaufende Veränderung gut ist, kann die Änderungsrate so schnell sein, dass Adaption in Chaos abgleitet. Es gilt somit, die Balance zu finden, zwischen aktiver

Veränderung und Perioden der Ruhe, wo sich veränderte Vorgehensweisen in den Köpfen der Beteiligten ausbreiten können.

Man darf jedoch auch nicht ins Gegenteil verfallen, indem man Adaption scheut, weil scheinbar der richtige Moment nicht gekommen ist. Gerade in der Hektik eines Projekts und im steten Rhythmus von Iterationen ist man ja immer unter Druck, ein Ergebnis zu liefern. Und es scheint dann gar nie der richtige Zeitpunkt zu kommen, um sein Vorgehen (z. B. den Build-Prozess, die Tools oder die Art der Zusammenarbeit mit dem Kunden) zu adaptieren. Die Frage ist nur: Wie lange möchte man mit einer stumpfen Säge versuchen, den Baum fällen?

Adaption bietet zusätzlich noch eine Chance: Die Glaubwürdigkeit des Managements und anderer Beteiligter kann stark gefördert werden, wenn Maßnahmen schnell und unkompliziert in die Wege geleitet werden. Besonders der Scrum Master, der in Scrum ja unter anderem die Aufgabe hat, möglichst viele Hindernisse für ein Team aus dem Weg zu räumen, profitiert davon, wenn er tatsächlich etwas unternimmt und nicht nur Buch führt über die anstehenden Probleme. Wie wirkt sich der Wille zur Adaption auf die anderen agilen Werte aus?

- Adaption fördert das kontinuierliche Lernen (im Team und in der Organisation).

- Adaption benötigt Mut, denn nicht immer sind Änderungen willkommen.

- Auch Einfachheit der Prozesse, der Kommunikation und sogar des Produkts (z. B. der Architektur davon) helfen bei der Adaption. Einfache Dinge sind leichter zu ändern.

- Vertrauen und Respekt wird durch Adaption (selbst durch nicht vollständig erfolgreiche) gefördert.

2.2.5 Lernen

„Lernen bezeichnet den Vorgang der Aufnahme und der Speicherung von Erfahrungen und der Konditionierung des Verhaltens. Ergebnis des Lernprozesses ist die Veränderung der Wahrscheinlichkeit, mit der Verhaltensweisen in bestimmten Situationen auftreten."[17]

Lernen ist nicht nur auf technische Aspekte beschränkt, sondern auch im Bereich der zwischenmenschlichen Beziehungen im Projekt von größter Wichtigkeit. Der Kunde, der Entwickler, der Tester, alle Beteiligten müssen lernen, miteinander auf eine möglichst konstruktive Weise umzugehen. Wissen und Erfahrung im Bereich sozialer Aspekte sowie weiterer weicher Faktoren wird benötigt.

Praktiken, die anzuwenden empfohlen wird, gibt es wie Sand am Meer. Welche davon im Kontext der jeweiligen Organisation oder des jeweiligen Projekts funktionieren, kann vom Team nur im Laufe der Zeit festgestellt werden. Deshalb sind so genannte Best Practices mit Vorsicht zu genießen. Sie können höchstens als Ausgangspunkt dienen, falls man im entsprechenden Gebiet keine Erfahrung hat. Sobald aber ein Fundus an

---

[17] *Der neue Brockhaus – Band 3 (6. Auflage), Stichwork: lernen*, F.A. Brockhaus, 1979

Erfahrungen vorhanden ist, dann ist es gut, diesen zu Rate zu ziehen, um die Best Practices zu „Our Currently Best Practices" zu machen, also zu Praktiken, die im aktuellen Kontext wirksam sind, wobei von vornherein klar ist, dass sich die Umstände wieder ändern werden.

Es zeigt sich deshalb oftmals, dass Lernen „auf Vorrat" nur begrenzten Wert hat, indem ein „Werkzeugkasten" angelegt wird, der eine Menge von Werkzeugen enthält, die man situativ hervorholen kann, um sie in der gegebenen Situation auszuprobieren. Denken wir nur an die vielen Dinge, die wir in der Schule oder dem Studium gelernt haben, die wir in unserem aktuellen Beruf selten oder gar nicht brauchen. Situatives Lernen ist somit ein zentraler Bestandteil agiler Prozesse. Natürlich profitieren auch agile Teams von erfahrenen Mitarbeitern, die ihr Know-how mit in den Prozess einbringen können, wodurch gewisse Probleme schneller gelöst werden können, als wenn das Team sich das Wissen erst aneignen muss (bzw. die negative Erfahrung selbst machen muss).

Um gemeinsame Erfahrungen zu schaffen, ist die Reflexion der eigenen Vorgehensweise (z. B. durch regelmäßige Retrospektiven) notwendig. Nur wenn Wissen und Erfahrungen im Team verteilt werden, können Einzelpersonen in Problemsituationen, die für das Team und das Projekt richtigen Entscheidungen treffen und somit möglichst effektiv unterwegs sein.

Auch Know-how über Planung, Schätzung, Qualitätssicherung, Testverfahren und vieles mehr sollte nicht nur Sache einiger weniger Spezialisten im Team sein, sondern möglichst weit gestreut werden (Stichwort „Spezialisierte Generalisten"), damit die Flexibilität und die Fähigkeiten des ganzen Teams ausgebaut werden.

Dabei legen agile Prozesse den Nachdruck darauf, dass nicht einer (in der Regel ein Manager oder der Teamleiter) denkt und die anderen seinen Vorgaben gedankenlos folgen, wie beim Ansatz des Scientific Management von Frederick W. Taylor. Vielmehr hofft man, Erfahrung und Wissen möglichst breit zu streuen, wie auch zu nutzen, da man es als Allgemeingut ansieht.

Dem gemeinsamen Lernen muss große Bedeutung beigemessen werden, da es sich wie folgt auf andere Werte auswirkt:

- *Zusammenarbeit* wird erleichtert, da weniger Flaschenhälse auftauchen, wenn sich Mitarbeiter in verschieden Rollen unterstützen können. Durch ein gemeinsames Verständnis des anstehenden Problemkreises und des Weges, den man sich zur Problemlösung zurechtgelegt hat, ist die Wahrscheinlichkeit, zusammen in die gleiche Richtung zu ziehen, größer.

- *Adaption* wird informierter vorgenommen, da Geschehen und Konsequenzen besser abgeschätzt werden können. Auch wird der Fundus an zur Verfügung stehenden Techniken, Praktiken und so genannten Soft Skills, die gerade in kritischen Situationen angewendet werden können, stetig größer.

- Lernen braucht Verifikation von neuen Ideen durch Ausprobieren. *Adaption* hilft Nützliches von Hinderlichem zu trennen und dadurch einen selbst optimierenden Prozess in Gang zu halten.

- Lernen wird von *Transparenz* gefördert, da die wahren Ursachen, z. B. von Problemen, leichter festzustellen sind.

2.2.6   Zusammenarbeit

> *„Die Zusammenarbeit ... bezeichnet in der Regel ein bewusstes, gemeinsames Zusammenwirken zur Erreichung eines Ziels."*[18]

Enge Zusammenarbeit ist einer der Grundpfeiler agiler Softwareentwicklung. Und zwar auf allen Fronten: zwischen Kunden und Entwicklern, Testern und Entwicklern, und das teamübergreifend.

Das mag ein abgedroschener Begriff sein und man ist jetzt versucht einzuwenden, dass Zusammenarbeit in allen Projekten – ob agil oder nicht – grundlegend ist. Das ist auch so, aber im agilen Umfeld wird darauf noch ganz anderer Nachdruck gelegt: Enge Zusammenarbeit wird nicht nur gebetmühlenartig widerholt, sondern tatsächlich gelebt.

Dabei wird aktiv am Niederreißen von Produktivitätsbarrieren und anderen begrenzenden Faktoren gearbeitet. Zusammenarbeit in agilen Projekten gründet auf Proximität der Zusammenarbeitenden. Es wird versucht, diese Nähe sowohl physisch (z. B. durch Ko-Lokation eines Teams) und zeitlich (durch Komprimierung der traditionellen Entwicklungsphasen auf beinahe simultanes Durchführen) als auch wissenstechnisch (z. B. durch gemeinsames Erarbeiten der Anforderungen, an dem alle Teammitglieder, vom Kunden bis zum Tester, teilnehmen) herbeizuführen.

Dies wirkt sich meist auf die organisatorischen Strukturen innerhalb einer Firma (sowohl auf Kundenseite als auch auf der Seite des Dienstleisters) aus. Vorgehensweisen, die eine intensive Zusammenarbeit verunmöglichen oder behindern, werden bekämpft und wenn möglich durch passendere Prozesse ersetzt.

Zusammenarbeit will jedoch gelernt sein. Immer, wenn Menschen, die sich zuvor nicht gekannt haben, auf einmal zusammenarbeiten sollen, müssen sie das von Neuem lernen. Auch werden in vielen Organisationen „Einzelkämpfer" geduldet, wenn nicht gar gefördert. Diesen Personen fällt es gar nicht leicht, mit anderen zusammenzuarbeiten und sie sind dementsprechend schwer in agile Teams zu integrieren. Es müssen auch Teamnormen zu folgenden Fragen erarbeitet werden:

- Wie geht man innerhalb des Teams miteinander um?
- Wie geht man mit Personen außerhalb des Teams um?
- Was bedeutet es für das Team, eine Anforderung vollständig umgesetzt zu haben?
- Wie wird im Team mit Konflikt umgegangen?

Gemeinsame Normen sollten eigentlich überall definiert werden, wo Menschen eng zusammenarbeiten sollen, aber in agilen Teams ist es besonders wichtig, das nicht dem Zufall zu überlassen, sondern aktiv an die Hand zu nehmen. Zusammenarbeit passt wie folgt in unser Bild der agilen Werte:

- *Lernen* wird durch Zusammenarbeit gefördert, da so unser Horizont erweitert wird und wir uns neue Vorgehensweisen und gar Sichtweisen aneignen können.

---

[18]   http://de.wikipedia.org/wiki/Zusammenarbeit, *Wikipedia, Stichwort: Zusammenarbeit*

- Menschen haben ihre Grenzen, ihre Stärken und Schwächen, die sie oft nur schwer überwinden können. *Vertrauen* und *Respekt* helfen in diesen Situationen (wie Schmieröl), Spannungen abzubauen und miteinander trotzdem konstruktiv umzugehen.

- *Kohärenz* in unserem Reden und Handeln führt unweigerlich dazu, dass man respektiert wird, als Team und als Individuum. Zusammenarbeit wird dadurch erleichtert.

- Geteilte *Verantwortung* führt auch zu deutlich engerer Zusammenarbeit, weil alle Beteiligten Treiber sind, die an guten Ergebnissen beim Erreichen der gemeinsamen Ziele interessiert sind und nicht nur ein bestimmter Vorgesetzter.

- *Transparenz* ist vonnöten, damit zweispuriges Vorgehen und Missverständnisse über die Art und Weise des gemeinsamen Vorgehens vermieden werden können.

- *Mut* ist nötig, um Hindernisse, die der stärkeren Zusammenarbeit im Weg stehen, zu beseitigen, besonders dann, wenn man keine Autorität hat, das zu tun.

2.2.7 Mut

> *„Mut, auch Wagemut oder Beherztheit: Man traut sich (und ist fähig), bereitwillig etwas zu wagen."*[19]

Im Jahr 1999 war ich sehr überrascht, als Kent Beck (der Begründer von XP) bei seiner Keynote an der OOP-Konferenz in München das Wort „Mut" in den Mund nahm und verkündete, das sei eine der vier essenziellen Werte, die gelebt werden müssten, um erfolgreich Software entwickeln zu können. Softwareentwicklung ist nicht gerade mit einem Sprung von einem Felsen, zehn Meter tief ins Meer, gleichzusetzen.

Und doch, je länger man über unser Leben in der Softwareentwicklung nachdenkt, desto mehr Bedarf an Mut macht man aus.

Da wäre z. B. der Mut, Entscheidungen zu treffen, sobald sie benötigt werden, selbst wenn es unangenehme, unpopuläre Entscheidungen sind. Oder Mut ist notwendig, um vor allen Teammitgliedern offen über anstehende Probleme sprechen zu können (z. B. beim Daily Scrum oder Standup-Meeting). Es braucht auch Mut, ein übermäßig schwieriges oder kostspieliges und gleichzeitig völlig unwichtiges Feature gar nicht erst zu implementieren (und schon wird aus einem Entwicklungsproblem plötzlich ein Analyse-, Anforderungs- oder gar Verhandlungsproblem). Wie spreche ich mit dem Kunden? Kann ich ihn vom zweifelhaften Nutzen überzeugen?

Es braucht auch Mut keine Überzeiten anzuordnen, wenn das Team im Rückstand ist. Alle wissen, dass konstante Überzeiten der Qualität abträglich sind, aber welcher Manager bringt die Courage auf, nicht dem Impuls zu folgen und etwas anzuordnen, das zwar kurzfristig eine Lösung bringen mag, sich aber auf Dauer als „Schuss nach hinten" herausstellen wird?

Oder denken wir nur an den Mut, zuzugeben, dass man nicht alles im Voraus wissen kann. Das dem Kunden gegenüber auch zu verstehen zu geben, natürlich mit Hinwei-

---

[19] http://de.wikipedia.org/wiki/Mut_%28Tugend%29, *Wikipedia, Stichwort: Mut (Tugend)*

sen, wie man gedenkt diesem Problem zu begegnen, ist vielleicht eine der schwierigsten Aufgaben, die einem immer wieder im Projekt begegnen, sei es zu Beginn, bei den Vertragsverhandlungen, wie auch später, wenn alle erwarten, dass man es nun besser wissen sollte.

Ein weiteres Gebiet, wo Mut eine entscheidende Rolle spielt, ist der Verzicht auf engmaschige Kontrolle. Dem Team Vertrauen zu schenken, dass es in der Lage ist, seine Probleme selbstständig zu lösen, ist gerade bei neuen Teams und in größeren Firmen, in denen man sich nicht gut kennt, nicht einfach.

Und wie steht es mit dem Mut, schlechten Code zu kritisieren. Besonders, wenn derjenige, der den Code geschrieben hat, der designierte Architekt oder jemand von höherem Rang ist?

Es braucht auch Mut, frühe aber falsche Designentscheidungen zu korrigieren. Den entsprechenden Aufwand zu betreiben, im Wissen, dass es Mehraufwand und -kosten bedeuten mag, wird vielen von uns schwer fallen, und trotzdem muss es manchmal sein.

Obwohl Mut eine dermaßen wichtige Eigenschaft ist, kann nur schwierig, z. B. bei einem Anstellungsgespräch, überprüft werden, ob ein Mitarbeiter ihn auch mitbringt. Dabei sind die meisten von uns dazu fähig, Mut zu entwickeln, vorausgesetzt, dass das Klima in der Firma diese Eigenschaft wertschätzt und entsprechend fördert. Dabei ist natürlich zu beachten, dass ich hier Mut als Tugend meine und nicht als Waghalsigkeit und kopfloses Handeln ohne abwägen der Risiken. Wie wirkt sich Mut als Tugend aus?

- Mut fördert die *Einfachheit*, z. B. beim Implementieren einer einfachen Architektur, die nur den aktuellen Anforderungen genügt.

- Auch *Transparenz* wird gefördert, indem Ehrlichkeit groß geschrieben wird und Probleme oder Rückschläge nicht unter den sprichwörtlichen Teppich gekehrt werden.

- Durch Mut wird *Adaption* begünstigt, indem man sich nicht scheut, althergebrachte, jedoch nicht nutzbringende Vorgehensweisen und Praktiken über Bord zu werfen und dafür neue Dinge auszuprobieren.

- Mut ist fundamental für *Kohärenz*, indem Handlungen mit Absichten übereinstimmen.

2.2.8 Vertrauen und Respekt

„Vertrauen ist demnach ein ‚Mechanismus zur Reduktion sozialer Komplexität' und wird durch eine ‚riskante Vorleistung' begründet. Dort, wo die rationale Abwägung von Informationen (aufgrund unüberschaubarer Komplexität, wegen Zeitmangels zur Auswertung oder des gänzlichen Fehlens von Informationen überhaupt) nicht möglich ist, befähigt Vertrauen dennoch zu einer auf Intuition gestützten Entscheidung."[20]

Dem Vertrauen kommt eine weitere wichtige Rolle im agilen Team zu. Das schlägt sich unter anderem darin nieder, dass davon ausgegangen wird, dass jeder im Team bzw. im Projekt sein Bestes gibt. Dies zeigt sich z. B. darin, dass man den Teammitgliedern vertraut, die eine Verpflichtung (Commitment) eingehen, dass sie auch alles daran setzen werden, diese zu erfüllen. Vertrauen sollte sich auch in anderen Bereichen zeigen, z. B.:

- Dass jeder alles daran setzen wird, um den Entwicklungsprozess kontinuierlich zu verbessern.
- Dass alle offen Informationen teilen.
- Dass der Auftragnehmer nur das Beste für das Projekt will und selbstständig steuernde Maßnahmen ergreift.

Vertrauen ist leicht verspielt und nur schwer wieder herzustellen. Vertrauensverlust führt zu Misstrauen, verschärftem Kontrollbedürfnis und einer vergifteten Arbeitsatmosphäre. Deshalb sollte Organisationen primär daran gelegen sein, dass Vertrauen stetig aufgebaut und gestärkt wird. Das ergibt den passenden Nährboden für sinnvolle Kollaboration, ohne an den wahren Motiven der Kollegen zweifeln zu müssen.

Vertrauen schließt Respekt mit ein und erweitert ihn, indem es die Distanz zum Mitarbeiter überbrückt und uns erlaubt, ein persönliches Verhältnis zu ihm herzustellen. Vertrauen setzt deshalb Respekt voraus und erlaubt uns zusätzlich, Risiken einzugehen, in der Annahme, dass die Gründe für den Respekt gegenüber unseren Kollegen gerechtfertigt sind. Bei Wikipedia finden wir folgende Definition für Respekt:

„Respekt ... bezeichnet eine Form der Achtung und Ehrerbietung gegenüber einer anderen Person. ... Die Respekterweisung kann folgende Gründe haben: Autorität der anderen Person ... Achtung vor der anderen Person oder Höflichkeit ihr gegenüber ... Toleranz gegenüber der anderen Person oder ihren Handlungen ... Anerkennung der anderen Person gegenüber ..."[21]

Während man Respekt gegenüber anderen bereits aufgrund von Höflichkeit zeigen kann, muss Vertrauen erst wachsen.

Dies geschieht nur dann, wenn unsere Erfahrungen in der Zusammenarbeit mit Einzelpersonen überwiegend positiv ausfallen, z. B. wenn sie ihre Fähigkeiten zum Wohl des

---

[20] Niklas Luhmann, *Vertrauen. Ein Mechanismus zur Reduktion der sozialen Komplexität. (4. Auflage)*, UTB, 2000

[21] http://de.wikipedia.org/wiki/Respekt, *Wikipedia, Stichwort: Respekt*

Teams eingesetzt haben, wenn sie uns behilflich waren oder wenn sie Versprechen eingehalten haben.

Jedes Teammitglied und jeder Projektmitarbeiter hat Anrecht auf einen Respektvorschuss. Die hilfreichste Art von Respekt ist jedoch, wenn wir Kollegen, Mitarbeiter nicht nur aufgrund ihrer Rolle oder ihrer Position respektieren, sondern, wenn wir sie wegen ihres individuellen Beitrags zum Gelingen des Projekts, wegen ihrer einzigartigen Qualitäten und ihren persönlichen Fähigkeiten achten. Dabei betont Respekt die Dinge, die unser gegenüber besonders gut kann und nicht, was er alles nicht kann.

Natürlich kann und muss Respekt auch verdient werden. Wenn wir von einer Person immer wieder enttäuscht werden, dann ist es beinahe unmöglich, sie auf Dauer zu respektieren.

Wir sollten auch Respekt zeigen für alle Rollen (Entwickler, Tester, Anwender, Product Owner, Analysten, Scrum Master sowie andere Stakeholder), die in einem cross-funktionalen Team vorhanden sein können. Jede Rolle trägt ihren Teil dazu bei, dass das Kollektiv funktioniert.

Nicht immer sind die Beiträge der Einzelnen offensichtlich. Einige (z. B. der Scrum Master) handeln oft im Verborgenen, indem sie soziale Kontakte knüpfen und dadurch Konflikte und andere Probleme lösen helfen.

Respekt hilft uns auch, die Grenzen des Einzelnen zu erkennen, sei das im Bereich seiner Fähigkeiten als auch seiner emotionalen Integrität. Das bedeutet, die unterschiedlichen Persönlichkeiten, die unser Team ausmachen, anzuerkennen. Es ist keine ideologische Gleichschaltung möglich (und natürlich auch nicht wünschenswert). Stattdessen wird uns der notwendige Respekt gebieten, die Meinungen der Einzelnen zu akzeptieren und dafür ihre individuellen Stärken zu nutzen.

Eines bedeutet Respekt jedoch nicht: Über Fehler oder gar schlechtes Benehmen einfach hinwegzusehen. Stattdessen wird man bestrebt sein, der fehlbaren Person Chancen zur Korrektur und zum Lernen einzuräumen (natürlich soweit dies überhaupt innerhalb der Organisation tragbar ist). Die Auswirkungen von Vertrauen und Respekt auf die anderen Werte lassen sich wie folgt zusammenfassen:

- Vertrauen ist die Basis für eine konstruktive, unkomplizierte *Zusammenarbeit*.

- Vertrauen fördert die Eigenverantwortung und den *Mut*, Dinge zu unternehmen, die für das Gelingen des Projekts notwendig sind (selbst wenn sie außerhalb der Kompetenz liegen).

- Vertrauen ermöglicht eine höhere *Transparenz*, da alle Beteiligten sich sicher fühlen und bereit sind, Informationen offen zu legen, die ansonsten unter Verschluss bleiben würden.

- Vertrauen fördert Vertrauen auf der Gegenseite, wodurch eine sich verstärkende Feedback-Schlaufe entsteht.

- Vertrauen und Respekt dienen sozusagen als „Schmieröl" für zwischenmenschliche Beziehungen und den Umgang miteinander, da wir in Bereichen, in denen wir nur wenig oder keine Erfahrung in der *Zusammenarbeit* haben, trotzdem entscheidungsfähig bleiben.

2.2.9   Verantwortlichkeit

„Verantwortung bedeutet, die Folgen für eigene oder fremde Handlungen zu tragen. Sie drückt sich darin aus, bereit und fähig zu sein, später Antwort auf mögliche Fragen zu deren Folgen zu geben. Eine Verantwortung zieht immer eine Verantwortlichkeit nach sich, d. h. dafür Sorge zu tragen, dass die Entwicklung des Verantwortungsbereichs im gewünschten Rahmen verläuft.“[22]

Verantwortung ist in einem agilen Umfeld noch viel wichtiger als in traditionell geführten Organisationen. Warum?

Da jeder selbst verantwortlich und initiativ handeln soll, trägt auch jeder Einzelne viel mehr Verantwortung. Je mehr selbst diszipliniert er ist, desto mehr wird er den Teamnormen genügen und desto weniger wird er Anlass für Unruhe und Konflikte innerhalb des Teams geben.

Verantwortlich und verantwortungsbewusst vorzugehen, ist für niemanden leicht, da die meisten von uns gewohnt sind, in traditionell geführten Projekten zu arbeiten, wo einige wenige Verantwortung tragen und viele nur Ausführende sind. Wir müssen somit alle umdenken. Die geteilte Verantwortung zeigt sich z. B. in folgenden Bereichen:

- Regelmäßige, gemeinsame Planung im Team
- Gemeinsames eingehen von Verpflichtungen im Team (z. B. bei der Definition der Iterationsziele und deren Erreichung)
- Gemeinsames Erarbeiten und Hinterfragen von Anforderungen
- Aktive Mitarbeit aller am verbessern des Entwicklungsprozesses und der Zusammenarbeit

Bei der agilen Form der Zusammenarbeit kontrolliert einen niemand im Detail (kein Mikromanagement). Nach der Definition eines zu erreichenden Zieles wird es dem agilen Team selbst überlassen, wie es sein Ziel erreicht. Deshalb kann nur das Team definieren, was es als akzeptable und wünschenswerte Arbeitsweise ansieht, um das Ziel zu erreichen. Je mehr die einzelnen Mitglieder eines solchen Teams bereit sind, die gemeinsame Verantwortung für die Erreichung des Ziels zu teilen, desto bereitwilliger werden sie bemüht sein, den effektivsten Weg dazu zu finden.

Das Übernehmen von Verantwortung will gelernt sein und es ist die Aufgabe des Teamleiters (oder auch eines Scrum Masters), durch Wahrnehmen der Vorbildfunktion sowie durch stetes Einbeziehen aller Teammitglieder in alle Bereiche der Entwicklung, dafür zu sorgen, dass Verantwortung tatsächlich auf alle Schultern verteilt wird[23].

Doch Achtung! Das Festlegen der Verantwortlichkeit stellt keinen Freibrief für Schuldzuweisungen dar. Statt davon auszugehen, jemanden definiert zu haben, den man im Fall

---

[22]   http://de.wikipedia.org/wiki/Verantwortung, *Wikipedia, Stichwort: Verantwortung*, Stand Februar 2009

[23]   Watts S. Humphries, *Annals of Software Engineering 10: Software – A Performing Science?*, S. 261-271, 2000

eines Fehlschlags zur Rechenschaft ziehen kann, nutzt man Verantwortlichkeit zum Einbinden aller, zur Fokussierung auf ein gemeinsames Ziel. Sollte trotzdem einmal ein Ziel nicht erreicht werden, dann ist dies ein Fehlschlag für alle am Projekt beteiligten, und er wird zum Anlass genommen, zu hinterfragen, was man in Zukunft anders machen will. Verantwortlichkeit steht wie folgt mit den anderen agilen Werten in Korrelation:

- Verantwortlichkeit hilft uns, gemeinsam ein Ziel anzustreben und uns gegenseitig dabei zu helfen, es zu erreichen und fördert somit die *Zusammenarbeit*.

- Wenn jemand verantwortlich handelt, dann wird er von anderen mit *Respekt* und *Vertrauen* belohnt.

- Geteilte Verantwortlichkeit fördert auch die *Kohärenz* unserer Handlungsweise als Team, da wir ein gemeinsames Ziel anstreben.

- Verantwortung zu übernehmen, setzt *Mut* voraus, da dadurch von jedem im Team mehr erwartet wird, z. B. wenn es darum geht, gemeinsam im Team unangenehme Entscheidungen zu treffen.

2.3 Werte in traditionellen Projekten

Die Werte, die der agilen Softwareentwicklung zugrunde liegen, sind nichts Neues. Auch die Beteiligten in traditionellen Projekten heben regelmäßig hervor, dass ihnen diese Werte wichtig sind.

Warum fällt es dann in traditionellen Prozessen den Beteiligten so schwer, nach diesen Werten zu handeln? Dies ist eine wichtige Frage, die einer etwas näheren Betrachtung wert ist.

Wir können davon ausgehen, dass auch in traditionellen Projekten die beteiligten Personen gute Intentionen haben. Sie wollen für das Projekt eigentlich auch nur das Beste. Sie unterwandern nicht mit Absicht die Zusammenarbeit im Team. Sie möchten auch nicht das Lernen innerhalb der Organisation behindern. Transparenz ist für sie ebenfalls etwas sehr Wichtiges. Das Problem ist jedoch nicht das absichtliche Behindern des Projekterfolgs. So etwas würde überall als absichtliche Sabotage angesehen und hätte in jedem Projekt fatale Folgen für denjenigen, der sie betreiben würde.

Wir haben es hier mit einer subtileren Sachlage zu tun. Da die Befürworter von traditionellen Vorgehensweisen auf einem anderen Weltbild – dem vorhersehbaren, dem logisch erfassbaren – aufbauen, werden in einem solchen Kontext auch zusätzliche Werte hochgehalten. Leider führen diese Werte oft dazu, dass der Entwicklungsprozess steifer, rigoroser und dadurch unflexibel wird. Und obwohl die Einzelnen weiterhin bemüht sind, Transparenz, Vertrauen oder Einfachheit zu leben, werden sie durch den inneren Konflikt mit zusätzlichen Werten in eine Ecke gedrängt, in der sie vielleicht gar nicht landen wollten und aus der sie nur sehr schwer – wenn überhaupt – wieder aus eigenen Kräften herauskommen. Betrachten wir doch einige dieser Werte, die traditionell hochgehalten und geschätzt werden.

2.3.1 Einhaltung

Einhaltung (englisch Compliance) ist in den letzten Jahren ein Modewort in der Branche geworden. Darunter versteht man das Einhalten bestimmter Normen und Vorschriften bei der Ausführung von Prozessen, mit dem Ziel, dadurch für mehr Transparenz zu sorgen.

Der Wunsch nach Einhaltung von bestimmten Regeln wurde verstärkt durch Wirtschaftsskandale (z. B. um die Firma Worldcom) in den USA, denen die amerikanische Regierung durch den so genannten Sarbanes-Oxley Act[24] einen Riegel vorschieben wollte. Obwohl es sich dabei um ein Gesetz für die Berichterstattung in börsenkodierten Unternehmen handelt, haben die Regelungen tiefgreifende Auswirkungen auch auf die Art und Weise, wie die Unternehmen ihre Software entwickeln. Entsprechend heftig werden diese Auswirkungen in der IT-Branche diskutiert.

Doch schon frühere Entwicklungen, besonders im Rahmen von Projekten für die US-Regierung, hatten maßgebenden Einfluss auf den Softwareentwicklungsprozess. Ein Beispiel dazu ist ein bekanntes Papier von Dr. Winston W. Royce, das zum ersten Mal im Jahr 1970 erschienen ist, betitelt mit „Managing the Development of Large Software Systems"[25], und auf das der „Wasserfall"-Prozess zurückgeht. Das darin postulierte Vorgehen hat Generationen von Softwareentwicklern nachhaltig geprägt und das vor allem deshalb, weil das amerikanische Verteidigungsministerium eine Abwandlung davon für alle seine Projekte zur Pflicht erklärt hat. Heute wird Compliance vor allem in zwei Bereichen gefordert:

- Beim Einhalten von Plänen
- Beim Einhalten von Prozessen

Plantreue

Obwohl die gängige Projektmanagementliteratur davon spricht, Pläne in regelmäßigen Abständen zu überprüfen und anzupassen, werden in der Praxis Abweichungen vom Plan als Fehler angesehen und entsprechend behandelt.

Darin erkennt man wieder Tendenzen aus dem „Scientific Management" von Frederick W. Taylor: Ein Gremium von Experten hat zu Beginn des Projekts das Projekt geschätzt und man hat sich dann vertraglich auf ein Enddatum des Projekts geeinigt. Somit kann dieses Enddatum gar nicht falsch sein. Es kann deshalb nur an den Mitarbeitern liegen, wenn der Termin nicht gehalten werden kann.

Der Plan ist somit nicht anzupassen, sondern es ist alles zu tun, um den Plan einhalten zu können. Sollte sich dieser als unrealistisch erweisen, wird diese Erkenntnis vor den Entscheidungsträgern oft verschleiert.

Gleichzeitig werden all diejenigen belohnt, die dem Plan treubleiben, also z. B. einen so genannten Meilenstein einhalten. Es versteht sich von selbst, dass es jemandem leichter

---

[24] http://de.wikipedia.org/wiki/Sarbanes-Oxley, *Wikipedia, Stichwort: Sarbanes-Oxley Act*, Stand Februar 2009

[25] Winston W. Royce, *Proceedings of the 9th international conference on Software Engineering: Managing the Development of Large Software Systems*, IEEE Computer Society Press, 1987

fällt, eine Spezifikation fertigzustellen, vor allem wenn sie nicht eingehend geprüft werden kann, als ein Stück darauf basierende Software, bei der vielleicht festgestellt wird, dass die Spezifikation unvollständig ist und von falschen Annahmen ausging.

Hinzu kommt noch, dass sogar fixe Budgets für einzelne Aktivitäten, z. B. Testen und Analyse, festgelegt werden, obwohl im vornherein gar nicht klar ist, wo wie viel Tätigkeit tatsächlich anfallen wird. An diesen Budgetposten wird später auch dann noch festgehalten, wenn sie sich als unzulänglich und unbrauchbar herausgestellt haben. Wie wirkt sich das auf unsere agilen Werte aus?

■ Da die am Projekt Beteiligten die Tendenz haben, um jeden Preis einen vorgegebenen Plan einzuhalten, manchmal sogar wider besseres Wissen, wird dadurch Ehrlichkeit, *Respekt* und letztendlich *Vertrauen* untergraben.

■ Auch *Transparenz* bleibt häufig auf der Strecke, da man versucht, „alles im grünen Bereich" erscheinen zu lassen. Wer kennt nicht die legendären gelben Ampeln, die nie auf grün wechseln und bei „90 % erledigt" stehen bleiben.

■ Auch der *Mut* zur *Adaption* wird damit nicht gefördert, da am Plan nicht gerüttelt werden kann (genauso wenig, wie am vereinbarten Umfang).

Prozesstreue

Es herrscht der Glaube vor, dass der Prozess den Erfolg eines Projekts garantiert. Deshalb werden Menschen als austauschbare Ressourcen angesehen, die bei Bedarf ersetzt werden, oder die zu einem Projekt in Schwierigkeiten einfach hinzugefügt werden können. Hauptsache der Prozess bleibt unverändert.

Zusammenarbeit wird durch den Prozess klar geregelt und manchmal sogar reglementiert. Dementsprechend ist oft die Rede von Kompetenzüberschreitung und Protokollen. Interessant dabei ist auch, dass die Regeln oft von Personen aufgestellt werden, die nicht zu den Ausführenden gehören. Der Projektleiter ist derjenige, der entscheidet, wie die Beteiligten zusammenarbeiten sollen. Wichtig ist ihm dabei oft, dass alle Abläufe genauestens dokumentiert sind, damit niemand auf die Idee kommt, den definierten Prozess falsch zu verstehen.

Der Prozess ist in der Regel starr und von Anfang bis Ende des Projekts unveränderbar. Er muss selbst dann beachtet werden, wenn er ineffektiv und für das Problem an der Hand nicht angemessen ist. Ein einmal festgeschriebener Prozess wird weitergeführt, selbst wenn offensichtlich ist, dass er nur Probleme verursacht. Probleme werden bei den ihn Ausführenden gesucht, statt beim Prozess selbst.

Änderungen am Vorgehen werden durch eine höhere Instanz auf Antrag entschieden. Da damit oft Vertragsinhalte tangiert sind, dauern Entscheidungen über Änderungen entsprechend lange oder werden gar ganz verhindert. Die Widersprüche zu agilen Werten liegen damit auf der Hand:

■ Eine situative *Adaption* des Vorgehens ist nur schwer möglich.

■ Gelerntes, z. B. wie man es besser macht oder was man vermeiden sollte, kann nur schwer in die Tat umgesetzt werden, womit die Motivation, dazuzulernen, gedämpft wird. *Lernen* geschieht höchstens in einer post mortalen Review am Ende des Projekts, wenn es sowieso zu spät ist.

- Durch die Reglementierung der *Zusammenarbeit* entsteht oft eine unsichtbare Schattenorganisation, da die Mitarbeitenden nach Wegen und Mitteln suchen, um die Projektziele trotz des vorgeschriebenen Prozesses zu erreichen. Menschen sind auch hier sehr erfinderisch. Allerdings leidet dadurch die *Kohärenz* zwischen Worten und Taten.

- Komplexe, vordefinierte Kommunikationsstrukturen, z. B. zwischen dem Kunden und den Entwicklern (meist indirekt über einen Analytiker oder andere Personen), erschweren die *Zusammenarbeit* unnötig.

2.3.2 Wiederholbarkeit

Das Ziel von definierten Prozessen ist es, eine bestimmte Vorgehensweise immer wieder von Neuem anwenden zu können (da klingen schon wieder Best Practices an). Man geht dabei von der Annahme aus, dass wenn eine bestimmte Handlungsweise in einer bestimmten Situation erfolgreich war, sie das auch in beliebigen weiteren Situationen ebenso sein wird.

Da der Prozess starr ist, geht man davon aus, dass er auch modular aufgebaut und wie ein Produkt standardisiert werden kann. Dieser Glaube äußert sich auch darin, dass man solche Prozesse in der Regel erst am Ende des Projekts hinterfragt und hofft, Gelerntes im nächsten Projekt besser zu machen oder Bewährtes beizubehalten.

Wiederholbarkeit wird auch deshalb geschätzt, weil man manchmal Software-Engineering als einen industriellen Produktionsprozess nach der Schablone „Input – Verarbeitung – Output", betrachtet. Das führt dazu, dass man versucht, Variation so klein wie möglich zu halten, da sonst Wiederholbarkeit ein Wunschtraum bleibt. Deshalb sind Abweichungen vom definierten Vorgehen unerwünscht. Der Wunsch nach Wiederholbarkeit beeinflusst agile Werte wie folgt:

- *Adaption* wird unterdrückt, weil dadurch Variation entsteht und der Ausgang nicht vorhersagbar wird.

- Eine starke Regelung der *Zusammenarbeit* entsteht. Die Mitarbeiter haben sich an vordefinierte Arbeitsweisen zu halten.

- Das Hinterfragen von gängigen Vorgehensweisen bleibt auf der Strecke, wodurch *Lernen* nur eingeschränkt möglich ist.

- Der Form, dem Wie, wird mehr Aufmerksamkeit geschenkt als dem Was oder dem Warum, wodurch die Tendenz zu oberflächlichem Befolgen der Regeln, des „so-tun-als-ob" gefördert wird, was die *Kohärenz* untergräbt.

2.3.3 Verfolgbarkeit

Verfolgbarkeit (Traceability) ist eine der wesentlichen Werte, die gutes traditionelles Projektmanagement ausmachen. Damit ist gemeint, dass es jederzeit möglich sein muss, alle Artefakte (von der originalen Anforderung, über die Analyse, das Design, den Code bis zu den Tests und der Dokumentation) miteinander in einer kausalen Kette verknüpft zu sehen, damit genau festgestellt werden kann, welche Anforderung wie umgesetzt wurde. Gleichzeitig soll auch festgehalten werden, wer welche Änderungen veranlasst und wer sie wann implementiert hat.

Auf der Ebene von Anforderungen und Features ist eine gewisse Verfolgbarkeit durchaus wünschenswert. Mann möchtc ja auf allen Ebenen wissen, ob z. B. ein Feature tatsächlich implementiert ist und so funktioniert, wie vereinbart.

Das Hauptmotiv für den Wunsch nach Verfolgbarkeit ist aber meist ein anderes. Leider hat die recht schlechte Erfolgsbilanz von Softwareprojekten in den letzten Jahrzehnten dazu geführt, dass sich sowohl Kunde als auch Lieferant mit immer dicker werdenden Verträgen vor den Folgen von Fehlschlägen zu schützen suchen. Das beidseitige Interesse, im Problemfall die Schuld auf der Gegenseite zu suchen oder zumindest schlüssig zu beweisen, dass der Vertrag erfüllt worden ist, hat dazu geführt, dass eine lückenlose Beweiskette angestrebt wird. Verfolgbarkeit mündet deshalb in vielen Fällen in einer stark detaillierten Dokumentation und komplizierten Bewilligungsverfahren, wenn es um Änderungen der Anforderungen geht:

- Im Kern basiert Verfolgbarkeit auf Misstrauen, wodurch Projekte automatisch mit einem Defizit an *Vertrauen* starten, dass nur selten bis zum Ende des Projekts wieder wettgemacht werden kann.

- Sie ist deshalb für eine produktive *Zusammenarbeit* oft auch nicht förderlich, da sie den Entwicklungsprozess unnötig verkomplizieren kann und dadurch der *Einfachheit* abträglich ist.

- Obwohl das Ziel von Verfolgbarkeit eine erhöhte *Transparenz* ist, schlägt sie oft ins Gegenteil um, da durch exzessive Dokumentation die essenziellen Ziele des Projekts in den Hintergrund treten.

2.3.4 Effizienz

Effizienz ist in traditionellen Entwicklungsprozessen sehr wichtig. Warum ist das so? Weil die Abläufe meist so umfangreich und detailliert ausfallen, dass es sich lohnt, Zeit darin zu investieren, den Prozess, wenn man ihn schon nicht verändern (sprich: vereinfachen) kann, so schnell wie möglich zu durchlaufen.

Es verwundert deshalb nicht, dass im Umfeld von komplexen Entwicklungsprozessen viel mit Schablonen, Templates und Prozesstools gearbeitet wird, um das Arbeiten möglichst angenehm zu gestalten. Verbesserung des Prozesses bedeutet dabei, möglichst hohe Automatisierung und Standardisierung der Dokumente, des Dokumentflusses und der Weiterleitungswege. Eine ganze Industrie hat sich der Effizienzsteigerung der Softwareentwicklung verschrieben.

Dabei bleibt häufig die Effektivität auf der Strecke. Während sich Effizienz damit beschäftigt, wie man ein Problem optimal und schnell löst, versucht man im Rahmen der Effektivität möglichst das richtige Problem zu lösen:

- Effizienz stützt sich auf Wiederholbarkeit und geht davon aus, dass ein bestimmter Prozess optimiert werden kann, wenn man dieselben Dinge schneller und eventuell gar automatisiert erledigen kann. Dadurch widerspricht Effizienz einem Prozess, in dem *Adaption* auf der Tagesordnung steht.

■ Effizienz hat (vor allem auch im Zusammenhang mit Automatisierung) manchmal den Nebeneffekt, *Transparenz* zu reduzieren, indem z. B. gewisse Informationen elektronisch, zentral verwaltet werden, wodurch wichtiges Wissen unter einem Berg von Details begraben werden kann, frei nach dem Motto: „Aus den Augen, aus dem Sinn".

2.3.5   Spezialisierung

Technologien werden immer komplizierter, Aufgaben immer anspruchsvoller, also scheint es nur logisch, dass man die Spezialisierung der Mitarbeiter fördert. Außerdem besteht durch Spezialisierung in großen Unternehmen die Möglichkeit, Dienste zentral zu bündeln und abteilungsübergreifend zur Verfügung zu stellen.

Durch diese Bündelung von Spezialisten wird auch Infrastruktur optimal genutzt und obendrein haben die Mitarbeiter ein Umfeld, in dem sie sich leicht mit Gleichgesinnten austauschen können. Beispiele solcher spezialisierter Organisationseinheiten sind z. B. die zentralen Abteilungen zur Qualitätssicherung und der Businessanalysten.

Ein weiteres Argument, das zugunsten der Spezialisierung und der Ko-Lokation von Personen mit den gleichen Aufgaben ins Feld geführt wird, ist, dass nur dadurch die Kompetenz der einzelnen Mitarbeiter gesteigert werden kann (deshalb auch der Begriff „Kompetenzzentrum").

Aber auch in kleineren Firmen wird auf Spezialisierung gesetzt (auch von Seiten der Mitarbeiter), weil dies einer erhöhten Sicherung des Arbeitsplatzes gleichkommt. Wenn ich mich durch mein einzigartiges Wissen im Betrieb unabkömmlich mache, dann kann ich darauf hoffen, längere Zeit eine sichere Stelle zu haben. Die Auswirkungen dieser vorherrschenden Gegebenheiten auf die agilen Werte können wir wie folgt festhalten:

■ Es entstehen Informationssilos entlang funktionaler Einheiten, wodurch die *Zusammenarbeit* und der Informationsaustausch erschwert werden. Der Austausch findet in solchen Fällen meist schriftlich statt.

■ Die typischen Probleme einer Matrixorganisation führen oft zu Kompetenzkonflikten und schlechtem Kommunikationsverhalten, wodurch keine klaren *Verantwortlichkeiten* für das Endprodukt festgelegt werden können.

■ Die durch Silobildung geförderte schlechte Wissensverteilung verhindert, dass eine Organisation als Ganzes *lernen* kann.

■ Spezialisten tendieren auch dazu, Wissen zu horten und nicht an Mitarbeiter – selbst innerhalb des eigenen Teams – weiterzugeben. Wer kennt nicht den Satz: „Was musst du tun? – Aha! Komm übergib mir die Sache. Ich mach dass schon für dich. Dann ist es auch richtig gemacht." *Lernen* im Team findet auch in diesem Fall nicht statt.

■ Aufgrund der organisatorischen Separation von Spezialisten in eigene Abteilungen, kann auch eine „Wir-gegen-sie"-Mentalität entstehen, wie man sie z. B. oft zwischen Entwicklern und Testern beobachten kann. Das kann im leichtesten Fall zu Witzen über die andere Abteilung führen oder im schwersten Fall zu Anschuldigungen und einem Zusammenbruch der Kommunikation. Das untergräbt *Vertrauen* und *Respekt*.

- Durch Spezialisierung läuft ein agiles Team auch Gefahr, an der Knappheit an Ressourcen zu scheitern, obwohl es eigentlich genügend Mitarbeiter in der Firma hätte. Dadurch leidet die schnelle *Adaption*.

2.3.6 Geltungsbedürfnis

Das Geltungsbedürfnis ist eine uns angeborene Eigenschaft und ist nicht grundsätzlich als schlecht anzusehen. Wir alle wollen anerkannt und geschätzt werden. Wir wünschen uns auch Mitarbeiter, die nach Höherem streben, die sich verbessern wollen.

Übertriebenes Geltungsbedürfnis kann aber auch im Weg stehen. Gerade in größeren Betrieben wird diese Eigenschaft zusätzlich gefördert: durch Karrierepfade und Vergütungen, die diejenigen belohnen, die mehr Mitarbeiter „unter sich haben", die ausgewiesene Spezialisten sind oder die eine bestimmte Hierarchiestufe erklommen haben. Alles Verhaltensweisen, die agilen Werten diametral zuwiderlaufen:

- Dies bedeutet normalerweise, dass Entscheidungen nicht von denen gefällt werden, die am meisten über eine Sache wissen, sondern von denen, die den höheren Rang in einer Organisation haben. Das ausführende Team hat keine *Verantwortung*, sondern nur der Teamleiter. Die Vorgehensweise wird von denjenigen bestimmt, die einen bestimmten Titel tragen oder mindestens eine Hierarchiestufe höher stehen als das Team.
- Im Normalfall folgen auch Kommunikationsflüsse der hierarchischen Struktur der Organisation (sowohl auf Erbringer- als auf der Kundenseite). Das erschwert die *Zusammenarbeit*, besonders zwischen Kunde und Entwicklern sehr.

2.4   Prinzipien

Werte beeinflussen Prinzipien – Prinzipien, formuliert in Projekt- und Teamnormen, sind konkretisierte Manifestationen der Werte, die einem wichtig sind. Dabei darf es sich nicht um Scheinprinzipien handeln, d. h. Prinzipien, die nicht den tatsächlich gelebten Werten entsprechen. Das wäre z. B. der Fall, wenn die Firmenleitung oder das obere Management einfach die Prinzipien festlegen, wie so oft in größeren Firmen in Form von Visionsdokumenten getan.

Dabei wird meist vergessen, dass die Werte und Prinzipien von der Basis her erarbeitet werden müssen – selbst wenn dies auf den ersten Blick wenig effizient erscheinen mag. Werte und Prinzipien, die von allen Mitarbeitern nicht gemeinsam erarbeitet und dadurch akzeptiert und respektiert werden, erweisen sich oft als Wunschträume des Managements, die sich nicht in die Praxis umsetzten lassen, da sie von der Basis unterlaufen oder gar ignoriert werden.

Damit sich Prinzipien positiv auf die Mitarbeiter auswirken und von ihnen gelebt werden, müssen sie auf Werten basieren, die in der Organisation fest verankert sind. Nur so kann sichergestellt werden, dass gemäß den vereinbarten Prinzipien verfahren wird, selbst wenn das Team oder der Einzelne unter Druck arbeiten muss. Denn wie Timothy Lister einmal auf einer Konferenz trefflich bemerkte: „Der wahre Prozess ist, was man unter Druck tut, alles andere ist lediglich Kosmetik."

Das agile Manifest formuliert für uns nicht nur Werte, sondern enthält außerdem eine Liste von Prinzipien, die aus diesen Werten abgeleitet wurden. Die Liste ist in deutscher Übersetzung im Kasten nachzulesen.

Die 12 Prinzipien des agilen Manifests

1. Unsere höchste Priorität ist es, die Bedürfnisse des Kunden zu befriedigen, indem wir ihm früh und kontinuierlich hochwertige Software ausliefern.

2. Wir befürworten sich ändernde Anforderungen, selbst spät in der Entwicklung. Agile Prozesse nutzen Änderungen zum Wettbewerbsvorteil des Kunden.

3. Wir liefern produktionsreife Software häufig aus, im Zeitraum von einigen Wochen bis einigen Monaten, mit einer Präferenz für die kürzeren Zeiträume.

4. Wirtschaftsleute und Entwickler müssen während des Projekts täglich zusammenarbeiten.

5. Projekte müssen um motivierte Mitarbeiter herum aufgebaut werden. Man gebe ihnen das nötige Umfeld und die benötigte Unterstützung und vertraue ihnen, dass sie die Arbeit erledigen.

6. Die effizienteste und effektivste Methode, um Informationen innerhalb eines Teams als auch in seinem Umfeld weiterzugeben, ist das direkte Gespräch von Angesicht zu Angesicht.

7. Voll funktionsfähige Software ist der primäre Maßstab für Fortschritt.

8. Agile Prozesse fördern eine nachhaltige Entwicklungspraxis. Die Sponsoren, Entwickler und Anwender sollten in der Lage sein, eine konstante Entwicklungsgeschwindigkeit unendlich lange durchzuhalten.

9. Ein kontinuierliches Achtgeben auf technische Exzellenz und gutes Design fördert Agilität.

10. Einfachheit – die Kunst, die Menge an Arbeit, die nicht zu tun ist, zu maximieren – ist essenziell.

11. Die besten Architekturen, Anforderungen und Designs entstehen in selbst organisierenden Teams.

12. In regelmäßigen Intervallen reflektiert das Team darüber, wie es noch effektiver werden kann, und optimiert in der Folge entsprechend sein Verhalten.

Diese Prinzipien sind für das agile Arbeiten ausreichend. Es empfiehlt sich jedoch, einen Satz an eigenen Prinzipien zu erarbeiten, um die Akzeptanz in der eigenen Organisation zu erhöhen und alle Beteiligten verstehen zu lassen, was diese einfachen Grundsätze eigentlich bedeuten und wie sie zusammenhängen.

2.5 Praktiken

Noch ein Wort zu Praktiken. Im Gegensatz zu vielen anderen Büchern, die heute auf dem Markt sind, befassen wir uns bewusst nur am Rand mit ihnen. Praktiken im agilen Umfeld gibt es wie Sand am Meer und Empfehlungen, welche man denn nun anwenden soll, gibt es viele.

Von einigen werden manche Praktiken für sich isoliert angesehen und entfalten dann auch meist nicht ihr volles Potenzial. Diejenigen, die sie verwenden, sind sich nicht bewusst, wie diese Praktiken miteinander im Zusammenhang stehen.

Wir werden im Verlauf des Buchs trotzdem die eine oder andere Technik streifen, wenn sie zur Diskussion der Probleme, die wir gemeinsam ergründen wollen, beiträgt. Ansonsten verweise ich gerne auf weiterführende Literatur, die sich eingehend mit agilen Techniken und Methoden auseinandersetzt.

2.6   Eine agile Metrik?

Wir könnten jetzt versuchen, nach einer agilen Metrik zu suchen, nach einem einfachen Zahlenwert, der unsere Agilität quantifiziert. Diesen Weg wollen wir jedoch bewusst nicht beschreiten. Warum nicht? Weil sich Agilität nicht so einfach beurteilen lässt. Ist ein Unternehmen oder ein Team mit dem Wert 4 auf der nach oben offenen Agilitätsskale doppelt so agil, effektiv und gut, wie eines das nur den Wert 2 aufweist?

Jede Metrik wäre sinnlos, weil auch jede unternehmerische oder Projektsituation eine andere ist, so verschieden wie das Wetter in Europa oder am Äquator. Es sind zu viele Faktoren, die einen Einfluss auf unsere Implementation eines agilen Prozesses haben können.

Wie wollen wir dann unsere Betrachtung aus diesem Kapitel in der Folge verwenden? Wir werden im Rahmen der Untersuchung der einzelnen Probleme diejenigen agilen Werte hervorheben, die jeweils in diesem Zusammenhang unterwandert oder verletzt werden. Im dritten Teil des Buchs, wenn es um Empfehlungen geht, was man tun kann, um die Fallstricke zu vermeiden, werden wir uns besonders dem Aufbau und der Stärkung der agilen Werte widmen. Doch nun wollen wir sehen, auf welche konkreten Probleme wir in den fünf Bereichen, die wir im ersten Kapitel angesprochen haben, stoßen können.

3 Emotionsgeladen

„Ein Pessimist ist ein Mensch, dem nicht wohl zu Mute ist, wenn er sich wohl fühlt,
weil er befürchtet, dass er sich schlechter fühlen wird, wenn er sich besser fühlt."
– George Bernard Shaw

Der erste Problembereich, mit dem wir uns genauer befassen wollen, ist derjenige der Emotionen. Und da deshalb, weil Emotionen oder Gefühle alle unsere Handlungen, Entscheidungen und Reaktionen beeinflussen, leiten, färben oder gar erst auslösen.

Und wenn ich „wir" sage, dann meine ich zu aller erst mich selbst. Ich glaube, jeder von uns muss sich eingestehen, dass er öfters gerne „über der Sache gestanden" wäre. Wer würde nicht gerne zuerst alle Standpunkte neutral abwägen, bevor er sich ein Urteil bildet, natürlich unbeeinflusst von vergangenen Erfahrungen in ähnlichen Situationen?

Doch Emotionen sollen hier nicht als reine Probleme dargestellt werden. Denn, wie das Wort „Emotion" schon sagt, versteckt sich darin auch Bewegung. Und es ist doch so: Gefühle bewegen uns, etwas zu tun, zu unternehmen oder auch zu lassen. Wenn wir mit irgendeiner neuen Vorgehensweise nicht auch an die Gefühle unserer Kollegen und Mitarbeiter appellieren, werden wir es sehr schwer haben, sie anzuregen, sich mit Begeisterung an das Neue heranzuwagen und es zu unterstützen.

Also wenn ich in diesem Kapitel primär Emotionen als Hindernisse darstelle, dann soll damit nicht gesagt sein, dass eine emotionslose Arbeitsumgebung wünschenswerter wäre. Im Gegenteil, der Ausdruck von Emotionen erlaubt immerhin eine angemessene Reaktion und ermöglicht, dass Unausgesprochenes an die Oberfläche gebracht werden kann. Die daraus resultierende Polarisierung, das Beziehen von Positionen, das Artikulieren von Argumenten und Gegenargumenten, ist oft gesünder für das Arbeitsklima als oberflächliches Einverständnis und Eintracht, die aber letztlich dazu führen kann, dass einem hinterrücks Fallen gestellt werden.

Wie so oft, ist unser tatsächliches Arbeitsumfeld nicht schwarzweiß zu betrachten, sondern besteht aus vielen Schattierungen von Grau. Auch ist die Signalstärke von sich manifestierenden Emotionen nicht immer so ausgeprägt, dass wir erkennen würden, dass bestimmte Aussagen oder Handlungen ihre Wurzel oder Ursache in Gefühlen haben könnten.

Menschen sind ja nicht nur gut im zeigen ihrer Gefühle, sondern fast ebenso gut im verstecken derselben. Im Interesse einer so genannten Professionalität werden wir im Berufsleben regelrecht dazu erzogen, Gefühle zu verbergen. In unserer Gesellschaft haben Gefühle in der Privatsphäre sehr wohl Platz, jedoch nicht im beruflichen Alltag.

Und trotzdem lassen sie sich nicht vollends unterdrücken. Stattdessen liegen sie wie Felsenriffe verborgen unter der Oberfläche und lauern darauf, uns Probleme zu bereiten, just in dem Moment, wenn wir sie am wenigsten gebrauchen können und auf die erhoffte Professionalität bauen wollen. Warum beschäftigen wir uns aber gerade im Zusammenhang mit agilen Prozessen mit Gefühlen?

- Emotionen haben stärkere Auswirkungen, wenn man gedenkt, agil Vorzugehen, weil durch das engere Zusammenrücken, das engere „Aufeinandersitzen" auch mehr Reibung entsteht. Wir werden uns eher der Kanten und Ecken unserer Kollegen bewusst.

- Emotionen kommen aber auch zusätzlich ins Spiel, weil wir im agilen Vorgehen höheren Belastungen als Individuum ausgesetzt sind. Wir stehen, wie eingangs erwähnt, unter höherem Druck, was sich auch auf unseren emotionalen Zustand auswirkt.

- Eine dritte Belastung stellt sicherlich der kontinuierliche Prozess der Veränderung für den Einzelnen dar. Obwohl wir als Menschen gerne lernen und auch gerne Abwechslung in unserem Leben haben, ja eigentlich von Geburt an sehr gut mit Veränderungen umgehen können, fühlen wir uns gleichzeitig in einer stabilen Umgebung wohl. Wir bestimmen gerne selbst die Häufigkeit und – wenn immer möglich – den Grad der Veränderung. Alles andere führt zu Stress und belastet uns.

Wir wollen uns nun mit Facetten von Gefühlen beschäftigen und wie sie uns im agilen Umfeld im Weg stehen können.

3.1   Unsicherheit

Ich bin von Haus aus ein unsicherer Mensch. Was ich nicht kenne, macht mich nervös. Wenn ich z. B. vor einer Zuhörerschaft sprechen soll, die ich nicht kenne, habe ich immer nasse Hände und ich würde eigentlich lieber darauf verzichten, mich so zur Schau zu stellen und neugierigen Blicken auszusetzen. Dasselbe Gefühl beschleicht mich, wenn ich in einem neuen Team mitarbeiten soll. Solange ich mit den Leuten nicht vertraut bin, fällt es mir schwer, mich ihnen zu öffnen.

Jeder von uns kann dies sicher nachvollziehen. Aber warum werden wir eigentlich unsicher? Eines der psychologischen Modelle, das dieses Phänomen zu erklären versucht, ist das Model der „Komfortzone"[1] (Abbildung 3.1).

---

[1]   Colin Carnall, *Managing Change in Organizations, 5th Edition*, Financial Times Prentice Hall, 2007

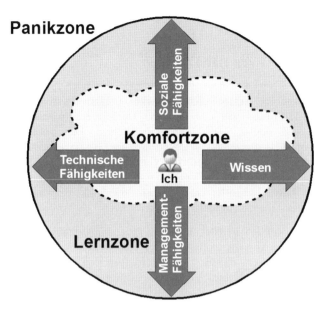

Abbildung 3.1: Die Persönliche Komfortzone

Untersuchen wir das Modell etwas näher:

- Jeden von uns umgibt eine mehr oder minder umfangreiche persönliche Komfortzone. In diesem Bereich fühlen wir uns wohl, zufrieden und ruhig. In der Komfortzone kennen wir uns aus. Nichts kann uns überraschen. Wir sind Herr der Lage und mit Routine können wir alle Arbeiten und Aufgaben, die anfallen, bewältigen.

- An die Komfortzone schließt ein Bereich an, den wir Lernzone nennen wollen. Wie es der Name schon andeutet, finden in dieser Zone die meisten Lernprozesse statt. Wir sind von Neuem umgeben, wir stehen unter Druck, wir tun Dinge, die wir noch nie getan haben. In dieser Zone sind wir unsicher, aber wir lernen dazu.

- Die dritte Zone, alles was außerhalb der Lernzone liegt, bezeichnen wir als Panikzone. Hier sind wir nicht mehr Herr der Lage. Ereignisse, die in dieser Zone liegen, übersteigen unser Vermögen, uns anzupassen und dazu zu lernen. Hier kriegen wir Angstzustände, weil wir nicht mehr ein noch aus wissen. Hier ist kein Lernen mehr möglich, weil die Situation unser Vermögen der Aufnahme und Verarbeitung übersteigt. Hier möchten wir eigentlich nie hin.

Wenn wir lernen möchten, dann ist unser Ziel, so lange wie möglich in der Lernzone zu bleiben, indem wir versuchen, neue Erfahrungen zu machen und uns in neuen Situationen zu bewähren.

Und das agile Gedankengut ist für die meisten von uns Neuland. Gewisse althergebrachte Werte werden in Frage gestellt. Gewisse Handlungsweisen scheinen unserem bisherigen Wissen zuwiderzulaufen und deshalb unlogisch zu sein. Und dies verunsichert uns. Und selbst wenn das neu vorgeschlagene Vorgehen an sich logisch sein mag, ist nicht gesagt, dass es auch akzeptiert und angenommen wird. Eine kleine Geschichte mag dies illustrieren.

Anekdote: Warum wir lieber alles von Hand machen

Als ich mich einmal einem neuen Team anschloss, dass zu dieser Zeit noch nicht agil vorging, lagen verschiedene Dinge im Argen, auch entwicklungstechnisch. Mir war aufgefallen, dass es keinen Build-Prozess gab und dass der Deployment-Prozess daraus bestand, eine Checkliste von rund 25 Teilschritten auszuführen. Das heißt, es mussten viele Arbeitsschritte manuell ausgeführt werden, um alle Artefakte zusammenzustellen, die an den Kunden ausgeliefert werden sollten. Dieser Prozess nahm im idealen Fall rund eine Stunde in Anspruch. Allerdings trat der Idealfall selten ein und als Resultat verbrachte ein Entwickler öfter einen halben Tag damit, eine auslieferbare Version der Software bereitzustellen. Kein schlanker, agiler Prozess.

Ich sagte meinem Kollegen, mit dem ich gerade an einem Programmierproblem saß, es müsse doch möglich sein, diesen Vorgang vollständig zu automatisieren, um Fehler zu vermeiden und den ganzen Prozess massiv zu beschleunigen. Ich wusste, dass man dies mit Ant bewirken konnte und glaubte, mit dem Vorschlag auf offene Arme zu stoßen.

Von der darauf folgenden Reaktion war ich dann doch sehr erstaunt: Das Vorgehen hätte sich in den letzten paar Jahren bewährt. Es zu ändern, sei sehr aufwändig und wir hätten im Moment nicht die Zeit, das zu tun.

Erst später erfuhr ich Folgendes: Man stufte das Problem eines automatischen Build- und Deployment-Prozesses als zweitrangig ein. Es gab immer Wichtigeres zu tun: neue Features, Fehlerkorrekturen und dringende Sitzungen. Außerdem war derjenige, mit dem ich zu Beginn darüber gesprochen hatte, auch derselbe, der das bestehende Vorgehen mit dem damaligen Wissen definiert und umgesetzt hatte. Das fehlende Wissen im Bereich Automatisierung führte dazu, dass das Problem überschätzt wurde.

Ein anderer Entwickler bekam die Aufgabe, den Prozess trotzdem zu automatisieren und nach rund drei Tagen konnte er bereits erste Ergebnisse vorweisen. Von dieser Zeit an wurde der automatisierte Build- und Deployment-Vorgang zu einer der technischen Säulen der Entwicklung.

Wie in der Anekdote illustriert, kann das „Nicht-auf-Vorschläge-eingehen-wollen" verschiedene emotionale Ursachen haben. Einige der Gründe für Unsicherheit beleuchten wir nun in den folgenden Abschnitten.

3.1.1   Aufgrund von Unwissen

Ein Faktor, der in unserer Geschichte besonders deutlich zu Tage tritt, ist, dass Unwissen uns verunsichert. Das ist der Fall, weil es unseren Wahrnehmungshorizont beschränkt, wie eine Taschenlampe, die nur ein Stück Umgebung um uns herum beleuchten kann.

Unwissen zeigt sich in verschiedenen Symptomen. Folgende Sätze könnten ein Indikator dafür sein, dass es am notwendigen Wissen mangelt:

- „Warum sollen wir etwas Bewährtes ändern?"
- „Das zu ändern haben wir jetzt keine Zeit."
- „Da müssen wir zu viel Aufwand betreiben."

Natürlich werden diese Aussagen nicht immer nur aus Unwissen gemacht. Eine gesunde Portion Skepsis ist durchaus gesund. Doch ein möglicher Grund ist ein Mangel an Know-how allemal. Ich habe in den letzten Jahren vor allem ein Manko an Wissen in folgenden drei Bereichen beobachten können: im Bezug auf Zusammenhänge, Konsequenzen und mögliche Wege zur Verbesserung.

Wo ist denn da der Zusammenhang?

Es scheint, als ob der Mensch gerne nur an seine eigene Umgebung denkt. Er ist manchmal nur schwer dazu zu kriegen, die gesamte Situation einer Gruppe von Menschen zu betrachten. Er befasst sich viel lieber mit kleinen Details, als das Ganze sehen zu wollen. Dies überlässt er gerne anderen.

Dieses Verhalten wird durch vorgängige Spezialisierung, Rollenaufteilung und klar definierte Kompetenzen noch zusätzlich gefördert und verstärkt. Es wird nicht gern gesehen, wenn ich als Spezialist mit einer bestimmten Rolle meine Kompetenzen „überschreite", weil ich mich in die Planung des Projekts „einmischen" möchte. Das ist ja schließlich das „Revier", die Aufgabe jemandes anderen.

Da der Einflussbereich des Einzelnen sowieso nur lokal ist, bemüht er sich oft gar nicht, etwas aus der Gesamtperspektive heraus zu betrachten. Ist er dann doch gezwungen, über seinen Tellerrand hinauszuschauen, neigt er dazu, einfach Annahmen zu treffen. Diese sind zudem manchmal von Vorurteilen gefärbt.

Und selbst wenn sich jemand einen Überblick über Zusammenhänge verschaffen möchte, ist dies gar nicht so einfach zu erreichen. Und es wird schwieriger, je größer das Projekt und die dahinterstehende Organisation sind. Berichte, Zusammenfassungen und kumulierte Performancezahlen werden normalerweise für Vorgesetzte erstellt und nicht für Otto-Normalentwickler. Außerdem haben die meisten Kennzahlen einen derart abstrakten Charakter, dass sie nichts über den wahren Zustand des Projekts aussagen.

Das heißt der Aufwand, sich die entsprechenden Informationen zu besorgen, steigt überproportional an, sodass viele gar nicht erst daran denken, es zu versuchen.

Das hat Konsequenzen?

Spezialisierung und unser kurzer Ereignishorizont machen es uns außerdem schwer, die Konsequenzen unserer Handlungsweise abschätzen zu können. Doch nur weil das schwierig ist, gibt es keinen Grund, es nicht mindestens ansatzweise zu versuchen.

Anforderungen stellen sich erst als unmöglich realisierbar heraus, wenn wir versuchen, sie umzusetzen. Designentscheidungen wirken sich erst aus, wenn wir versucht haben, sie in die Tat umzusetzen. Keine Übereinkunft mit dem Kunden zeitigt erst Auswirkungen, wenn wir am Ende der Iteration feststellen, dass wir an seinen wahren Bedürfnissen „vorbeiprogrammiert" haben.

Wenn Feedback zu lange auf sich warten lässt, dann fällt es uns zunehmend schwerer, die Konsequenzen unserer Entscheidungen, Handlungsweisen oder auch Unterlassungen abzuschätzen. Außerdem laufen wir Gefahr, dem „Blinden Fleck"-Syndrom zum Opfer zu fallen, nämlich unsere eigene Handlungsweise zu beschönigen und deshalb davon auszugehen, dass „die anderen" an Problemen die Schuld tragen. Wer kennt nicht Aussagen wie:

- „Mir hat niemand gesagt, dass dies diese Auswirkungen hat."
- „Ich weiß nicht, was das für Auswirkungen hat. Da muss ich noch länger Analyse betreiben."
- „Damit fange ich erst an, wenn man mir sagt, was das für Konsequenzen hat."

Informationssilos fördern die schlechte Verteilung von Know-how und erschweren es, die Konsequenzen „weiter unten in der Nahrungskette" beurteilen zu können. Diese Unsicherheit bezüglich der Auswirkungen, die unsere Handlungsweise haben könnte, führt zu hinausgezögerten Entscheidungen, zu halbherziger Unterstützung von Veränderungsvorschlägen und zur Ablehnung des Übernehmens von Verantwortung.

Wie werde ich besser?

Ein Gebiet, auf dem das Wissen am latentesten fehlt, ist der Bereich der Selbsterkenntnis. Es fällt uns schwer, uns selbst zu beurteilen. Wir bekommen in unserer Organisation meist nur ein bis zweimal im Jahr Feedback in Form einer offiziellen Mitarbeiterbeurteilung. Dieses Vorgehen hilft uns nicht, uns laufend zu verbessern, denn wir werden meist von Personen beurteilt, die uns nicht bei unseren täglichen Arbeiten nahestehen. Sie erhalten ihre Informationen aus dritter Quelle und deshalb ist ihr Feedback sehr oberflächlich und nicht situationsbezogen. Dabei ist im agilen Umfeld gerade das kontinuierliche Besserwerden, auch als persönlicher Verbesserungsprozess, ein zentrales Anliegen.

Wir selbst nehmen uns leider zu wenig Zeit, um unsere Handlungsweise, unser Benehmen und unser Gesprächsgebaren zu beobachten, zu hinterfragen und an uns zu arbeiten. Die Sache steht bei uns im Mittelpunkt und nicht wir selbst. Ein gesundes Maß an Reflexion täte uns aber allen gut.

Manchmal aber ist es auch schlichte Ahnungslosigkeit, wie wir uns in unserem Verhalten noch verbessern könnten. Eingeschliffene Verhaltensweisen und Gewohnheiten legt man nur schwer ab. Und wenn wir unsicher sind, wie wir uns verbessern können, dann lassen wir es lieber sein.

Am ehesten versuchen wir, uns noch auf technischer Ebene zu verbessern. Aber die so genannten Soft Skills bleiben dabei meist auf der Strecke. Organisationen honorieren technische Fähigkeiten sehr stark und erwarten in der Regel keine sozio-kulturelle Kompetenzen von so genannten „Wissensarbeitern".

3.1.2 Mangel an Vertrauen

Ein weiterer Faktor, der zum Gefühl der Unsicherheit beiträgt, ist der Mangel an Vertrauen, der sich zwischen den einzelnen Mitgliedern im Team oder auch in Bezug auf Vorgesetzte breit macht. Mangel an Vertrauen kann viele Ursachen haben:

- Schlechte Erfahrungen in der Vergangenheit mit bestimmten Personen in ähnlichen Situationen
- Enttäuschung eigener Erwartungen durch die Vorgesetzten
- Veränderungen, die sich negativ auf die Zusammenarbeit im Team ausgewirkt haben
- Nicht eingehaltene Versprechen
- Beschlossene Maßnahmen, die nicht in Angriff genommen werden
- Managemententscheidungen, die weit entfernt sind von der Realität des Projektalltags
- Bemerkungen, die einzelne Mitarbeiter herabsetzten
- Fehlende Information

Agiles Vorgehen erntet wie jede neue Idee zuerst einmal Misstrauen. Es wird noch verstärkt, wenn derjenige, der Agilität propagiert, neu im Team oder in der Organisation ist. Der Mangel an Vertrauen in das scheinbar neue Vorgehen wird dann gerne auf eine bestimmte Person oder Personengruppe projiziert. Das verstärkt sich, wenn diese Person keinen Rückhalt oder Respekt im Team genießt oder gar ohne die ausdrückliche Erlaubnis des oberen Managements neues Vorgehen vorantreiben möchte.

Anekdote: Machtkampf

Nachdem ich in einem Projekt, dass als Wasserfall-Projekt gestartet war, mit dem Einführen agiler Praktiken begonnen hatte, weil sich das Projekt in arger Schräglage befand und es keinen anderen Weg gab, um endlich Transparenz über den wahren Zustand des Projekts an allen Fronten zu gewähren, wurde mir vorgeworfen, ich spielte ein Machtspiel mit dem damaligen Projektleiter.

Ohne meine Motive zu kennen oder zu überprüfen, wurde mir vorgehalten, ich sei nur an seiner Position interessiert und es gehe mir nur darum, meinen Willen durchzusetzen. Und das nur, weil ich statt einfach zuzuschauen, wie das Projekt bergab ging, mit anderen etwas unternehmen wollte, um das zu verhindern.

Ich war relativ neu in der Organisation und auch im Team, was es verständlich macht, dass die nötige Vertrauensgrundlage gefehlt hat.

Vertrauen bekommt man selten auf Vorschuss. Das bedeutet für jemanden, der agile Praktiken einführen möchte, dass er vor dem Problem steht, dass er oftmals gezwungen ist, eine Vorleistung zu erbringen, z. B. indem er selbst als Vorbild vorangeht und sich im Laufe der Zeit einen guten Ruf im Team oder der Organisation erarbeitet. Vielleicht kann er nach und nach, wenn er die Vorteile der neuen Vorgehensweise nachweisen kann, den einen oder anderen im Team überzeugen, sich ihm anzuschließen.

Mangel an Vertrauen verunsichert, da man sich sozusagen auf neues Territorium vorwagen soll, ohne einen geeigneten Führer, der das Gebiet kennt und dem wir vorbehaltlos zutrauen, dass er uns nicht irreführt.

3.1.3   Unplanbarkeit

Agilität lebt mit der Tatsache, dass Projekte ab einer nicht trivialen Größe schlicht nicht genau planbar sind. Dieser Umstand macht es sehr schwierig, Agilität in Organisationen oder Teams zu „verkaufen", in denen immer noch die Vorstellung vorherrscht, dass alles im Voraus detailliert und möglichst genau vorgeplant werden muss.

Viele Projektbeteiligte wiegen sich auch gerne in der scheinbaren Sicherheit, dass irgendjemand, der meist höher in der Unternehmenshierarchie angesiedelt ist (z. B. ein Projekt- oder Teamleiter), die Planung „verbrochen" hat und deshalb den Kopf hinhalten muss, wenn es darum geht, eventuell falsche Schätzungen oder Meilensteine zu verteidigen bzw. die Verantwortung dafür zu tragen.

Auf einmal die Verantwortung mittragen zu müssen, führt bei einigen zu Unsicherheit. Das ständige „Neuplanen", d. h. das Anpassen von bestehenden groben Plänen im Team, ist gewöhnungsbedürftig.

Weiter oben in der Managementhierarchie macht sich oft ebenfalls Unsicherheit breit, da man ständig fragt: „Es muss doch endlich einmal möglich sein, zu sagen, was das ganze Projekt kosten wird?".

Anekdote: Diesmal schätzen wir genau

Nach dem Abschluss eines großen Projekts, das zum größten Teil auf agile Art abgewickelt wurde und bei dem der Kunde oftmals seine Anforderungen neu priorisieren und immer wieder auf gewisse Features verzichten musste, weil sie im ursprünglichen Budget keinen Platz hatten, bemerkte ein Kundenvertreter in einer Sitzung, bei der es um die grobe Planung eine Folgeprojektes ging: „Agil hin oder her, diesmal müssen sie aber genauer sagen können, was das ganze kosten wird. Wir wollen aus dem vorangehenden Projekt lernen und es diesmal besser machen.".

Da es sich wieder um ein mindestens einjähriges Projekt im einstelligen Millionenbereich ging, konnte man diesem Wunsch natürlich nur begrenzt Folge leisten.

Besonders, wenn es darum geht, an öffentlichen Ausschreibungen teilzunehmen, z. B. nach GATT/WTO, dann möchte man verständlicherweise eine möglichst genaue Annäherung an die tatsächlich zu erwartenden Projektkosten kennen, bevor man ein Angebot unterbreitet.

Da man auch bei agiler Vorgehensweise nur etwas schätzen kann, wenn man es genauer kennt (d. h. genauer analysiert hat) und man dies ja erst im Verlauf des Projekts tut, ist die Unsicherheit verständlich. Bei agiler Vorgehensweise kommt man in einem solchen Fall auch nicht ohne eine gewisse (nicht zu) detaillierte Voranalyse, oder möglicherweise gar einen Prototypen, aus, um dieser Unsicherheit entgegenzuwirken.

3.2 Angst

Wenn die Unsicherheit zu stark wird, dann kann sie beim Einzelnen zu Angst führen. Angst ist eine natürliche Gefühlslage, die dann eintritt, wenn man sich in seiner Existenz bedroht fühlt. Dies kann damit zusammenhängen, dass man glaubt, seine Arbeit zu verlieren oder wenn man seine Karrieremöglichkeiten beschnitten sieht. Auch wenn an uns persönlich höhere Anforderungen gestellt werden, welchen wir uns nicht gewachsen sehen, können wir Angst verspüren.

Agiles Projektvorgehen kann beides bewirken. Zum einen geht bei Managern oft die Angst um, nicht mehr die gleiche Position oder den gleichen Status inne zu haben, wenn Teams selbst organisierend sind und ihre Arbeit selbst planen und kontrollieren.

Anekdote: Wie man niemanden verletzt

Drei Partnerfirmen wollten gemeinsam ein neues Projekt starten. Eine davon wollte agil vorgehen, die anderen traditionell. Ein Trio von Mitarbeitern sollte den Projektauftrag formulieren und die Projektorganisation definieren.

Interessant war der daraus resultierende Vorschlag für eine Projektorganisation: Man definierte acht funktional getrennte Teams (z. B. für Architektur, Infrastruktur, Realisierung, Analyse etc.) und teilte mindestens jeden beteiligten Mitarbeiter irgendwo als Leiter eines Teams ein. Es schien mehr darum zu gehen, niemanden verletzten zu wollen und jedem Jobprofil gerecht zu werden, statt eine funktionierende Projektorganisation auf die Beine zu stellen.

Die Angst, den Status eines Einzelnen nicht zu berücksichtigen, schien vordergründiger, als ein Mittel zu schaffen, dass es ermöglicht, das Projektziel unkompliziert zu erreichen.

Zum Glück wurde dieser Vorschlag auf höherer Ebene zurückgewiesen und schlussendlich ein einziges, schlankes Team zusammengestellt.

Andererseits haben Teammitglieder auf einmal neue Verantwortlichkeiten, die in ihrem ursprünglichen Jobprofil so nicht vorgesehen waren. Ohne entsprechendes Rüstzeug fühlen sie sich dann oft überfordert.

Eine gesunde Portion Angst oder Furcht kann uns vor Fehltritten oder Fehlern bewahren. Sie kann jedoch auch lähmend wirken. Personen reagieren ablehnend oder zumindest sehr vorsichtig auf neue Ideen, wenn sie Angst haben, etwas zu verlieren (sei es ein Privileg oder gar die Arbeit).

Mitarbeiter einer Organisation, die sich auf ein agiles Vorgehen einlässt, haben verschiedene Motive, warum sie in Opposition dazu treten. Einige, die ich persönlich beobachten konnte, waren Angst vor Transparenz, Gesichtsverlust, Einflussverlust und Verantwortung. Wir wollen diese vier Gründe im Folgenden etwas genauer unter die Lupe nehmen.

3.2.1   Transparenz

Die Transparenz, die ein agiler Prozess mit sich bringt, erhöht den Druck auf ein Team enorm. Es kann durchaus sein, dass sich einzelne Mitglieder diesem Druck nicht gewachsen fühlen. So ist z. B. aufgrund der kleinen Time-Boxen sofort sichtbar, wenn ein Team keinen Fortschritt macht. Besonders, wenn das Team keinen guten Zusammenhalt hat und solche Momente des Drucks nicht gemeinsam besteht, kann der Einzelne leicht überfordert sein.

Anekdote: Ich mache keine Demos mehr

Nachdem man in einem größeren Projekt übereingekommen war, nach jeder monatlichen Iteration dem Kunden die fertiggestellte Funktionalität zu demonstrieren, waren nicht alle Teams in der Lage, fehlerfreie Software zu demonstrieren.

Verschiedene Teams sind verschieden mit dieser Situation umgegangen. Ein Team hatte „Drehbücher" erstellt, die genau definierten, wo der Entwickler klicken durfte und wo nicht. Und trotz dieser speziellen Vorbereitung kam es immer wieder zu Fehlern im System, zum Teil auch, weil auf tieferer Ebene (von anderen Teams) keine gute Arbeit geleistet wurde.

Außerdem stand das Team, dass seine Software demonstrieren sollte, nicht geschlossen vor dem Kunden, sondern entsandte der Reihe nach jeden Entwickler einzeln in den Raum voll von Kundenvertretern, um seinen individuellen Teil der Applikation vorzuführen.

Es war nicht verwunderlich, dass sich die einzelnen Teammitglieder „vorgeführt" und „ausgestellt" vorkamen und mir sagten, dass sie nie wieder in solch einer Situation sein möchten, wo es aussähe, dass sie die Schuld an den Fehlern hätten.

Die erhöhte Transparenz deckt die eigenen Unzulänglichkeit und die des Teams schonungslos auf. Niemand kann jemand anders die Schuld geben. Niemand kann sich hinter einem Manager verstecken und sich aus der Verantwortung stehlen.

3.2.2   Gesichtsverlust

Natürlich kommen dadurch auch persönliche Schwächen zum Vorschein, die man gerne versteckt hätte. Ein Entwickler, der keinen guten Code schreibt und von Design Patterns keine Ahnung hat, wird durch laufendes Begutachten seines Codes auf diese Unzulänglichkeiten aufmerksam gemacht. Ein Projektmanager, der dem Kunden stets Halbwahrheiten aufgetischt hat, kann dies nicht mehr tun oder wird von harten Fakten bloßgestellt. Der teuer bezahlte Consultant muss sich eingestehen, dass er nicht wirklich etwas zum Vorwärtskommen des Teams beiträgt, wenn er nicht in der Lage ist, den Qualitätsanforderungen des Teams gerecht zu werden.

Anekdote: Wie steht es wirklich um das Projekt?

In einem Großprojekt wurde dem Kunden immer wieder versichert, dass das Projekt auf Kurs sei. Nachdem auf Entwicklungsebene auf agiles Vorgehen umgestellt wurde und eigentlich bessere Informationen zum tatsächlichen Stand des Projekts vorhanden waren, wurden die schlechten Resultate durch den Gesamtprojektleiter immer noch beschönigt.

Dem Kunden blieb die Diskrepanz zwischen dem tatsächlichen Projektstand und den monatlichen Berichten natürlich nicht verborgen. Aufgrund spezieller Umstände konnte jedoch von Seiten der Entwicklung nicht direkt an den Kunden gelangt werden.

Doch der Kunde verlangt eine Offenlegung des tatsächlichen Projektstands und aller verfügbarer Informationen, was dann auch tatsächlich stattfand.

Das Projekt konnte auf ein neues Fundament gestellt werden und wurde dadurch gerettet. Der Projektleiter jedoch hatte das Nachsehen.

Menschen, die Gesichtsverlust fürchten, werden logischerweise alles daran setzen, ein Vorgehen, das dazu führen könnte, zu torpedieren.

3.2.3   Einflussverlust

Projektleiter und Manager befürchten bei agilem Vorgehen einen Einflussverlust. Sie sollen ja nicht mehr dem Team sagen, was es zu tun hat, sondern sollen es beim Erreichen seines Ziels unterstützen und eventuelle Probleme aus dem Weg räumen.

Mit dieser veränderten Rolle wollen sich jedoch Einzelne nicht abfinden. Denn mit dem Verlust des Einflusses geht oft auch ein gewisser Prestigeverlust einher. Denn was ist schon der Titel Scrum Master, Product Owner oder Teamleiter im Vergleich zu einem Projektleiter oder Chefarchitekten?

Außerdem werden viele Koordinationssitzungen überflüssig, wenn sich ein Team selbst über Standup-Meetings koordiniert. Zusätzliche Statusmeetings und -berichte sind oft nicht mehr nötig. Entscheidungen werden im Team, meist ohne zusätzliche Rückfrage bei höherer Stelle, getroffen. Da scheinen auf einmal viele Informationen an einem vorbei zu fließen.

Viele Manager stellen sich angesichts einer solchen Situation die Sinnfrage ihres Daseins. Braucht es sie wirklich noch? Was bleibt noch ihre Aufgabe? Wie können/sollen sie ein Projekt steuern, damit es erfolgreich umgesetzt werden kann?

3.2.4   Verantwortung

Durch das Verlagern der Verantwortung für den Ausgang eines Projekts zu denjenigen, die die Anforderungen auch umsetzen, wird auf einmal auch von Teammitgliedern erwartet, dass sie ihren Teil der gesamten Verantwortung mittragen.

Viele Entwickler, Tester oder andere Mitarbeiter sind indes nicht gewohnt, Verantwortung zu tragen. Oft ist ihnen sogar sehr wohl dabei, „nur ihren Job zu tun" und die Verantwortung für den Erfolg (oder auch Misserfolg) eines Projekts den höheren Chargen zu überlassen.

In einem agilen Team wird von jedem Einzelnen erwartet, dass er seinen Teil zum Erreichen des Iterations-, Release- und schlussendlich Projektziels beiträgt. Dies beinhaltet, dass er

- mitdenkt
- mitplant
- mittestet
- seine Kollegen auf Probleme und Fehler aufmerksam macht
- bereit ist, auszuhelfen, wo Hilfe notwendig
- persönliche Ziele den Teamzielen unterordnet

Leider steht nur bei den Wenigsten irgendetwas davon in der Jobbeschreibung. Weil den meisten von uns diesbezügliche Fähigkeiten fehlen, benötigen wir zusätzliche Ausbildung und Unterstützung, damit uns das nicht mit Angst erfüllt.

Auf Managementebene hingegen herrscht wiederum die Angst vor, dass die Verantwortung gar nicht wahrgenommen wird, da man gerne einen Verantwortlichen hat, den man zur Rechenschaft ziehen kann, falls die Dinge nicht so laufen, wie man sich das vorgestellt hat.

Agilität wird dabei oft mit Chaos gleichgesetzt, in der Annahme, dass „alle sind verantwortlich" mit „keiner ist verantwortlich" gleichgesetzt werden kann. Eine Gefahr, die durchaus besteht, falls man bestimmte Prinzipien außer Acht lässt. Aber dazu später mehr.

3.3   Trägheit

Trägheit hat – wie jede Eigenschaft – sowohl eine positive als auch eine negative Seite. Zum einen bewahrt die Trägheit ein komplexes System vor unkontrollierter Eskalation, da störende Einflüsse gedämpft werden und ein träges System viel schwerer aus dem Ruhezustand zu bringen ist, als eines, dass auf jeden Einfluss von Außen überreagiert.

Auf der anderen Seite kann Trägheit bewirken, dass sich ein System, dass man verändern möchte, nur unter viel Aufwand verändern lässt. Veränderungen brauchen in diesem Fall sehr viel Zeit und kontinuierliche Anstrengungen, um zu greifen.

Je größer ein System ist, desto träger ist es in der Regel. Wie schwer fällt es uns, als Individuum nur schon eine schlechte Gewohnheit abzulegen oder einen gut gemeinten Rat in die Tat umzusetzen. Wie viel schwerer fällt es uns da, eine ganze Organisation, die sich aus vielen Individuen zusammensetzen, zu beeinflussen.

Wir wollen zwei Aspekte der Trägheit in den nächsten Abschnitten etwas genauer untersuchen: die Trägheit der Masse und die Trägheit des Einzelnen in Form von Bequemlichkeit.

3.3.1 Trägheit der Masse

Die Trägheit einer Organisation kann durchaus ihre positiven Aspekte haben. So lässt man sich vielleicht nicht so leicht von jeder neuen Mode hinreißen. Viele Akronyme im Umfeld von Softwareprojekten, z. B.TQM, CMMI, ITIL, SOA, MDA oder auch Agilität, die als Heilmittel für die latenten Probleme in unserer Branche verkauft werden, wollen mit Umsicht angegangen werden. Nur weil eine Flut von Consulting-Firmen diese aggressiv verkaufen, heißt dies noch lange nicht, dass sie auch tatsächlich ihrem Versprechen gerecht werden.

Deshalb ist es auch verständlich, dass beim Einführen von Ideen aus dem agilen Umfeld in ein Unternehmen, das bis dahin traditionell vorgegangen ist, dieselbe Vorsicht zum Vorschein kommt. Viele Unternehmen zeigen sich abwartend und folgen dem „Late Majority"-Prinzip[2].

Der Einzelne innerhalb der Masse des Unternehmens hat deshalb die Tendenz, sich mit dieser zu bewegen. Wie in einen Fluss eingebettet, bewegt er sich gerne innerhalb der akzeptierten Normen der Firma, da jedes „Gegen-den-Strom-schwimmen" zusätzliche Anstrengung kostet, die zudem nicht immer belohnt, sondern im Gegenteil häufig kritisiert wird.

Ohne die Initiative des Vorgesetzten wird nichts Neues begonnen. Mann wartet ab, bis jemand höheren Ranges ein Einsehen hat und eine Änderung anordnet. Eigeninitiative ist nur in sehr engen Grenzen gefragt.

3.3.2 Bequemlichkeit

Jeder einzelne von uns ist bis zu einem gewissen Grad bequem. Lernen ist anstrengend und stets an sich zu arbeiten, um in seiner Arbeit besser zu werden, braucht viel Energie. Deshalb haben wir die Tendenz, es uns in einer bestimmten Arbeitsumgebung gemütlich zu machen. Wir stellen sehr schnell fest, was von uns maximal erwartet wird und begnügen uns meist, diese genau definierten Sollvorgaben zu erfüllen, und das auf möglichst energiesparende Art und Weise.

Wir sind froh, wenn wir möglichst selten nach Zwischenergebnissen gefragt werden und nicht oft Rechenschaft über unseren Fortschritt ablegen müssen. Dadurch können wir unserem eigenen Arbeitsrhythmus folgen. Alles andere setzt uns unter Druck und ist purer Stress.

Agilität erwartet jetzt von uns, dass wir uns und anderen regelmäßig, in relativ kurzem Abstand, d. h. meist täglich, über den wahren Stand unserer Arbeit aufklären. Von uns wird auch erwartet, dass wir auf einmal Dinge tun, die wir persönlich gar nicht für nötig halten, z. B. Tests zu schreiben und diese regelmäßig auszuführen. Auch sollen wir auf einmal Code warten, den ein Anderer geschrieben hat und müssen uns dadurch des Öfteren ärgern.

Hinzu kommen all die gemeinsamen Aktivitäten, die früher ein Analytiker oder Architekt alleine ausgeführt hat. Nun sollen wir auf einmal mit Anderen eng zusammenarbei-

---

[2]   Everett M. Rogers, *Diffusion of Innovations, 5th Edition*, Free Press, 2003

ten, die leider nicht unser Niveau mitbringen oder nicht das gleiche tiefe Domänenwissen haben.

Anekdote: Verschwendung von Ressourcen

Es ging darum, in einem Team zum ersten Mal gemeinsam eine Iteration zu planen. Dabei sollten aus einem Set von Anforderungen (User Stories) diejenigen ausgewählt und gemeinsam analysiert werden, die für die nächste Iteration in Frage kamen.

Nachdem ich die Einladung zum Planungsmeeting versandt hatte, kam ein Entwickler zu mir und äußerte die Meinung, dass es überflüssig sei, dass alle aus dem Team daran teilnehmen sollten. „Es genügt doch, wenn X und Y daran teilnehmen. Dann haben wir Entwickler Zeit, noch einige dringende Fehler zu beheben."

Es brauchte eine gehörige Portion Zeit und Überzeugungsarbeit, um diesem Entwickler klar zu machen, dass gemeinsame Zeit, die man mit der Besprechung der Anforderungen verbringt, notwendig ist, um ein gemeinsames, vertieftes Verständnis der Anforderungen und der möglichen Lösungswege zu schaffen.

Das alles läuft unserer Bequemlichkeit zuwider und wir können uns durchaus unwohl in einem einst geliebten Job fühlen. Das kann bewirken, dass wir uns gegen alles wehren, was nach mehr Arbeit und Aufwand aussieht, den wir als überflüssig betrachten.

3.4 Inkonsequenz

Es gibt viele Gründe für Inkonsequenz. Hier einige mögliche:

- Angst, gegen bestehende Normen und Standards zu verstoßen
- Mangel an Einfluss
- Nicht überzeugt vom Nutzen sein
- Rücksichtnahme auf bestehende Strukturen oder bestimmte Personen

Inkonsequenz äußert sich in Aussagen wie:

- „Man muss doch nicht alle Praktiken von XP implementieren."
- „Es genügt, wenn wir Unit-Tests einführen."
- „Warum sollen wir unsere Planung jeder Iteration anpassen?"
- „Wenn nicht alle vor dem Einchecken alle Tests ausführen wollen, dann müssen sie auch nicht. Es genügt, wenn sie den Code vorher mit jemandem gesichtet haben."

Praktiken im agilen Umfeld sind meist darauf ausgelegt, sich gegenseitig zu stützen oder gar zu verstärken. Es kann sich kontraproduktiv auswirken, wenn wir uns von Beginn an, nur aufgrund von vorgefassten Ansichten oder Widerstand, dazu verleiten lassen, nur das zu tun, was uns passt und nicht allzu sehr stört.

3.4.1   Halbherzigkeit

Manchmal mag der Grund darin liegen, dass wir nicht ganz verstanden haben, warum sich eine Praktik positiv auswirken kann und wie Praktiken zusammenhängen. Vielleicht wissen wir nicht, wie bestimmte Praktiken mit agilen Werten und Prinzipien in Zusammenhang stehen und wie sie sich gegenseitig verstärken können. Deshalb sind wir nicht gewillt, sofort mit Altem zu brechen und voll auf einen neuen Weg zu setzen.

Das würde auch erklären, warum das Einführen eines radikal anderen Denkens (wie im Zusammenhang mit der Agilität) meist dann gelingt, wenn eine genügende Anzahl an Personen erkennt, dass ein Projekt z. B. in einer Krise steckt und deshalb ein grundlegender Wandel her muss. In einer solchen Situation hat man meist nichts mehr zu verlieren, will man das Projekt noch retten.

Ist hingegen keine Krise am Horizont erkennbar und scheint alles gut zu laufen, sehen wir meist den Sinn nicht, unsere Vorgehensweise anzupassen. Wir tun uns schwer damit, größere Einschnitte in unser bisheriges Tun zuzulassen, selbst wenn der Auftrag dazu von oben kommt.

3.4.2   Rücksichtnahme

Dabei nehmen wir auch gerne auf Andere Rücksicht. Das ist ja grundsätzlich nicht falsch, kann einem aber durchaus im Weg stehen. Es kann z. B. sein, dass wir mehrere Mitarbeiter haben – vielleicht eine ganze Abteilung – die bereits grau-melierte Haare haben und sich besonders gut mit einer Host-Applikation auskennen, die schon sehr viele Jahre produktiv beim Kunden oder in der Firma im Einsatz sind. Sie haben ein ausgesprochenes Domänenwissen, sind jedoch gegenüber jeglichen neueren Entwicklungen eher skeptisch eingestellt.

Unit-Testing kennt man in diesem Umfeld nicht. Kurze Iterationszyklen ebenso wenig. Programmiert wird in Cobol oder PL/1 und die „Copy and Paste"-Technik ist immer noch stark angesagt.

Es gibt dieser Herren nur noch relativ wenige und ihr Wissen ist für die Unternehmung deshalb umso wichtiger, besonders, da bisher noch niemand in der Lage war, das komplexe Softwaresystem in eine modernere Form zu überführen.

Man kann diese Leute nicht einfach vor die Tür setzen und eine Horde junger Java- oder Ruby-Programmierer einstellen. Das wäre ein enormer Wissensverlust für die Firma und eine grobe Rücksichtslosigkeit gegenüber den Arbeitnehmern.

Anekdote: Ein tiefer Brunnen

Ein freier Mitarbeiter, der sich in mehr als 20 Jahren tiefes Domänenwissen angeeignet hatte und als einziger innerhalb der Firma über dieses Wissen verfügte, konnte nur schwer davon überzeugt werden, „seinen Code" mit Anderen zu teilen.

Weil er weite Teile der Codebasis alleine implementiert hatte, war der Code gleichzeitig nur unzulänglich mit Tests abgedeckt. Weil aber „sein" Teil des Systems für den Kunden von zentraler Wichtigkeit war, wurde seine Vorgehensweise (die mehr einer Flickübung glich) lange Zeit toleriert. Die Auswirkungen auf die Mitglieder seines Teams und das Projekt waren sehr negativ:

- Die Kollegen hatten den Eindruck, er werde bevorzugt.

- Sein Verhalten hatte einen schlechten Vorbildcharakter für andere Entwickler.

- Know-how wurde lange Zeit nicht verteilt und so das Klumpenrisiko nicht minimiert.

- Sein Code gehörte mit zum instabilsten des ganzen Systems und gleichzeitig zum kompliziertesten, was die Wartbarkeit des Codes stark einschränkte.

Der Dialog mit diesem Mitarbeiter gestaltete sich äußerst schwierig, weil er aus einer Position der Stärke heraus auftreten konnte. Es brauchte viele Monate Zeit, um einen Weg zu finden, um miteinander auszukommen.

Die lange Zeit der Rücksichtnahme hat sich, rückblickend betrachtet, sehr negativ auf die Adoption agiler Grundsätze ausgewirkt.

Es versteht sich von selbst, dass man in einem solchen Fall zusätzliche Anstrengungen unternehmen muss, um eine solche Abteilung oder deren Mitarbeiter in eine agile Vorgehensweise mit einzubeziehen.

3.5 Selbstüberschätzung

Es liegt in der menschlichen Natur, dass wir zu gut über uns selbst und zu schlecht über andere denken. Diese chronische Selbstüberschätzung stellt uns, in Zusammenhang mit Agilität, mehr als einmal ein Bein.

Zum einen scheinen wir es viel schwieriger zu haben, selbst konstruktiven Rat anzunehmen. Besonders, wenn wir bereits eine gewisse Erfahrung in der Entwicklung von Software mitbringen, also kein ausgesprochenes „Greenhorn" mehr sind und vielleicht noch einige Diplome mitbringen, die dies bescheinigen, scheinen wir überzeugt zu sein, das Meiste selbst zu wissen und zu können. Dies schlägt sich in vielerlei Hinsicht negativ nieder:

- Wir nehmen uns im Code zu viel vor und machen zu große Änderungen auf einmal.

- Wir glauben, es nicht nötig zu haben, unseren Code eingehend automatisiert zu testen.

- Wir geben zu optimistische Schätzungen ab.

- Wir wollen zu viele Anforderungen auf einmal angehen.

- Wir vertrauen uns mehr als den Teammitgliedern.

Wir wollen uns auszugsweise mit drei Bereichen besonders beschäftigen.

3.5.1 Programmierung

Selbstüberschätzung im Rahmen der Programmierung kenne ich aus erster Hand. Man sitzt für sich allein vor dem Bildschirm und erfindet die wildesten Lösungen für komplizierte Probleme. Wenn man keine Grenze gesetzt bekommt, löst man meist noch zehn weitere Probleme nebenbei und deshalb gerät der Code außer Kontrolle. Statt in kleinen Schritten vorzugehen und immer nur genau ein konkretes Problem auf einmal zu lösen, hat man auf einmal mehr lose Fäden in der Hand als gut für einen ist.

Die Folge davon ist, dass man die Auswirkungen von Änderungen nur noch schwer oder gar nicht im Griff hat. Man kann dann meist nicht mehr sagen, warum eine bestimmte Funktion nicht mehr so funktioniert wie vorher, weil man zig Änderungen gemacht hat. Und welche davon ist Schuld am Malheur?

Hat man zudem eine schlechte Abdeckung durch Tests, weiß man nicht, was man sonst noch so alles kaputt macht, wenn man am berühmten roten Faden zieht.

Anekdote: Zu viel Veränderung auf einmal

Ein Team, in dem ich als Scrum Master diente, hatte sich dazu entschlossen, Code-Reviews zu forcieren, indem es nach dem Open-Source-Prinzip so genannte Committer ernannte. Nur diese Committer durften Sourcecode in das Source Control System (SCS) einchecken. Natürlich nur, wenn sie den Code vorher begutachtet und die Tests dazu überprüft hatten.

Ich war einer dieser Committer und bekam eines Tages Bescheid von einem Kollegen, dass er nicht in der Lage sei, den Patch (mit allen betroffenen Codestellen) zu erstellen, den er mir normalerweise zustellen sollte. Ich sollte stattdessen zu ihm kommen und den Code in seinem persönlichen Arbeitsbereich begutachten und das O.K. zum Einchecken geben.

Ich war nicht schlecht überrascht, als ich seine vielen Änderungen sah. Es waren rund 150 Klassen betroffen und – obwohl die Testabdeckung relativ hoch war – gestaltete sich die Aufgabe, herauszufinden, was an der bestehenden Funktionalität durch die Änderungen am Code noch alles tangiert war, sehr schwierig.

Wir verbrachten den halben Nachmittag mit der Durchsicht des Codes und mussten zu guter Letzt feststellen, dass es – einen Tag vor Iterationsende – zu riskant war, das Feature in die bestehende Codebasis aufzunehmen, womit wir das Iterationsziel in diesem Bereich nicht erreichten.

Bei einem agilen Vorgehen wünscht man sich, dass ein Entwickler mindestens einmal täglich seinen Code ins SCS eincheckt (d. h. mit seinen Kollegen integrieren kann). Wenn jemand nun mehrere Tage nacheinander seinen Code nicht mit demjenigen seiner Kollegen integrieren kann, steigt der Aufwand zum Zusammenführen seines Codestandes mit demjenigen im Repository überproportional an.

Noch schlimmer wird es, wenn dieser Entwickler seinen Code erst kurz vor Iterationsende integrieren möchte. Meist ist die Änderung dann so gewaltig, dass es z. B. den Testern im Team nicht mehr möglich ist, den neuen Code genügend tief zu testen, was zu einem potenziell instabilen Release führt.

3.5.2 Schätzungen

Schätzungen von Anforderungen oder User Stories sind bei agilen Teams das tägliche Brot. Jeder Einzelne darf, ja muss die User Story, die er bereit ist zu implementieren, schätzen. Wenn man sich auf das Urteil des Einzelnen verlässt, läuft man auch hier Gefahr, zu optimistisch zu schätzen.

Wir alle scheinen immer wieder in die Falle zu tappen und ideale Umstände anzunehmen bzw. unsere Fähigkeiten zu überschätzen. Und trotzdem wird von uns erwartet, dass wir bei unseren Schätzungen immer genauer werden.

Obwohl wir mit den Jahren mehr Erfahrung haben und aus unseren Fehleinschätzungen der Vergangenheit lernen sollten, scheint es, dass wir im Schätzen nicht wesentlich besser werden, wenn wir keine Hilfe von Außenstehenden (von anderen Mitgliedern des Teams) in Anspruch nehmen.

Schätzungen werden auch oft von äußerem Druck beeinflusst. Wenn jemand vom Produktmarketing ein Feature bereits verkauft hat und einem sagt, dass die Realisierung nicht länger als eine Woche dauern darf, dann kann man geneigt sein, bei der Schätzung genau diese Angabe einzusetzen, wider besseres Wissen.

Anekdote: Beste Schätzung mindestens mal zwei

In den letzten fünf Projekten hat sich meine Vermutung weiter bestätigt, dass (besonders) in größeren Projekten die folgende Faustregel bezüglich Schätzungen gilt:

„Man nehme die beste und genauste Schätzung, die man nach allen Regeln der Kunst erheben kann und multipliziere sie mindestens mit zwei."
Gerald M. Weinberg

Das kommt aus Erfahrung der wahren Dauer des Projekts am nächsten.

Im agilen Vorgehen gibt es mehrere Möglichkeiten, schlechte Schätzungen sichtbar zu machen und trotz aller Schätzunsicherheit einen realistischen Überblick über den Fortschritt im Projekt zu behalten. Dazu später mehr.

entwickler.press

3.5.3 Verpflichtung

Genauso, wie man sich gerne verschätzt, passiert es einem gerne, dass man sich, z. B. bei einer Iteration oder bei einem Release, zu ehrgeizige Zeile setzt und dem Kunden gegenüber eine zu große Verpflichtung eingeht (engl. Commitment).

Der Druck von Seiten des Kunden oder von anderen Stakeholdern kann groß genug sein, dass man versucht, alle Wünsche zu berücksichtigen, ungeachtet davon, dass man es aufgrund der aktuellen Entwicklungsgeschwindigkeit eigentlich besser wissen sollte.

Besonders, wenn neben der Weiterentwicklung eines Produkts auch noch Korrekturen an bereits ausgelieferter Funktionalität anfallen und aufgrund von qualitativen Mängeln sich die Fehler häufen, die eigentlich immer Vorrang vor neuer Funktionalität haben, dann versucht man zu viel in eine Iteration oder einen Release hineinzupacken.

3.6 Ego

Der Einzelne denkt oft zu erst an sich, und dann an sich, und dann… Diese alte Weisheit offenbart sich auch im agilen Umfeld und wirkt sich dort sehr ungünstig aus. Ein starkes Ego ist vor allem darauf bedacht, selbst gut dazustehen und sich nicht darum zu kümmern, ob es dem Team als Ganzem gut geht. Es ist sogar sehr fraglich, ob überhaupt ein Team entstehen kann, wenn die einzelnen Mitglieder primär nur mit sich selbst beschäftigt sind. Dabei können Einzelne durchaus exzellente Entwickler, Tester oder Architekten sein. Wenn sie aber „kleine Königreiche" aufbauen und Wissen horten, dann ist die Gefahr groß, dass sie mit agiler Vorgehensweise mehr als ein Problem haben werden.

Anekdote: Der Build fällt um, na und?

In einem Team hatte man vor Kurzem ein Build-System eingeführt und bestand nun darauf, dass der Einzelne Unit-Tests schrieb und zusammen mit seinem Code eincheckte. Der Build wurde automatisch angestoßen – und fiel um. Und die Leute checkten fleißig weiter ein.

Jeder achtete darauf, dass bei ihm im lokalen Workspace sein eigener Test grün zeigte. Aber wie es auf dem Build-System aussah, schien keinen zu kümmern. Als Antwort darauf, wer nun die anderen Tests flicken sollte, ließen die meisten verlauten: „Aber bei mir läuft lokal alles. Und außerdem habe ich keine Zeit. Das Feature hätte schon lange ausgeliefert werden sollen.".

Erst nach der gemeinsamen Bestimmung eines rotierenden Build-Verantwortlichen gelang es dem Team, grüne Builds zu produzieren.

In traditionell operierenden Organisationen wird Spezialisierung unterstützt und gar gefördert, was leider auch oft dazu führt, dass dieses Wissen auf wenige Köpfe verteilt bleibt. Wenn so ein Spezialist ausfällt, dann hofft man von irgendwo her, schnell wieder solch einen Spezialisten beschaffen zu können, als wäre der Mitarbeiter eine einfach austauschbare Komponente, was aber in der Regel natürlich nicht der Fall ist.

Oft geht es aber auch gar nicht um die Verteidigung des eigenen „Gärtchens", sondern nur darum, dass man sich gegenseitig Gutes tut und manchmal auch bereit ist, die Extrameile zu gehen, damit man als Team gemeinsam Erfolg hat.

3.6.1 Kleine Königreiche

Natürlich ist das ein erhebendes Gefühl, zu wissen, dass die Unternehmung von meinem Spezialwissen abhängig ist. Aber wozu kann dies in einem agilen Umfeld führen?

Teams, die Agilität groß schreiben, bevorzugen oft den kollektiven „Besitz" der Codebasis (engl. Collective Code Ownership). Das heißt man erlaubt jedem im Team, alle Teile des Codes zu bearbeiten und zu verändern. Natürlich geht man davon aus, dass dies – soweit möglich – unter Einbezug des ursprünglichen Autors stattfindet und das genügend automatische Tests vorhanden sind, um zu gewährleisten, dass das System auch nach einer Modifikation noch das tut, was es vorher tat.

Wenn nun jemand einen bestimmten Teil des Codes als sein Hoheitsgebiet betrachtet, dann hat er es schwer, sich in so einem Team einzuordnen. Innerhalb des Teams entstehen Unruhe und Zwistigkeiten über Kompetenzen, die nicht nötig wären. Aussagen wie die Folgenden sind dann oft zu hören:

- „X sollte nur den Fehler korrigieren. Stattdessen hat er MIR die halbe Anwendung umgebaut!"

- „Y soll sich ja nicht erlauben, diesen Code zu berühren, sonst kann ICH nicht mehr für seine Funktionstüchtigkeit garantieren."

3.6.2 Hauptsache, mein Code funktioniert

Ein Indiz, dass jemand nur auf sein eigenes Stück des Kuchens bedacht ist, zeigt sich auch darin, wie derjenige testet. Er schaut nur seinen kleinen Ausschnitt des Codes an. Er lässt auch nur diejenigen Tests laufen, die er selbst geschrieben hat. Meist hat er kein Verständnis dafür, alle Tests, die vorhanden sind, vor dem Einchecken auszuführen, ganz nach dem Motto: „Aber in dem Bereich dort habe ich ja sowieso nichts geändert. Aber mein Code hier, der funktioniert."

Dabei zeigt sicher immer wieder in der Realität, dass die heutigen Softwaresysteme so komplex sind, dass Einzelne nicht in der Lage sind, das System zu verstehen, geschweige denn abzuschätzen, ob er nicht durch eine Änderungen an anderer Stelle die Funktionsfähigkeit beschneidet.

Personen, die sich nur um ihre eigenen Dinge kümmern, zeigen durch ihr Verhalten, dass sie für das Team nicht viel übrig haben. Ein agiles Team lebt aber von der gegenseitigen Abhängigkeit und Hilfsbereitschaft. Fällt z. B. der Build aus irgendeinem Grund um, muss ich mich in einem gut funktionierenden Team nicht darum kümmern, den Build wieder zum Laufen zu kriegen. Die Teammitglieder werden nicht stundenlang nach dem Schuldigen suchen oder den umgefallen Build einfach ignorieren, sondern der erste, der das Problem bemerkt, wird zur Tat schreiten.

3.6.3 Helden

Dann gibt es da noch diejenigen, die gerne den Helden spielen. Wenn es darum geht, eine komplexe Stelle im Code im Debugger zu analysieren, sind sie sofort zur Stelle. Je komplexer die Angelegenheit, desto besser. Statt jedoch den Code bereits an erster Stelle einfach verständlich und ihn so allen Kollegen zugänglich zu machen, gefallen sie sich darin, zu zeigen, dass nur sie bestimmten Code meistern können.

Eine Einstellung, die sie oft auszeichnet, ist, dass sie es nicht nötig haben, Tests zu schreiben, denn sie machen so gut wie keine Fehler. Tests sind nur für Memmen, die ihrem eigenen Code nicht trauen. Solche Personen in ein agiles Team zu integrieren ist oft schwieriger, als jemanden, der unerfahren ist.

3.7 Sympathie

Auch unsere Sympathie bzw. Antipathie gegenüber bestimmten Personen, speziellem Verhalten oder einer bestimmten Einstellung, beeinflusst unser Verhalten. Im agilen Kontext wird ja sehr eng zusammengearbeitet und das natürliche „Jemandem-gewogen-sein" spielt eine große Rolle bei der Akzeptanz der agilen Vorgehensweise.

Zeigt z. B. derjenige, der agiles Gedankengut in einem Unternehmen oder Team einbringen will Eigenschaften oder Verhaltensweisen, die einem unsympathisch sind, z. B. Anzeichen von Überheblichkeit oder Arroganz, dann wird er es sehr schwer haben, seine Ideen an den Mann (oder die Frau) zu bringen.

Dabei ist es unerheblich, ob die Vorschläge gut sind oder nicht, wenn ihm persönlich gegenüber Vorbehalte bestehen oder sich gar mehrere Mitarbeiter gegen ihn zusammen tun, hat ein Einzelner keine Chance, Gehör zu finden.

Anekdote: Die ausgestreckte Hand

In einem Team, das seit einiger Zeit agil vorgehen wollte, harzte es. Drei bis vier Personen waren konstant skeptisch, kritisierten ständig herum und sahen überall Gruppenbildung, Bevorzugung und Vetternwirtschaft. Sie bezweifelten die Motive der Befürworter der agilen Vorgehensweise und behaupteten marginalisiert zu werden, obwohl sie doch schon seit Jahren zur Firma gehörten.

Lange Zeit schien die Situation verfahren und der Scrum Master des Teams machte sich Gedanken, wie er diese Personen besser im Team verankern konnte. Dann kam ihm eine Idee: Das Team hatte vor, einen Teamevent zu organisieren. Er wählte bewusst drei dieser Skeptiker aus, Teil des vierköpfigen Organisationskomitees (zusammen mit dem Change-Agent) zu sein.

Der Teamevent war ein voller Erfolg und der Change-Agent gab den Skeptikern alle Ehre für die Organisation der gelungenen Veranstaltung. Mit einem Schlag besserte sich von diesem Moment an das Klima innerhalb des Teams.

3.7.1 Zugehörigkeitsgefühl

Die Akzeptanz steigt hingegen, wenn der agile Change-Agent die Achtung seiner Kollegen gewinnen kann. Sei es, dass er als einer der ihren anerkannt wird, vielleicht weil er ein guter Entwickler ist, dessen Ideen in der Vergangenheit gute Früchte getragen haben. Oder sei es, dass er in der Lage war, dem Team in einer heiklen Situation aus der Patsche zu helfen.

Kommt jemand mit agilen Ideen, der nicht zur eigenen Gruppe, z. B. der Entwickler, gehört, hat er es schwerer. Man kann allgemein feststellen, dass je enger eine Gruppe von Menschen gefügt ist – sie sozusagen einen Clan bildet – desto schwieriger ist es, von außen neue Ideen einzuführen. Gleichzeitig fällt es jemandem, der aus dieser festgefügten Gruppe stammt, verhältnismäßig leicht, neuem Gedankengut die nötige Akzeptanz zu verschaffen.

Somit kann das Zusammengehörigkeitsgefühl sowohl vorteilhaft als auch problematisch sein. Es macht somit durchaus Sinn, das soziale Netz innerhalb des Teams auszuloten, um besser zu verstehen, wer mit wem auch soziale Kontakte unterhält und sich somit auch auf persönlicher Ebene gut versteht.

3.8 Mangel an Disziplin

Disziplin ist ein Wort, das man noch am ehesten mit Kindererziehung oder Militärdrill in Verbindung bringt. Doch Selbstdisziplin ist eine der Eigenschaften, die agile Vorgehensweisen erst beflügelt. In einem agilen Team wird nicht dauernd ein Polizist hinter einem stehen, um an all die Regeln zu erinnern, die im Team vereinbart worden sind.

Stattdessen wird erwartet, dass jeder eigenverantwortlich darum besorgt ist, sich Arbeit zu beschaffen (sich eine User Story zu schnappen), sie sich richtig einzuteilen (eventuell Hilfe zu holen, wenn nötig) und regelmäßig dem Team über seinen Fortschritt zu berichten.

Sich an die im Team vereinbarten Grundregeln zu halten (z. B. die Definition, was „fertiggestellte Arbeit" bedeutet), setzt eine große Portion Autonomie und Selbstständigkeit voraus.

3.8.1 Fehlende Selbstdisziplin

Fehlt diese Selbstdisziplin, fällt es einem viel schwerer, sich in ein agiles Team einzufügen. Natürlich spielt Selbstdisziplin in allen Softwareentwicklungsvorhaben eine Rolle, ob agil abgewickelt oder nicht.

Da das agile Team jedoch besonderes Augenmerk auf Zusammenarbeit und das Einhalten von vereinbarten Teamnormen Wert legt, ist der einzelne viel mehr gefordert, seine Leistung auch tatsächlich zu erbringen.

Ist das nicht der Fall, fällt es in einem agilen Team sofort allen auf. Natürlich wirkt die Teamdynamik auf jeden Fall korrektiv. Es ist jedoch für alle Beteiligten unangenehm, wenn jemand wiederholt ermahnt werden muss, die Teamnormen einzuhalten. Der Fluss der Arbeit leidet und die Produktivität des Teams nimmt ab.

3.8.2   Kein Teamkodex

Noch schlimmer wirkt es sich aus, wenn das Team keinen Teamkodex vereinbart. Wenn das Team es versäumt, gemeinsame Grundregeln festzuhalten, die von jedem Mitglied eingehalten werden müssen, dann sind auf jeden Fall Probleme vorprogrammiert. Es gibt dann keine feste Grundlage, auf der das Team in der Lage wäre, Meinungsverschiedenheiten zu beseitigen oder interne Probleme zu lösen. Da es keine dominante Obrigkeit gibt, die den Teammitgliedern sagt, wie sie innerhalb des Teams zu funktionieren haben, ist eine Abmachung innerhalb des Teams unbedingt notwendig. Einige beispielhafte Dinge, die nicht funktionieren, wenn es an Disziplin fehlt, sind Folgende:

- Keine gemeinsamen Ziele werden verfolgt.
- Tests werden nicht vor dem Einchecken ausgeführt.
- Design- und Code-Reviews werden nicht durchgeführt.
- Der Build bricht immer wieder.
- Gemeinsame Coderichtlinien werden nicht eingehalten.
- Standup-Meetings verlaufen diffus, weil die Einzelnen nur ungenau über ihre aktuelle Arbeit das Team informieren.

3.8.3   Kein Verantwortungsgefühl

Ein eigentliches Grundübel für mangelnde Disziplin kann sicherlich darin gefunden werden, dass bestimmte Personen keine Verantwortung übernehmen möchten. Sie sind der Ansicht, dass Verantwortung nicht geteilt werden kann.

Dabei übersehen sie, dass jeder, der zu einem Projekt beiträgt, ein Stück Verantwortung trägt. Wenn sie das anerkennen, dann versuchen sie ihren Anteil an Verantwortung möglichst zu minimieren. Denn für Verantwortung haben wir ja Manager, die die Schelte einstecken, wenn etwas im Projekt schiefgeht. Dafür bekommen sie ja auch den besseren Lohn.

In einer agilen Welt sieht das Ganze jedoch anders aus. Agile Teams verkörpern in der Softwareentwicklung, was in anderen Branchen seit Jahren „Self-directed Work Teams" (Selbstbestimmte Arbeitsteams) genannt wird. Solche Teams haben die volle Verantwortung für die Auslieferung eines produktionsreifen Produkts. Sie können diese Verantwortung nicht auf ihren Chef abschieben, da sie keinen Chef haben.

Damit das aber auch wirklich funktioniert, muss das Team als Ganzes und somit jeder Einzelne im Team die Verantwortung auf sich nehmen, auch Arbeiten auszuführen, die in traditionellen Projekten ein Manager inne hatte, z. B. das Planen, die Fortschrittskontrolle und das Regeln von teaminternen Konflikten. Wenn einzelne Mitglieder im Team diese Verantwortung nicht mittragen wollen, werden sie zu einer Belastung des Teams, die bis zu Zerwürfnissen und Streitereien führen kann.

3.9 Gleichgültigkeit

Mit dem Vermeiden von Verantwortung ist auch Gleichgültigkeit eng verbunden. Manche Personen offenbaren eine erstaunliche Gleichgültigkeit in bestimmten Bereichen ihrer Arbeit. Sie scheinen sich mit einem „Dienst nach Vorschrift" zu begnügen. Das kann daran liegen, dass sie:

- neben der Arbeit andere Ziele verfolgen
- glauben, bereits eine Position innerhalb der Organisation erreicht zu haben, die ein angenehmes Leben erlaubt
- denken, sie hätten ein Alter erreicht, in dem es sich nicht lohne, Neues dazuzulernen
- annehmen, ein minimaler Einsatz genüge, um den Chef zu befrieden
- denken, es lohne sich nicht, Veränderungen in eine Organisation einzuführen, die solchen Veränderungen in der Vergangenheit sowieso immer widerstanden hat
- glauben, die angestrebte Veränderung ist nicht zu ihrem persönlichen Nutzen

Es mag noch weitere, individuelle Gründe geben, doch wir wollen uns auf die Gleichgültigkeit gegenüber Verbesserungen und Selbstorganisation konzentrieren.

3.9.1 Kein Interesse an Verbesserung

Es ist einfacher, eine fatalistische Einstellung an den Tag zu legen, als nach vielen (vielleicht jahrzehntelangen) Bemühungen die Dinge besser anzugehen und nach fast ebensovielen Fehlschlägen wirkliche Verbesserung zu erreichen, gleichwohl optimistisch zu bleiben.

Das Naturell des Einzelnen mag eher zur Resignation neigen, als dasjenige eines Anderen. Und doch stellt man oft fest, dass tief im Innern der Personen ein Funken Hoffnung lebendig geblieben ist, dass es doch vielleicht einmal möglich wird, etwas an der aktuellen Situation zu verbessern.

Auch bei Mitgliedern eines Teams, das gerne agil vorgehen würde, kann sich Resignation breitmachen. Das ist dann der Fall, wenn z. B. bei Teamretrospektiven Dinge festgestellt werden, die korrigiert werden sollten, Korrekturen jedoch sehr lange auf sich warten lassen oder gar nicht eintreten. Dann kann sich sehr schnell die Meinung durchsetzen, dass Agilität nichts weiter bringt, genauso wie ähnlich gelagerte Verbesserungsvorhaben (z. B. TQM-Initiativen oder ISO 9001-Zertifizierungen).

Man kann auf folgende Äußerungen achten, die ein Indikator für Mangel oder Nachlassen an Interesse an Verbesserung sind:

- „Es bleibt ja doch alles beim Alten."
- „Was? Schon wieder eine Retrospektive? Wozu das denn?"
- „Immer kommen die gleichen Punkte heraus, an denen wir arbeiten sollten."
- „Wann kriegen wir ENDLICH den schnelleren Build-Server?"
- „Da wird X ja doch wieder nur sein Veto einlegen."

3.9.2 Kein Interesse an Selbstorganisation

Trotz des bereits vollen Zeitplans, den jeder von uns hat, sollen wir nun auch noch zusätzliche Arbeit leisten. Der Entwickler möchte sich gerne auf das Lösen komplizierter Programmierprobleme konzentrieren und nicht auch noch zusätzliche Arbeit in Form von Managementaufgaben auf sich nehmen. Was liegt da näher, als einfach die „kalte Schulter zu zeigen" und sich nur um seine eigenen Sachen zu kümmern.

Es muss auch nicht immer nur etwas mit einem Mangel an Verantwortungsgefühl zu tun haben, wie in Abschnitt 3.8.3 angesprochen. Man ist einfach gewohnt, dass man organisiert wird. Man hat dadurch ein einfacheres Leben, auch wenn man sich des Öfteren über unsinnige Anordnungen und kontraproduktive Einteilungen aufregt.

Initiative und Selbstorganisation wird einem in vielen größeren Betrieben direkt abtrainiert. Es geht vielmehr um das Einhalten von Richtlinien und eng vordefinierten Abläufen, als um das proaktive Lösen von Problemen mit allen Mitteln. Alles, was außerhalb dieser Abläufe liegt, bedarf zuerst eingehender Prüfung einer anderen Dienststelle und ausdrücklicher Erlaubnis des Linienvorgesetzten.

Interessanterweise scheinen wir in der Softwareindustrie diesbezüglich weniger flexibel als in der Fertigungsindustrie zu sein, z. B. dem Automobilbau, wo interdisziplinäre, kreative Teams bereits seit Jahrzehnten im Einsatz stehen, und dies in einer Branche, die es buchstäblich mit „harter Ware" zu tun hat, die ja bekanntlich noch schwieriger zu ändern und anzupassen ist.

3.10 Tugenden

Interessant ist auch, wie sich einige Eigenschaften, die gemeinhin als Tugenden angesehen werden, mit agilen Prinzipien beißen können. Wir wollen eine kleine Auswahl etwas genauer unter die Lupe nehmen.

3.10.1 Genauigkeit

Genauigkeit ist – wenn am richtigen Ort und zum richtigen Zeitpunkt eingesetzt – eine sehr wichtige Eigenschaft. Wir wünschen uns alle gerne ein Stück Software, die GENAU das tut, was sie tun soll und nicht nur FAST. In gewissen Branchen kann das Todesfolgen haben. Ebenso wünschen wir uns Tester, die auch Negativ- und Grenzfälle testen, um möglichst jeden denkbaren Fehler auszuschließen.

Doch übertriebene Genauigkeit zum falschen Zeitpunkt, z. B. in einer sehr frühen Phase der Entwicklung, kann sich negativ auf ein agiles Projekt auswirken. Denken wir nur an die Erhebung von Anforderungen. Wie oft sind wir verleitet, sehr früh bei den Anforderungen sehr tief zu gehen, um möglichst genau den Umfang der Arbeit schätzen zu können.

Zu detaillierte Anforderungen zu früh im Projekt führen oft zu unerwünschten Nebenerscheinungen. So kann der permanente Änderungsprozess stark verlangsamt werden, wenn viele detaillierte Dokumente nachzuführen sind und immer viele Parteien über alle Änderungen informiert sein wollen. Was man sich damit auflädt ist Ballast, der uns anschließend das ganze Projekt hindurch begleitet, weil mit der fortschreitenden Erkenntnis über die tatsächlichen Anforderungen permanente Anpassungsarbeiten notwendig sind. Aussagen, auf die man achten sollte, sind in dieser Beziehung:

■ „Es kann nicht mit dem Programmieren angefangen werden, bis alle Anforderungen bekannt sind."

■ „Wir wollen, dass das Anforderungsdokument oder Konzept zuerst abgenommen ist, bevor mit der Entwicklung begonnen werden kann."

■ „Wir haben leider zu wenig Zeit, um alle 5 261 User Stories jedesmal zu priorisieren."

3.10.2 Beschützerinstinkt

Ein guter Teamleiter (oder auch Scrum Master) ist auch ein Beschützer seines Teams. Das heißt er ist darum bemüht, sein Team von Störungen aller Art zu schützen, damit sein Arbeitsfluss nicht tangiert oder gar unterbrochen wird, durch Dinge, die nichts mit dem Auftrag des Teams zu tun haben. Das ist eine sehr wichtige Aufgabe eines Teamleiters oder Scrum Masters.

Mann kann den Schutz des Teams auch zu weit treiben. So ist es z. B. nicht weise, das Team vor den Konsequenzen seines Tuns abzuschirmen. Ein agiles Team lebt vom unmittelbaren Feedback des Kunden. Jegliches Feedback von Seiten des Kunden auf Managementebene zu filtern, ist nicht ratsam.

Man spricht immer von stufengerechter Information und meint oft damit, dem Team bestimmte Informationen nur gefiltert vorzusetzen bzw. scheinbar für das Team unwichtige Informationen vollständig zu unterdrücken. Als ob der Einzelne nicht in der Lage wäre, sehr wohl unterscheiden zu können, was für ihn relevante Information ist und was nicht. Diese Bevormundung der Mitarbeiter ist leider in unserem Kulturkreis stark verbreitet.

Besonders wenn es darum geht, Feedback bezüglich der geleisteten Arbeit direkt zu erhalten, ist jedes Filtern der Information hinderlich. Das Team kann dann unter Umständen eine Situation falsch einschätzen, vielleicht ein Problem als gar nicht so dringend betrachten und dann entsprechend unangebracht reagieren. Aussagen, die auf einen übersteigerten Beschützerinstinkt hindeuten könnten, lauten:

■ „Der Teamleiter kann das alleine mit dem Kunden besprechen und dann das Team informieren."

■ „Diese Information wird nur für Unruhe in der Belegschaft führen. Ich verfasse später ein E-Mail, damit das richtig rüberkommt."

■ „Es genügt, wenn am Anforderungsworkshop nur der Analytiker teilnimmt, er kann dann den Rest des Teams informieren. Dann sind die Entwickler nicht mit der Anforderungsaufnahme belastet."

■ „Es genügt, wenn der Teamleiter regelmäßig mit dem Kunden die Iterationsergebnisse anschaut. Dann kann sich das Team auf die Realisierung konzentrieren."

3.10.3 Alles unter Kontrolle

Ein guter Manager hat immer alles unter Kontrolle. Richtig? Leider falsch! Obwohl der Wunsch nach Kontrolle legitim ist und es durchaus sehr wichtig ist, dass man ein Projekt nicht aus dem Ruder laufen lässt, artet dieser Wunsch meist aus.

Zuerst darf man feststellen, dass es eigentlich nicht möglich ist, alles unter Kontrolle zu halten. Projekte, Technologien und zwischenmenschliche Beziehungen sind zu komplex, als dass es einem Einzelnen möglich wäre, alle Aspekte so im Griff zu haben, dass der Erfolg garantiert ist.

Zum anderen ist es gar nicht wünschenswert, dass ein Einzelner versucht, immer alles unter Kontrolle zu haben. Das Team muss seinen Prozess und sein Produkt im Griff haben. Es muss manchmal aber auch ungewöhnliche Wege gehen können, wenn sie dazu führen, dass Lösungen für dringende Probleme gefunden werden. Interaktion in Sternform (mit dem Umweg über einen zentralen Manager, der über alles informiert werden will) ist solchen Situationen meist hinderlich. Folgende Aussagen deuten auf ein übertriebenes Kontrollbedürfnis hin:

- „Ich erwarte, dass ich über alle Gespräche mit dem Kunden informiert bin."
- „Bitte schickt mir immer eine Kopie, wenn ihr mit dem Kunden über E-Mail kommuniziert."
- „Ich will bei allen Designsitzungen dabei sein."
- „Jedes relevante Dokument muss von mir visiert sein."

3.10.4 Der Entscheider

Wer liebt sie nicht, die tatkräftigen Manager. Sie haben den Ruf des Machers, weil sie sich nicht scheuen, Entscheidungen zu treffen, im Gegensatz zu vielen anderen, die alles hinausschieben und zuerst das Einverständnis von höherrangigen Managern einholen wollen. Und wir wissen, bis die nächste Projektausschusssitzung stattfindet, vergeht wieder ein Monat.

So wünschenswert schnelle Entscheidungen auch sind, noch wünschenswerter ist es, wenn die richtigen Leute sie treffen. In einem agilen Team wird erwartet, dass alle wichtigen Entscheidungen vom Team selbst getroffen werden. Die Teammitglieder sind diejenigen, die ein bestimmtes Problem lösen müssen und von einer entsprechenden Entscheidung betroffen sein werden. Deshalb sollten sie auch die Autorität haben, diese Entscheidung selbstständig zu treffen.

Natürlich sollten sie sich dabei, wenn nötig, fachkundigen Rat holen. Doch schlussendlich sind sie diejenigen, die die Entscheidung treffen und dann natürlich auch ausbaden müssen, wenn sie sich nicht als vorteilhaft erweist.

Wenn jemand anders (z. B. ein Vorgesetzter) für sie entscheidet, werden sie automatisch dazu erzogen, keine Entscheidungen selbst zu treffen, sondern diese Verantwortung immer von sich zu weisen. Selbstorganisation und Initiative wird dadurch untergraben oder gar unmöglich gemacht.

Ein agiler Coach oder Scrum Master wird sich davor hüten, Entscheidungen für das Team zu treffen. Wie Ken Schwaber einmal treffend festhielt: „Ein Scrum Master ist ein Teamleiter ohne die Autorität.". Stattdessen sollte ein agiler Teamleiter bemüht sein, dem Team zu helfen, zu einer Entscheidung zu gelangen, hinter der die Mehrheit des Teams stehen kann. Indikatoren für einen dominanten Teamleiter wären folgende Aussagen:

- „Ihr könnt einen Vorschlag ausarbeiten und ich schaue ihn mir dann an. Wenn er O.K. ist, dann machen wir das so."

- Der Scrum Master: „Von nun an machen wir zweiwöchige Iterationen."

- „Das hier sind eure Coderichtlinien."

- „Du arbeitest nun an der User Story und du an dieser. Die anderen korrigieren die angefallenen Fehler."

3.11   Vom Einzelnen zur Kultur

So wichtig die Befindlichkeit des Einzelnen ist, so unausweichlich sie sich in der Zusammenarbeit der einzelnen Individuen auch manifestiert, sie bereitet meist in spezifischen Situationen Probleme. Das sind Probleme, die meist durch Eingehen auf die persönlichen Bedürfnisse des Einzelnen beseitigt oder zumindest entschärft werden können.

In agilen Projekten ist es sehr wichtig, das einzelne Teammitglied oder auch einen einzelnen, außenstehenden Stakeholder (z. B. den Kundenvertreter oder den Abteilungsleiter der Verkaufsabteilung) richtig einzubinden und während der ganzen Projektdauer zu hegen und zu pflegen.

Die Summe aller Individuen innerhalb eines Unternehmens macht schlussendlich die Kultur derselben aus. Wenn es um kulturelle Probleme geht, haben wir es deshalb nicht mehr mit einem Einzelnen zu tun, sondern sehen uns der ganzen, gewachsenen Einheit des Unternehmens oder der Abteilung ausgesetzt. Probleme in diesem Umfeld sind viel schwieriger zu orten und zu lösen. Was man auf persönlicher Ebene in einem einfachen Gespräch aus der Welt schaffen kann, braucht auf kultureller Ebene eine viel größere Anstrengung.

Trotzdem oder gerade deshalb ist es sehr wichtig, dass wir dem kulturellen Umfeld besondere Aufmerksamkeit schenken. Im nächsten Kapitel wollen wir uns mit den Minenfeldern für agile Projekte auf kultureller Ebene näher beschäftigen.

4 Kulturschock

„Eine Kultur ist gleichzeitig ein Treibhaus, das es den menschlichen Fähigkeiten erlaubte, sich zu entwickeln, aber auch das Gefängnis, das sie einengt."
– Aldous L. Huxley

Der zweite Bereich, der die Adoption agiler Vorgehensweise stark beeinflusst, ist die Kultur, die in einer Organisation gelebt wird. Wie allgemein bekannt sein dürfte, ist die Unternehmenskultur nicht etwas, das über Nacht entsteht oder genauso schnell geändert werden könnte.

Vom Standpunkt der Agilität aus gesehen ist es jedoch ausnehmend wichtig, die Kultur, die in einem Betrieb herrscht, zu ergründen. Einerseits möchte man die Hintergründe und Triebfedern für gewisse Reaktionen, z. B. innerhalb eines Teams, verstehen. Zum anderen möchte man auch auf kultureller Ebene Einfluss nehmen, um agilem Vorgehen überhaupt eine Chance zu geben, Fuß zu fassen.

Bevor wir uns jedoch mit kulturellen Problemen für agile Projekte befassen können, müssen wir uns etwas mehr Gedanken darüber machen, was Kultur in einer Organisation eigentlich ist und welche grundlegenden kulturellen Unterschiede heute in Betrieben beobachtet werden können.

4.1   Was ist Unternehmenskultur?

Unternehmenskultur kann man definieren als „die Art und Weise wie wir hier [in diesem Unternehmen] zusammen unsere Arbeit verrichten."[1]. Dies deutet bereits darauf hin, dass jedes Individuum seinen Anteil am Leben und Aufrechterhalten der Kultur in einer Unternehmung hat. Die Kultur besteht somit aus geteilten Werten, Normen und Ansichten einer Gruppe von Menschen, die ein gemeinsames Ziel verfolgen.

---

[1]   Karl E. Weick & Kathleen M. Sutcliffe, *Managing the Unexpected*, Jossey-Bass, 2001

Kultur: Eine Definition

Verschiedene Gelehrte haben versucht, die Eigenschaften von Kultur innerhalb einer Organisation zusammenzufassen. Eine der bekanntesten Definitionen stammt wohl von Edgar Schein. Er schrieb:

„Kultur ist durch sechs formale Eigenschaften definiert:

1. Geteilte Grundannahmen, die

2. durch eine bestimmte Gruppe ins Leben gerufen, entdeckt oder entwickelt wurden,

3. während diese Gruppe lernte, mit Problemen externer Anpassung und interner Integration umzugehen und zwar

4. auf eine Art und Weise, die gut genug funktionierte, um als praktikabler Ansatz zu gelten, und der deshalb

5. neuen Mitgliedern der Gruppe vermittelt werden konnte, als

6. der korrekte Weg, um entsprechende Probleme wahrzunehmen, darüber nachzudenken und dazu eingestellt zu sein."[2]

Einfach formuliert, können wir aus dieser Definition von Kultur ersehen, dass eine Gruppe von Menschen gemeinsame Annahmen trifft, die sich aus Lösungen von Problemen ergeben, die man in der Vergangenheit gemeinsam bewältigt hat. Diese Annahmen werden in Werten und Normen kodiert, die dann an neue Mitglieder in der Gruppe weitergegeben werden.

Die meisten nehmen Kultur als gegeben hin und denken deshalb nicht darüber nach. Am ehesten wird sie noch als Entschuldigung für verpasste Chancen und nicht greifende Verbesserungsversuche herangezogen. Wenige haben jedoch erkannt, dass Kultur auch verändert werden kann. Das ist zwar nicht leicht, aber durchaus möglich.

Kultur hat verschiedene Auswirkungen auf die einzelnen Glieder einer Organisation. Wir wollen uns im Folgenden etwas genauer ansehen, wie wir als einzelne in die Kultur unseres Unternehmens eingebettet sind.

4.2 Kultur und der Einzelne

Jeder einzelne von uns ist in die Kultur seines Unternehmens eingebettet. Ob wir wollen oder nicht, wir haben uns mit unserer aktuellen Kultur auseinander zu setzen. Wenn wir dies aktiv tun, dann sehen wir uns nicht nur einfach als Opfer derselben.

In Abbildung 4.1 sehen wir schematisch aufgezeichnet unsere Position bezüglich Kultur in unserem Betrieb.

---

[2] Edgar H. Schein, *Organizational Culture and Leadership*, Jossey-Bass, 1985

Abbildung 4.1: Unternehmenskultur und der Einzelne

Zum einen erkennen wir die Wechselwirkung zwischen der Kultur, die vorherrscht, und uns. Wir passen uns den Normen und Werten der Firma an und halten uns im Normalfall an die vereinbarten formellen oder informellen Spielregeln. Tun wir dies nicht, werden wir als Außenseiter betrachtet und unter Umständen größere Probleme mit der Integration in die Organisation haben.

Gleichzeitig sind wir aber auch am Weiterentwickeln und Formen der Kultur beteiligt. Wir können verschieden stark Einfluss nehmen, selbst dann, wenn wir scheinbar passiv bleiben. Entweder verstärken wir bestehende Normen, indem wir uns daran halten, oder versuchen bewusst, aktiv an deren Veränderung zu arbeiten. Unsere Kollegen tun alle dasselbe.

Doch nicht nur die aktuell angestellten Mitarbeiter beeinflussen die Kultur der Firma. Alle Mitarbeiter, die je Teil der Firma waren, drücken ihr den Stempel auf. Kultur stellt sozusagen auch ein Langzeitgedächtnis dar, das alle scheinbar erfolgreichen Ansätze und Vorgehensweisen und die daraus abgeleiteten Werte, Normen und Annahmen konserviert, bis sie von neuen erfolgreichen Problemlösungserlebnissen modifiziert werden.

4.2.1 Kultur als Rahmen

Durch die Werte und Normen, die in einer Organisation hochgehalten werden, sind dem Einzelnen Grenzen gesetzt. Liegt sein Verhalten außerhalb dieser – manchmal ungeschriebenen – Grundregeln, dann läuft er Gefahr, von der Gemeinschaft nicht mehr akzeptiert, höchstwahrscheinlich korrigiert und eventuell gar verstoßen zu werden.

Wer sich hingegen im akzeptierten Rahmen der Organisation bewegt, wird belohnt und gefördert. Dabei spielt es oft keine Rolle, ob jemandes Aktionen von besonderem Erfolg gekrönt sind oder nicht. Viel wichtiger ist meist, dass nach den geltenden Regeln gehandelt wird.

Möchte man die Grenzen der herrschenden Kultur ändern oder gar ausweiten, dann muss man meist eine Ausnahmesituation besonders gut mit neuen Mitteln lösen (z. B. ein schwieriges Projekt retten), damit daraus ein Kulturwandel entstehen kann.

Mann muss vor allem auch zeigen können, dass man das Problem nur aus der Welt schaffen konnte, weil man anders vorgegangen ist als bisher gewohnt. Gelingt einem dies nicht, werden die Glieder der Organisation annehmen, dass der Erfolg den bestehenden Verhaltensmustern und Normen zu verdanken ist.

Ein Kulturwandel, also eine Veränderung der Normen und Grundsätze innerhalb einer Organisation, kann natürlich auch dadurch stattfinden bzw. gefördert werden, dass ein großer Teil der Belegschaft sich ändert, z. B. durch Zugang vieler neuer Mitarbeiter. Dies kann natürlich in der Regel eher in einer kleinen Firma als in einem Weltkonzern geschehen. In Großbetrieben gibt es meist kulturellen Wandel, wenn sich Firmen mit unterschiedlichen Kulturen zusammenschließen und so eine grundsätzliche Neuordnung der Kultur ansteht.

4.2.2 Kultur als Leitfaden

Die Wirkung der Kultur auf den Einzelnen, im positiven Sinn betrachtet, ist wie ein Leitfaden, der überall in der Firma sichtbar ist, selbst wenn es keine schriftlich aufgezeichneten Regeln dazu gibt. Diese Normen und Grundsätze können Mitarbeiter leiten, und zwar auf eine Art, die auch ohne eine übergeordnete Autorität auskommt. Wenn die Firmenkultur starke Werte und klare Vorstellungen vertritt, dann wird ein Mitarbeiter auch dann das Richtige tun, wenn sein Chef im Urlaub ist oder wenn er unter Druck steht. Dies eröffnet die Möglichkeit, dass jeder Einzelne mehr Freiheit erhalten kann, z. B. um Entscheidungen zu treffen, und das obere Management trotzdem die Sicherheit hat, dass im Interesse der Firma gehandelt wird.

Weil die Kultur die Handlungen und Werte der Mitarbeiter so stark beeinflusst, ist auch jede Veränderung so schwierig. Wenn in einer Kultur von jeher alle Verantwortung nur auf Kaderstufe verteilt war, z. B. alle Entscheidungen nur vom Teamleiter getroffen werden durften und nun auf einmal von oben herab die Mitarbeiter zum Übernehmen von Verantwortung aufgerufen werden, dann wird dieser Ruf ungehört verhallen. Warum? Weil dieselbe Organisation durch ihr laufendes Verhalten die geltenden Werte betont und der Mitarbeiter sich plötzlich in einem Interessenskonflikt wiederfindet: Warum auf einmal gegen die eigenen Normen verstoßen?

4.2.3 Kultur als Filter

Warum wird aber unser Verhalten so stark von der vorherrschenden Kultur beeinflusst? Weil auch unser Denken und unsere Wahrnehmung der Dinge von ihr geformt werden. In Abbildung 4.2 finden wir dargestellt, wie sich Kultur auf unsere Sicht der Dinge auswirkt.

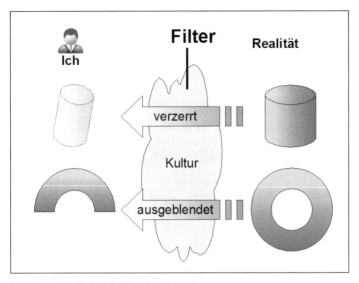

Abbildung 4.2: Kultur als Filter der Wahrnehmung

Die Unternehmenskultur wirkt wie ein Filter auf uns – je länger wir zu einem Betrieb gehören, desto eher wird unsere Wahrnehmung der Realität von den uns umgebenden Normen und Erwartungen gefärbt.

Dies kann dazu führen, dass wir eine ganz verzerrte Sicht auf die Realität haben. Wenn zum Beispiel der Kunde laufend als schwierig dargestellt wird und alle Aktionen, Gespräche und Analysen uns dies immer wieder unterstreichen, dann werden wir selbst sehr schnell von einer neutralen Haltung abrücken und diesen Kunden auch als schwierig einstufen, selbst wenn er sich objektiv betrachtet vielleicht gar nicht anders gebärdet als andere Kunden vor ihm. Vielleicht stellt man sogar fest, dass das eigene Unternehmen generell ein schwieriges Verhältnis zu seinen Kunden hat und das Problem vielleicht doch eher in der eigenen Organisation zu suchen ist.

Kultur hat auch die Tendenz, unsere Wahrnehmung so zu beeinflussen, dass wir unliebsame Dinge gerne ausblenden. Bereits Barry Turner hat festgehalten:

> *„Ein Teil der Effektivität von Organisationen entspringt der Art und Weise,*
> *wie sie in der Lage sind, eine große Anzahl von Personen für eine genügend*
> *lange Zeit zusammenzubringen und ihnen ein genügendes Maß an Gleich-*
> *artigkeit der Herangehensweise, der Ziele und der Prioritäten zu vermitteln,*
> *um es ihnen zu ermöglichen, kollektive, andauernde Anstrengungen zu*
> *unternehmen, die nicht möglich wären, wenn sie nur als eine Gruppe von*
> *unorganisierten Individuen gleichen Problemen gegenüberstehen würden.*
> *Doch genau diese Fähigkeit birgt die Gefahr kollektiver Blindheit gegenüber*
> *wichtigen Dingen; die Gefahr, dass einige vitale Faktoren vielleicht außerhalb*
> *der Grenze organisatorischer Wahrnehmung bleiben."*[3]

---

[3] Barry A. Turner & Nick F. Pidgeon, *Man-Made Disasters*, 2nd Edition, Butterworth-Heinemann, 1997

Genau dies geschieht oft mit agilen Ansätzen. Sie scheinen außerhalb der Wahrnehmung vieler Unternehmen zu bleiben, da sie mit den vorhandenen Normen und Erwartungen inkompatibel sind oder zumindest zu sein scheinen.

4.2.4 Kultur und Sicherheit

Weil die Kultur Normen und Erwartungen konserviert, die allgemein in der Unternehmung akzeptiert sind, ist sie natürlich ein sicherer Hafen für Verhaltensweisen und somit auch Personen, die sich innerhalb derselben bewegen. Sie müssen keinen Widerstand fürchten. Sie wissen genau, wie sie sich verhalten müssen, um nirgends anzuecken.

Fordert man nun seine Kollegen auf, der Unternehmenskultur zuwider zu handeln, bringt man sie eigentlich in Gefahr. Sie müssen sozusagen „gegen den Strom schwimmen". Sie müssen ihre Handlungen auf einmal rechtfertigen und ihre Position verteidigen. Dabei kann es ihnen an Argumenten fehlen. Sie mögen nicht geübt darin sein, ihren Standpunkt öffentlich zu vertreten.

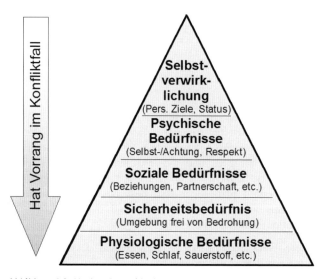

Abbildung 4.3: Maslow-Pyramide der menschlichen Bedürfnisse

In der Maslow-Pyramide der menschlichen Bedürfnisse (Abb. 4.3) ist das Bedürfnis nach Sicherheit deutlich wichtiger als z. B. das Bedürfnis nach Selbstachtung. Deshalb sind Ideen und Vorgehensweisen, die zu Unsicherheit und daraus resultierender Angst führen, so schwer an den Mann, respektive die Frau zu bringen. Sie rühren an einem menschlichen Grundbedürfnis. Erst wenn wir unseren Mitarbeitern ein Gefühl der Sicherheit vermitteln können, steigen unsere Chancen, mit neuen Ideen nicht auf taube Ohren zu stoßen.

4.3   Kultur und Agilität

Kultur ist, was die Unternehmung durchflutet, beeinflusst und tatsächlich steuert. Insofern ist Kultur die aktuelle Realität im Unternehmen. Wenn wir agil vorgehen wollen, dann werden wir in vielen Betrieben kulturellen Problemen begegnen, weil die vorherrschenden Kulturen in heutigen Organisationen den agilen Ansätzen im Weg stehen können.

Dabei müssen wir aber immer im Sinn behalten, dass eine Transformation von einem gegebenen Ist-Zustand in einen gewünschten Soll-Zustand zwar nicht einfach zu bewerkstelligen ist, aber durchaus erfolgreich vollzogen werden kann.

Dies geschieht aber sehr langsam, denn ein Wertewandel muss stattfinden. Soziale Systeme sind träge, und das ist auch gut so. Denn wenn ein soziales System auf jede Störung oder Beeinflussung empfindlich reagieren würde, dann wäre Anarchie an der Tagesordnung. Wir wären nicht in der Lage, gemeinsam etwas Produktives zu leisten. Und wir wären in der Arbeitswelt nicht so weit gekommen, wie wir es heute sind.

4.3.1   Verankerte Werte

Mit der Agilität haben aber kritisch denkende Menschen im Bereich der Softwareentwicklung versucht, wieder Werte und Prinzipien auszugraben und ins Zentrum unserer Aufmerksamkeit zu rücken, die unter all den Akronymen, Modeströmung und Allheilmitteln, wie immer neueren Tools, Standardvorgehen, komplexen Vorgehensweisen, Zertifizierungen und bürokratischen Regelwerken, verschüttet waren.

Dabei ist zu erwarten, dass die vorhandenen, stark verankerten Werte nicht über Nacht durch neue Werte ersetzt werden können. Meist müssen folgende Faktoren eintreffen, bevor eine Änderung des Wertsystems eintritt:

- Austausch eines größeren Teils des Personals
- Vermischung zweier unterschiedlicher Kulturen
- Druck von außerhalb auf die Organisation (Konkurrenzkampf, wirtschaftliche Schwierigkeiten, Kundenunzufriedenheit etc.)
- Interne Krisen (Projektprobleme, Reorganisationen, Teamprobleme etc.)

Sobald die Rahmenbedingungen sich so ändern, dass ihnen mit den Mitteln, die die Organisation bis dato gekannt hat, nicht mehr beizukommen ist, dann ist die Aussicht auf raschere Änderung der Einstellung vieler deutlich besser.

Auch sonst findet ein kultureller Wandel statt, da keine Organisation statisch und starr ist. Menschen kommen und gehen und bringen neue Ideen und Denkweisen mit ein. Allerdings ist diese Art der Veränderung manchmal gar nicht als solche zu erkennen, bis man eines Tages einige Jahre zurückschaut und sieht, dass sich doch vieles verändert hat.

4.3.2 Widersprüche

Natürlich sind viele Widersprüche zwischen agilen und traditionellen Werten und Prinzipien aufzulösen.

Widersprüche, auf die dies zutrifft, könnten sein:

- Hierarchische Kontrolle <-> Verteilte Kontrolle (teambasiert)
- Spezialisierte Abteilungen <-> Crossfunktionale Teams
- Meilensteinplanung <-> Rollende Planung
- Verantwortung beim Management <-> Verantwortung verteilt auf alle
- Mensch angesehen als austauschbare Ressource <-> Mensch geschätzt als Individuum
- Leistung des Einzelnen belohnt <-> Leistung des Teams belohnt
- Strenge Ordnung <-> Begrenzte Freiheit <-> Chaos
- Phasenorientiertes Vorgehen <-> Inkrementell-iteratives Vorgehen
- Qualitätskontrolle am Ende des Prozesses <-> Qualität im Prozess
- Verbesserung der Vorgehensweise am Ende des Projekts (Post Mortem) <-> Kontinuierliche Verbesserung durch Inspektion und Adaption

Man kann versuchen, dies auf polarisierende, entzweiende Art und Weise zu tun. Oder man kann den langsameren Weg des Konsenses suchen und Schritte unternehmen, die nicht eine Revolution auslösen. Stattdessen versucht man, den Wandel peu à peu zu vollziehen, indem man sich innerhalb einer Organisation Sponsoren sucht, die bereit sind, neue Dinge auszuprobieren.

4.3.3 Wandel

Kultureller Wandel kann nur stattfinden, indem eine Person nach der anderen überzeugt werden kann, dass es sich lohnt, die Dinge anders als gewohnt anzupacken. Dies ist nur möglich, wenn jeder Einzelne in der Lage ist zu erkennen, dass er einen persönlichen Vorteil aus dem Wandel ziehen kann.

Persönlich Vorteile aus agilem Vorgehen können dabei sein:

- Breiter abgestütztes und verankertes Know-how (z. B. bei einem Entwickler in den Bereichen Analyse, Qualitätssicherung und Management)
- Höher qualifizierter Job (spezialisierter Generalist, gleichgestellt mit anderen)
- Engeres Teamwork (bessere soziale Kontakte)
- Verteilte Verantwortung (geteilte Last)
- Bessere Projektkontrolle (offeneres Klima)

Allerdings können einige Personen innerhalb der Organisation vielleicht Nachteile für sich persönlich ausmachen. Dabei könnte es sich handeln um:

- Verlust an Prestige
- Verlust an Autorität

- Finanzielle Einbußen
- Verlust des Jobs
- In solchen Fällen müssen Schritte unternommen werden, um diese persönlichen Nachteile auszugleichen, damit man auch diese Personen für die agile Sache gewinnen kann.

4.4 Vier Kulturtypen

Wenn man sich die Gesamtheit aller Unternehmen anschaut, dann kann man viele einzelne kulturelle Phänomene beobachten. Seit Anfang der 70er Jahre die Unternehmenskultur zum Gegenstand der Forschung gemacht wurde, hat man versucht die Faktoren, die Firmenkultur ausmachen, systematisch zu erheben und zu kategorisieren.

Wir wollen uns auf das von Cameron und Quinn formalisierte „Competing Values Framework"[4] stützen und die darin definierten vier Kulturtypen als Grundlage unserer weiteren Betrachtung wählen.

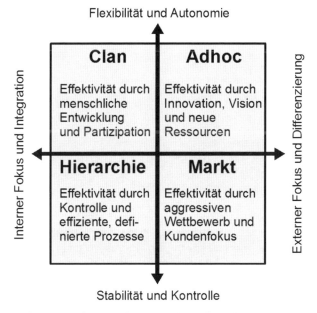

Abbildung 4.4: Die 4 Kulturtypen des „Competing Values Framework"

Abbildung 4.4 zeigt schematisch die vier – sich zum Teil widersprechenden – Werte (deshalb im englischen Namen der Begriff „Competing", d. h. „zueinander im Wettbewerb stehend"), nach denen sich die vier kulturellen Richtungen unterscheiden lassen. Die so entstehenden Quadranten bezeichnen die vorherrschende Kultur, die jeweils durch zwei

---

[4] Kim S. Cameron & Robert E. Quinn, *Diagnosing and Changing Organizational Culture*, 2nd Edition, Jossey-Bass, 2006

Wertepaare definiert ist. Zusätzlich habe ich in der Grafik die in der jeweiligen Kultur herrschende Ansicht, was unter effektivem Vorgehen zu verstehen ist, festgehalten, um den Grundtenor anzudeuten, der im jeweiligen Kulturtyp dominiert.

Natürlich stellen diese vier Kulturtypen entgegengesetzte Pole dar. Es ist jedoch nicht so, dass eine Organisation gcnau in einen Quadranten eingeordnet werden kann. Stattdessen offenbaren alle Organisationen Merkmale (mehr oder minder ausgeprägt) aus allen vier Quadranten. Wenn eine Firma gewisse Werte höher bewertet als andere, dann können wir sie schwergewichtig einem bestimmten Quadranten zuordnen.

Wir wollen uns nun etwas näher mit den vier Kulturtypen auseinandersetzen, damit wir herausfinden können, welche Probleme uns ins Haus stehen, wenn wir versuchen, Agilität in einer solchen Umgebung einzuführen oder zu fördern.

4.4.1 Hierarchische Kultur

Sie ist historisch gesehen die älteste der geförderten Unternehmenskulturen. Mit dem Beginn des industriellen Zeitalters (um 1900), beobachtete der deutsche Soziologe Max Weber in Europa Firmen und Betriebe und hielt im Jahre 1947 fest, welche Attribute der aus damaliger Sicht ideale Industriebetrieb aufweisen sollte, um möglichst effizient zu arbeiten. Er schlug sieben Eigenarten vor, denen jeder Betrieb nachstreben sollte:

■ Regeln

■ Spezialisierung

■ Meritokratie

■ Hierarchie

■ getrennte Autorität

■ Unpersönlichkeit

■ Verantwortlichkeit

Diese Kultur erwies sich als äußerst erfolgreich, wenn es darum ging, effizient, zuverlässig und schnell Produkte von vorhersehbarer Qualität in großen Mengen herzustellen. Ein hohes Maß an Uniformität und Standardisierung in den Prozessen und Abläufen sollten gewährleisten, dass großen Mengen an Arbeitern nach klar definierten Regeln immer gleiche Waren produzieren konnten.

Diese Art der Kultur blieb bis in die 60er Jahre die vorherrschende Philosophie, wie Produkte herzustellen seien, und war entsprechend Gegenstand praktisch aller Bücher zu Managementfragen. Auch heute noch sind viele (besonders große) Firmen sowie Behördenorganisationen den Prinzipien dieser Kultur treu.

Eigenschaften

Die hierarchische Kultur zeichnet sich – wie der Name bereits andeutet – durch eine hierarchische Struktur aus. Verantwortung nimmt mit zunehmender Höhe in der Position innerhalb der Unternehmenspyramide zu. Regeln, Vorgaben und Kontrolle erfolgen von oben herab. Ziel der meisten Angestellten ist es, sich innerhalb der Hierarchie durch Verdienst emporzuarbeiten.

Dabei sind innerhalb dieser Kultur folgende Werte wichtig:

- Effizienz
- Gehorsam
- Genauigkeit (im Ausführen der Prozesse)
- Konsistenz
- Uniformität
- Zuverlässigkeit
- Präzision (beim Verrichten der Arbeit)

Wichtige Funktionen innerhalb einer solchen Kultur haben Personen in der Rolle als Koordinator, Beobachter (Monitor) und Organisator. Der Ausübung der Kontrolle über die definierten Prozesse kommt große Bedeutung zu.

Beobachter von außen haben oft den Eindruck, dass eine solche Kultur schwerfällig und bürokratisch handelt und sich deshalb vor allem für die Herstellung von Produkten oder das Erweisen von Dienstleistungen eignet, bei denen es wenig Variation und Veränderungen gibt und deren Rahmenbedingungen über längere Zeitabschnitte unverändert bleiben. Außerdem ist die Tendenz erkennbar, dass mit zunehmender Größe Unternehmen automatisch in Richtung dieser Organisationsform tendieren.

Verhältnis zur Agilität

Agilität steht in deutlichem Kontrast zur Hierarchiekultur, denn nicht Effizienz ist es, was agile Teams propagieren, sondern Effektivität im Umgang mit komplexen Problemen, die von Projekt zu Projekt und von Iteration zu Iteration andersartig und herausfordernd sind.

Dabei gibt es durchaus Werte, die beide Kulturen gemeinsam haben, allerdings auf verschiedenen Ebenen. Genauigkeit und Uniformität wird innerhalb agiler Teams groß geschrieben, jedoch auf der Mikroebene (z. B. im Programmcode), jedoch nicht im Befolgen eines befohlenen Entwicklungsprozesses. So wird auch großer Wert auf eine gemeinsame Sprache bei der Formulierung von Anforderungen (z. B. in User Stories) und auf die Konsistenz dazu gehörender Akzeptanztests gelegt. Allerdings fördern agile Prozesse die kreative Problemlösung und schreiben nicht vor, welche Praktiken von Teams gelebt werden müssen. Wenn ein Team einen besseren Weg findet, den Anforderungen gerecht zu werden, wird zugelassen, dass es seine Arbeitsweise im Interesse der Zielerreichung ändert. Ja, in der Regel erhält es die Gelegenheit, seine Erfahrung mit anderen Teams aktiv zu teilen.

Effizienz ist in agilen Teams auf Mikroebene anzutreffen: So werden möglichst alle einfachen, wiederkehrenden Prozesse, die nicht kreativer Natur sind (bzw. die auch von einer Maschine durchgeführt werden könnten), automatisiert. Auch werden immer wieder Optionen geprüft, was in Zukunft noch automatisiert werden könnte oder wo es mehr menschliche Interaktionen braucht und eher weniger Automation gefragt ist (z. B. beim gemeinsamen verifizieren von Releases mit dem Kunden).

Hierarchische Kultur behindert oft die Zusammenarbeit in Teams, die agil werden möchten, wenn z. B. Entscheidungswege unnötig lang sind oder Regeln definiert werden, die organisationsweit Gültigkeit haben, die aber dem ergebnisorientierten Vorgehen im Wege stehen. Solche Verhältnisse führen dazu, dass Teams, die trotzdem versuchen, nach agilen Prinzipien vorzugehen, gegen außen (den Rest der Organisation) als normale Geschäftseinheit auftreten. Dies kann sich z. B. darin äußern, dass sie an der Schnittstelle zu anderen Teams alle verlangten Projektdokumente liefern, ohne dass sie intern daraus einen Nutzen ziehen. Dies bedeutet einen zusätzlichen Overhead für sie, der dem Projekt nicht immer einen nachweisbaren Nutzen bringt und das Team meist in seiner Produktivität ausbremst.

Dies führt auch dazu, dass agile Teams in solch einer Kultur oftmals gegen bestehende Konventionen verstoßen werden und deshalb auch Probleme bekommen können, da sie als Nonkonformisten betrachtet werden, z. B. wenn sie versuchen, den Kunden während der gesamten Projektdauer stark zu involvieren und sogar dazu anhalten, die vor einem halben Jahr vereinbarten Anforderungen zu hinterfragen oder gar zu revidieren.

Gefahren

Wenn die hierarchische Kultur zu stark ist und aufgrund von strikten Kontrollinstrumenten jedem Team ein enges Korsett umschnallt, dann kann dies dazu führen, dass Vorstöße in agiler Richtung sehr früh im Ansatz stecken bleiben, da sie im Sand verlaufen und frühzeitig abgeblockt werden.

Wenn die zu produzierende Dokumentation zu umfangreich ist und das Team primär mit dem Redigieren von Konzepten und endlosen Sitzungen beschäftigt ist, nur um irgendeinem Prozess-Template zu genügen, dann wird es Mühe haben, produktionsreife Software häufig auszuliefern, was einem der Grundsätze des Agilen Manifests widerspricht.

Lange Wartezeiten, bis Entscheidungen von jemand weiter oben in der Hierarchie, z. B. dem Architekten, getroffen werden, stellen eine Hypothek und Bürde für das agile Team dar. Dasselbe gilt, wenn auf der Kundenseite die Frage zu einer bestimmten Anforderung zuerst die Hierarchie hochgereicht wird und erst nach vielen Umwegen den Weg zum Sachbearbeiter findet, der sie kompetent beantworten kann. Dies führt auf Seiten des agilen Teams zu teilweise erledigter Arbeit, die zusätzlich überwacht werden muss und eine Schuld darstellt, die im späteren Verlauf des Projekts schwer wiegen kann. Viele lose Fäden werden nur zögerlich zu einem Teppich verwoben, der ein korrektes Bild des aktuellen Entwicklungsstands vermitteln könnte. Dies macht eine Standortbestimmung innerhalb eines Projekts sehr schwierig, wenn nicht gar unmöglich.

4.4.2 Marktkultur

Mit dem zunehmenden (auch internationalen) Wettbewerb in den 1960er Jahren wurde der Ruf nach einer dynamischeren Alternative zur hierarchischen Struktur von Unternehmen laut. Es wurde immer wichtiger, Geschäftsbeziehungen zu pflegen. Waren wurden über Landesgrenzen hinweg ausgetauscht. Die Konkurrenz – selbst für nationale Unternehmen – wurde immer größer. Der Kunde war nicht mehr mit einem einfachen Grundprodukt zufrieden, sondern stellte immer höhere Ansprüche.

Die Unternehmen mussten sich auf einmal viel mehr nach außen orientieren, und Kundenorientierung wurde zum Mantra der Wirtschaftswelt. Dies hatte auch Auswirkungen auf die Unternehmen selbst. Firmen begannen, ihre internen Strukturen den Bedürfnissen anzupassen, sodass sie selbst bald auch (intern) wie ein Markt aufgebaut waren. Kontrolle wurde nicht mehr primär durch zentral erlassene Regeln, Spezialisierung und zentralisierte Entscheide ausgeübt, sondern immer mehr über Marktmechanismen, wie z. B. Geldflüsse.

Profitabilität, Resultate und immer höhere Produktivitätsziele sind hierbei von überragender Wichtigkeit. Ein klares gemeinsames Ziel und eine aggressive Strategie dienen als Treiber für effektives Arbeiten.

Eigenschaften

Eine Marktkultur ist deshalb sehr ergebnisorientiert. Projekte werden nach ihrem Vermarktungspotenzial beurteilt und nichterfolgreiche Projekte schnell gestoppt, bevor der Schaden zu groß wird. Auch innerhalb des Unternehmens herrscht meist ein starker Wettbewerb, wenn verschiedene Business-Units miteinander verglichen werden.

Dies geschieht in der Regel über typische Kennzahlen des Marktes, über Umsatzzahlen, Profitabilitätsrechnungen und Gewinnchancen. Dieses Klima offenbart, dass in dieser Kultur vor allem folgende Eigenschaften gefördert werden:

- Zielstrebigkeit
- Härte
- Forderndes Klima
- Wettbewerb
- Profitorientierung
- Polarisation („Wir sind die Guten, die Außenwelt (Konkurrenz) ist der Feind.")
- Schlauheit
- Kundenorientierung

Vorgesetzte innerhalb einer solchen Kultur haben die Tendenz, ihre Untergebenen zu immer höheren Leistungen anzutreiben. Mitarbeiter, die in der Lage sind, schnell und zuverlässig Leistung zu erbringen („Macher"-Typen) sind gefragt.

Verhältnis zur Agilität

Agiles Vorgehen wird in einer marktorientierten Kultur oft willkommen geheißen. Dies deshalb, weil es verspricht, unkompliziert die Features zu liefern, die der Markt, sprich Kunde, am ehesten braucht. Selbst kurzfristige Änderungen in der Priorität der Anforderungen stellen für agile Teams keine Probleme dar, da sie aufgrund der kurzen Iterationszyklen in der Lage sind, den Fokus den aktuellen Bedürfnissen des Kunden schnell anzupassen.

Auch die stete Optimierung des Vorgehens wird in der Regel begrüßt, solange sie den Zielen der marktorientierten Organisation entgegenkommt, also so lange sie die Profitabilität erhöht, die Kosten senkt oder es gar ermöglicht, Innovationen schneller auf den Markt zu bringen und damit einen Wettbewerbsvorteil darstellt.

Gewisse Aspekte der agilen Vorgehensweise hingegen stoßen in dieser Art von Organisation auf weniger Gegenliebe. Zum Beispiel sind manchen marktorientierten Unternehmen (besonders im schnelllebigen Internetumfeld), die Iterationszyklen noch zu lang. Schnelle Reaktion auf gerade anstehende Marktgelegenheiten und kurzfristiges Profitdenken verursachen in manchen Betrieben ein konstantes Umschichten der Prioritäten, sodass sie zuweilen nicht einmal für den Zeitraum einer Iteration konstant sind.

Gefahren

Mitarbeiter werden unter Umständen mit Mehraufgaben (z. B. Unterstützung von Marketingaktivitäten) belastet, die in diesem Moment gerade aktuell sind, und können sich nicht mehr ausschließlich auf die zu Beginn der Iteration vereinbarten Ziele konzentrieren, was dazu führen kann, dass die Auslieferung von getesteten und produktionsreifen Features verzögert wird.

Eine weitere Gefahr besteht darin, dass der Fokus auf die kurzfristige Erreichung von Marktzielen und -gewinnen dazu führen kann, dass der Nachdruck der agilen Bewegung auf integrierte Qualität unterlaufen wird, indem dem agilen Team vorgeworfen wird, sich zu sehr darauf zu konzentrieren und nicht eine genügende Anzahl an verkaufbaren Features zu liefern.

Der Nachdruck auf und die Heroisierung von „Machern" kann auch zu einer ungesunden Konkurrenz im Team führen, bei der das Team nicht mehr eng zusammenarbeitet, sondern aus einem Haufen von Einzelkämpfern besteht, denen es primär um das individuelle Weiterkommen und die eigenen Karriere geht, an Stelle eines gemeinsamen Ziels, zu dessen Erreichen alle beitragen oder – im Falle eines Misserfolgs – alle zur Verantwortung gezogen werden.

Wird die Konkurrenz zwischen mehreren Teams angeheizt, kann dies dazu führen, dass sie sich gegenseitig zu Höchstleistungen anspornen – frei nach dem Credo der freien Marktwirtschaft. Doch es kann auch leicht für das Unternehmen als Ganzes dazu führen, dass die Teams gegeneinander zu arbeiten beginnen, um in der Gunst des Managements bevorzugt zu werden. Dies kann das Prinzip der engen Kollaboration untergraben.

4.4.3 Clankultur

In den späten 60er und 70er Jahren haben sich Forscher zunehmend mit japanischen Firmen auseinandergesetzt und festgestellt, dass dort im Gegensatz zu amerikanischen und europäischen Unternehmen ein ganz anderer Geist herrschte. Sie beobachteten eine clanähnliche Struktur, fast als seien die Betriebe Familienunternehmen.

Unternehmen mit einer Clankultur zeichnen sich aus durch eine Atmosphäre, die geprägt ist von geteilten Werten und Zielen, in der der Einzelne gefördert wird und der Zusammenhalt der Organisation eines der wichtigsten Merkmale ist.

Eine Clankultur sieht ihre Kunden als Partner an und setzt alles daran, den eigenen Mitarbeitern ein Arbeitsumfeld zu ermöglichen, in dem sie produktiv zusammenarbeiten und an dem sie aktiv teilnehmen können. Loyalität gegenüber der Firma wird stark gefördert.

Natürlich gab es auch in den Vereinigten Staaten und in Europa familienartige Unternehmen. Allerdings wurde diese Art der Unternehmenskultur erst im Westen populär, nachdem die japanischen Unternehmen große Erfolge zu feiern begannen.

Eigenschaften

Die typischen Eigenschaften einer Clankultur kann man wie folgt zusammenfassen:

- Freundlich
- Fördernd
- Partnerschaftlich
- Loyal
- Partizipatorisch
- Harmonisch
- Human

Die Rolle, die ein Manager in einem Unternehmen mit dieser Kultur innehat, ist die eines Mentors. Es liegt ihm viel daran, den Mitarbeitern eine möglichst ideale Arbeitsumgebung zu schaffen, in der sie produktiv zusammenarbeiten können. Er führt nicht durch Regeln oder Verordnungen, sondern durch die Vermittlung gemeinsamer Werte und Ziele.

In einer Clankultur sind Zusammenarbeit, Teilhaberschaft und Aufeinandereingehen keine leeren Worte, sondern sie zeigen sich in den engen Banden, die die Mitarbeiter – manchmal sogar persönlich – miteinander verbinden.

Clankulturen tendieren dazu, nach innen zu schauen und Außenstehende eng in die eigenen Strukturen integrieren zu wollen.

Verhältnis zur Agilität

Die Clankultur zeigt viele Attribute und fördert meist ähnliche Werte, wie sie auch von agilen Teams bevorzugt und gefördert werden. Der Nachdruck auf ein partnerschaftliches Verhältnis im Team und in der Organisation, das sich zuweilen gar bis zum Kunden erstreckt, führt zu einer engen Zusammenarbeit, bei der alle an einem Strick ziehen.

Es wundert einen deshalb nicht, dass Verfechter agiler Vorgehensweise viele Anleihen in der japanischen Unternehmensführung und Philosophie machen. Denken wir dabei nur an die ausgesprochene Affinität zu den Grundsätzen von Toyotas „Lean Production System".

Genauso wie in den 70er Jahren in der Industrie viele Betrieb nach Osten schauten und den technologischen Aufschwung Japans bewunderten, so haben auch viele Proponenten der agilen Bewegung Ideen aus fernöstlicher Vorgehensweise aufgegriffen und auf die Disziplin der Softwareentwicklung angewandt.

Techniken und Praktiken wie „Value Stream Mapping"[5], „Kanban"[6], „Just-in-Time-Produktion"[7], „Eingebaute Qualität"[8] [5, Kapitel 11], und „Sashimi"[9] [6] finden Einzug in die Softwareentwicklung – natürlich in abgewandelter Form.

Das Fördern der individuellen Kompetenz statt das Aufstellen starrer Regeln, das Teilhaben an Entscheidungen statt der von oben herab befohlenen Vorgehensweise, sind alles Qualitäten der Clankultur, die auch der agilen Vorgehensweise entgegenkommen.

Gefahren

Obwohl die Clankultur der agilen Art der Zusammenarbeit am Nächsten kommt und agiles Vorgehen in solch einem Umfeld gedeiht, kann das ausgeprägte Harmoniebedürfnis dem agilen Team manchmal im Wege stehen. Agile Teams leben davon, dass Probleme und Hindernisse im Laufe eines Projekts zuerst sichtbar gemacht, „ans Licht gebracht" werden, damit sie anschließend aus dem Weg geräumt werden können.

Wenn nun die Probleme persönlicher Natur sind, vielleicht, weil man bestimmte Dissonanzen mit Mitarbeitern oder Vorgesetzten hat, dann kann es geschehen, dass im Interesse der Harmonie Probleme unter den Teppich gekehrt werden könnten und deshalb weiter im Weg stehen. Dies bedeutet, dass das Bedürfnis nach Harmonie und Loyalität einen Gegenpol in der Offenheit und Zielorientierung haben muss, damit es nicht zur Gefahr wird.

4.4.4 Ad-hoc-Kultur

Im Zusammenhang mit den zunehmenden Schnelllebigkeit und Globalisierung der Märkte und den immer kürzeren Produktlebenszyklen (denken wir nur an die Internetära) ist in den letzten Jahren ein neuer Typ von Kultur dazugekommen. Wir wollen diesen Typ die Ad-hoc-Kultur nennen. In dieser Form der Kultur sind die Kontakte in Unternehmen sehr dynamisch und zeitlich beschränkt. Es geht darum, innerhalb kürzester Zeit ein innovatives Produkt auf den Markt zu bringen, schnell neue Märkte zu erschließen, durch stetige Weiterentwicklung eine Position an der Spitze der Industrie zu erreichen und wenn möglich zu bewahren.

Individualität und Innovation wird in dieser Kultur groß geschrieben. Verantwortung ist über alle Mitarbeiter verteilt und nicht zentral koordiniert. Ein kreatives Chaos herrscht vor. Ideen werden generiert und wieder verworfen. Alle teilen sich fast alle Rollen: von der Konzeption über die Entwicklung bis zu Vermarktung eines Produkts.

Eigenschaften

Welche Eigenschaften werden in einer Ad-hoc-Kultur hochgehalten? Obwohl sie ebenso vom Markt getrieben ist wie die Marktkultur, liegt der Fokus vor allem auch darauf,

---

[5] Jeffrey K. Liker, *The Toyota Way*, McGraw-Hill, 2004, Kapitel 3
[6] Jeffrey K. Liker, *The Toyota Way*, McGraw-Hill, 2004, Kapitel 9
[7] Jeffrey K. Liker, *The Toyota Way*, McGraw-Hill, 2004, Kapitel 2
[8] Jeffrey K. Liker, *The Toyota Way*, McGraw-Hill, 2004, Kapitel 11
[9] Peter DeGrace, *Wicked Problems, Righteous Solutions*, Yourdon Press Series, 1990.

neue Märkte zu schaffen, Marktnischen zu besetzen und eventuell ebenso schnell zu „grüneren Wiesen" weiterzuziehen.

Die Eigenschaften, die diese Art der Kultur ausmachen, sind:

- Innovativ
- Schnell
- Temporär
- Kurzlebig
- Kreativ
- Erfinderisch
- Dynamisch
- Flexibel
- Anpassbar
- Organisierte Anarchie

Mitarbeiter in solch einer Kultur gehen Risiken ein und wagen Neues. Sie treiben Ideen vorwärts und versuchen Gleichgesinnte für dieselben zu begeistern. Jeder Weg, um das Ziel zu erreichen, ist recht, so lange er ein neues, innovatives Produkt generiert.

Teams schließen sich ebenso schnell zusammen, wie sie sich wieder auflösen. Da jeder Mitarbeiter als Unternehmer betrachtet wird, erwartet man eine große Autonomie und Selbstsicherheit des Einzelnen.

Verhältnis zur Agilität

Die Ad-hoc-Kultur betont Agilität und setzt sie teilweise sogar bei ihren Mitarbeitern und Teams voraus. Sie strapaziert die Agilität manchmal sogar in dem Maße, dass diese droht ins Chaos abzugleiten. Kreative Lösungen für Probleme dürfen aus allen Ecken der Unternehmung kommen. Es gibt sehr wenige Regeln. Der Grundsatz der agilen Vorgehensweise, das zu tun, was funktioniert und das zu lassen, was im Weg steht, wird gefördert.

Mitarbeiter in einem Unternehmen, das eine Ad-hoc-Kultur nachlebt, sind oft Generalisten und in der Lage, in viele Rollen zu schlüpfen, je nach dem, wo gerade ein Manko herrscht. Selbst wenn die Mitarbeiter hoch spezialisiert sind, sind sie bereit, eng mit Spezialisten eines anderen Fachgebiets zusammenzuarbeiten um neue, kreative und teilweise gar überraschende Lösungen und Produkte zu ersinnen.

Die unkomplizierte Natur von agilen Vorgehensweisen wird geschätzt, weil sie wenig administrative Zeremonien propagiert und die Zielerreichung vor die Einhaltung genauer Abläufe stellt.

Auch wird die Möglichkeit geschätzt, die Iterationszyklen entsprechend den Projektbedürfnissen anzupassen. Kurze, intensive oder risikoreiche Projekte können sehr gut mit Ein-Wochen-Zyklen arbeiten. Sind Projekte anderes gelagert, spricht auch nichts gegen einen andere Iterationslänge.

Gefahren

Manchmal hört man Klagen aus Unternehmen mit einer Adhoc-Kultur, dass selbst agile Prozesse zu formal sind, zu viele Regeln aufstellen und so der Kreativität im Weg stünden.

Bei dieser Einstellung werden jedoch zwei Dinge außer Acht gelassen:

1. Agile Prozesse schreiben nur ein Minimum an Zeremonie vor und erlauben sogar, diese noch den Gegebenheiten der Organisation, des Projekts und sogar der aktuellen Situation im Projekt anzupassen.

2. Es ist eine dünne Grenze zwischen Selbstorganisation und Chaos. Sich dem Chaos anzunähern mag durchaus befreiend für die Kreativität sein, kann sich aber ebenso gut negativ auf die Produktivität auswirken. Agile Teams wollen eigentlich nicht ins Chaos abgleiten, sondern sich nur in dessen Nähe aufhalten, damit Veränderung ermöglicht wird und gleichzeitig ein zielgerichtetes Arbeiten möglich ist.

Die Betonung der individuellen Freiheit und Unabhängigkeit kann dazu führen, dass Mitarbeiter sich nur schwer in ein Team einfügen können. Obwohl agile Teams die Selbstkompetenz fördern, möchten sie gleichzeitig erreichen, dass Teammitglieder sich stark gegenseitig unterstützen und einen gemeinsamen Arbeitsrhythmus finden, der ihnen hilft, in regelmäßigen Abständen (Iterationen), ein Inkrement an Funktionalität auszuliefern. Dies setzt voraus, dass die Teammitglieder ein gewisses Maß an Disziplin mitbringen und unter Umständen gemeinsame Standards in der Vorgehensweise definieren und einhalten, damit ein konsistentes, qualitativ stimmiges Ergebnis geschaffen werden kann.

4.5 Organisationsstrukturen

Wie eine Organisation aufgebaut ist, kann oft aus der bestehenden Kultur abgeleitet werden. Dabei ergeben sich aus der gewählten Organisationsstruktur gewisse Konsequenzen für Teams, die agil vorgehen möchten. In den nachfolgenden Abschnitten wollen wir uns ein wenig detaillierter mit diesen Auswirkung beschäftigen. Zu beachten ist, dass die betrachteten Strukturen nicht unbedingt in Reinform existieren müssen. Mischformen sind gang und gäbe. Die erwähnten Auswirkungen sind nur Anhaltspunkte, um eigene Beobachtungen anzustellen und beurteilen zu können.

4.5.1 Top-Down Controlling

Top-Down Controlling hat oft negative Auswirkungen auf agile Teams. Doch halt! Dies bedeutet nicht, dass agile Teams niemandem Rechenschaft schuldig sind (z. B. darüber, wie sie vorgehen und welchen Stand der Arbeiten sie im Projekt erreicht haben).

Das Problem besteht vielmehr darin, wie die Kontrolle im Betrieb ausgeübt wird. Werden von Vorgesetzten regelmäßig Berichte verlangt? Werden diese Berichte über mehrere Hierarchiestufen verdichtet (Abb. 4.5). Weiß jede übergeordnete Stelle immer weniger über ein einzelnes Projekt? Soll aber andererseits genau diese Stelle alle kritischen Entscheidungen eines Projekts treffen, z. B. im Rahmen eines „Change Control Boards", das alle Änderungen am Leistungsumfang (bzw. den definierten Anforderungen) zuerst bewilligen muss (Abb. 4.6)? Werden Personen als Projektleiter eingesetzt, die lediglich

Verwalter und Administratoren sind, statt eine dienende Einstellung und Verhaltens-
weise an den Tag zu legen?

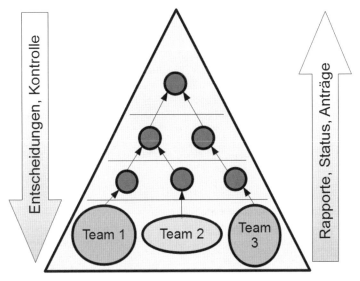

Abbildung 4.5: Verantwortlichkeiten bei Top-Down Controlling

Wir können uns gut vorstellen, dass in der oben skizzierten Organisation die Entscheidungswege recht lange werden können. Wenn z. B. eine Entscheidung getroffen werden
soll, die Team 1 und Team 3 betrifft, dann sind immerhin vier Hierarchiestufen zu überwinden! Natürlich kann man auch hier die Dinge vereinfachen, z. B. dadurch, dass man
die Teams direkt miteinander reden und auch – gemeinsam – entscheiden lässt.

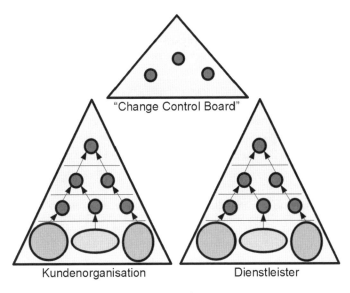

Abbildung 4.6: Das „Change Control Board"

Allerdings wird dieses Vorhaben deutlich erschwert, je größer ein Unternehmen ist oder je mehr Unternehmen an einem gemeinsamen Vorhaben beteiligt sind. Dann sieht die Sache in etwa so aus wie in Abbildung 4.6 angedeutet.

Hier entstehen für ein Projektteam zusätzliche Herausforderungen, besonders, wenn die Kundenorganisation und die Organisation des oder der Dienstleister getrennt voneinander bleiben. Diese Trennung kann räumlicher Art sein, d. h. der Kunde befindet sich örtlich getrennt vom Dienstleister (im Extremfall auf der gegenüberliegenden Seite des Globus) oder zeitlich, wenn der Kunde z. B. seinen Input in eine Spezifikation einfließen lässt, sich anschließend aus dem Projekt verabschiedet, um sich erst wieder zur Abnahme am Ende des Projekts um die – hoffentlich – vorhandenen Ergebnisse zu kümmern.

Herausforderungen, denen sich das agile Team in einer solchen Organisation gegenüber sieht, sind:

- Lange Kommunikations- und Entscheidungswege
- Abschieben der Verantwortung auf übergeordnete Stellen
- Scheinbare Übergriffe auf Kompetenzen anderer Teams
- Kontrolle und Entscheidungen durch wenig kompetente Personen
- Verzettelung der Projektbeteiligten in vielen anderen Aktivitäten innerhalb der Organisation, die nichts mit dem aktuellen Projekt zu tun haben

Leider sind solche Organisationen nach wie vor die Norm in unserem Wirtschaftssystem. Deshalb muss sich eine Organisation (z. B. ein Dienstleister) überlegen, wie sie mit den Herausforderungen dieser Gegebenheiten umgehen will. So wird ein Dienstleister die Kundenorganisation nicht direkt ändern können. Sollen Projekt trotzdem nach agiler Manier ablaufen, kann überlegt werden, was getan werden muss, um die negativen Umstände möglichst zu entschärfen.

Mögliche Ansätze, die man verfolgen kann, sind:

- Lobbyismus (mit dem Ziel, nur mit Mitarbeitern der Kundenorganisation zusammenzuarbeiten, die einer unkomplizierten Vorgehensweise gegenüber aufgeschlossen sind)
- Beeinflussung der Entscheidungsprozesse (mit dem Ziel, so viele Entscheidungen wie möglich möglichst weit unten in den Teams treffen zu können, z. B. durch eine Definition, ab welcher Größe eine Änderung dem „Change Control Board" vorgelegt werden muss)
- Erzeugung verlangter Artefakte (wie Bericht, Dokumentation etc.) im Rahmen der Iterationen (dadurch kann auch sichtbar gemacht werden, wie viel Zeit auf diese Aktivitäten verwandt wird)
- Automatisiertes Reporting, damit mit der Erstellung von Berichten so wenig Zeit wie möglich verloren geht.

Der Einflussmöglichkeiten sind viele und sie sollten alle ausgeschöpft werden, um dem agilen Team ein Überleben zu ermöglichen.

entwickler.press

4.5.2 Gefangen in der Matrix

Eine andere Realität in vielen Unternehmen, die agilen Teams im Weg steht, ist die so genannte Matrix-Organisation, also die gleichzeitige Zuteilung der Mitarbeiter zu einem oder mehreren Projekten und der eigenen Fachabteilung (Abb. 4.7).

Die Matrix-Organisation fördert die Silobildung und kann die enge Zusammenarbeit zwischen einzelnen Teammitgliedern erschweren. Dabei zeigen sich die Probleme oft nicht, solange alles gut geht und die Projektampeln auf Grün stehen. Erst wenn Probleme auftauchen und Verantwortliche für einen sich abzeichnenden Fehlschlag gesucht werden, zeigen sich die Gräben zwischen den verschiedenen spezialisierten Abteilungen.

Matrix-Organisationen wurden ursprünglich geschaffen, um so genannte Kompetenzzentren zu bilden. Das Ziel war es, spezielles Fachwissen in einer Gruppe von Personen zu verankern. Dabei wurde die natürliche Tendenz zur Konzentration von gleichartigen Interessen genutzt, um einen Pool von Personen aufzubauen, der seine Dienste anderen Fachabteilungen zur Verfügung stellen sollte.

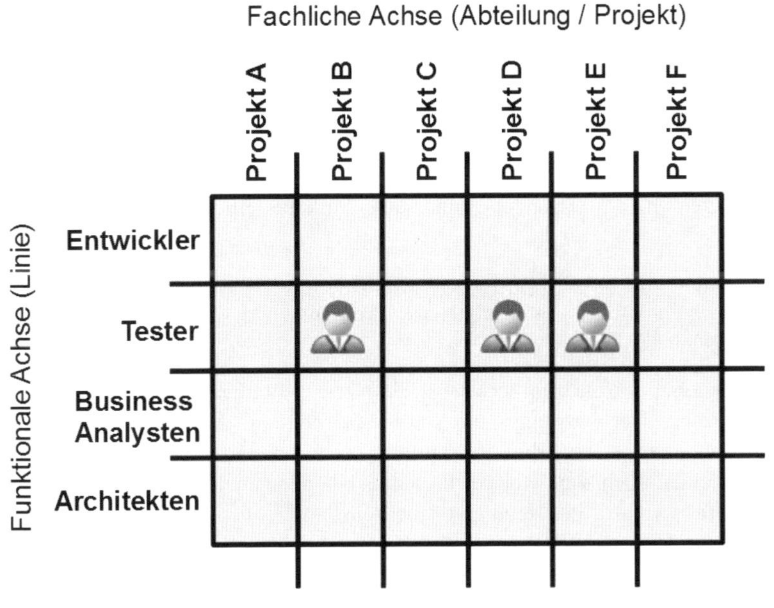

Abbildung 4.7: Tom Tester in drei Projekten

Natürlich werden Spezialisten aus solchen Fachbereichen in ein Team entsandt, um ihr Wissen einzubringen. Oft ist es jedoch so, dass diese Spezialisten nicht nur in einem Projekt benötigt werden, sondern in mehreren Projekten gleichzeitig tätig sein sollen. Dies wiederum führt dazu, dass sie nicht in der Lage sind, sich gebührend tief und ausführlich mit den verschiedenen Projekten zu befassen. Kürzlich bin ich zum Beispiel einem Architekten begegnet, der sage und schreibe in *sieben (!)* Projekten gleichzeitig aktiv sein sollte. Es wundert einen deshalb nicht, dass die einzelnen Projekte und Teams darunter zu leiden haben.

Ebenfalls hinderlich für die Zusammenarbeit sind die unklaren oder zumindest komplizierten Rechenschaftsverhältnisse. Da ist zum einen der Linienvorgesetzte aus der Fachabteilung, der den einzelnen Mitarbeiter beurteilen und bewerten muss und unter anderem für die Festsetzung des Lohns zuständig ist. Oft hat er aber nur eine sehr vage Grundlage für seine Beurteilung des Mitarbeiters, denn er erhält in der Regel nur vergleichsweise wenige Informationen über den Einsatz in den einzelnen Projekten. Trotzdem entscheidet er in der Regel, wo und wie stark dieser Mitarbeiter in den einzelnen Projekten involviert ist.

Auf der anderen Seite finden wir den Projekt- oder Teilprojektleiter, dem der besagte Mitarbeiter im Rahmen des Projekts unterstellt ist. Allerdings kann er meist nicht frei über diesen Mitarbeiter verfügen, sondern muss immer wieder auf den Linienvorgesetzten zurückgreifen. Dies kann in einem agilen Team, das auf dedizierte und beständige Mitarbeiter angewiesen ist, eine herausfordernde Situation darstellen, denn es wird immer wieder um den Verbleib dieses Spezialisten im Team und den Anteil der Zeit, den er einsetzen kann, kämpfen müssen.

In der Regel wird ein agiles Team sich dafür einsetzen, dedizierte Teammitglieder zu erhalten, die nicht einfach so – sozusagen über Nacht – von einem weit entfernten Linienvorgesetzten wegdelegiert werden können.

Anekdote: Verzicht

In einem Projekt sollten verschiedene Firmen zusammenarbeiten. An einer Sitzung sollte ein Team zusammengestellt werden, das einen Prototyp hätte entwickeln sollen, der als Grundlage für die Schätzung und den Verkauf eines Projekts dienen sollte.

An dieser Sitzung waren alle möglichen Kandidaten (rund 16 Personen) zugegen, die Teil des Teams hätten sein können. Es wurde nach Freiwilligen gesucht und im Kreis herum wurde jeder einzelne dazu befragt.

Zwei Architekten derselben Firma, ein etwas erfahrenerer Mitarbeiter und ein Neuling, kamen an die Reihe. Der Neuling sagte seine Mitarbeit zu. Als der erfahrenere Architekt gefragt wurde, gab er zögerlich Auskunft: „Ja, …ich kann etwa 20 Prozent dabei sein. Ich habe leider noch vier weitere Projekte, bei denen ich dabei sein muss. Ich kann ja dann als Berater von … [des Neulings] dabei sein.".

Das Team quittierte diesen Bescheid mit den Worten: „Gut, dann bist du kein Teil des Teams. Dein Kollege kann dich ja sicher fragen, wenn er Unterstützung braucht."

Ein agiles Team hat lieber wenige, dafür verlässliche Mitglieder, als viele, die aber selten verfügbar sind.

Agile Teams bevorzugen in der Regel, autonom arbeiten zu können, d. h. alles notwendige Fachwissen an Bord zu haben, statt von anderen Teams oder Abteilungen abhängig zu sein. Dies ist leider in der Realität nicht immer in Reinkultur gegeben. Stattdessen muss man sich manchmal – zumindest temporär – arrangieren und anders behelfen.

entwickler.press

Das agile Team versucht in einer solchen Situation trotzdem, die negativen Rahmenbedingungen zu seinen Gunsten zu beeinflussen, z. B. durch:

- Verringerung der Abhängigkeit der Teammitglieder von der Linienorganisation, mindestens Zugehörigkeit zum Team für die gesamte Dauer eines Projekts
- Vermeidung oder wenigstens Minimierung von „Teilzeitkräften" im Team
- Aktives Verteilen von speziellem Know-how im Team (z. B. Wie testen wir? Wie erarbeiten wir die Anforderungen?)
- Aufbau eigenen Wissens (durch geeignete Weiterbildung etc.)

4.5.3 Keine Struktur

Bei manchen spukt immer noch die Vorstellung im Kopf herum, dass Agilität gleich Chaos ist. Deshalb muss ja ein Umfeld, das keine festen Strukturen kennt, das allen und jedem kreativen Mitarbeiter die vollständige Freiheit lässt, die ideale Umgebung für agiles Vorgehen darstellen.

Dies stimmt jedoch nur bedingt. Natürlich laufen viele Dinge und Abläufe unkomplizierter ab. Gleichzeitig kann jedoch der Umstand, dass alles kontinuierlich im Fluss ist und es wenige bis keine Regeln gibt, dazu führen, dass sich Teams nur schwer gemeinsame Ziele setzen und erfolgreich erreichen.

Eine besondere Herausforderung stellt diese Art der Zusammenarbeit auch an den Kunden. Dieser erwartet unter Umständen handfeste Hinweise, dass das Projekt auf gutem Weg ist. Diese sind jedoch nur schwer verlässlich zu liefern, wenn keine organisatorische Stabilität besteht. Besonders beim Durchführen von regelmäßigen, festen Iterationen ist Disziplin und ein Mindestmaß an allseits akzeptierten Grundsätzen und Regeln notwendig, damit sich ein stetiger Rhythmus und Fluss von produktionsreifen Features einstellen kann, der ein Projekt erst transparent macht.

4.5.4 Wenn mehrere Firmen zusammenarbeiten

Agilität im Kontext von mehreren Firmen, die zusammenarbeiten sollen, stellt eine besondere Herausforderung dar. Dabei ergeben sich besonders Komplikationen, wenn nur eine der beteiligten Firmen (meist auf der Seite des Dienstleisters), den agilen Idealen folgt.

Agile Firmen können in solch einem Umfeld genötigt sein, verschiedene Strategien zu versuchen, um weiterhin agil vorgehen zu können, obwohl dies vielleicht nicht von allen beteiligten Firmen goutiert wird.

Besonders in Großprojekten mit mehreren Lieferanten und gar mehreren Kundenorganisationen treffen verschieden Philosophien aufeinander und je nach dem, ob die Kundenseite bereits (positive) Erfahrungen mit agilem Vorgehen machen konnte oder nicht, wird es einfacher sein, dies auch anderen Kunden oder gar mitbeteiligten Lieferantenfirmen schmackhaft zu machen.

Wie bei allen Vorhaben, bei denen es darum geht, Organisationen außerhalb des eigenen Einflussbereichs von etwas Neuem zu überzeugen, ist in diesem Fall politisches und taktisches Geschick vonnöten, um einen Weg zu finden, agiles Vorgehen zumindest als akzeptable Alternative einbringen zu können.

Die Zeiten, in denen agiles Vorgehen auch in Großprojekten obligatorisch wird, liegen noch weit in der Zukunft. Immerhin gibt es in Standardvorgehensweisen wie V-Modell XT (in Deutschland) und Hermes (in der Schweiz) die Möglichkeit, ein so genanntes „Tailoring", also ein „Zurechtschneiden" oder Anpassen des Vorgehensprozesses durchzuführen und so diesen schlanker und agiler zu gestalten. Die meisten Unternehmen und Kunden sind sich dieser Chance jedoch gar nicht bewusst und wissen auch nicht, wie dies durchgeführt werden könnte.

Hermes zum Beispiel beschreibt mehrere Dutzend Artefakte, die während eines Projekts erstellt werden können, definiert aber nur zwei Dokumente als notwendig, alle anderen sind optional. Daneben enthält Hermes keine verbindliche Beschreibung des eigentlichen Entwicklungsvorgehens, was Flexibilität in der Anwendung ermöglicht.

Es soll hier nicht auf alle möglichen Konstellationen von Zusammenarbeitsmodellen eingegangen werden. Stattdessen möchte ich nur auf ein Szenario eingehen, das ich schon einmal erlebt habe: Ein agiles Unternehmen muss mit mehreren Unternehmen zusammenarbeiten, die nicht agil vorgehen möchten. Trotzdem soll ein gemeinsames Produkt erstellt werden. Allerdings strebt man nur eine lose Kopplung von Teilprodukten an. Dazu kommt noch, dass das agile Unternehmen bereits einen Teil der Software im produktiven Einsatz hat.

Welche Strategie könnte man in der oben genannten Situation anstreben, um die Gefahr für das agile Unternehmen, das gemeinsame Projekt in den Sand zu setzen, zu minimieren? Eine Möglichkeit besteht darin, sich so unabhängig wie möglich von den anderen Softwarelieferanten zu machen. Dies kann z. B. erreicht werden, indem die eigene Software weiterhin in agiler Manier gepflegt wird, man sich im agilen Unternehmen darauf konzentriert, die gemeinsamen Basisfunktionalitäten aus dem bestehenden Produkt heraus anzubieten und auf dieselbe Weise – im schnellen Rhythmus – zu entwickeln, damit die Partnerfirmen, die nicht bereit oder nicht in der Lage sind, in ebenso hoher Frequenz auszuliefern, auf einer fundierten, stabilen Basis aufsetzen können.

Dieses Zusammenarbeitsmodell zeigt einen möglichen Kompromiss, wenn es darum geht, eine agile und eine weniger agile Vorgehensweise nebeneinander bestehen zu lassen. Natürlich bedeutet dies aus der Sicht der Firma, die agil vorgehen möchte, dass sie sich selbst vor nichtagilen Einflüssen schützen möchte und hofft, durch eine qualitativ und auch quantitativ bessere Leistung die Fahne für agiles Vorgehen hochzuhalten. Wenn dieses Bestreben mit gutem Projektmarketing einhergeht, können so eventuell der Kunde und möglicherweise auch die Partnerfirmen davon überzeugt werden, dass es sich wirklich lohnt, agil vorzugehen. Taten sagen auch in diesem Zusammenhang meist mehr als Worte.

4.6   Umgang mit Mitarbeitern

Die kulturbedingten Probleme eines Unternehmens zeigen sich auch beim Umgang mit seinen Mitarbeitern. Dabei sind sich die meisten Firmen gar nicht bewusst, dass sie die Fähigkeiten ihrer Mitarbeiter mangelhaft ausschöpfen.

4.6.1 Kontrollbedürfnis

Obwohl eine gewisse Kontrolle der erreichten Ergebnisse und deren Qualität notwendig ist, damit man überhaupt eine Aussage über den Stand eines Projekts machen kann, gehen die meisten Unternehmen deutlich zu weit, indem sie versuchen, die Leistungen des einzelnen zu überwachen und dann zu optimieren, an Stelle des Gesamtergebnisses.

Verordnungen

Zum einen möchte das Management oft mit standardisierten Verordnungen für Transparenz sorgen, indem sehr detailliert beschrieben wird, wie in welcher Situation vorzugehen ist. Dabei handelt es sich meist um verallgemeinerte Anweisungen, die nur einen beschränkten Nutzen in spezifischen Situationen bieten.

Wer hat sich nicht schon geärgert, dass er neben dem Eintrag in der Planungssoftware (wie z. B. dem „Issue Tracker") auch noch ein Formular für einen Änderungsantrag ausfüllen musste. Oder wem wurde nicht schon vorgeschrieben, wie genau er eine Retrospektive durchzuführen hatte.

Nichts gegen eine einfache, grobe Anleitung, aber wenn die Vorschriften von Personen (z. B. der Prozess- oder Methodenpolizei) definiert wurden, die vielleicht nie selbst in einem realen Projekt mitarbeiten mussten, dann sinkt natürlich die Akzeptanz. Ein agiles Team wird solche Anweisungen in der Regel nicht lange befolgen und seinen Unmut öffentlich darüber kundtun. Dies kann als Rebellion interpretiert werden oder als Interesse, etwas Sinnloses nicht nur deshalb zu tun, weil eine übergeordnet Stelle es verordnet hat.

Wir leben in einer berechenbaren Welt

Viele Unternehmen denken gerne in Zahlen und halten menschliches Verhalten für ebenso berechenbar, wie die Menge an Urlaubszeit, die jemand noch gut hat. Deshalb gelten in solchen Unternehmen Pläne und deren Einhaltung mehr als das Ziel, das anzustreben ist.

Dabei verkennen die Projektverantwortlichen oft, dass nicht der Plan das Ziel sein kann, sondern die Aktivität des Planens. Je komplexer ein Projekt wird und je mehr beteiligte Parteien einem Projekt angehören und zusammenarbeiten sollen, desto schwieriger wird es, im Voraus festlegen zu können, ob ein vorgegebenes Projektergebnis im geforderten Zeit- und Budgetrahmen überhaupt zu stemmen ist.

Vorgesetzte, die dies vergessen, fordern von ihren Teams jeweils eine Punktlandung, obwohl diese auch mit den besten Schätzmethoden nicht zu machen ist. Oft wird der Vergleich mit dem Erstellen von Gebäuden herangezogen, obwohl er aus zweierlei Gründen hinkt und deshalb höchst bedenklich ist.

Erstens sind auch komplexe Bauvorhaben nicht leicht plan- und abschätzbar (siehe das unrühmliche Beispiel der Hamburger Elbphilharmonie) und deshalb nicht als gutes Beispiel für Planbarkeit geeignet. Ein mir bekannter Baumeister hat mir versichert, dass auf den Baustellen ohne seine regelmäßigen Inspektionen und Korrekturen massive Kostenüberschreitungen an der Tagesordnung wären, und dies wohlgemerkt beim Bau von so genannten „standardisierten" Einfamilienhäusern.

Zweitens ist die Softwareentwicklung mindestens um Faktoren komplexer als ein Bauvorhaben, da wir es nicht mit unveränderlichen Bausteinen, wie Normteilen und Ziegelsteinen zu tun haben, sondern mit „weichen" Materialien arbeiten dürfen, die sich auch während der Herstellungsphase laufend ändern können. Wer hat sich nicht schon darüber geärgert, dass selbst eingekaufte Komponenten in verschiedenen Versionen nicht immer das gleiche Verhalten an den Tag legen?

Meilensteinplanung

Was ist der Unterschied zwischen einer klassischen Meilensteinplanung und einer iterativen Planung? Kürzlich wurde mir anlässlich eines Vortrags über Agilität im Rahmen der Hermes Benutzergruppe in der Schweiz, gesagt: „Diese Iterationen sind doch nichts weiter als eine Meilensteinplanung!".

Dem muss ich leider widersprechen. Eine Meilensteinplanung definiert, dass zu einem bestimmten Zeitpunkt gewisse Artefakte zur Verfügung stehen müssen, die als Voraussetzung für ein Weiterarbeiten angesehen werden. Meistens orientiert sie sich am bekannten Phasenmodell (Analyse – Design – Realisierung – Tests – Einführung). Dabei können beliebige Artefakte als Resultat des einzelnen Meilensteins definiert sein. In den frühen Phasen sind dies fast ausschließlich Dokumente (Spezifikationen, Abnahmeprotokolle etc.).

Eine iterative Releaseplanung beinhaltet im Gegensatz dazu immer ein produktiv einsetzbares Inkrement an Funktionalität. Je weiter in der Zukunft ein geplantes Release (inklusive einer tentativen Liste von Features) liegt, desto größer ist die Wahrscheinlichkeit, dass sich sein Inhalt im Rahmen der rollenden Iterationsplanung verändern wird. Anpassungen aufgrund von umgestellten Prioritäten werden vorausgesetzt.

Die ausführenden Teams sind im agilen Umfeld auch diejenigen, die gemeinsam planen, statt dies einer Stabstelle zu überlassen, die von der Realität im Projekt in der Regel nur eine blasse Ahnung hat.

Unrealistische Zielvorgaben

Interessant in diesem Zusammenhang ist, dass in vielen Unternehmen die eigentlich Ausführenden eines Projekts sehr wenige Kompetenzen haben, bei der Festsetzung der Projektziele und den Rahmenbedingungen wie Termin und Umfang mitzureden.

Die Konsequenz aus dieser Tatsache sind Aussagen zu Beginn eines Projekts, wie die folgenden:

- „Da sieht ja ein Blinder, dass das Ziel unrealistisch ist."
- „Wer hat denn das geschätzt?"
- „Das können wir nie und nimmer schaffen!"

Eines der Hauptprobleme ist, dass viele Projekte verkauft werden müssen, um beispielsweise bei vielen GATT/WTO-Ausschreibungen konkurrenzfähig zu sein. Weil der Ausschreibende oft verpflichtet ist, das günstigste Angebot anzunehmen, werden Schätzungen einfach ignoriert und der Preis wird gedrückt.

Außerdem versäumt man es, in Verträgen festzuhalten, wie vorgegangen werden soll, um Projektrisiken zu minimieren. Es wird zwar in Konzepten und Angeboten festgehalten, dass es wichtig sei, Risiken zu „managen", aber wie dies zu bewerkstelligen ist, wird dem potenziellen Kunden nicht verraten. Vor allem, dass im Rahmen eines fixen Termins, verbunden mit einem definierten Kostendach, der einzige Weg bleibt, am Umfang der Funktionalität Abstriche zu machen, wird gerne verschwiegen.

Diese latente Unehrlichkeit sich selbst und Kunden gegenüber führt deshalb zum bösen Erwachen während des Projekts. Mühselige Schadensbegrenzung zu einem späteren Zeitpunkt ist die unliebsame Folge.

Verantwortungskonzentration

In gewissen Organisationen ist der Projektleiter die Person mit der meisten und manchmal auch alleinigen Verantwortung. Diese Verantwortungskonzentration auf einer Person, oder zumindest auf einen relativ kleinen Personenkreis, führt zu unerwünschten Problemen während der Projektdurchführung:

- Entscheidungen werden nur verzögert getroffen
- Falsche Entscheidungen werden getroffen, weil nicht die Person entscheidet, die am meisten von der Materie versteht
- Schuld wird delegiert und „Hände werden in Unschuld gewaschen"
- Mitarbeiter lernen nicht, verantwortlich zu handeln („Der und der hat gesagt ich soll…" wird zur Standardausrede)
- Bei Konflikten und gegensätzlichen Interessen (z. B. innerhalb verschiedener Abteilungen) werden Entscheidungen hinausgeschoben oder verzögert
- Viele unnötige Koordinationssitzungen werden durchgeführt und die Entscheidungsfindung ist deshalb ungebührlich lange und umständlich

Aber nicht nur der Umgang mit den Mitarbeitern ist entscheidend, sondern schlicht deren Abwesenheit im entscheidenden Moment wird oft zu Problem. Warum dies so ist, wollen wir in den folgenden Abschnitten betrachten.

4.6.2 Mangel an geeigneten Mitarbeitern

Nicht immer ist der Mangel an geeigneten Mitarbeitern ein Problem der Rekrutierung auf dem Arbeitsmarkt. Manchmal sind die Probleme in diesem Bereich hausgemacht. Betrachten wir einige Aspekte näher.

Mitarbeiter = Ressourcen?

„Unsere Mitarbeiter sind unser Kapital!". Diese Maxime, die oft in Unternehmen zitiert wird, kann trügen. Der Ausdruck Ressourcenplanung, obwohl eigentlich die Rede von Mitarbeiterplanung sein sollte, deutet bereits auf die Geringschätzung der individuellen Stärken von Mitarbeitern hin. Warum wird der Ausdruck Ressource für einen Mitarbeiter überhaupt gebraucht? Der Grundgedanke dahinter ist, dass es sich um einen vereinheitlichten, prototypischen Mitarbeiter handeln soll, mit dem man einfacher rechnen kann. Das Problem dabei kommt ins Spiel, wenn ich anfange, Mitarbeiter für austauschbar zu halten wie andere Ressourcen, z. B. eine Kilowattstunde Energie.

Immer wieder überrascht mich, wie Mitarbeiter achtlos von einem Projekt in ein anderes verschoben werden, ohne zu bedenken, was dies für das Projekt bedeutet, in dem sie gerade über beide Ohren stecken.

Anekdote: Lost

Nein, nicht die bekannte Fernsehserie ist mit dem Titel gemeint, sondern das Phänomen der plötzlich verschwindenden Mitarbeiter.

Es ist leider ein allzu vertrautes Bild: Da wird ein Team für ein Projekt zusammengestellt. Man startet mit einem Teamevent, bei dem sich die noch unbekannten Gesichter beschnuppern können. Man organisiert ein Schulungsprogramm, um die neuen Entwicklungswerkzeuge kennen zu lernen.

Dann startet man mit dem Projekt und einen Monat lang geht alles gut. Auf einmal, mitten in der dritten Iteration, trifft man sich an der Kaffeemaschine und der Neuzugang im Team sagt: „Das ist übrigens mein letzter Tag in diesem Team." Ungläubiger Blick, Stirnrunzeln, dann die scheue Frage: „Für wie lange?". Die etwas verschämte Antwort: „So für etwa drei Monate. Ein Projekt, in dem ich mal war, braucht meine Hilfe. Ich habe da mal ein Modul programmiert…".

Auf Nachfrage bei der Abteilung, aus der der Mitarbeiter kam, erhält der Scrum Master zur Antwort: „Ja, wir brauchen Vladimir dringend. Aber wir können euch Adrian zur Verfügung stellen. Der hat im Moment gerade wenig zu tun."

Diese erlebte Situation zeigt deutlich, wie sich die Einstellung, Mitarbeiter seien austauschbare „Ressourcen", auf Teams auswirken kann. Zeitverlust, verlorenes Wissen und vergeudete Energien sind das Resultat.

Mitarbeiter als Ressourcen werden betrachtet als

- Austauschbar: Obwohl Hans sechs Jahre Java-Erfahrung aufweist und Peter gerade erst von Cobol auf Java umgeschult wurde, werden sie oft mit gleichem Maßstab gemessen
- Multiplizierbar: Wenn wir fünf Entwickler auf das Problem ansetzen, dann werden wir auch fünfmal schneller fertig
- Konfigurierbar: „Ich weiß, dass du die Fähigkeit nicht hast, aber wir schicken dich eine Woche in den Kurs, dann bist du der Spezialist."
- Emotionslos: Nicht alle Personen passen in ein Team, nur weil sie bestimmtes Wissen mitbringen

Ein agiles Team wird sich wehren gegen Personen, die nicht ins Team passen und den Ansprüchen des Teams nicht genügen. Konflikte sind so vorprogrammiert, wenn diesen Vorstellungen nicht Rechnung getragen wird.

Spezialisten als Flaschenhälse

Das Industriezeitalter hat hochspezialisierte Arbeiter hervorgebracht. Es stimmt, dass Spezialisten eine Aufgabe unter Umständen massiv schneller lösen als Generalisten. Doch mit dem Einsatz von Spezialisten sind auch Probleme im agilen Team zu erwarten. Folgende Punkte sollten vor dem Einsatz von Spezialisten durchdacht werden:

- Was passiert, wenn ein Spezialist ausfällt? Kann ich ihn wirklich durch einen anderen Spezialisten auf gleichem Niveau austauschen? (siehe auch das Thema „Austauschbarkeit" unter der Überschrift „Mitarbeiter = Ressourcen?")

- Wird der Spezialist dazu beitragen, dass sein Wissen auf andere übergeht? Oder wird er es für sich behalten? Wie soll im Team gelernt werden?

- Was, wenn wir keinen Spezialisten auf einem bestimmten Gebiet haben? Können wir dann nichts tun, bevor wir jemanden einstellen, der das gewünschte Know-how mitbringt?

- Was, wenn unsere Bedürfnisse für das Fachwissen auf einem bestimmten Gebiet von Iteration zu Iteration stark schwanken?

- Möchten wir wirklich von einer anderen Abteilung abhängig sein? Welche Konsequenzen hat das auf unsere Projektplanung? Müssen wir warten, bis uns jemand zur Verfügung gestellt wird?

Anekdote: Testermangel

In einer kleinen Firma waren die Tester knapp. Das Unternehmen hatte während einer längeren Zeitperiode praktisch keine Rückmeldungen auf Stelleninserate. Außerdem mussten Tester in der Lage sein, Testautomatisierung zu betreiben, wodurch Tester, die rein manuell testen konnten, ausgeschlossen waren.

Einige Wochen lang herrschte Ratlosigkeit, wie die Qualität der Software sichergestellt werden konnte, wenn nicht genügend Tester da waren. Nachdem sich jedoch abzeichnete, dass der Testermangel nicht so schnell behoben werden konnte, musste eine Lösung her. Die Teams besprachen sich und man war sich einig, dass Akzeptanztests jeweils durch eine andere Person im Team geschrieben werden sollten als diejenige, die die Funktionalität implementierte.

Die Entwickler waren jedoch vom Akzeptanz-Testtool FitNesse nicht begeistert, da sie sich besser in Java-Code auskannten und FitNesse zudem häufiges Refactoring der Funktionalität nicht gut unterstützte (bei den Testskripten handelte es sich um textuelle Wiki-Einträge, die eigentlich keine direkte Verbindung zum darunter liegenden Java-Code aufweisen).

Um den Entwicklern (die nun auch als Tester einspringen mussten), die Arbeit zu erleichtern, wurde beschlossen, Akzeptanztests in Java auf der Grundlage des erweiterten HtmlUnit-Frameworks zu implementieren.

Trotz Mangel an Testern ist die Testabdeckung über die Jahre stetig gewachsen und beträgt bei rund 24 000 Unit-Tests und 1 700 Akzeptanztests aktuell rund 60 %.

Aus den oben genannten Überlegungen bevorzugen agile Teams spezialisierte Generalisten in ihrer Gruppe. Diese Mitarbeiter sind vielleicht auf einem Gebiet (z. B. der Datenbankadministration oder im Testen) besonders stark, bringen aber auch viele andere Fähigkeiten mit, sodass sie bei Bedarf in viele unterschiedliche Rollen schlüpfen können.

Wenn ein Team eine große Anzahl Generalisten und nur eine kleine Anzahl Spezialisten beherbergt, dann ist die Manövriermasse, die auf die verschiedenen anstehenden Aufgaben verteilt werden kann, viel größer. Dies führt dazu, dass das Team jegliche Aufgaben schnell und effektiv erledigen kann, ohne dass spezielle Aufgaben das ganze Team aufhalten, weil niemand da ist, der sich ihrer annehmen kann.

Multiprojekte

Die Angewohnheit, die Arbeitskraft der Mitarbeiter auf mehrere Projekte gleichzeitig zu verteilen, ist eines der größten Hindernisse, um effektiv arbeiten zu können. Weil in vielen Betrieben das Wissen auf einzelne Köpfe konzentriert ist (Spezialisten), kann es des Öfteren nur dadurch in verschiedenen Projekten genutzt werden, dass diese Person in mehreren Projekten gleichzeitig mitmacht.

Dies führt in einem agilen Team zur Verzettelung von Kräften. Nehmen wir an, dass drei Mitarbeiter in einem Projekt nur zu 40 Prozent mitarbeiten. Bei der Annahme von Zwei-Wochen-Iterationen (10 Arbeitstage), stehen diese „Teilzeitkräfte" netto nur ganze sechs Arbeitstage zur Verfügung. Doch die Annahme, dass sie tatsächlich für das Team diese sechs Tage Arbeitsleistung erbringen, erweist sich meist als Trugschluss.

Warum? Weil bekanntlich jeder von uns eine gewisse Zeit braucht, um sich nach einem Wechsel der Aufgabe in das andere Aufgabengebiet hineinzudenken. Dies gibt Reibungsverlust, der uns in der Regel 15 Minuten unserer produktiven Zeit kostet. Findet dieses „Task-Switching" mehrmals pro Tag statt, dann kann dies schnell einmal zu Verlusten von einer bis eineinhalb Stunden pro Tag und Mitarbeiter führen, was in unserer Situation bedeuten kann, dass unsere drei Herren bis zu einem Tag Arbeitsleistung verlieren.

Davon abgesehen dauert es manchmal mehr als zwei Tage, bis eine Aufgabe abgeschlossen werden kann. Dies kann dazu führen, dass diese eingesetzte „Teilzeitkraft" lediglich ein bis zwei Aufgaben im verfügbaren Zeitraum abschließen kann. Ein Vollzeitmitglied ist im selben Zeitraum gegebenenfalls um Faktor 5 produktiver.

Störaufgaben

In vielen Organisationen wird angenommen, dass die Mitarbeiter neben der regulären Arbeit beliebig viele Nebenaufgaben annehmen können, ohne dass ihre Hauptaufgabe darunter leidet. Besonders in Unternehmen mit Adhoc-Kultur kann das Einspannen der Mitarbeiter für viele Nebentätigkeiten dazu führen, dass Iterationsziele nicht erreicht werden.

Nebentätigkeiten, die Zeiträuber sind, können sein:

- Übermäßig viele Sitzungen
- Exzessives, detailliertes Berichtswesen

- Marketingsupport zu Händen eines Vorgesetzten

- Ungeplante Arbeiten, wie dringende Fehlerkorrekturen und Notfallübungen

Es verwundert nicht, dass z. B. Scrum den Scrum Master anweist, dafür zu sorgen, dass das Team ungestört seinen Aufgaben, die es sich für den Sprint (die Iteration) vorgenommen hat, erledigen kann.

Anekdote: Das Supportteam

Das Großprojekt war in eine neue Phase eingetreten. Die Applikation, die im Zeitraum von vier Jahren entwickelt worden war, wurde produktiv eingesetzt. Ein Folgeprojekt zur Erweiterung der Anwendung wurde initiiert. Obwohl die Teams regelmäßig Features produktiv setzten (im Zwei-Wochen-Rhythmus), schienen sie nicht recht vorwärts zu kommen.

Da die Applikation sehr komplex war, sich noch eine gute Menge Fehler in der Anwendung versteckten und außerdem von der Datenmigration von einem inzwischen abgelösten Mainframe-Rechner zum Teil Daten von schlechter Qualität in die Datenbank gelangt waren, schienen die Teams einen großen Teil ihrer Zeit nur mit Daten- und anderen Fehlerkorrekturen zuzubringen.

Die Teams diskutierten mögliche Lösungsansätze, um sich besser auf die neuen Aufgaben konzentrieren und gleichzeitig eine reaktionsschnelle Unterstützung des Kunden gewährleisten zu können.

Schlussendlich einigte man sich darauf, ein Supportteam ins Leben zu rufen, das aus einem festen Mitarbeiter (als Koordinator) und zwei weiteren Entwicklern bestehen sollte. Aus jedem Team wurden Mitarbeiter rotierend für zwei Iterationen (einen Monat) diesem Team zugeteilt, das sich ausschließlich um dringende Bedürfnisse des Kunden kümmerte.

Die Auswirkungen der Maßnahme war ausnehmend positiv: Die Arbeit im Supportteam war zu ertragen, da sich niemand mehr als vier Wochen nur mit Bugfixing beschäftigen musste. Zudem lernten besonders Neulinge sehr viel aus allen Bereichen der Applikation. Auch der Kunde profitierte vom Supportteam: Dringende Arbeiten konnten sofort erledigt werden und die Weiterentwicklung der Applikation konnte viel ungestörter verlaufen.

Als positiver Indikator muss auch die Aussage des Kundenprojektleiters an einer Sitzung gewertet werden: „Wir sind gar nicht mehr in der Lage, alle neuen Featurerelease ausgiebig zu testen. Es sind im Moment einfach zu viele.".

4.7   Ansicht über Prozesse

Die im Unternehmen herrschenden Ansichten über den Entwicklungsprozess beeinflussen maßgeblich das Verhalten der Mitarbeiter im Projekt. Diese Einflüsse sind nicht zu unterschätzen. Wie oft schaut ein einfacher Mitarbeiter zum Management auf, weil er Leitplanken für sein Verhalten und Regeln für seine Aktionen sucht?

Anekdote: Das Agile Manifest

In einem kleinen Unternehmen war eine agile Revolution im Gange. Doch diese schien plötzlich innerhalb der Firma auf Widerstand zu stoßen. Den Initianten, einer kleinen Schar von Entwicklern, wurde vorgeworfen, auf eigene Faust zu handeln und die Firma zu gefährden.

Doch diese Entwickler handelten mit dem Einverständnis der Geschäftsleitung. Leider war dies nicht immer so offenkundig. Nach einigem Überlegen und mehreren Besprechungen mit den Initianten, beschloss die Geschäftsleitung, ein eindeutiges Zeichen zu setzen: Sie unterschrieb geschlossen eine auf die Bedürfnisse der Firma angepasste Version des Agilen Manifests und hängte dieses an prominenter Stelle aus.

Ab diesem Zeitpunkt war eindeutig geklärt, dass die Initiative die volle Unterstützung des Managements hatte.

4.7.1 Vorgegebenes Standardvorgehen

Wir haben uns schon zu Beginn des Buches kurz über Standardvorgehen unterhalten. Dabei werden Projektschablonen definiert, die – wenn man Glück hat – für kleine, mittlere und große Projekte festgelegt wurden. Dabei handelt es sich um Projekthandbücher, die genau beschreiben, welche Artefakte wann erstellt, wann Abnahmen eingeplant werden sollen und wie der Ablauf des Projekts vor sich gehen soll.

„Über einen Kamm scheren"

Die Gefahr von stark formalisierten Vorgehensbeschreibungen ist, dass man leicht dem Kochbuchsyndrom verfällt. Die Tendenz, blind dem geschriebenen Wort zu folgen, besonders wenn es von einem Vorgesetzten verfasst wurde, ist weit verbreitet. Man ist dadurch in der Lage, Verantwortung an eine übergeordnete Hierarchiestufe abzutreten und im schlimmsten Fall zu behaupten, man könne ja nicht anders, obwohl man die Probleme schon früh selbst erkannt habe.

Selbst in Organisationen, in denen dieser extreme Fall nicht so deutlich eintritt, sind für agile Teams Probleme vorprogrammiert. Als Proponent agilen Vorgehens hat man die größte Mühe zu erklären, warum man mit empirischer Projektsteuerung an das Projekt herangehen möchte.

Ein großes Hindernis für die Akzeptanz des agilen Ansatzes kann in der Trägheit der Beteiligten gesehen werden. Ein agiler Prozess braucht konstantes Engagement, stetes Überprüfen der aktuell geltenden Rahmenbedingungen, andauerndes Hinterfragen der gegenwärtig eingesetzten Mittel, um die Projektziele zu erreichen. Man kann sich auf keiner Vorschrift und keinem bewährten Regelkatalog ausruhen.

In der agilen Denkweise gehen wir davon aus, dass kein Projekt gleich einem anderen ist und sogar die Umstände und Parameter eines Projekts sich andauernd ändern. Faktoren, die dazu beitragen, dass die Zielführung von Projekten so schwer ist, sind:

- Anforderungen ändern sich, entfallen oder kommen neu hinzu

- Menschen im Projekt kommen und gehen
- Technologie ist im Wandel
- Architektur entwickelt sich
- Meinungen gehen auseinander und müssen mühsam abgeglichen werden
- Politische Spiele finden statt
- Der Wettbewerb kämpft mit harten Bandagen
- Technische Schwierigkeiten erweisen sich als übermächtig
- Der Mensch macht Fehler und lässt sich nur schwer belehren

In einem solchen Kontext von komplexen Zusammenhängen kann es einem schon mulmig werden. Man hält sich sehr gerne an etwas Sicherem fest, an etwas oder jemandem, der einem sagt, wo die Reise hingeht und wie man dorthin kommt.

Auch bei agilen Vorgehensweisen kann man deshalb versucht sein, Vorschriften zu machen, wie etwas getan werden soll. Dies wird dann als erprobtes Vorgehen verkauft, das unbedingt so und nicht anders umgesetzt werden soll. Beobachtet man einen solchen Geist, dann sind wir längst agil gewesen.

Symptome, dass dem so ist, fühlen und hören sich etwa so an:

- „Jetzt machen wir das schon seit 20 Iterationen so. Das ändern wir jetzt sicher nicht. Wir haben ja schlussendlich lange dafür gebraucht, uns an die jetzige Vorgehensweise zu gewöhnen."
- „Das haben wir schon vor einem halben Jahr einmal probiert, und es hat auch nicht funktioniert!"
- Der Abteilungsleiter zu seinen Mitarbeitern: „Ich habe euch eine schöne Zusammenfassung geschrieben, wie wir Scrum hier machen. Ich gebe gleich jedem ein Exemplar."
- „Retrospektiven machen bei uns keinen Sinn. Wir haben bei uns nichts mehr zu verbessern."

Man kann auch aus agilen Prozessen rigide Vorgehensweisen machen, die von oben herab bestimmt und praktisch in Stein gemeißelt sind. So werden ehemals agile Prozesse nicht mehr leicht anpassbar an die jeweilige Projektsituation.

Fixe Rollen

Auch das fixe Zuordnen von bestimmt Personen zu bestimmten Rollen wird von Managern gerne betrieben. Der Kunde möchte dies gerne im Projekt sehen und der Softwarelieferant fühlt sich verpflichtet, diesem Wunsch nachzukommen. Der Kunde strebt damit die Kontrolle des Projekts an und hofft, dass die für bestimmte Rollen eingesetzten Mitarbeiter die Verantwortung in dieser Rolle übernehmen. Dass anstelle eines einzelnen Mitarbeiters ein ganzes Team gerne mit ihm in Kontakt stehen würde, ist ihm grundsätzlich fremd. Der Kunde muss deshalb auf die damit einhergehenden Vorteile explizit hingewiesen werden.

Agile Teams wiederum fordern gerade das: möglichst direkten Zugang zum Endkunden. Sie arbeiten gerne mit ihm Hand in Hand zusammen. In Scrum sind nur die Scrum

Master- und die Product-Owner-Rolle einer einzelnen Person zugeordnet. Alle anderen Teammitglieder können beliebige Rollen (vom Analysten bis zum Entwickler oder Tester) zu unterschiedlichen Zeitpunkten einnehmen.

Gewisse Rollen, z. B. die des Architekten, sind oft auch mit einem bestimmten Prestigegewinn verbunden. Deshalb gibt es Leute, denen es wichtig ist, genau diese Rolle im Team innezuhaben. Solchen Tendenzen versucht man in agilen Teams bewusst und aktiv entgegenzuwirken. Unter anderem dadurch, dass man gewisse Rolle rotierend einnimmt.

Budgetierung

Eine Tendenz zur starren und unflexiblen Vorgehensweise kann auch bei der Budgetierung beobachtet werden. Welches sind einige Hinweise, die uns vermuten lassen können, dass dem so ist? Die nachfolgenden Punkte sollen diesbezüglich etwas Licht ins Dunkel bringen:

■ In der Zeiterfassungssoftware gibt es Budgetposten (wie „Analyse", „Design", „Implementierung" und „Testen"), die darauf hindeuten, dass immer noch in klassischen Phasen gedacht wird.

■ Mitarbeiter haben die Tendenz, auf beliebige Budgetposten zu rapportieren, solange es noch Budget darauf hat. Dadurch unterlaufen sie die festgelegte Struktur.

■ Mitarbeiter können nicht frei auf beliebige Budgetposten rapportieren. Tester haben nur auf das Testbudget zugriff, Entwickler nur auf das Budget für die Implementierung etc.

■ Mit dem Kunden werden Stücke eines bestimmten Umfangs des Budgets den verschiedenen Projektphasen fix zugeordnet.

■ Anträge müssen verhandelt werden, wenn Budget von einem Topf in den anderen wandern soll.

4.7.2   Unpassende Hilfsprozesse in der Firma

Hilfsprozesse zur Unterstützung des Kerngeschäfts sollten in der Regel auf dasselbe abgestimmt sein. Leider ist dies nicht immer der Fall. Unternehmen, die nach agilen Prinzipien Projekte abwickeln möchten, werden deshalb nicht umhin kommen, auch die Hilfsprozesse entsprechend anzupassen.

Geschieht dies nicht, dann kann es vorkommen, dass administrative Abläufe innerhalb der Firma unnötig steif und kompliziert sind, oder dass der Kontakt zum Kunden, besonders auf der Verkaufsebene, nicht den agilen Idealen entspricht. Dies kann sich bremsend auf den eigentlichen Entwicklungsprozess auswirken.

Nehmen wir den Verkauf als Beispiel: Wenn der Verkauf bei Vertragsverhandlungen mit potentiellen Kunden nur so genannte „Alles-fixiert"-Projekte (Termin, Umfang, Kosten und Qualität fixiert) verkauft (siehe dazu auch Abschnitt 4.8.1), dann wird es die agile Projektorganisation sehr schwer haben, dem Kunden klarzumachen, dass es zu Verzögerungen kommen kann und Maßnahmen notwendig sind, die das Risiko eines Fehlschlags reduzieren. Wir wissen, dass in der Verkaufsphase eines Projekte (besonders, wenn Millionen auf dem Spiel stehen), gerne Risiken verschwiegen werden. Oder man ist zumindest versucht, deutlich kundzutun, dass man alles im Griff hat. Diese Einstellung mag einem zwar einen Großauftrag und damit volle Auftragsbücher bescheren, aber gleichzeitig handelt man sich eine derart schlechte Ausgangslage ein, dass man über kurz oder lang im Projekt damit zu kämpfen haben wird.

Agile Teams werden deshalb manchmal über ihre Kompetenzen hinausgehen und versuchen, das Umfeld, in dem sie eingebettet sind, ihren Bedürfnissen entsprechend zu beeinflussen. Wie die Geschäftsleitung und ihre Kollegen darauf reagieren, bestimmt den Erfolg dieses Unterfangens und kann dazu beitragen, dass eine agile Initiative versandet oder dann vom gesamten Unternehmen getragen wird.

4.8   Umgang mit Kunden

Der Umgang mit dem Kunden gehört zu den schwierigsten Herausforderungen der Softwarebranche. Agile Organisationen sind davon nicht ausgenommen, ganz im Gegenteil. Viele Verhaltensweisen und Rahmenbedingungen, wie sie heutzutage leider all zu oft geduldet werden, sind für ein agiles Vorgehen tödlich. Agile Teams sind auf allen Ebenen auf enge Zusammenarbeit mit dem Kunden angewiesen. Dies stellt neue, höhere Anforderungen an die Kundenorganisation und deren Glieder. Dessen ist sich der Kunde in der Regel nicht bewusst. Wird er nicht schon vor Projektbeginn an seine umfassenderen Aufgaben im Projekt herangeführt, kann es leicht geschehen, dass er mit Unverständnis und Widerstand reagiert.

4.8.1   Starre Verträge

Ein wichtiges Mittel beim Vorbereiten der Kundenbeziehung stellt der Vertrag dar. Obwohl agile Organisationen Kollaboration höher schätzen als Verträge, sind diese aus der heutigen Geschäftsbeziehung nicht wegzudenken. Dementsprechend ist es sehr wichtig, den Vertag zu nutzen, um agiles Vorgehen im Projekt klar zu kommunizieren und den Kunden die Vorteile und Risiken der agilen Vorgehensweise deutlich erkennen zu lassen. Geschieht dies nicht, wird die Organisation, die nach agilen Prinzipien vorgehen will, mit verschieden Problem konfrontiert.

Nicht verhandelbare Rahmenbedingungen

Oft bestehen Kunden heute auf Verträgen, die festschreiben, dass alle Parameter eines Projekts festgeschrieben sind. Dies, wie betont wird, der Transparenz wegen. Oft wird jedoch unterschlagen, dass die Parameter wie Kosten, Qualität, Umfang und Zeitrahmen gar nicht alle fixiert werden können. Es wird auf alle Fälle Abweichungen geben.

Was noch schlimmer ist: Verträge enthalten oft gar keine Klauseln, die der Risikominimierung im aktiven Sinne dienen würden. Die Vereinbarung von Garantiearbeiten auf Kosten des Softwarelieferanten, sobald das Kostendach erreicht wird, greift nie. Im schlimmsten Fall treibt man den Dienstleister damit in den Ruin, wodurch niemandem geholfen ist.

Iterativ-inkrementelles Vorgehen kann in diesem Zusammenhang als Strategie zur aktiven Risikoüberwachung und -minimierung verkauft werden. Allerdings muss dies auch auf der Verkaufsseite so kommuniziert sein, und nicht erst, wenn es darum geht, bereits an die Arbeit zu gehen.

Der Traum vom Kostendach

Der Kunde träumt seit jeher davon, dass ein Kostendach ihn vor einer Explosion der Kosten und einem ausufernden Projekt schützen kann. Doch überlegen wir, wann ein Kostendach eigentlich greift. Erst kurz bevor das Geld auszugehen droht! Wenn nun nicht von Anfang eines Projekts an Maßnahmen ergriffen werden, um einen transparenten Überblick über den tatsächlichen Fertigungsstand im Projekt zu behalten, dann ist jede Beobachtung des verbrauchten Budgets praktisch wertlos, da keine Aussage darüber gemacht werden kann, dass dafür ein konkreter Gegenwert erbracht wurde. Dabei sind Aussagen, dass von verschieden Teilen des Systems ein Fertigungsgrad von 90 % erreicht wurde, kein Trost, denn dieser wird in der Regel über Monate unverändert bestehen bleiben.

Doch das Kostendach führt uns vor Augen, dass der Kunde an einem positiven Ausgang eines Projekts durchaus interessiert ist. Wenn ihm plausibel gemacht werden kann, wie der Fortschritt im Projekt auf agile Weise besser beobachtet werden kann und wenn ihm Werkzeuge an die Hand gegeben werden, mit denen er selbst steuern kann, was, wann und in welcher Qualität geliefert wird, dann kann dies der Grundstock für eine produktive Zusammenarbeit werden. Versteht er dies hingegen nicht, dann sind Missverständnisse, überrissene Erwartungen und schlussendlich Enttäuschung die Folge.

4.8.2   Unbeteiligte Kunden

Wir haben den Kunden überzeugt, mit uns zusammenzuarbeiten, und er hat eingewilligt, dass wir auf iterativ-inkrementelle Weise vorgehen dürfen. Doch bereits bei den ersten gemeinsamen Sprint-Reviews stellen wir fest, dass der Kunde zu unbeteiligt ist.

Welche Symptome können wir beobachten?

- Der Kunde erscheint nur punktuell zu den Reviews am Ende einer Iteration.

- Er hat (manchmal triftige) Ausreden, warum er nicht an jeder Review dabei sein kann.

- Er ist für Anforderungsworkshops zu Beginn des Projekts zu haben, aber nicht bereit, zu einem späteren Zeitpunkt weitere Zeit in die Verfeinerung der Anforderungen zu stecken.

- Sätze wie: „Das haben wir doch im Konzept festgelegt, warum muss ich mich immer wieder aufs Neue erklären?"

- Er schickt irgendwelche Mitarbeiter vor, die keine Ahnung von den Anforderungen haben und nichts entscheiden dürfen.

- Er lässt Aussagen hören wie: „Ihr seid die Spezialisten. Ihr wisst ja, was zu tun ist. Wofür sonst seid ihr schon seit 20 Jahren im Geschäft?"

- Er weigert sich, Entscheidungen zu treffen und möchte keine Prioritäten bezüglich der Anforderungen setzen.

„Nur" Auftraggeber

Manchmal möchte der Kunde lediglich der Auftraggeber sein. Mögliche Gründe dafür können sein:

- Der Kunde hat mit seinem täglichen Geschäft zu viel zu tun und möchte sich deshalb (über die Startphase des Projekts hinaus) nicht um das Projekt kümmern müssen.

- Er hat nicht in allen Bereichen die nötige Kompetenz, um ein Projekt zu überwachen und vertraut deshalb lieber auf externe Kräfte.

- Er scheut die Verantwortung, die er übernehmen müsste, und hofft, sich im Falle eines Misserfolgs, aus der Affäre ziehen zu können, ohne die Konsequenzen tragen zu müssen.

Was auch immer die Gründe sind, wird das agile Team versuchen, den Kunden möglichst nahe an sich zu binden und sehr eng mit ihm zusammenzuarbeiten.

Anekdote: Ein fremdes Lastenheft

In einem großen Projekt nahm das Delegieren von wichtigen Aufgaben eine extreme Form an. Das Lastenheft, das die Grundlage für die Ausschreibung und Vergabe des Auftrags bildete, wurde nicht vom Kunden selbst verfasst, sondern von einer ähnlichen Organisation aus einem anderen Bezirk.

Das Lastenheft selbst war sehr schlank und umfasste nicht mehr als 50 Seiten. Doch der Anhang hatte gigantische Ausmaße und füllte ganze sieben A4-Ordner.

Es lässt sich schwer leugnen, dass die meisten Projektbeteiligten diese Ordner nie genau unter die Lupe nahmen. Die Teams, die mit der Fertigung der Applikation beauftragt wurden, haben stattdessen den Kunden erneut dazu gebracht, die Anforderungen von Grund auf neu zu beschreiben und festzuhalten.

Die Rechnung des Kunden, mit dem Projekt dadurch weniger zu tun zu haben, da ja eine „umfassende" Dokumentation vorhanden war, bewahrheitete sich nicht.

Stattdessen wurde der Kunde durch das Anwenden einer agilen Vorgehensweise (nach Scrum) intensiver in das Projekt einbezogen als je zuvor. Und die sieben Ordner verstauben bis zum heutigen Tag in einem Regal.

Nachlässiges Testen

Eine Beobachtung, die besonders schwer wiegt, vor allem bei lange dauernden Projekten, betrifft die Güte der Tests, die der Kunde jedem Release, den ein Team zur Verfügung stellt, angedeihen lässt. Kunden testen nicht gleich intensiv und gut, wenn ein Release nur auf ein Testsystem ausgeliefert wird, ohne dass eine echte Auslieferung in die Produktion folgt.

Dies ist einer der Gründe, warum auf alle Fälle eine regelmäßige Auslieferung auf ein Produktivsystem bevorzugt wird. Natürlich wird der Kunde Mühe mit diesem Gedanken haben, denn es kostet ihn wieder Mehrarbeit. Jede Auslieferung, die schlussendlich in Produktion gehen soll, muss intensiv auf ihre Eignung geprüft werden. Besonders, wenn der Kunde dem Dienstleider noch nicht vertraut (d. h. er erwartet, dass gravierenden Fehler auftauchen werden), ist es schwierig, ihn davon zu überzeugen, dass sich der ganze Aufwand lohnt. Das Ausliefern setzt das agile Team und den Kunden gleichermaßen unter Druck. Ein Druck jedoch, der zu positiver Veränderung führen kann.

Laufend Anforderungen pflegen

Auch eine sich langsam, iterativ entwickelnde und verfeinernde Sammlung von Anforderungen führt dazu, dass der Kunde mehr Zeit investieren muss und intensiver in den Entwicklungsprozess eingebunden wird. Dabei möchte der Kunde in Großprojekten nicht über die ganze Dauer gleich stark einbezogen werden.

Wird die Arbeit nicht geschickt segmentiert und in passende (z. B. abteilungsbezogene) Pakete unterteilt, kann dies dazu führen, dass der Kunde überlastet wird und seinen Pflichten nur mit Mühe und widerwillig nachkommt. Dies wiederum führt zu Verzögerungen in der Umsetzung der Anforderungen. Statt in einer Iteration Features vollständig abzuschließen, sind laufende Nachbesserungen durchzuführen, die wiederum die Releaseplanung nicht planbar und aussagekräftig machen.

Herrscht keine Balance zwischen Produktivität und Stress, wird dies unweigerlich zu Problemen in der Projektorganisation führen. Sei es, dass der Kunde nicht mehr bereit ist, so viel Zeit zu investieren, oder dass er Features in die Produktion einfließen lässt, die eigentlich nicht den Qualitätsansprüchen genügen.

Keine Verantwortung übernehmen

Agile Teams leben davon, dass der Kunde die Verantwortung für die Businessentscheidungen trägt, während das Team sich um die technische Umsetzung kümmert. Wenn der Kunde keine Verantwortung übernehmen möchte, dann kann das Team versucht sein, ihm diese Arbeit abzunehmen.

Diese scheinbar gute Tat kann zweierlei negative Auswirkungen haben:

1. Der Kunde bringt noch weniger Eigeninitiative ein und wird nur schwer lernen, seine Verantwortung zu tragen.

2. Der Kunde wird immer wieder Dinge geliefert bekommen, die er in dieser Form gar nicht wollte, d. h. wir entwickeln an seinen Bedürfnissen vorbei.

Der Kunde hat auch die Verantwortung, das Projekt zu steuern. Dies ist eine sehr schwere Aufgabe. Wenn dem Kunden nicht genügend Informationen zur Verfügung stehen, wird er eine schlechte Grundlage für Businessentscheidungen haben und diese deshalb nur zögerlich fällen, wenn überhaupt.

Damit der Kunde eine Entscheidungsgrundlage hat, muss er so nahe an der Entwicklung seines Produkts dabei sein wie nur möglich. Bei Toyota werden z. B. verantwortliche Personen dazu angehalten, sich vor Ort (will heißen direkt am Fließband), über den Stand der Produktion und eventuelle Problem zu informieren.

Die Schuld daran, dass der Kunde seiner Verantwortung nicht nachkommt, kann auch auf der Seite des Dienstleister liegen. Dieser sollte sich fragen:

- Erleichtern wir als agiles Team dem Kunden das Sammeln von relevanten Informationen?

- Stellen wir ungefilterte und ungeschönte Information zur Verfügung?

- Wie oft trifft der Kunde mit dem Team, das seine Software implementiert, zusammen?

- Was bekommt er da zu sehen?

- Weiß der Kunde, welche Rechte und Pflichten er gegenüber dem agilen Team hat?

Schlechte Verfügbarkeit

Manchmal ist der Kunde trotz aller Anstrengung nur schlecht zu erreichen und nur selten für das Team verfügbar, sei es, um Fragen zu beantworten oder Entscheidungen zu treffen.

Faktoren, die sich negativ auf die Verfügbarkeit des Kunden auswirken können, sind:

- Sein „Daily Business, d. h. die Aufgaben und Probleme seines Fachbereichs, die er täglich zu bewältigen hat

- Nicht genügendes Zeitbudget, das er von seinem Vorgesetzten für die Mitarbeit im Projekt erhalten hat

- Räumliche (oder gar zeitliche) Distanz zum Dienstleister

- Mangel an technischen Kommunikationsmitteln (im Fall räumlicher Distanz) mit genügend Bandbreite

- Mehrfachbelegung durch verschiedene, parallel verlaufende Projekte (gute Mitarbeiter werden an vielen Orten dringend gebraucht)

Diesen Faktoren gilt es Rechnung zu tragen, wenn man den Kunden besser und intensiver im agilen Team einbinden will.

4.9   Wissensmanagement

Wir haben uns bereits über die schlechte Verteilung von Wissen im Team und in der Organisation unterhalten und festgestellt, dass manchmal Wissen gehortet wird oder aufgrund von Spezialisierung in Fachabteilungen schwer zu verteilen ist. Die Firmenkultur fördert oftmals, ohne es zu erkennen, diese Silobildung. Welche Konsequenzen hat das? Wir wollen dies anhand von zwei Bereichen etwas näher beleuchten.

4.9.1   Schlechte Know-how-Verteilung

Schlechte Verteilung von Wissen führt dazu, dass das agile Team mehr Energie in die Beschaffung dieses Wissen investieren muss und deshalb weniger schnell und effektiv vorwärts kommt.

Jegliches Wissen, das außerhalb des Teams liegt, bedeutet im besten Fall, den Gang hinunterzugehen und sich dieses Know-how bei jemandem zu besorgen, den man persönlich kennt, der aber im Moment keine Zeit für einen hat.

Im schlechtesten Fall bedeutet es, einen Antrag zu stellen, eine E-Mail an eine fremde Stelle zu versenden, von der man nicht vor einer Woche eine Antwort erhält – und dann noch eine abschlägige oder vertröstende. „Wir können Ihnen nicht vor zwei Wochen einen Spezialisten vorbeischicken.", tönt es dann.

Dies bedeutet für das nicht mehr so agile Team:

- Warten
- Umwege
- Zwischenlösungen, die wieder umgebaut werden müssen
- Vertrösten des Kunden
- Versprechen brechen, die man dem Kunden gegeben hat

4.9.2   Management-Know-how nur für Kader

Eine spezielle Kategorie von Wissen ist das Wissen, wie man den Prozess, den man lebt, verbessern kann und gewisse administrative Aufgaben rund um das Projekt am besten löst. Dieses Wissen ist landläufig unter dem Begriff „Management-Know-how" bekannt. Zu dieser Kategorie von Wissen gehören auch so genannte „Soft Skills", oder Fähigkeiten, die den Umgang mit unseren Mitmenschen betreffen.

Dieses Wissen ist in der Regel den Chefs und Managern vorbehalten. „Wozu muss ein Entwickler wissen, wie man ein konstruktives Gespräch führt, wenn er doch nur die ganze Zeit an seinem Computer sitzt?", so die häufige Meinung.

Doch gerade im agilen Umfeld sind „weiche" Fähigkeiten bei allen Teammitgliedern wichtig. Bei den einen etwas mehr als bei den andern. Aber da wir uns ja spezialisierte Generalisten wünschen, kann jeder auch in diesen Bereichen gefordert sein. Es gibt z. B. Teams, deren Scrum Master von Iteration zu Iteration rotierend jemand anderes aus dem Team ist.

Wenn die einzelnen Mitarbeiter Management-Know-how und Soft Skills nicht vermittelt bekommen, dann kann dies folgende Auswirkungen haben:

- Der Scrum Master ist im langen Urlaub oder fällt wegen Unfalls drei Monate aus und niemand weiß mehr, was zu tun ist und wie man mit dem Kunden redet (der Verdacht kommt auf, dass in diesem Fall der Scrum Master eher die Rolle eines traditionellen Teamleiters einnimmt).
- Den Teammitgliedern fehlt ein Repertoire an Interventionsmöglichkeiten, wenn Probleme im Team, mit Außenstehenden oder gar dem Kunden entstehen.
- Die gemeinsame Planung mit dem Kunden scheint eine einseitige Angelegenheit zwischen dem Product Owner, dem Kunden und eventuell dem Scrum Master zu sein.
- Unwissen besteht, wie man dem Kunden die notwendigen Informationen entlocken kann, damit man aussagekräftige User Stories bekommt.
- Konflikte werden nicht gelöst und konstruktiv ausgetragen.
- Niemand weiß, welche Informationen zum Stand des Produkts der Kunde erwartet und wieso. Und wenn man sie kennt, dann herrscht Uneinigkeit, wie man sie ihm am besten liefern kann.

Natürlich sind viele weitere Auswirkungen denkbar. Sicher hat jeder von uns selbst schon einige dieser Auswirkungen zu spüren bekommen, besonders wenn er plötzlich für jemand anderen einspringen sollte und sich in einer Rolle wiederfand, die viel Kontakt mit dem Kunden voraussetzte.

4.10 Problembewältigung

Die Kultur in einem Unternehmen prägt auch die Art und Weise, wie mit Problemen umgegangen wird. Dabei haben alle Unternehmen – ob sie sich agil nennen oder nicht – die gleichen Mechanismen, die dabei aktiv werden. Wir finden meist eine bunte Mischung aus den Ansätzen verschiedenster Individuen.

Wir wollen uns in der Folge mit vier Mustern zum Umgang mit Problemen etwas näher beschäftigen.

4.10.1 Ein guter Besen für Probleme

Wir Menschen sind stolze Geschöpfe. Wir wollen immer gut dastehen. Wir spüren uns immer im Konkurrenzkampf mit unseren Mitmenschen. Wir lernen schon früh, unsere eigene Unsicherheit zu kaschieren und Probleme, falls es welche geben sollte, hinter einer Fassade von Kompetenz und Selbstsicherheit zu verbergen.

Diese Grundeinstellung zieht sich zum Teil durch ganze Unternehmen, wenn nicht gar Branchen (man denke nur an die Bankenkrise der Jahre 2008/2009, als bis zum bitteren Ende gute Mine zum bösen Spiel gemacht wurde).

Eine solche Einstellung zahlt sich auf Dauer nicht aus. Während in klassisch geführten Projekten (nach dem Wasserfallmodell) diese Strategie bis weit ins Projekt hinein durchgehalten werden kann (danach jedoch mit fatalen Folgen versagt), ist sie für Unternehmen, die agil vorgehen wollen, nicht praktikabel.

Agile Vorgehensweisen leben davon, dass Probleme so früh wie möglich ans Licht gebracht werden, damit man sie bekämpfen kann. Man möchte aus Fehlern lernen und nicht einfach nur das Gesicht wahren. Sollte dies der Fall sein, dann stehen die Chancen für einen erfolgreichen Projektverlauf ebenso schlecht wie bei klassischen Vorgehensmodellen.

Anekdote: Getürkte Demo

Am Ende einer Iteration sollte ein Team seine Ergebnisse präsentieren. Leider hatte das Team Probleme mit der Integration seiner Features in den regulären Build, und auf dem Testserver im Haus funktionierte die Applikation noch nicht fehlerfrei.

Das Team war unter Druck und wollte sein Gesicht wahren, indem es die Demo trotzdem durchführte, anstatt sie abzusagen. Statt sich am Tag der Demonstration mit dem Testserver zu verbinden, wurde der Entwicklungsrechner eines Mitarbeiters kontaktiert. Darauf lief die Applikation in der Entwicklungsumgebung und wies einen „verbesserten" Stand auf, den zwei Programmierer eine Stunde vor der Demo noch „korrigiert" hatten.

Die Demo geriet zu einem Desaster. Nicht nur, dass neue Fehler eingebaut worden waren und das System instabil war. Der Entwickler, auf dessen Rechner die Anwendung lief, hatte zu allem Übel auch noch einen Breakpoint in der Applikation vergessen und den Debugger zugeschaltet. Das Ergebnis war eine „hängende" Anwendung, die nicht mehr reagierte und ein Team von blamierten Gesichtern.

Dank der frühen Demonstration scheinbar fertiger Funktionalität konnte die mangelnde Qualität nicht unter den Teppich gekehrt werden. Und eine Lektion für das Team war es allemal.

4.10.2 Vorgeschriebene Eskalation

Bist du dir, lieber Leser, auch schon einmal im Projekt wie ein kleines Kind vorgekommen? Anstatt dir zu vertrauen und dich als erwachsenen Menschen zu behandeln, wurdest du entmündigt, indem du jedes noch so kleine Problem deinem Vorgesetzten berichten musstest.

Die Regel ist ganz klar: „Ihr entscheidet nichts selbst. Dafür fehlt euch die Kompetenz.". Damit wird zwar Kompetenzgerangel ganz klar unterbunden, doch gleichzeitig verliert man Mitarbeiter, die initiativ handeln und Entscheidungen treffen, auch wenn diese sich im Nachhinein auch einmal als falsch erweisen sollten.

Agile Teams sind darauf angewiesen, dass sie möglichst eigenständig Entscheidungen treffen und Probleme lösen können. Natürlich werden sie von sich aus eskalieren, sollte dies unabdingbar sein. Mit der Verantwortung, alles dem Iterationsziel unterzuordnen, geht auch die Kompetenz einher, alles unternehmen zu dürfen, damit das Ziel erfolgreich erreicht werden kann.

4.10.3 Der „schwarze Peter"

Es ist einfach, jemand anderen für die eigenen Fehler verantwortlich zu machen. Schon Gerald M. Weinberg hat das „Schuldzuweisen" (engl. Blaming) zu einem der Hauptprobleme bei der Zusammenarbeit von Menschen erkoren[10].

---

[10]   Gerald M. Weinberg, *Quality Software Management, Volume 2, First-Oder Measurement*, Dorset House, 1993

Der „schwarze Peter" geht leider auch in scheinbar agilen Organisationen und Projekten um. Dies zeigt sich dann z. B. so:

- Suche nach wasserdichten Verträgen, damit der Vertragspartner der Geschädigte ist und nicht wir selbst

- Suche nach Rechtfertigungen, damit man einen guten Grund hat, warum man so handelt, wie man es tut (selbst wenn dies nicht im Interesse des Kunden ist)

- Konstruktion von Absicherungen, damit man „beweisen" kann, dass man im Recht ist, oder zumindest das Problem hat kommen sehen und davor gewarnt hat

- Die Einstellung: „Am besten wir tun nichts, dann machen wir auch keine Fehler" (das kann auch heißen, dass wir alles beim Alten lassen)

Menschen übernehmen gerne Verantwortung, wenn sie sie nicht alleine tragen müssen. Deshalb wäre das Benennen *eines* Verantwortlichen für das Resultat eines Teams kontra-produktiv.

4.10.4 Verstärkung des Regelwerks

In vielen Betrieben reagiert man auf Probleme, die zu Tage gefördert wurden, mit neuen Regeln und Bestimmungen. Dabei ist man nicht darauf bedacht, möglichst einfache Grundregeln zu definieren, sondern möglichst detaillierte.

Ein Dickicht aus Verhaltensregeln für jede Ausnahmesituation erschwert die zielorien-tierte Zusammenarbeit über die Maßen.

Diese Tendenz zu mehr und präziseren Regeln steckt in jedem von uns. Allerdings soll-ten wir uns fragen: Mit was ist das Team mehr beschäftigt? Mit dem Erreichen des Itera-tionsziels oder mit administrativen und anderen unnötigen Arbeiten?

4.11 Vermittelte Werte

Gewisse Werte, die in der Firmenkultur gefördert oder zumindest geduldet werden, können einen negativen Einfluss auf agiles Vorgehen haben. In den folgenden vier Abschnitten wird auf einige eingegangen.

4.11.1 Wo bleiben die Taten?

Wer kennt sie nicht, die Lippenbekenntnisse? Man sagt A und tut Z. Jedem von uns fällt dies nicht einfach. Hier einige Beispiele:

- Man verkündet, dass man Projekte nur noch agil durchführen möchte, offeriert aber zeitgleich immer nur „Alles-fixiert"-Projekte.

- Man propagiert zwar testgetriebenes Entwickeln, aber man schreibt selbst höchst sel-ten einen Test.

- Man verspricht dem Kunden einen gewissen Umfang an Arbeiten, die man bis Ende einer Iteration erledigt haben will, liefert aber regelmäßig zu wenig Features.

Wenn ein agiles Team sich selbst auf solche Weise betrügt, wird es große Mühe haben, den oder die Kunden davon zu überzeugen, dass es in der Lage ist, dessen Vertrauen nicht zu enttäuschen.

4.11.2 Keine moralische Unterstützung

In einigen Firmen wird zwar ein Experiment mit agilem Vorgehen gewagt, aber das Management steht nicht wirklich dahinter. Der Vorschlag, nach agilem Muster vorzugehen, kommt oft von den Mitarbeitern, die direkt an der Front sind.

Die folgenden Anhaltspunkte helfen uns zu erkennen, ob moralische Unterstützung für das Vorhaben vorhanden ist oder nicht:

■ Kein Kommentar – das Management hüllt sich in Schweigen und wartet ab

■ Keine öffentliche Unterstützung, wenn Skeptiker, auch innerhalb der eigenen Organisation, laut werden

■ Vordergründig Unterstützung, jedoch negative Bemerkungen hinter dem Rücken des Teams

■ Dem Kunden gegenüber wird anders kommuniziert als nach innen

Wenn das Management dem Vorhaben, agil vorzugehen, keine Rückendeckung verleiht, sind die Chancen auf einen erfolgreichen Einsatz agiler Methoden zumindest fragwürdig.

4.11.3 Einmischung

Leider kommt es immer wieder vor, dass sich Personen, seien dies nun Vorgesetzte oder dem Team Außenstehende, in die Arbeit eines agilen Teams einmischen. Grundsätzlich ist ja nichts gegen Rat und Anleitung von außen einzuwenden.

Agile Teams jedoch während einer Iteration zu stören, die bestehende Planung abzuändern oder gar eigene Aufgaben darin unterbringen zu wollen, stößt auf wenig Gegenliebe. Das Team wird sich zur Wehr setzen und dies wird unweigerlich zu Spannungen führen.

Auch das Einmischen in Angelegenheiten, die der Kunde entscheiden sollte, ist eine delikate Angelegenheit, die viel Fingerspitzengefühl und Respekt verlangt. Auch hier ist Beratung und Coaching durchaus angebracht.

Wie unter Abschnitt 4.10.2 betont, kann eine dauernde Einmischung und eine Beschneidung der Kompetenzen des Teams dazu führen, dass sich das Team entmündigt und bevormundet vorkommt und die Zusammenarbeit stark darunter leidet, was den Projekterfolg grundsätzlich infrage stellt.

4.11.4 Förderung von individuellen Leistungen

Das Fördern der individuellen Fähigkeiten ist auf der einen Seite sicherlich positiv zu bewerten. Doch die Förderung der Leistungen Einzelner ist nicht ebenfalls in einem positiven Licht zu sehen. Warum nicht?

Die Gründe liegen in der Art der Arbeit in einem agilen Team. Agile Teams fördern enge Zusammenarbeit im Team, manchmal sogar so weit, dass zwei Personen an einer Aufgabe zusammenarbeiten. Obwohl die Leistung des Einzelnen für das Team sehr wichtig ist, liegt das Hauptaugenmerk auf dem gemeinsamen Lösen von Problemen.

Wird die Einzelleistung gefördert und hervorgehoben, dann ergeben sich die folgenden Probleme:

- Der Teamzusammenhalt leidet
- Konkurrenzkämpfe können entstehen
- Neid und Missgunst nehmen überhand
- Wenn Probleme entstehen, wird mit dem Finger aufeinander gezeigt

4.12 Dem Umfeld den Spiegel vorhalten

Nachdem wir uns über das Problem mit der Agilität aus der Perspektive des Individuums und aus dem Blickwinkel der organisationsweiten Rahmenbedingungen unterhalten haben, ist es an der Zeit, unseren Blick auf den Bereich der Reflexion zu werfen.

Wir würden ja eigentlich alle erwarten, dass es in der Natur der Sache liegt, über jemandes aktuelle Situation (die anstehenden Probleme im Projekt, das Verhalten der Einzelnen im Team usw.) nachzudenken. Und trotzdem haben auch Teams, die gerne agil wären, manchmal Mühe, sich selbst objektiv zu betrachten und zu beurteilen. Warum ist dem so? Welche Hindernisse auf dem Weg zur Selbsterkenntnis stehen uns im Weg? Diese und einige andere Fragen in diesem Zusammenhang wollen wir im nächsten Kapitel untersuchen.

5 Gebrochenes Spiegelbild

> *„Denn wenn jemand ein Hörer des Wortes ist und nicht ein Täter,*
> *so ist dieser wie ein Mann, der sein natürliches Gesicht in einem Spiegel beschaut.*
> *Denn er beschaut sich und geht dann weg und vergisst sogleich, was für ein Mensch er ist.“*
> *- Die Bibel, Jakobus 1:23, 24*

Agile Vorgehensweisen kommen ohne Reflexion nicht aus. Natürlich kann man sagen, dass kein Entwicklungsprozess ohne Reflexion auskommt. Aber agile Prozesse legen besonderen Nachdruck auf das Reflektieren. Umso schwerwiegender ist, wenn in diesem Umfeld die Reflexion nicht oder nur mangelhaft funktioniert. Das Vorgehen im agilen Sinn ist dadurch nicht möglich.

Dabei geht es nicht einfach darum, einem Ritual zu folgen und sich regelmäßig zu treffen, um zu besprechen, wie weiter vorgegangen werden soll. Es bedeutet auch nicht, einen Projektzwischenbericht zu studieren und sich im stillen Kämmerlein seine Gedanken dazu zu machen.

Wir wollen uns im Folgenden mit möglichen Problemen der Reflexion und ihrer Auswirkungen etwas tiefer auseinandersetzen. Doch legen wir zuerst eine Grundlage.

5.1 Was ist Reflexion (nicht)?

Der Begriff „Reflexion" verdient eine nähere Definition und Ausleuchtung, damit wir die volle Bandbreite seiner Bedeutung verstehen können. Erst dann können wir uns darüber unterhalten, warum wir überhaupt Probleme mit dem Nachdenken haben und wo die Ursachen dafür zu suchen sind.

5.1.1 Intensives Nachdenken

Der Begriff der „Reflexion" ist auf das lateinische „reflectere" zurückzuführen und bedeutet wörtlich „hinwenden" (einer Sache oder einem Gedanken)[1]. Reflektieren ist ein aktives Wort und beinhaltet Tätigkeit, nicht Passivität. Dies kommt auch in den synonymen Ausdrücken zum Vorschein, die da sind: Lage überdenken, erwägen, in Betracht ziehen und anstreben.

Wir schließen daraus, dass es nicht nur darum geht, die gegenwärtige Situation zu beurteilen, in der man sich gerade befindet, sondern auch darum, wie man mit ihr umgehen

---

[1] http://de.wiktionary.org/wiki/reflektieren , *Wiktionary, Stichwort: Reflektieren*, Stand Juli 2009

könnte und welche Alternativen man hat, um vorwärts zu kommen. Dabei wägt man zwischen den Möglichkeiten ab, die man entdeckt hat. Bei all diesem vergisst man nicht, sich am gesteckten Ziel zu orientieren und dieses anzustreben bzw. darauf hinzuarbeiten.

Dabei geht es nicht um Reflexion auf Befehl oder als Affektreaktion auf auftauchende Probleme, sondern vielmehr um eine reflektierende, überlegte Grundeinstellung, die Probleme erwartet und aufmerksam nach Signalen Ausschau hält, die andeuten könnten, dass etwas im Argen liegt.

Das extreme Gegenteil einer nachdenkenden und reflektierenden Einstellung ist das unreflektierte, gedankenlose und oberflächliche „In-den-Tag-Hineinleben", das von jedem Problem überrascht wird und nur mit Feuerwehrübungen darauf reagieren kann.

5.1.2 Sieben Ebenen des Nachdenkens

In Anlehnung an das interessante Buch über Veränderungsprozesse von Rolf Smith[2], möchten wir uns mit sieben verschiedenen Ebenen des Nachdenkens beschäftigen (Abb. 5.1).

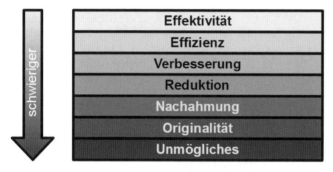

Abbildung 5.1: Die sieben Ebenen des Nachdenkens

Diese Ebenen beschreiben Denkmuster, die helfen, ein Problem aus verschiedenen Blickwinkeln zu betrachten und im Anschluss entsprechend zu handeln. Mit zunehmend tieferer Ebene wird es auch schwieriger, unseren Gedanken und Ideen Taten folgen zu lassen.

Die folgende Tabelle gibt eine Übersicht über die Ebenen:

---

[2]   Rolf Smith, The 7 Levels of Change:Different Thinking for Different Results, 3rd Edition, Tapestry Press, 2007.

Ebene	Bezeichnung	Veränderung	Fragen, die wir uns stellen können
1	EFFEKTIVITÄT	Die richtigen Dinge tun	*Was hat Priorität?* *Was ist dem Kunden wichtig?*
2	EFFIZIENZ	Die Dinge richtig tun	*Wie schreiben wir gute Tests?* *Wie können wir eine gemeinsame Sprache mit dem Kunden finden?*
3	VERBESSERUNG	Die Dinge besser tun	*Wie optimieren wir die Laufzeit unserer Tests?* *Wie können wir die Kommunikation zum Kunden verbessern?*
4	REDUKTION	Dinge nicht mehr tun	*Auf welche Dokumente können wir gefahrlos verzichten?* *Welche Features können weggelassen werden?*
5	NACHAHMUNG	Dinge tun, die andere tun	*Können wir den Testansatz des anderen Teams übernehmen?* *Wie können wir dieses Design-Pattern bei unserem Problem anwenden?*
6	ORIGINALITÄT	Dinge tun, die sonst niemand tut	*Können wir Behavior-driven Development ausprobieren?* *Könnten wir versuchen, Kanban für unser Backlog-Management anzuwenden?*
7	UNMÖGLICHES	Dinge tun, die unmöglich zu tun sind	*Kann der Direktor der Behörde, die unser Kunde ist, Scrum für uns verkaufen?* *Wie schaffen wir es, ein großes Softwaresystem 26-mal im Jahr an 10 Kunden gleichzeitig in die Produktion auszuliefern, ohne dass sie je einen Betriebsausfall haben?* *Wie überzeugt man nichtagile Unternehmen, zusammen mit uns agil vorzugehen?*

Tabelle 5.1: Die sieben Ebenen der Reflexion

Betrachten wir die einzelnen Ebenen etwas genauer.

Ebene 1: Effektivität

Die richtigen Dinge zu tun, ist sicher das Hauptziel jeder Projektorganisation. Man will keinesfalls Energie auf die falschen Aufgaben und Arbeiten verschwenden. Effizienz ist bei Weitem nicht so wichtig wie Effektivität. Es macht ja keinen Sinn, das Falsche möglichst effizient zu tun. Deshalb ist diese Ebene die erste, auf die wir unsere Gedanken konzentrieren sollten.

In folgenden Bereichen kommt es darauf an, dass wir der Effektivität besondere Aufmerksamkeit schenken:

- Bei der Releaseplanung
- Beim Ordnen der anfallenden Arbeiten

- Beim Vermeiden von Arbeiten, die nicht nötig wären

- Bei der Kommunikation mit den Stakeholdern (namentlich Kunden, Geldgebern und den Mitarbeitern im Team)

- Bei der Entscheidung, welche Tests sinnvoll sind und am meisten bringen

- Bei der Entscheidung, wer zu einem Team gehören soll (welche Fähigkeiten soll die neue Person mitbringen?)

Ebene 2: Effizienz

Sobald wir die richtigen Prioritäten gesetzt haben, macht es durchaus auch Sinn darauf zu achten, dass wir unsere Aufgaben so schnell und effizient wie möglich umsetzen können. Dabei ist das Potenzial, bestehende Abläufe effizient zu gestalten, unermesslich. Besonders Prozesse, die sich automatisieren lassen, sind dafür prädestiniert. Einige Bereiche, in denen sich Effizienz auszahlt:

- Automatisierung von Tests

- Automatisierung von Auslieferungen

- Erheben von Metriken

- Durchführen von Standups, Sitzungen und Workshops

- Im Programmcode

Ebene 3: Verbesserung

Kontinuierliche Verbesserung ist nicht nur ein notwendiges Übel, sondern eine Grundvoraussetzung, dass Veränderung zum Positiven überhaupt stattfindet. Deshalb ist ein agiles Vorgehen ohne stete Verbesserung nicht denkbar.

Darüber nachzusinnen, was man an seiner Vorgehensweise verbessern kann, sowohl im Kleinen wie im Großen, ist der eigentliche Metaprozess, der agile Vorgehensweise andauernd mutieren lässt. Da komplexe Systeme – somit auch menschliche Organisationen – dem natürlichen Gesetz der Entropie unterworfen sind, kommt es stetig zu einem Verfall derselben. Dies bedeutet in der Regel, dass wir Anstrengung und Energie in den Erhalt und die Verbesserung eines Systems stecken müssen, genau wie ein Haus mit der Zeit zerfällt, wenn es nicht gewartet wird.

Bemühen wir uns nicht, unsere Vorgehensweise in allen Belangen zu verbessern, stellen sich folgende Zerfallserscheinungen ein:

- Dienst nach Vorschrift

- Hinnehmen der Zustände (z. B. bei der Kommunikation mit dem Kunden)

- Verhärten von Fronten

- Zerfall der Codebasis (Ansammlung so genannter „technischer Schuld")

- Testabdeckung steigt nicht

Natürlich sind noch viele andere Auswirkungen beobachtbar. Welche fallen Ihnen, werter Leser, in Ihrer Organisation auf?

Ebene 4: Reduktion

Dinge nicht mehr tun, das sagt sich so einfach. Aber wie einfach ist es, mit allem zu brechen, das keinen erkennbaren Nutzen birgt? Denken wir daran, wie schwer es uns fällt, ein Softwaresystem zu verschlanken, von allem Ballast zu befreien, den es in den letzten 8 Jahren angesammelt hat. Oder welche Mühe haben wir, den Kunden davon zu überzeugen, dass er gewisse Funktionalität gar nicht braucht (Studien gehen ja davon aus, dass bis zu 60 % der Features eines Systems selten bis gar nicht verwendet werden).

Sich laufend Gedanken zu machen, was man bewusst weglassen kann, wie man Prozesse, die bürokratisches Fett angesammelt haben, schlank trimmen kann, ohne dass notwendige Qualitäten unter den Tisch fallen, braucht kollektive Aufmerksamkeit und Anstrengung.

Ballast – gleichzusetzen mit Verschwendung (japanisch „Muda") im Kontext des Toyota-Produktionssystems – kann auf den Softwareentwicklungsprozess bezogen bedeuten, Folgendes zu reduzieren:

- Teilweise erledigte Arbeit (die nicht beendet werden kann und deshalb auf Halde liegt)
- Überflüssige Prozesse (ohne die wir genauso gut auskommen würden)
- Überflüssige Features (die niemand brauchen wird)
- Task-Switching (weil wir mit mehreren Arbeiten parallel belastet sind)
- Warten (bis jemand seinen Teil einer Arbeit erledigt hat oder Feedback gibt)
- Bewegung (um Distanzen zu überwinden)
- Defekte

Ebene 5: Nachahmung

Das Rad muss nicht immer von neuem erfunden werden. Für die meisten Problemstellungen, die uns im Projektalltag begegnen, finden sich Personen, die bereits ihre Erfahrungen gemacht haben und auch bereit sind, diese weiterzugeben. Inspiration bei anderen Teams oder Mitarbeitern oder an Konferenzen und Seminaren zu tanken, ist nicht verboten, und selten besteht ein Copyright auf einer bestimmten Vorgehensweise oder einer bestimmten Praktik.

Besonders in der agilen Gemeinschaft ist man bemüht, sich über nützliche Praktiken, Tipps und Tricks sowie praktische Erfahrungen auszutauschen.

Bei dieser Nachahmung darf es sich jedoch nicht um blindes Befolgen von „besten" Praktiken handeln, sondern vielmehr um eine kritische Auseinandersetzung damit. Deshalb steht die ausgiebige und manchmal subtile Anpassung an die eigenen Bedürfnisse im Vordergrund.

Dies erinnert einen an die 80er-Jahre, als die Design-Patterns-Bewegung aus dem objektorientierten Umfeld entstand. Auch da finden wir nicht einfach nur Anleitung, wie man ein Softwaresystem designt, sondern zu jedem Pattern sind auch genügend Situationen geschildert, bei denen es nicht so weise wäre, das Pattern anzuwenden, bzw. es werden die (manchmal negativen) Konsequenzen einer Designentscheidung beleuchtet. Die finale Entscheidung zur Verwendung muss jeder selbst in seinem Architekturkontext treffen. Diese nehmen einem die Autoren der Patterns nicht ab.

Ebene 6: Originalität

Schließen wir aus unserem Prozess des Nachdenkens kreative Lösungen nicht aus. Nur weil ein Prinzip oder eine Technik noch nicht in der Softwareentwicklung angewandt worden ist, muss dies nicht zwangsläufig bedeuten, dass sie nicht praktikabel oder gar von Vorteil sein könnte.

Gerade im agilen Umfeld haben viele innovative Köpfe neue Verfahren entwickelt und populär gemacht, die noch in den 80er-Jahren als utopisch ansehen wurden.

Denken wir dabei an die folgenden Stichworte: Automatisiertes Testen, Build-Systeme, testgetriebene Entwicklung, Konzepte aus der schlanken Fertigung („Lean Production"), das Time-Boxing und viele weitere. Dabei sind die Ideen an sich nicht unbedingt neu oder gar revolutionär, sondern vielmehr eine gelungene Synthese von althergebrachten Prinzipien und neuen technologischen Möglichkeiten.

Das Anwenden dieser neuen Ideen wird in manchen Branchen und Organisationen immer noch als originell, weil unüblich, angesehen. Es braucht deshalb eine gute Portion Mut, um außerhalb der ausgetretenen Pfade zu denken.

Ebene 7: Unmögliches

Dinge tun, die unmöglich zu tun sind. Wer stand nicht schon vor Aufgaben oder Situationen, die es nötig machten, das Unmögliche zu wagen. Dies könnte die Abkehr von alten Werten oder einer vorherrschenden Kultur gewesen sein. Dies konnte eine neue Art der Zusammenarbeit mit dem Kunden sein, die dieser zuerst nicht goutiert hat. Dies konnte bedeuten, eine neue Strategie zu fahren bezüglich des Marktauftritts oder der Führung eines Projekts.

Strebt man solche Veränderungen an, muss man über Fragen nachdenken, die an den fundmentalen Stützen der Organisation rütteln. In diesem Sinne geht es auf dieser Ebene darum, grundlegende Veränderungen zu bewirken, die langfristig Auswirkungen haben sollen. Damit ist viel Geduld, strategisches Geschick und ein hoher Einsatz an Energie verbunden.

Reflektieren auf dieser Ebene bedeutet, eine kohärente Vision davon zu schaffen, wie es einmal in einer idealen (agilen) Welt sein könnte und dann ebenfalls zu überlegen, welche Schritte an dieses Ziel heranführen könnten.

Über Unmögliches nachzudenken bedeutet auch, aktives Risikomanagement zu betreiben. Nur wenn wir uns auch im negativen Sinne Dinge vorstellen, die eigentlich nicht eintreten können, gehen wir dabei weit genug, um auf eventuelle Probleme vorbereitet zu sein[3].

---

[3] Tom DeMarco & Timothy Lister, *Waltzing with Bears: Managing Risk on Software Projects*, S. 21, Dorset House Publishing, 2003.

5.1.3 Keine Suche nach Schuldigen

Reflexion im agilen Umfeld dient nicht dazu, nach einem Schuldigen zu suchen, wenn man sich in einer Problemsituation befindet. Niemandem soll der Prozess gemacht werden. Stattdessen geht man immer von der positiven Prämisse aus, dass alle Beteiligten ihr Bestes gegeben haben, um aus den Möglichkeiten das Maximum herauszuholen. Dass dies vielleicht nicht gut genug war, wird jedoch nicht unterschlagen.

Da es um keinen Kriminalfall geht, wird auch keine minutiöse Problemanalyse betrieben, bei der genau protokolliert wird, wer wann was getan oder gesagt hat. Stattdessen erfolgt die Suche nach grundlegenden Ursachen anonymisiert und unpersönlich.

Leider gerät in einigen Organisationen der Akt des Reflektierens zu einer Hexenjagd, bei der nicht mehr auf die wahren Ursachen geschlossen wird, sondern der erstbeste Sündenbock, der sich anbietet, wird als Ursache für das Problem identifiziert.

Dies führt wieder dazu, dass es sehr schwer wird, in einer solchen Organisation frei seine Meinung zu äußern oder genügend Feedback zu erhalten, da sich niemand in eine schlimme Lage manövrieren möchte.

5.1.4 Keine Gleichschaltung

Reflexion verfolgt nicht das Ziel, dass eine anerkannte Wahrheit zu Tage gefördert werden muss. Das Ziel vertieften Nachdenkens über die aktuelle Lage des Projekts oder der Organisation und der möglichen Optionen ist es nicht, einen politisch korrekten Ansatz zu finden und möglichst niemandem auf die Füße zu stehen.

Vielmehr geht es darum, möglichst vorurteilsfrei neue Lösungswege zu entdecken und sich offen Gedanken darüber zu machen, was im Betrieb gut funktioniert und was uns nur im Weg steht. Natürlich bin ich nicht so blauäugig zu denken, dass der Lösungsansatz oder die Maßnahmen, die uns dann einfallen, einfach durchsetzbar sind oder dem Kunden gegenüber leicht vertreten werden können. Doch dies ist nicht das Problem der Reflexion, sondern des Mutes und des taktischen Geschicks, die gefundenen Ideen zu „verkaufen".

Wenn ein mögliches Vorgehen nicht den bestehenden Best Practices entspricht, ist das noch lange kein Beinbruch, bzw. es bedeutet nicht, dass dieses Vorgehen keinen Sinn macht. Vielleicht sind ja unsere Umstände so speziell oder so verfahren, dass nur ein revolutionärer Ansatz Früchte tragen kann.

Blind so genannten Best Practices zu folgen, birgt sowieso ein großes Risiko. Nur weil jemand anderes erklärt hat, dass ein Lösungsansatz der *beste* Weg sei, bedeutet es nicht unbedingt, dass dies auch auf unsere aktuelle Projektsituation zutrifft. Best Practices können als Inspiration gute Dienste leisten, vorausgesetzt, wir hinterfragen sie und den Kontext ihrer Anwendbarkeit erst einmal.

5.1.5 Kein leeres Ritual

Besonders ritualisierte Feedbackrunden (wie z. B. Standups oder Retrospektiven) werden gerne als Momente der Reflexion angesehen. Dies ist jedoch nur bedingt der Fall.

Betrachten wir einmal das Standup-Meeting: Eigentlich hat dieses 15-minütige Zusammenkommen des Teams nur einen Zweck, nämlich einen Indikator für den Fortschritt und die Atmosphäre im Team abzugeben.

Es werden ja (gemäß Scrum) nur die folgenden drei Fragen gestellt:

- Was hast du gestern getan?
- Was wirst du heute tun?
- Wo hast du Probleme und brauchst Hilfe?

Keine einzige dieser Fragen zielt auf die Ursachen eventueller Probleme. Stattdessen wäre es die Aufgabe des Scrum Masters (oder jedes anderen aufmerksamen Teammitglieds), sich Gedanken zu machen, ob aus den Aussagen der Teammitglieder irgendwelche unterschwelligen Reibungen oder Probleme sprechen. Auch sollte man Problemen, die freimütig am Standup signalisiert werden, auf den Grund gehen und sie nicht einfach gleichgültig zur Kenntnis nehmen.

Das Gleiche trifft auf Retrospektiven zu. Wir können uns immer wieder die gleichen Fragen stellen: Was war gut? Was schlecht? Was tun wir weiter so wie bisher? Was lassen wir sein? Was ändern wir?

Wir protokollieren vielleicht unsere Erkenntnisse und beschließen sogar, gewisse Dinge zu ändern. Doch halt! Reflektieren wir wirklich über unser Verhalten und unsere Arbeitsweise, oder ist die Retrospektive nur eine Pflichtübung, die unser Management von uns verlangt, ohne jegliche substanzielle Auswirkungen und Konsequenzen?

Stellen wir uns diesbezüglich folgende Fragen:

- Mit welcher Begeisterung macht das Team bei der Retrospektive mit?
- Wie ist die Beteiligung der Leute?
- Gehen wir den wahren Ursachen auf den Grund? Oder bleiben wir auf der Ebene der Symptome stecken?
- Wie wird an der Kaffeemaschine über die Retrospektiven gesprochen?

5.2 Wie Reflexion behindert wird

In den meisten Unternehmen wünscht man sich Mitarbeiter, die mitdenken und mitgestalten. Deshalb wundert man sich fast genauso oft, dass dies nicht geschieht. Viele sind sich der Tragweite ihrer Handlungen und Aussagen nicht bewusst und sind nicht bereit, sich kritisch mit ihrer Tätigkeit auseinanderzusetzen.

Das liegt jedoch nur selten an faulen und gleichgültigen Mitarbeitern. Die meisten würden sehr wohl bemerken, dass eine bestimmte Vorgehensweise sinnlos und überflüssig ist. Doch was hindert sie, sich tiefere Gedanken dazu zu machen?

5.2.1 Ignoranz

Ein Grund dafür, dass nicht reflektiert wird, liegt in der Unerfahrenheit von Team-mitgliedern. Jugendlicher Enthusiasmus, gepaart mit einem Mangel an Wissen und Erfahrung, führen oft dazu, dass sie kein Bewusstsein an den Tag legen, dass man etwas hinterfragen oder verbessern sollte.

Besteht ein großer Teil des Teams aus Greenhorns, dann läuft man Gefahr, dass viele Alarmglocken nie schellen werden und man blauäugig in sein Verderben rennt. Sei es, dass die Architektur unflexibel und schwer änderbar daherkommt oder, dass Kritik ein-fach abprallt und nicht als Anlass für eine Korrektur angesehen wird.

5.2.2 Was geht es mich an?

Doch nur weil man Probleme erkennen und darüber nachdenken könnte, etwas an der bestehenden Vorgehensweise zu ändern, bedeutet nicht, dass man dies auch tun wird.

Die Einstellung, man habe nicht die Aufgabe, Kompetenz, Zuständigkeit oder Verant-wortung, das Vorgehen infrage zu stellen, stellt einen weiteren Grund dar, warum Refle-xion im Keim erstickt wird.

Dies ist eine weit verbreitete Einstellung, da sie eine bequeme Position darstellt. „Die da oben haben die Verantwortung, also sollen sie auch ihre Entscheidungen korrigieren, wenn nötig." Dafür muss sich der einfache Entwickler oder Tester keine Gedanken machen, sondern kann sich auf seine technischen Detailprobleme konzentrieren, immer mit der Sicherheit, dass ihm der Rücken gedeckt wird.

Weil man aber Reflexion auf dieser Ebene nicht mehr praktiziert, verkümmert die Fähig-keit, eingebürgerte Vorgehensweisen zu hinterfragen. Diese Fähigkeit muss erst müh-sam wieder gefördert werden, sobald solche Personen in einem selbstorganisierenden Team einen Beitrag leisten wollen.

Anekdote: Die fehlende Leitung

Bei einer Retrospektive ging es wieder einmal darum, was wir verbessern könnten. Dabei kam man auf folgende Symptome zu sprechen:

- Wir schienen nicht immer an dem zu arbeiten, was wir uns vorgenommen hatten.
- Wir versuchten verschiedene Ansätze, wie wir mit Akzeptanztest umgehen woll-ten. Aber keiner schien erfolgversprechend.

Nachdem der Scrum Master von allen Anwesenden, die in verschieden Gruppen zusammengearbeitet haben, mögliche Ursachen zusammengetragen hatte, kam es zur Triage der wahrscheinlichsten Ursachen.

Mitten im Beurteilen der Ursachen platzt ein Teammitglied fast wütend heraus: Es sei doch klar, dass alles sei nur eine Frage der Leitung. Da müsse nur jemand da oben endlich einmal auf den Tisch hauen und entscheiden, dann hätten wir solche Mee-tings gar nicht nötig, wo wir uns immer wieder über ähnliche Probleme unterhalten würden.

5.2.3 Keine Muße zum Nachsinnen

Doch auch wenn ein Team die volle Verantwortung für sein Vorgehen trägt und selbst den Entwicklungsprozess beeinflussen darf, wird es dies nicht immer tun. Warum fallen dann immer noch Retrospektiven unter den Tisch oder werden nur oberflächlich durchgeführt?

Ein Aussage, die dazu häufig gemacht wird: „Dafür haben wir jetzt keine Zeit. Das dauert zu lange. Wir führen sie dann das nächste Mal durch."

Wenn Leistungsdruck, Stress oder die Angst vor dem Versagen ins Spiel kommen, dann wird die Reflexion des Vorgehens in den Hintergrund gedrängt. Plötzlich wird langfristiger Erfolg kurzfristigen Zielen geopfert und Bedenken werden einfach über Bord geworfen.

Obwohl die Bezeichnung „Sprint" für eine Iteration in Scrum suggeriert, dass es sich um einen sehr schnellen Lauf handelt, ist dieser Eindruck eigentlich falsch. Im agilen Umfeld reden wir von „Sustainable Pace", einem Tempo, dass die ganze Distanz eines Projekts berücksichtigt, d. h. nicht zu schnell ist, um nicht in der Mitte des Rennens aufgeben zu müssen, aber auch nicht zu langsam, um das Ziel nicht zu spät zu erreichen.

Leider benutzen allzu viele Organisationen immer noch künstlich erzeugten Stress als Druckmittel, weil sie der Meinung sind, dass ihre Mitarbeiter nur die ruhige Kugel schieben, wenn sie nicht zur Leistung gezwungen werden. Auch agile Teams arbeiten unter einem gewissen Druck (z. B. aufgrund des Time-Boxing), achten aber ebenso darauf, dass dieser nicht zu groß wird.

Fragen wir uns dazu:

- Macht mein Team einen gehetzten Eindruck?
- Beklagt es sich nach jedem Sprint und würde am liebsten ein paar Tage Pause machen?
- Herrscht keine Freude im Team? Wie ist die Atmosphäre?
- Fehlen die Leute an der Retrospektive, weil sie noch schnell etwas erledigen müssen?

5.2.4 Warum sehen wir es nicht?

Auch wenn wir in unserem Projekt nur erfahrene Entwickler beschäftigen, dem Team die Verantwortung für die Verbesserung ihrer Vorgehensweise übertragen und das Team sogar genügend Muße hat zu reflektieren, muss dies noch immer nicht heißen, dass es dies erfolgreich tut. In den folgenden Abschnitten wollen wir uns ein wenig mit dem Denkvorgang selbst beschäftigen und sehen, was uns noch im Wege stehen kann.

Das Satir-Interaktionsmodell

In den 60er- bis 80er-Jahren hat die Familientherapeutin Virginia Satir eingehende psychologische Untersuchungen durchgeführt und dabei einfache Modelle entwickelt, die aufzeigen, wie Menschen mit Veränderungen und auch miteinander umgehen. Eines ihrer Modelle beschäftigt sich mit der menschlichen Kommunikation und beschreibt, wie wir mit anderen Personen (aus der Perspektive des Empfängers) interagieren. Dieses

entwickler.press

Modell nennt man das „Satir-Interaktionsmodell"[4]. Jerry Weinberg hat ihre Erkenntnisse auf das Gebiet der Softwareentwicklung angewandt[5]. Abbildung 5.2 zeigt eine grobe Übersicht über das Modell.

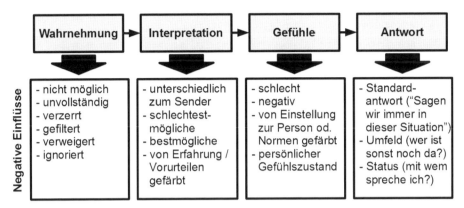

Abbildung 5.2: Das Satir-Interaktionsmodell

Das Modell unterteilt die Verarbeitung von Informationen (beim Empfänger einer Nachricht) in vier Phasen:

- *Wahrnehmung (engl. „Intake")*
  Wir nehmen mit unseren fünf Sinnen wahr, was der Sender in welcher Umgebung und unter welchen Umständen sagt und tut.

- *Interpretation (engl. „Meaning")*
  Wir interpretieren die Gesamtheit der Wahrnehmung (versuchen, ihre Bedeutung herauszufinden), im Kontext unserer Kenntnisse der Umstände und der Person, mit der wir es zu tun haben.

- *Gefühle (engl. „Significance")*
  Was bedeutet die Interpretation für uns? Wie fühlen wir uns? Wie fühlen wir uns bezüglich unserer Gefühle (Okay, verärgert, freudig, verwirrt etc.)?

- *Antwort (engl. „Response")*
  Wir antworten dem Sender gemäß unserer Interpretation und unseren Gefühlen unter Anwendung von Verhaltensregeln, an die wir uns selbst halten.

Dieses Interaktionsmodell ist natürlich vor allem auch im Zusammenhang mit Kommunikationsproblemen und Problemen bei der Zusammenarbeit interessant. Wir werden in Kapitel 7 näher auf diese Probleme eingehen.

Im Zusammenhang mit Reflexion interessieren uns vor allem die ersten drei Phasen: Wahrnehmung, Interpretation und Gefühle.

[4] Virginia Satir, John Banmen, Jane Gerber, Maria Gomori, *Satir Model: Family Therapy and Beyond*, Science and Behavior Books, 1991.
[5] Gerald M. Weinberg, Becoming a Technical Leader: An Organic Problem-Solving Approach, Dorset House Publishing, 1986.

Wahrnehmung: Bei der Wahrnehmung können wir folgende negative Einflüsse identifizieren:

- Die Wahrnehmung ist nicht oder nur unvollständig möglich (z. B. erhalten wir eine Spezifikation und haben keine Ahnung, wie der Kunde über die einzelnen festgehaltenen Anforderungen denkt, wie wichtig sie ihm sind etc.).

- Die Wahrnehmung ist gefiltert oder verzerrt (z. B. nehmen wir gerne wahr, was in unsere Vorstellung passt. Wenn in unserer Kultur Konflikte, besonders mit dem Kunden, vermieden werden, werden wir dazu neigen, statt nachzufragen und den Kunden zu ärgern, lieber selbst etwas in ein Dokument hineinzuinterpretieren. „Vielleicht ist der Kunde ja mit der Lösung doch zufrieden", ist dann die Annahme).

- Wir verpassen Information, weil wir müde oder gestresst sind.

- Es stehen einfach keine gesicherten Informationen zur Verfügung (z. B. messen wir die Geschwindigkeit unsere Teams nicht oder wissen nicht, wie viele neue Fehler wir jeweils pro Iteration produzieren etc.)

Dadurch, dass unsere Wahrnehmung unvollständig oder verzerrt ist, fehlen uns Informationen, die unser Nachdenken in die richtigen Bahnen lenken sollten. Wir können deswegen unter Umständen komplett falsche Schlüsse ziehen.

Interpretation: Selbst wenn wir alles richtig wahrgenommen haben, besteht die Gefahr einer Fehlinterpretation. Unsere Interpretation ist immer von unserem bereits bestehenden Wissen, sowie unseren Vorurteilen gegenüber Einzelpersonen oder Personengruppen, gefärbt.

Fragen wir uns diesbezüglich:

- Neigen wir zu Extremen? Tendieren wir dazu, pauschale Urteile zu fällen und entweder nur positive oder nur negative Beweggründe anzunehmen (z. B. „Der Kunde hat ja keine qualifizierten Mitarbeiter. Die haben ja keine Ahnung. Das Feature kann unmöglich Priorität haben.")?

- Neigen wir dazu, Annahmen zu treffen, statt uns auf Fakten abzustützen (z. B. „Wir können ruhig zusagen, dass wir in sechs Monaten fertig sein werden. So wie ich euch kenne, werdet ihr das schaffen.")?

- Sehe ich meinen Kunden zu negativ (z. B. „Beim letzten Projekt hat uns der Kunde stark unter Druck gesetzt und wollte auf keine Features verzichten. Das wird jetzt bestimmt wieder so sein.")?

Unser Umfeld verändert sich genauso stark wie wir uns. Deshalb können wir uns nicht immer auf vergangenen Erfahrungen abstützen, ohne sie kritisch zu hinterfragen.

Gefühle: Gefühle beeinflussen unser Nachdenken und unsere Reflexion besonders. Wir haben die Tendenz, unsere Errungenschaften (besonders im agilen Vorgehen) als positiv wahrzunehmen und uns gut dabei zu fühlen. Wenn wir kritisiert werden – selbst wenn es sich um berechtigte Kritik handelt – neigen wir deshalb dazu, die Kritik als unberechtigt zurückzuweisen. Dieses Verhalten akzentuiert sich noch, wenn der Kritiker nicht positiv zur agilen Vorgehensweise eingestellt ist. Wir können so leicht in eine defensive Haltung gedrängt werden, die wiederum unsere Interpretation von Informationen färbt.

Wir mögen dann unerreichte Iterationsziele klein reden wollen. Wir mögen – ungerecht-fertigt – Position für das Team beziehen, obwohl es tatsächlich sein Versprechen nicht erfüllt hat. Wir machen uns dann leicht etwas vor und können aus vergangenen Fehlern nicht lernen.

Unsere Gefühle im Schach zu halten, indem wir Informationen mit außenstehenden Dritten, denen wir vertrauen, verifizieren, kann uns helfen, uns eine objektivere Sicht-weise anzueignen.

Selbstbetrug

Eng verwandt mit der Problematik der Gefühle, die Einfluss auf unser Urteilsvermögen nehmen, ist die Falle des Selbstbetrugs: Wir nehmen Probleme sehr wohl wahr, reden uns jedoch ein, es sei alles nur halb so schlimm. Alles werde sich sicher von selbst regeln.

Doch Fehler einfach klein zu reden, unter den Teppich zu kehren und lieber nicht darü-ber nachzudenken, wird sich nicht positiv auswirken. Früher oder später (bei einem agi-len Vorgehen eher früher), kommt die Wahrheit ans Licht.

Eine demütige Einstellung hilft uns, uns selbst nicht zu wichtig zu nehmen, sondern Anregungen von außen als konstruktive Kritik zu interpretieren.

Stellen wir uns folgende Fragen:

- Sagen wir nach jeder Iteration: „In der nächsten Iteration machen wir alles besser", aber haben an der nächsten Demo die gleichen Probleme?
- Planen wir genauso optimistisch die nächste Iteration wie die aktuelle, bei der wir das Ziel nicht erreicht haben?

Der kulturelle Filter

Wir haben den kulturellen Filter bereits im vorangegangenen Kapitel kurz beleuchtet. Die-ser Filter kann dazu führen, dass gewisse Ereignisse und Information einfach unter unse-rem Wahrnehmungshorizont bleiben oder gar während der Interpretation von uns ausge-schlossen oder verdreht werden, weil dies bei uns (in unserer Organisation) so üblich ist.

Der kulturelle Filter legt unserem Nachdenken sozusagen Fesseln an und beschneidet es. Die Normen und ungeschriebenen Gesetze bestimmen, in welchen Bereichen wir nach Verbesserungsmöglichkeiten suchen und welche Bereich, sozusagen „Off Limits", außerhalb unseres Einflussbereichs, sind.

Dazu einige Fragen, die uns helfen, unsere Situation zu reflektieren:

- Wer darf bei uns in der Kritik stehen und wer nicht?
- Gibt es Prozesse und Grundregeln, die ich nicht in Frage stellen darf? Welche sind das? Warum ist dem so?
- Wer wehrt sich dagegen, etwas ändern zu müssen (vielleicht in einer anderen Abtei-lung)? Pocht er auf seine Autorität, seine Seniorität oder seine Kompetenzen?
- Greife ich mit meinen Überlegungen in den Hoheitsbereich anderer ein?

- Darf ich meine Überlegungen an der Retrospektive frei äußern, ohne Repressionen befürchten zu müssen?

- Darf ich Fehler überhaupt offen eingestehen? Oder machen wir hier keine Fehler? Herrscht eine Wir-sind-die-Besten-Mentalität?

- Stehen allen alle Informationen über das Projekt und den tatsächlichen Projektstand frei zur Verfügung? Oder muss ich bürokratische Hürden überwinden, um an sie heranzukommen?

- Brauche ich eine spezielle Bewilligung dafür, dass der Kunde (der zum Team gehört) an der Retrospektive teilnehmen darf?

- Wer spricht an der Retrospektive? Der Projektmanager oder Teamleiter oder Scrum Master? Beteiligen sich alle freimütig? Wer entscheidet, welche Maßnahmen umgesetzt werden sollen?

Kein Feedback

Für die Reflexion ist häufiges Feedback verschiedenster Stakeholder unabdingbar. Leider mangelt es sehr oft gerade daran. Manchmal, weil einfach keine Feedbackschleifen eingerichtet wurden, andere Male wegen Nachlässigkeit, d.h. weil man nicht den Extraweg gegangen ist, das Feedback einzufordern.

Auch die Verteilung (oder eben Nichtverteilung) relevanter Informationen ist in diesem Zusammenhang wichtig. Sehr oft haben die Entscheidungsträger zwar alle Kontextinformationen, wissen aber nicht im Detail, wo die Probleme liegen, während die Ausführenden die Probleme genau kennen, jedoch sehr wenig über den Gesamtkontext und die aktuelle Projektsituation wissen (manchmal lediglich in Form von Gerüchten). Siehe dazu Abbildung 5.3.

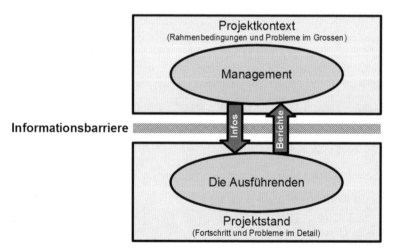

Abbildung 5.3: Stufengerechte Information

Für unsere agilen Projekte bedeutet dies, dass manchmal ein Mangel an Feedback herrscht von:

entwickler.press

- *Kunden*

  Der Kunde kommt nicht an Reviews, Demos oder er gibt nur sehr allgemeines Feedback, ohne konkret auf das erstellte Inkrement einzugehen. Dies kann auch daran liegen, dass ihm zu wenig Konkretes gezeigt wurde. Oder der Kunde testet nicht gründlich genug, wodurch dem Team konstruktives Feedback fehlt, die Software robuster und passender zu machen.

- *Scrum Master*

  Das agile Team ist zwar schon selbstorganisierend (oder sollte es zumindest sein), doch bedeutet dies nicht, dass der Scrum Master es einfach sich selbst überlässt. Der abwesende Scrum Master kann dem Team keinen Spiegel vorhalten und es konstruktiv in Frage stellen, damit es lernen und in seinen Fähigkeiten wachsen kann. Dieser Aufgabe kann ein Scrum Master nur gut nachkommen, wenn er sich dediziert einem Team widmen kann.

- *Teammitgliedern*

  Jeder im Team arbeitet für sich an einem Problem und kümmert sich nicht um die anderen. Dabei wird nicht konstruktive Kritik geübt, die die Teammitglieder nutzen könnten, um ihre Skills zu verbessern. So findet z. B. ein aktiver Code-Review-Prozess nicht statt. Designs werden nicht miteinander besprochen und diskutiert.

- *Anderen Teams*

  Die Abstimmung zwischen verschiedenen Teams klappt nicht, da sie nur selten und nur auf offiziellem Weg (vielleicht an monatlichen Sitzungen) miteinander sprechen. Dies führt zu häufigen Missverständnissen und Koordinationsschwierigkeiten.

Unvollständige Information

Manchmal ist unvollständige Information noch schlimmer als gar keine Information. Dies ist so, weil wir bei unserer Interpretation von Gehörtem oder Gesehenem die falschen Schlüsse ziehen können. Wir sind auf Mutmaßungen angewiesen, die wiederum stark von unseren Gefühlen und den kulturellen Gegebenheiten beeinflusst werden.

Allerdings ist es nichts Ungewöhnliches, zu bestimmten Zeitpunkten nicht alles zu einem bestimmten Thema zu wissen. Das ist auch an sich kein Problem. Besonders im agilen Vorgehen lebt man problemlos mit teilweisem Wissen, sei es bei der Erarbeitung von Anforderungen oder bei der Planung eines ganzen Projekts. Solche Informationen können zu Beginn eines Projekts nicht detailliert festgehalten werden, sonst wird das Projekt davon paralysiert.

Es ist illusorisch zu erwarten, auch alle Gründe und Ursachen eines Problems eruieren zu können. Im agilen Vorgehen ist man jedoch darauf bedacht, sich immer ein gutes Gesamtbild aus dem Teilwissen Vieler zu erarbeiten und allen Beteiligten zur Verfügung zu stellen.

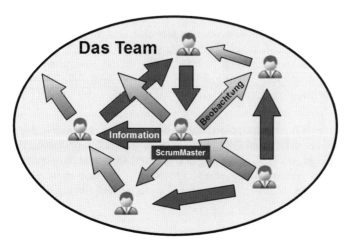

Abbildung 5.4: Totale Immersion ins Geschehen

Dies sollte zum einen durch das „Eintauchen" z. B. eines Scrum Masters ins Team wie auch das Zusammentragen und Zusammenfügen von Eindrücken und Beobachtungen Einzelner, geschehen (Abb. 5.4). Passiert dies nicht oder werden signifikante Gruppen von diesem Prozess ausgeschlossen, werden die gezogenen Schlüsse bestenfalls Teilwahrheiten repräsentieren und unter Umständen zu falschen Eingriffen ins System führen.

Stellen wir uns in diesem Zusammenhang folgende Fragen:

- Wurden in der Retrospektive die Gedanken und Meinungen aller gebührend berücksichtigt?
- Wurden unangenehme Meinungen ebenfalls geäußert und gewürdigt?
- Wie nahe waren die Teilnehmer am Geschehen beteiligt?
- Waren der Scrum Master oder der Teamleiter ebenfalls nahe dabei?
- Haben wir uns nicht nur über Verallgemeinerungen von Problemen unterhalten, sondern über konkrete, spezifische Fälle?

Indirekte Information

In manchen Firmen folgt man bei der Informationsverteilung dem Grundsatz: „Durch sieben Hände musst du gehen.". Dabei werden Informationen durch eine lange Kette von Instanzen geschickt. Viele erfahren von Konzepten, Anforderungen oder Plänen erst über Umwege. Je größer die Organisation, desto ausgeprägter dieses Verhalten.

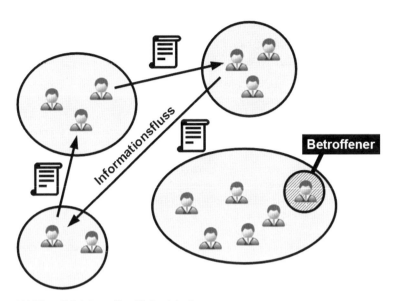

Abbildung 5.5: Informationshindernislauf

Informationen werden gehortet, gehütet und zwischengelagert. Die Information durchläuft lange Ketten in der Form, wie sie in Abbildung 5.5 schematisch dargestellt ist. Dabei ist interessant, dass die Person, die eigentlich von den Informationen direkt betroffen ist, diese erst am Schluss, manchmal sogar eher zufällig, zu Gesicht bekommt und sich dann oft wundert, warum sie nicht vorher informiert oder gar einbezogen worden ist.

Agile Vorgehensweise versucht solche langen Informationsketten kurzzuschließen, damit Entscheidungen schnell und unkompliziert getroffen werden können. Geschieht dies nicht, dann sind viele Probleme die Folge:

- Wichtige Entscheidungen werden zu spät oder überhaupt nicht getroffen.
- Die Personen, die etwas davon verstehen, krempeln alles wieder um. Informationen wurden vergeblich von den falschen Leuten gesammelt.
- Informationen werden nicht an der Quelle abgeholt, sondern sind bereits abstrahierte Daten, die nur noch einen vagen Bezug zu den tatsächlichen Begebenheiten aufweisen.

Falsche Informationen

Falsche Informationen sind verheerend. Sie verstecken sich jedoch meist nicht in kleinen Datensammlungen oder kleinen, übersichtlichen Teams. Nein, sie lauern vielmehr in unübersichtlichen Datenbeständen oder Metriken.

Anekdote: „Die linke Hand soll nicht wissen, was die rechte tut"

Ein neues Projekt sollte gestartet werden. Der Kunde verlangte ein Grobkonzept, das den Umfang, die Architektur und die ungefähre Vorgehensweise erläutern sollte.

Das Dokument sollte nach Hermes strukturiert werden. Um die Arbeiten möglichst parallel führen zu können, wurden mehrere Expertenteams zusammengestellt, allerdings nicht nach agiler Manier cross-funktional, sondern nach Spezialisierung. Die Teams von vier bis fünf Personen sollten einzelne Kapitel des Konzepts mit Leben füllen.

Ein paar Wochen später. Die Teams hatten einen ersten Wurf ihrer Dokumentteile fertiggestellt. Jetzt wurden die Dokumente (zusammengenommen ein paar hundert Seiten stark) per Mail ausgetauscht und den anderen Teams zur Information zugestellt. Und siehe da: Das Architekturteam hatte ganz andere Vorstellung von der Datenmigration als das Migrationsteam. Während sich das Migrationsteam auf bewährte Datenimportmethoden – direkt auf Oracle aufsetzend – verlassen wollte, hatte das Architekturteam vor, aus vergangen Erfahrungen zu lernen und Problemen mit der Datenkonsistenz vorzubeugen. Dazu wollte es jeglichen Direktzugriff auf die Datenbank unterbinden und stattdessen eine standardisierte Datenimport-Schnittstelle anbieten, die die Daten über den Business-Layer inklusive aller Validierungen einspielen sollte.

Das Konzept sollte rund eine Woche später dem Kunden präsentiert werden, doch die beiden Teams waren nicht in der Lage, ihre konträren Ansichten auszutarieren.

Dabei müssen nicht unbedingt die Datenbestände falsch sein, sondern vielmehr die Information, die aus ihnen gezogen wird. So kann man z. B. sehr wohl über die Anzahl existierender Unit-Tests Buch führen, wenn diese Tests jedoch keine Qualität aufweisen, dann ist diese Zahl nicht aussagekräftig. Das Messen der Testabdeckung des Programmcodes hingegen sagt da schon etwas mehr aus.

Oder ein anderes Beispiel: Die Überwachung des Projektfortschritts anhand der abgearbeiteten Stunden, die zuvor geschätzt worden sind, scheint eine gute Idee zu sein. Doch wenn die Stunden geleistet werden, ohne dass dabei lauffähige Software entsteht, dann ist diese Kennzahl nichts wert. Ist es da nicht besser zu messen, wie viele voll funktionsfähige Features implementiert worden sind und am Ende der Iteration in Produktion gingen (je nach relativer Größe des Features erhält das Team eine Anzahl Story-Points)? Ist das Messen von tatsächlich umgesetzter Funktionalität nicht besser als von reiner Arbeitsleistung? Mehr über den Sinn und Unsinn von Metriken im agilen Umfeld sind zu finden bei Mishkin Berteig[6] und Hartman/Dymond.[7]

---

[6] Mishkin Berteig, *Appropriate Metrics*, http://www.agileadvice.com/2005/05/11/bookreviews/appropriate-metrics/, 2005.

[7] Deborah Hartmann, Robin Dymond, *Appropriate Agile Measurement: Using Metrics and Diagnostics to Deliver Business Value*, http://www.berteigconsulting.com/AppropriateAgileMeasurement.pdf, 2007.

Eine andere Quelle von falscher Information ist auch der menschliche Erfindergeist. Frei nach dem Motto „Gib mir eine Metrik und ich zeige dir, wie ich sie überlisten kann", legen viele von uns ungeahnte Kreativität an den Tag, wenn es darum geht, den Anforderungen, die an sie gestellt werden, gerecht zu werden (siehe Anekdote).

Anekdote: Wer scheibt am meisten Tests?

Ein Team, das erst mit dem systematischen Schreiben von Unit-Tests angefangen hatte, wollte die Entwickler animieren, möglichst viele davon zu schreiben. Die Entwickler widerstanden der Idee recht lange.

Einige Senior-Entwickler hatten die Idee, den Druck auf die Entwickler dadurch zu erhöhen, dass sie aus dem Build heraus automatisch eine Statistik erzeugten, die ausrechnete, wie viele Unit-Test-Methoden jeder Entwickler implementiert hatte. Anschließend wurde das Ergebnis mittels einer Balkengrafik auf einem zentralen Monitor im Pausenraum publiziert, zusammen mit anderen Build-Informationen.

Hatte sich das Führen dieser Metrik ausgezahlt? Teilweise. Einige wenige Entwickler machten sich einen Sport daraus, sich gegenseitig im Testschreiben zu überbieten (dabei wurden z. B. mit Generatoren triviale Testmethoden erzeugt, die generisch, quer durch alle Klassen hindurch Tests erzeugten. Andere Entwickler boykottierten die Statistik, indem sie zwar Tests schrieben, aber die Testmethoden nicht mit dem geforderten Autoren-Tag annotierten.

Ja, es wurden mehr Unit-Tests geschrieben, aber eigentlich aus anderen Gründen. Die Statistik wurde völlig unterlaufen, ausgehebelt und nach ein paar Monaten eingestellt.

Falsche Informationen können sich an vielen Orten einschleichen. Hier einige Beispiele:

- Falsches Messen des Fortschritts
- Messen der Menge von Tests ohne Berücksichtigung ihrer Güte
- Benutzen von Metriken als absolute Werte statt als Trendzahlen
- Jährliche Mitarbeiterzielgespräche (besonders, wenn der Lohn oder Bonus daran geknüpft ist)
- Retrospektiven, die in keinem sicheren Umfeld stattfinden (einzelne Teilnehmer hegen Ängste oder Befürchtungen und äußern sich deshalb nicht offen)

5.2.5 Retrospektive Kohärenz

Und noch ein Fallstrick lauert auf das reflektierende, agile Team. Man nennt ihn, die „Retrospektive Kohärenz" (für eine Definition siehe Kasten).

Definition: retrospektive Kohärenz

In einem komplexen System können im Gegensatz zu komplizierten und einfach geordneten Systemen nur im Nachhinein Ursache und Wirkung zueinander in Verbindung gebracht werden.

Das Wort „retrospektiv" bedeutet so viel wie „rückblickend" und „zurückschauend". „Kohärenz" kann im allgemeinen Sinn als „innerer oder äußerer Zusammenhang" übersetzt werden.

Somit bedeutet „retrospektive Kohärenz", dass uns etwas rückblickend als plausibel erscheint. Wir scheinen die wahren Gründe oder Ursachen für eine gegenwärtige Situation ausmachen und in Zusammenhang bringen zu können, sodass wir die Gegenwart damit erklären können.

Was auf den ersten Blick positiv erscheint, nämlich sich einen Reim darauf machen zu können, warum ein Problem aufgetaucht ist oder warum das Iterationsziel nicht erreicht werden konnte, erweist sich als trügerisches Pflaster. Warum?

Eigentlich aus zwei Gründen:

1. Zum einen kann man versucht sein, aus dem, was in der letzten Iteration gut ging, zu schließen, dass das entsprechende Verhalten auch in folgenden Iterationen greifen wird. Dies ist ein Trugschluss, genauso, wie wenn jemand behaupten würde, jedes Scrum-Projekt wird ein Erfolg, nur weil das letzte Scrum-Projekt erfolgreich beendet werden konnte.

2. Zudem kann die Konzentration auf positive Ergebnisse (und die damit verbundenen Praktiken, mit denen man das positive Ergebnis erklärt) dazu führen, dass negative Erfahrungen in den Hintergrund gedrängt werden und man nur insofern aus ihnen lernt, als man sich fest vornimmt, sie nicht wieder machen zu müssen. Dabei sind es oft die negativen Erfahrungen, die uns am tiefsten prägen, und ohne die wir viele wertvolle Informationen einfach nicht hätten.

Wir können deshalb nicht absolut sicher sein, dass zum einen die Ursachen für den positiven oder negativen Ausgang der Dinge in der letzten Iteration (im letzten Release) wirklich dazu geführt haben und zum anderen können wir nicht sicher sein, dass die Rezepte für Erfolg, die wir uns in diesem Zusammenhang gemerkt haben, auch in Zukunft noch greifen werden.

Wie Abbildung 5.6 andeutet, können wir in der Gegenwart zwar zurückschauen und uns Vorgänge der Vergangenheit plausibel erscheinen lassen. Wir haben ja – z. B. in einer Retrospektive – kollektives Wissen, das uns dabei hilft. Doch die Zukunft ist nach wie vor ungeschrieben. Zwischen heute und übermorgen können neue Umstände eintreten, die wir unmöglich vorhersehen können (ein wichtiger Mitarbeiter verlässt das Team, der Build-Server fällt mitten im Sprint aus oder wir haben ein technisches Problem, das sich nicht so schnell aus der Welt schaffen lässt).

Bedeutet dies, dass es sich nicht lohnt, zurückzuschauen? Sollen wir Retrospektiven einfach aufgeben? Nein, im Gegenteil. Wir können aus unseren vergangenen Erfolgen und vor allem Fehlern lehren. Doch wir sollten nicht mehr festschreiben, wie wir vorzugehen haben, sondern festhalten, welche schwachen Signale und Anzeichen für eine Ver-schlechterung der Situation man beobachten sollte. Jeder Einzelne im Team sollte in der Lage sein zu bemerken, dass etwas nicht stimmt, und umgehend für Abhilfe sorgen. Dies, wenn möglich, noch während sich das Problem manifestiert, und nicht einen Monat später an der nächsten Retrospektive.

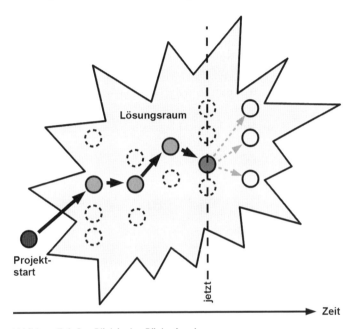

Abbildung 5.6: Der Blick in den Rückspiegel

Sollte es sich um technische Probleme handeln, kann es notwendig sein, den Entwick-lungsprozess so anzupassen, dass das Problem nicht wieder auftauchen kann. Dies bedeutet Prävention statt Heilen und Fehlervermeidung, statt nachträgliche Korrektur der Konsequenzen.

Dies ist auch ein Grundsatz, der im „Toyota-Produktionssystem" verankert ist: Jeder Fabrikarbeiter hat das Recht, die gesamte Produktionsstraße in einer Fabrik anzuhalten, wenn er ein Problem nicht in kürzester Zeit selbst lösen kann. Der Fehler wird unmittel-bar zusammen mit Kollegen und Vorgesetzten beurteilt und meist auch gelöst.

Welche weiteren Probleme können wir mit der retrospektiven Kohärenz noch haben? In den nächsten Abschnitten graben wir etwas tiefer.

Wo geht es hier bitte zu den kausalen Zusammenhängen?

Die kausalen Zusammenhänge sind in einem komplexen Umfeld gar nicht so einfach festzustellen. Wir haben in Kapitel 1 zwei möglich Methoden (die „Fünf Warum"-Methode und das Ishikawa-Diagramm) für die Ursachenforschung erwähnt. Diese und andere Methoden können uns helfen, aus dem Gruppengedächtnis ein Modell der Gründe für die herrschende Situation zu extrahieren.

Doch neben diesen Informationen hätten wir natürlich gerne etwas „härtere" Fakten, die uns helfen würden, wenigstens wahrscheinliche Thesen zu untermauern oder gar erst aufzustellen.

Nützliche Informationen, die uns helfen können, uns ein Bild über unseren Fortschritt und unsere Probleme zu machen, können sein:

- Kennzahlen zur Qualitätsverbesserung (Anzahl guter Tests, Testabdeckung)

- Iterationshistorie (Welche Iterationen zeichneten sich durch welche Besonderheiten aus? Welche waren erfolgreich? Welche nicht? Was war das Problem?)

- Notizen über veränderte Rahmenbedingungen (Der Kunden lernt priorisieren. Wir haben 5 neue Mitarbeiter im Projekt. Wir haben Budget für zusätzliche 25 Releases zugesagt bekommen.)

- Veränderte Technologien (neue Test- und Entwicklungstools, neue Praktiken wie Schätzpoker, Story Mapping oder FitNesse-Akzeptanztests)

- Schwache Signale (Was waren für jedes auftauchende Problem die Symptome, die nicht leicht wahrzunehmenden Anzeichen, dass etwas nicht stimmte?)

Besonders der letzte Punkt, das Achten auf schwache Signale, die Probleme signalisieren und das Extrahieren dieser Anzeichen in eine Form, die für das Lernen der Gruppe vorteilhaft ist, ist wichtig. Lernen die Teammitglieder, und schlussendlich die Organisation, auf solche Signale zu achten, statt bestimmte „beste" Vorgehensweisen zu verinnerlichen, dann werden sie in der Lage sein, auch zukünftige problematische Ereignisse zu erkennen und gemeinsam zu meistern.

Verallgemeinerungen sind im agilen Umfeld gefährlich. Sie lenken ab von spezifischen Gründen und Ereignissen. Sie fördern das Denken in Schablonen, wodurch kritisches Hinterfragen in den Hintergrund gedrängt wird. Funktioniert eine Pauschallösung nicht oder nur schlecht, wird schnell konstatiert: „Scrum funktioniert nicht.", oder „Iterationen können nicht zwei Wochen lang sein."

5.3   Selbstbeobachtung

In den folgenden Abschnitten wollen wir uns einige Gedanken dazu machen, wo Schwierigkeiten beim Beobachten und Reflektieren über uns selbst liegen und wie sie sich im agilen Umfeld auswirken können. Dabei betrachten wir drei Gebiete:

- Reflexion auf technischer Ebene, wenn es darum geht, über die geleistete Arbeit nachzudenken

- Nachdenken über das eigene Verhalten im Team

- Nachdenken über die eigene Entwicklung

5.3.1 Technische Fertigkeiten

Gute agile Teams arbeiten sehr eng zusammen. Da es idealerweise ein Team von spezialisierten Generalisten ist, das selbst über viele Fähigkeiten verfügt, um nicht zu stark auf externe Hilfe angewiesen zu sein, ist es bei der Auswahl seiner Mitglieder sehr wählerisch. Trotzdem werden die meisten Teammitglieder noch viel zu lernen haben.

Damit sich der Einzelne in seinen Fertigkeiten und Fähigkeiten verbessern kann, ist er dringend auf zeitnahes Feedback angewiesen. Unter zeitnah versteht man idealerweise eine sehr kurze Zeit. Aus dem Umfeld von Extreme Programming, genauer gesagt von Donovan J. Wells, stammt eine zusammenfassende Übersicht idealer Feedbackschleifen:

- (Paar-)Programmierung im Sekundentakt
- Unit-Tests im Minutentakt
- Verhandeln (mit dem Kunden/Product Owner) im Stundentakt
- Standup-Meeting einmal pro Tag
- Iterationsplan im Wochenrhythmus
- Releaseplan im Monatstakt

Die ersten drei Ebenen (bis zum Stundentakt) sind mit individueller Reflexion verbunden und betreffen deshalb besonders den Einzelnen. Er wünscht sich somit sehr schnelles Feedback, damit er eine Arbeit möglichst nur einmal und nicht mehrfach ausführen muss. Auf Codeebene bewährt sich deshalb auch Paarprogrammieren, da dadurch beinahe unmittelbar Feedback gegeben wird. Sollte der Programmierpartner bei der Sache unbeteiligt sein, bricht natürlich diese Feedbackschleife zusammen. Teams, die z. B. auf Paarprogrammierung verzichten, berauben sich damit der Möglichkeit, sehr schnell Code hoher Qualität zu schreiben.

Wir sollten danach trachten, unsere Feedbackschleifen so kurz wie möglich zu halten. Dann werden wir auch schneller Lernen und vor allem in der Lage sein, Probleme da anzupacken, wo sie auftauchen, wo so sie noch frisch sind und sich nicht so leicht vor uns verstecken können.

Dies trifft natürlich auch auf viele andere Bereiche zu. Erwähnt seien da:

- Die eigenen Unit-Tests so oft wie möglich lokal ausführen (Dasselbe gilt auch für andere Testarten)
- Das Feedback des Kunden sollte uns so wichtig sein, dass wir nicht bis zum Ende der Iteration zuwarten können, sonst erfahren wir erst da, dass ihm die Lösung nicht ganz passt und müssen alsdann in die Verlängerung.
- Falls man keine Paarprogrammierung praktiziert: Warum nicht zumindest einen Design-Review durchführen mit einem Entwickler, der mehr Ahnung hat als ich? Dann läuft man wenigstens nicht ganz in die falsche Richtung.
- Warum nicht etwas dafür tun, um mit dem Product Owner und Kunden etwas näher zusammenzurücken und etwas Genaueres über die Akzeptanzkriterien zur User Story zu erfahren und um sie gleich gemeinsam schriftlich (oder noch besser gleich in Codeform, z. B. mit JBehave oder Cucumber) zu formulieren.

Anekdote: Weil es so schön war...

..., gleich noch einmal von vorn.

So könnte man eine Erfahrung beschreiben, die wohl jeder von uns schon einmal gemacht hat und die mir gerade vor ein paar Tagen wieder einmal widerfuhr.

Ich sollte eine Abfrage, die viele tausend Male auf der Datenbank ausgeführt wurde, cachen, damit die Performance des Systems optimiert würde. Der Task wurde kurz besprochen und auf einen Tag Aufwand (inklusive zugehörigem Test) geschätzt.

Die Aufgabe schien klar: Ein Cache-Service war vorhanden und konnte genutzten werden. Ich machte mich ans Implementieren und kam gut vorwärts. Am Ende des Tages war ich fertig, der Unit-Test zeigte grün, und ich checkte zufrieden meinen Patch für den Reviewer in die Versionskontrolle ein.

Doch siehe da, der Patch wurde zurückgewiesen mit der Bemerkung: „Es gibt da bereits eine Funktonalität, die den Cache-Service auf standardisierte Weise ansteuert. Bitte den Standard verwenden." Das hatte ich wohl übersehen. Ich komme nicht mehr so oft zum Programmieren und die Codebasis ist umfangreich.

Die Feststellung war jedoch korrekt. Also machte ich mich daran, das Ganze wieder umzuschreiben. Und siehe da, ein weiterer Tag ging ins Land. Ich hatte einen Tag Verzögerung.

Was mich am meisten geärgert hat war, dass ich nicht vorher um Hilfe gefragt und meine Designentscheidung mit einem Kollegen abgesprochen habe. Ich wäre sicher auf die bereits existierende Funktionalität hingewiesen worden (das Gleiche gilt im Fall von Paarprogrammierung). Damit wäre ich 50 % effektiver gewesen. Aber ich habe hoffentlich daraus gelernt...

5.3.2   Mein Verhalten

Auch über das eigene Verhalten zu reflektieren, zahlt sich aus. Wir habe ja manchmal die Tendenz, den bösen Zeigefinger zu zücken und damit nie in unsere eigene Richtung zu zeigen. Im agilen Team hat solch ein Benehmen keinen Platz.

Natürlich werden wir alle als Teil eines Teams unter Druck stehen. Doch wir können persönlich viel dazu beitragen, dass dieser Druck auf dem Team als Ganzem lastet und nicht auf einen Einzelnen abgeschoben wird.

Stellen wir uns doch folgende selbstkritische Fragen:

- Wann habe ich zum letzten Mal einem Kollegen bei einer Aufgabe geholfen?

- Wie reagiere ich, wenn ich kritisiert werde? Defensiv? Oder versuche ich dies als Gelegenheit zu betrachten, mich selbst aus einer anderen Perspektive zu betrachten?

- Bin ich bereit, mich an die Teamnormen zu halten, die wir gemeinsam festgelegt haben, selbst wenn ich glaube, dass ich dies aufgrund meiner Erfahrung nicht nötig habe? (z. B. alle Tests vor dem Check-in auszuführen? Erst dann meine Arbeit als „fertig" abzuhacken, wenn sie es tatsächlich ist?)

- Gebe ich meine Fehler offen zu oder versuche ich, sie zu verstecken?

- Habe ich eine Tendenz, mich aus der Verantwortung zu stehlen und die Schuld jemand anderem zuzuschieben?

- Kommen meine Kollegen gerne bei mir Rat holen? Bin ich zugänglich?

- Wie oft musste ich meinen eingecheckten Code während der letzten Iteration überarbeiten?

- Wie oft habe ich in der letzten Iteration den Build gebrochen?

- Wann wurde das letzte Mal an einer Retrospektive einer meiner Vorschläge zur Verbesserung des Entwicklungsprozesses vom Team angenommen?

- Wenn mir etwas am Standup nicht passt, habe ich es danach sofort mit dem Team thematisiert?

- Bedenke ich die Auswirkungen meiner Aussagen am Standup, an der Retrospektive?

- Wie spreche ich mit dem Kunden? Respektvoll? Bin ich in der Lage, ihn als Teil des Teams zu akzeptieren, obwohl ich ihm technisch überlegen scheine?

- Wann habe ich das letzte Mal versucht, das Team von einer neuen Technologie, Technik oder Vorgehensweise zu überzeugen, die es vorher nicht gekannt hat und die unseren Prozess vereinfachen oder verbessern könnte?

- Wann habe ich jemanden zum letzten Mal geschult und mein Wissen weitergegeben?

- Wann habe ich den letzten Test für den Code meines Kollegen geschrieben?

- Wann habe ich das letzte Mal den Build geflickt, ohne dass ich an seinem Fehlschlagen Schuld war?

- Wie reagiere ich, wenn jemand aus dem Team anregt, ich solle noch einen zusätzlichen Test für meinen Code schreiben? Gereizt?

- Bin ich bereit, den Scrum Master zu vertreten, wenn er ausfällt (z. B. wegen Krankheit, Unfall etc.)?

- Weiß ich als Teammitglied, wo wir innerhalb der Iteration gerade stehen?

- Gehe ich als Erster auf den anderen zu, wenn er einen Konflikt mit mir hat, und versuche, die Sache wieder einzurenken?

Diese Liste ließe sich beliebig fortsetzen. Jeder muss persönlich darüber nachdenken, wie sein Verhalten das Team beeinflusst. Wird er als Hindernis angesehen oder als Bereicherung für das Team? Sind seine Kollegen froh, ihn im Team zu haben? Wie die Leute auf uns reagiert, sagt oft mehr als die Worte, die sie vordergründig äußern. Hören wir doch aufmerksam zu und lesen auch zwischen den Zeilen, ohne jedoch allzu misstrauisch zu sein.

5.3.3 Wo will ich hin?

Auch die Frage nach den eigenen beruflichen Zukunftsplänen und der persönlichen Entwicklung ist ein Gebiet, das für Kontemplation geeignet ist. Das Team und die Organisation werden auf alle Fälle davon betroffen sein.

Natürlich kann man sagen, dies sei eine persönliche Angelegenheit. Doch wie wir uns mit dieser Angelegenheit auseinandersetzen, zeugt von unserer inneren Einstellung,

z. B. zum Lernen, zur persönlichen Verbesserung und zum Beitrag, den ich in einem agilen Team leisten kann und möchte.

Als Außenstehende werden wir natürlich jemanden im Team nicht einfach kritisieren, weil er scheinbar keine Karriere anstrebt. Doch man kann in agilen Teams beobachten, dass sie solche Mitglieder am meisten schätzen, die neue Ideen einbringen, mitdenken und das Team als Ganzes vorwärts bringen möchten. Solche Personen fallen als selbstmotivierte Lerner und Mentoren auf.

Teammitglieder hingegen, die scheinbar ohne Ziele durch das Leben gehen, die während eines Arbeitstages nur auf ihre Stundenzahl kommen wollen und wenig für das Team tun, werden es in agilen Teams schwer haben.

Dabei geht es weniger darum, immer neue Diplome einzusammeln, sondern darum, offen zu sein, Neues zu lernen, auch einmal über den eigenen Tellerrand zu schauen und sich Fähigkeiten aus einem anderen Gebiet anzueignen (z. B. als Scrum Master, Product Owner, in der Analyse, im Design etc.). Dass jemand zumindest darüber nachdenkt, zeigt seine innere Disposition, sich weiterzuentwickeln.

5.4 Reflexion im Team

Weil wir im agilen Umfeld gewöhnlich keine Einzelgänger sind, sondern in Teams eingebettet arbeiten, kommt der Reflexion im Team eine besondere Bedeutung zu. Es gibt verschiedene Meetings und andere Gelegenheiten, inne zu halten und darüber nachzudenken, was wir da eigentlich tun.

Reflexion im Team hat einerseits mit Wahrnehmung und Beobachtung zu tun, andererseits aber auch mit Äußerung und Artikulation, damit andere an unseren Gedanken teilhaben können. Wie kann man beurteilen, ob die Reflexion im Team funktioniert oder nicht? Wir wollen sehen.

5.4.1 Standup

Das Standup-Meeting findet nicht nur in Scrum-Teams Anwendung. In vielen agilen Teams ist es zum festen Bestandteil der täglichen Routine geworden. Einige betrachten das Standup-Meeting einzig als Gelegenheit zur Mitteilung des aktuellen Standes der Arbeiten der einzelnen Teammitglieder.

Dabei könnte das Standup-Meeting viel mehr sein. Es ist eigentlich auch eine sehr gute Gelegenheit, das Zusammenspiel des Teams und die vorherrschende Atmosphäre zu beurteilen.

Hier einige Symptome, die darauf hinweisen, dass etwas im Team nicht stimmt:

1. Der Einzelne leiert seine Antworten auf die drei Fragen (Was habe ich gestern getan? Woran arbeite ich heute? Wo habe ich ein Problem?) einfach herunter. Die anderen schauen zu Boden oder hören nicht zu.

2. Die Antworten auf die drei Fragen werden nicht spezifisch beantwortet: „Ich bin immer noch an der Aufgabe von gestern. Heute mach ich da weiter."

3. Nie meldet jemand irgendwelche Probleme an, obwohl man länger an den Aufgaben arbeitet, als ursprünglich geschätzt war.

4. Alle schauen zum Scrum Master, wenn sie reden, und scheinen ihm Rechenschaft abzulegen.

5. Das Standup dauert länger als eine Viertelstunde, weil auch Gründe für Probleme erörtert werden.

6. Peter beschreibt am fünften aufeinanderfolgenden Tag, dass er am Implementieren der Saldoberechnung ist – obwohl der Task auf zwei Tage geschätzt wurde –, ohne zu erwähnen, was ihn aufhält, und niemand bemerkt es.

7. Ein Mitarbeiter dominiert das Standup und hat zu jeder Ausführung etwas anzumerken.

8. Streit bricht aus zwischen zwei Teammitgliedern, wer denn nun für was zuständig sei.

9. Es herrscht einen traurige Atmosphäre im Raum. Alle machen ernste Gesichter. Die Aussagen der Einzelnen werden einfach zur Kenntnis genommen.

Wenigstens ein aufmerksamer Scrum Master sollte solche Symptome bemerken und dann sofort entsprechende Schritte unternehmen, um die Situation positiv zu beeinflussen. In Scrum ist dies zwar die Aufgabe des Scrum Masters, aber in einem gut funktionierenden Team wird er nicht der Einzige sein, der Probleme bemerkt und etwas unternimmt.

Die oben genannten Symptome können uns zu folgenden Überlegungen veranlassen (die Nummern entsprechen der Nummer des Symptoms):

1. Warum interessieren sich die anderen Teammitglieder nicht für die Aussagen des Einzelnen? Haben sie Aufgaben, die praktisch keine Zusammenarbeit verlangen? Haben sie wirklich ein gemeinsames Sprintziel? Ist jeder mit sich selbst beschäftigt?

2. Weiß die Person eigentlich, was sie tut? Hat sie Probleme beim Umsetzen der Aufgabe? Ist sowieso klar, woran sie arbeitet und will sie sich deshalb nur nicht wiederholen? Sind wir dafür zum Standup zusammengekommen?

3. Herrscht eine Atmosphäre der Angst? Möchte man Fehler nicht zugeben? Schämt man sich, um Hilfe anzufragen? Ist die Person ein Neuling? Stimmt etwas mit den Schätzungen nicht? Wurden die Schätzungen von jemand anderem gemacht?

4. Ist der Scrum Master der Chef? Meinen die Leute, ihm rapportieren zu müssen? Koordiniert der Scrum Master zu viel? Ist das Team wirklich selbstorganisierend? Haben die Teammitglieder vom Scrum Master zugeteilte Arbeiten? Arbeiten die Leute wirklich zusammen?

5. Sind wir einfach zu gesprächig oder sind dies vielleicht Einzelne? Ist dies wirklich das Gremium, um auch Gründe zu diskutieren?

6. Wurde der Task nur falsch geschätzt? Hat Peter nur Probleme beim Umsetzen, wagt aber nicht, um Hilfe anzufragen? Warum sagt der Scrum Master nichts? Ist er zu passiv? Interessiert ihn das Ergebnis der Iteration überhaupt?

7. Ist dies der Chef der anderen? Hat diese Personen eine besondere Rolle (Architekt, Business Analyst, etc.)? Redet die Person einfach gerne? Sollte sie darauf hingewiesen werden, sich kürzer zu fassen?

8. Ist dies eine Ausnahmesituation? Herrscht ein gereiztes Klima? Ist das Team unter großem Druck? Gibt es zu starke persönliche Differenzen?

9. Sind die Teammitglieder vom agilen Vorgehen nicht begeistert? Ist das Team deprimiert? Sind die gesteckten Ziele realistisch? Haben die Leute Freude an der Arbeit? Was drückt auf die Stimmung? Sind die Anwesenden wirklich ein Team?

Dies und viele andere Fragen sollte man sich regelmäßig als Team stellen und dann Schritte unternehmen, um die Ursache zu beseitigen.

5.4.2   Reviews

Für die Reviews mit dem Kunden gilt eigentlich dieselbe Maxime wie für die Standup-Meetings: Das Verhalten der Beteiligten vor und an den Meetings kann viel über den Zustand der Zusammenarbeit aussagen.

Alarmzeichen hier wären zum Beispiel:

1. Reviews werden einfach abgesagt

2. Reviews können nicht „time-boxed" durchgeführt werden (die Zeit reicht nicht)

3. Reviews verlaufen schleppend

4. Der Kunde beteiligt sich nur passiv an der Review

5. Das Team beteiligt sich nur passiv an der Review

6. Jeder im Team präsentiert, was er implementiert hat

7. Der Kunde probiert an der Review das System nicht selbst aus

8. Das Gezeigte wird nicht zurückgewiesen, obwohl offensichtliche Fehler zu Tage traten

9. Die Review läuft nach einem „Klick-mich-durch"-Drehbuch ab, an das sich die Präsentierenden genau zu halten haben

Gedanken, die man sich über diese Symptome machen könnte, wären:

1. Hat der Kunde die Review abgesagt oder wir? Hat der Kunde zu wenig Interesse an seinem Produkt? Wie könnten wir es steigern? Oder können wir nicht liefern? Hätte die Iteration schon vorher abgebrochen werden müssen? Warum hat man bis zur Review gewartet? Haben wir Probleme mit der Planung oder der Selbsteinschätzung?

2. Sind wir schlecht auf die Review oder Demo vorbereitet? Weiß der Kunde im Voraus, was er zu sehen bekommt? Warum reicht die Zeit nicht? Wird die Review nicht gut moderiert? Vermischt man Planung mit Review?

3. Ist der Moderator, der Kunde oder das Team nicht gut vorbereitet? Werden Designdiskussionen in der Review geführt? Haben wir es mit einem schweigsamen Kunden/Product Owner zu tun? Will niemand moderieren? Schämt man sich für das Resultat?

4. Weiß der Kunde, was seine Rechte sind und was er fordern darf? Wurde der Kundenvertreter nur geschickt und hat persönlich kein Interesse am Produkt? Kennt der Kunde das System noch nicht? War er während der Iteration nicht an der Entwicklung beteiligt? Wusste er deshalb nicht, was ihn erwarten würde?

5. Weiß das Team nicht, wie man mit Kunden spricht? Fehlen ihm die „weichen Fähigkeiten"? Ist es bequem? Überlässt es dem Scrum Master oder dem Product Owner das Wort? Ist der Scrum Master oder der Product Owner der Chef? Weiß das Team, welche Aufgabe es bei der Review oder Demo hat?

6. Arbeitet das Team wirklich zusammen? Muss jeder im Team selbst für das geradestehen, das er „verbrochen" hat? Ist das Team keine Einheit? Ist es simple Arbeitsteilung? Kennt jeder im Team nur seinen kleinen Ausschnitt aus dem System? Wird Wissen aktiv ausgetauscht?

7. Steht kein System zum Ausprobieren bereit? Sind die Features tatsächlich fertiggestellt? Hat der Kundenvertreter zu wenig Fachwissen? Wurde er einfach als Ersatz geschickt?

8. Meint der Kunde, er müsse alles „schlucken", was ihm präsentiert wird? Kennt er seine Rechte? Weiß das Team, was „fertig" bedeutet? Wie wurde die Qualität vor der Demo sichergestellt? Mangelt es an automatisierten Tests, oder hatten wir keine Zeit für manuelle Tests? Müssen wir unsere Releasestrategie überdenken?

9. Ist das System zu fragil, als das der Kunde es frei ausprobieren dürfte? Erreichen wir Produktionsqualität am Ende der Iteration? Vertrauen wir den Tests nicht? Fehlen Tests? Erlauben wir Check-ins in letzter Sekunde vor der Demo? Demonstrieren wir das System ab einem Entwicklerarbeitsplatz?

Wie wir sehen, gibt uns auch die Art und Weise, wie Reviews oder Demos durchgeführt werden und wie sich die Beteiligten verhalten, viele Hinweise, über die es sich lohnt nachzudenken.

5.4.3 Retrospektiven

Sieht unser Entwicklungsprozess heute (nach n Iterationen) immer noch gleich aus wie bei Sprint 1 vor sechs Monaten? Dann könnten wir eventuell ein Problem mit unseren Retrospektiven haben.

Einige Symptome, dass unsere Retrospektiven nicht greifen, haben wir bereits kennen gelernt. Hier noch einige Indikatoren zusammengefasst:

1. Retrospektiven finden nicht regelmäßig statt

2. Retrospektiven werden als gleichförmig und langweilig angesehen

3. Keine Ideen an der Retrospektive (den Leuten scheint keine Verbesserungsmöglichkeit einzufallen)

4. Fallen uns immer wieder dieselben Dinge ein, die (immer noch) nicht funktionieren

5. Nehmen wir uns zu viel vor?

6. Das Management erlaubt nicht, die Ergebnisse der Retrospektiven im Intranet zu publizieren.

Das Reflektieren darüber, wie unsere Retrospektiven (wo ja ebenfalls Reflexion betrieben wird) verlaufen, ist ja eigentlich der Motor des agilen, kontinuierlichen Verbesserungsprozesses. Das Reflektieren über die Reflexion hilft uns zu hinterfragen, wie weit es mit unserer Bereitschaft, uns zum Positiven zu verändern, her ist.

Folgende Fragen können wir uns über die oben erwähnten sechs Hinweise stellen:

1. Gibt es bei uns nichts mehr zu verbessern? Vernachlässigt der Scrum Master seine Aufgabe? Funktioniert der kontinuierliche Verbesserungsprozess so gut, dass er keiner Formalisierung bedarf? Ist Verbesserung von unten untersagt? Wird von uns erwartet, dass wir einem schablonenhaften Vorgehen folgen?

2. Verläuft die Retrospektive immer nach dem gleichen Muster? Sprechen immer die Gleichen? Sind die Retrospektiven langatmig (nicht zeitlich limitiert) und werden viele irrelevante Dinge diskutiert?

3. Sind die Beteiligten emotional nicht mit dem Projekt verbunden? Haben sie keine Autorität, Veränderungen durchzusetzen? Wird die Retrospektive nicht mit Geschick moderiert?

4. Folgen der Retrospektive keine Taten? Sind wir nicht in der Lage, beschlossene Dinge zeitnah in die Tat umzusetzen? Verbessern wir uns überhaupt? Wenn trotzdem ja, wo ist der Motor der Verbesserung?

5. Wie viele Punkte können wir pro Iteration maximal umsetzen? Wie viel Veränderung erträgt das Team/die Organisation? Dauert das Beseitigen gewisser Hindernisse länger, weil politische Spiele gespielt werden müssen?

6. Verstecken wir etwas vor dem Kunden? Vor den anderen Teams? Darf nicht offen kommuniziert werden? Betrügen wir uns selbst?

Fallen Retrospektiven ins Wasser oder haben keine Folgen, dann ist der ganze agile Prozess der steten Verbesserung infrage gestellt. Reflexion darüber kann uns helfen, diesen Motor am Laufen zu erhalten, denn nichts würde die Motivation der Beteiligten mehr torpedieren als Stillstand und Anrennen gegen Mauern.

5.4.4 Entscheidungsgrundlagen

Als Team möchten wir natürlich nicht nur über soziale Dinge reflektieren, sondern auch darüber, ob wir im Projekt Fortschritte machen. Wir haben uns bereits über den Wert von Metriken und Kennzahlen als Feedback unterhalten. Jegliches Feedback, das uns hilft, unsere aktuelle Lage zu beurteilen, ist hochwillkommen.

Allerdings gibt es auch in diesem Bereich Hinweise auf Probleme, die wir nicht ignorieren wollen, wenn wir ihnen begegnen. Wir wollen einmal kurz zwei wichtige Gebiete betrachten, auf denen es zu Problemen kommen kann: bei Tests auf Seite des Kunden und bei der Verwendung von Informationsradiatoren.

Kundentests

Dass der Kunde testet, ist sicher wichtig, in jedem Projekt! Doch im agilen Umfeld wird dem Zeitpunkt, der Güte und der Qualität der Tests auf der Kundenseite besonderes Augenmerk geschenkt.

Bezüglich dieser Punkte können wir uns folgende Fragen zur persönlichen Überprüfung stellen:

■ Wie nahe am Ende der gerade beendeten Iteration testet der Kunde (vielleicht auf seinem eigenen Testsystem)?

- Ist dies der erste eingehende Test, oder war der Kunde bereits während der Iteration bei ersten Tests dabei und ist deshalb nicht grundsätzlich von der Funktionalität überrascht?

- Verlangt der Kundc, dass komplette Geschäftsprozesse erst am Ende vieler Iterationen überprüft werden sollen? Wie kann erreicht werden, dass er trotzdem Teilergebnisse testet?

- Können Ergebnisse bereits am Review/Demo-Tag auf eine Art und Weise begutachtet werden, dass sie als „abgenommen" gelten? Wie wird festgehalten, dass der Kunde tatsächlich selbst getestet hat? Gibt es ein Testprotokoll oder andere Mittel?

- Ist der Kunde mit Testen überfordert und braucht die Unterstützung des Teams?

- Wie hoch ist der Anteil an akzeptierten Iterationsergebnissen gegenüber zurückgewiesenen?

Zu lange Feedbackzyklen auf der Kundenseite führen in der Regel zu Arbeit, die nicht vollständig fertig ist, sondern in späteren Iterationen immer wieder überarbeitet werden muss.

Anekdote: Vom Resultat überrollt

Es ist schon ein schönes Gefühl, wenn man in einem agilen Team arbeiten kann, das sehr produktiv ist. Das Team hat im Laufe der letzten zwei Jahre massiv zugelegt. Es ist tatsächlich so schnell geworden im Umsetzen von Kundenanforderungen im Zwei-Wochen-Rhythmus dass der Kunden nicht mehr genügend Zeit hat, die Releases, die eine Woche lang beim ihm auf dem Testsystem bereitstehen und danach auf dem Produktivsystem eingespielt werden, eingehend zu verifizieren.

Oder sagen wir so: Solange der Kunde den Releases die nötige Aufmerksamkeit schenken kann, ist alles in bester Ordnung. Aber wehe, wenn er einmal nicht genügend Zeit hat. Wir haben schon eine recht hohe Testabdeckung (rund 25 000 Unit-Tests und ca. 1 700 GUI-basierte Akzeptanztests). Doch da das gesamte System ursprünglich ohne automatisierte Unit-Tests entstanden ist, haben wir noch viel nachzuholen.

Und das ist uns kürzlich wieder einmal zu Verhängnis geworden: Der Kunde war für eingehende Tests zu überlastet und prompt kam ein fehlerhafter Release in die Produktion. Das Malheur konnte mit einem Hotfix zwar behoben werden, aber der Imageschaden war da schon angerichtet.

Informationsradiatoren

Informationsradiatoren suggerieren, dass sie Informationen abstrahlen, die allen Personen im Raum leicht ins Auge fallen und dabei wie beiläufig Reaktionen provozieren können. Sie sind deshalb oft der Ausgangspunkt von Reflexion im Team und mit Außenstehenden. Sie stoßen Diskussionen an, die sich um den Stand des Projekts, um Probleme bei der Entwicklung und andere interessante Informationen drehen.

Der Fantasie, was als Informationsschleuder verwendet wird, sind keine Grenzen gesetzt. Doch auch ihre Verwendung spricht Bände über die Werte des Teams und ihre Einstellung zur Agilität.

Betrachten wir doch im Folgenden einige Varianten, wie man Information im agilen Team darstellen kann: in Form von (automatisch generierten) Burndown Charts, einem ebenfalls elektronischen Task Board und einem physischen Informationsradiator.

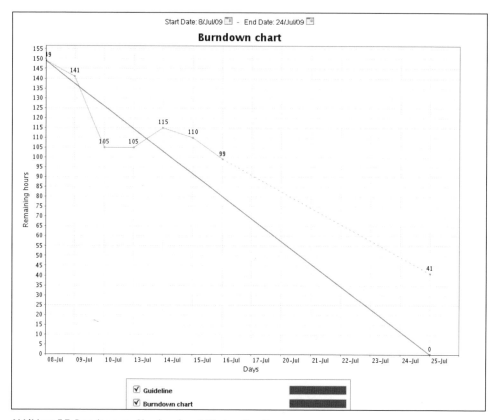

Abbildung 5.7: Burndown von Stunden einer 3-Wochen-Iteration

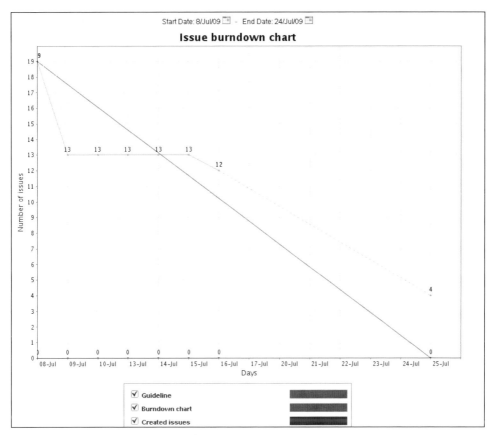

Abbildung 5.8: Burndown von User Stories/Defekten derselben 3-Wochen-Iteration

Betrachten wir in der Folge einige Punkte, die Anlass zur Sorge geben könnten.

Widmen wir uns zuerst den besonders bei agilen Teams beliebten Burndown Charts (Abbildungen 5.7 und 5.8):

■ Werden diese Charts vom Team tatsächlich verwendet oder führen sie in den elektronischen Tiefen irgendwelcher Werkzeuge ein Schattendasein?

■ Betrachtet das Team nur den Burndown der Stunden und scheint dort Fortschritte zu machen? Oder merkt es, dass es beim Burndown der User Stories scheinbar eine zeitlang (in Abbildung 5.8 immerhin fünf Tage), kein einziges Feature vollständig erledigen konnte?

■ Beobachtet das Team auch die Anzahl der während der Iteration erzeugten User Stories oder neu hinzugekommener Defekte und handelt korrigierend? Oder lässt es unbesehen zu, dass die Iteration mit neuen Dingen überfüllt wird?

■ Kann der Kunde auf die genau gleichen Informationen ebenso leicht zugreifen wie das Team?

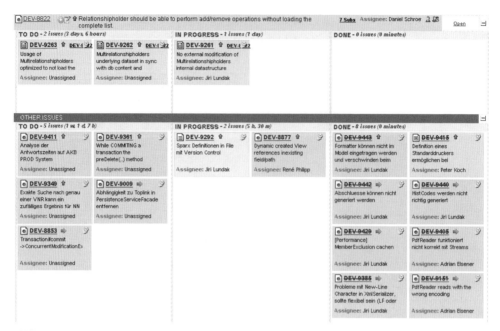

Abbildung 5.9: Elektronisches Task Board

Auch im Zusammenhang mit so genannten Task Boards (Tafeln, die darstellen, welche User Stories oder Defekte noch offen, welche in Bearbeitung und welche erledigt sind. In Abb. 5.9 eine elektronische Version), können Dinge beobachtet werden, die darauf hindeuten, dass es noch Probleme mit der Agilität gibt:

■ Sind Aufgaben, die noch offen sind, bereits jemandem fest zugeteilt? Weist eventuell der Scrum Master oder Teamleiter diese im Voraus zu?

■ Sind zu viele Aufgaben gleichzeitig in Bearbeitung?

■ Sind zu viele Aufgaben gleichzeitig bei derselben Person in Bearbeitung?

■ Bleiben die Aufgaben bis kurz vor Iterationsende in Bearbeitung und werden erst alle kurz vor Schluss der Iteration fertig? Hat dies mit Mangel an Disziplin im Bewirtschaften der Tasks zu tun oder damit, dass die Aufgaben wirklich erst kurz vor Iterationsende fertiggestellt werden können?

■ Wer stellt die Aufgaben auf den Status „Fertig"? Eine andere Person als derjenige, der die Aufgabe erledigt hat? Findet eine Qualitätskontrolle statt? Wie steht es mit einer Review des Codes und der Tests?

Abbildung 5.10: Ein Informationsradiator – Was strahlt er aus?

Sind die Informationsradiatoren physischer Art, können wir uns fragen:

- Wurden sie vom Scrum Master oder Teamleiter installiert und dann vom Team nur widerwillig genutzt?
- Bleibt das Board leer oder veralten die Informationen, ohne dass sich jemand darum kümmert, sie aktuell zu halten.
- Diskutiert das Team direkt am Board?
- Ist das Board auch dem Kunden zugänglich?
- Enthält das Board relevante Informationen?
- Hat das Board eine persönliche Note des Teams?
- Ist das Board chaotisch und unübersichtlich?
- Wird das Board mit einem eventuell ebenfalls vorhandenen elektronischen Planungs-werkzeug synchron gehalten? Oder ist es nie synchron?

Nur wenn Informationen breit gestreut werden und allen zugänglich sind, können so viele gescheite Köpfe wie möglich darüber nachdenken, wie es dem Projekt geht und was man unternehmen könnte, um noch besser zu werden.

5.4.5 Was für ein Risiko?

Zu guter Letzt wollen wir noch ein Wort über ein sehr wichtiges Gebiet verlieren, das des Nachdenkens bedarf: Wie gehen wir mit den Risiken des Projekts um?

Jedes Projekt hat seine eigenen Risiken und es gibt kein Projekt ohne Risiken. Risiken können in den seltensten Fällen vermieden oder gar aus dem Weg geräumt werden. Deshalb ist es vor allem wichtig, sich zu überlegen, was wir unternehmen können, um die Eintrittswahrscheinlichkeit eines Risikos zu dämpfen und was wir tun im Falle, dass das Risiko tatsächlich eintritt [DeMarcoLister2003].

Wenn Risiken nicht kontinuierlich verwaltet werden, dann schlagen sie zu. Deshalb fragen wir uns:

- Kann ich die aktuell herrschenden Risiken unseres Projekts nennen?
- Kann das jedes Teammitglied?
- Wie haben sich die Risiken über den zeitlichen Verlauf des Projekts bis heute verändert?
- Was sind die Erkennungsmerkmale der identifizierten Risiken? Gibt es Frühwarnzeichen, auf die man achten sollte? Sind sie allen bekannt?
- Welche Maßnahmen haben wir ergriffen, um ein bestimmtes Risiko zu minimieren?
- Sind die Risiken für alle sichtbar irgendwo vermerkt?

Das Beobachten und Hinterfragen von Risiken ist ein Reflexionsprozess, der fundamental ist für das erfolgreiche Beenden eines Projekts – egal ob agil oder nicht. Agile Teams haben jedoch aufgrund des breit abgestützten Wissens die Chance, Risikomanagement nicht nur ein leeres Versprechen sein zu lassen, sondern mit Leben zu füllen.

5.5   Wann ist tief genug gegraben?

Der Reflexionsprozess kann an vielen Orten schief laufen, und doch muss man daraus keine Wissenschaft machen, oder großartige Kontrollmechanismen in den sonst agilen Prozess einbauen.

Vielmehr geht es darum, den Geist des Einzelnen im Team zu schärfen, damit er persönlich über seine Einflusssphäre nachdenken kann. Als Team möchten wir uns stets aufs Neue selbst kritisch beobachten und hinterfragen. Sehen wir den resultierenden Antworten ehrlich ins Auge und versuchen wir wenigstens Teile dessen, worüber wir nachgedacht haben, in die Tat umzusetzen. Wenn wir dies kontinuierlich und nicht nur einmal tun, dann haben wir bereits den Grundstein für Veränderung zum Positiven gelegt.

Welchen Problemen wir dann, bei der Adaption oder Anpassung unserer agilen Vorgehensweise in die Augen sehen müssen, davon im nächsten Kapitel mehr.

6 Angepasst wird morgen

„Die Definition von Wahnsinn ist, immer wieder das Gleiche zu tun
und andere Ergebnisse zu erwarten."
– Albert Einstein

Agile Prozesse gehen davon aus, dass Veränderung konstant ist. Das heißt, dass erwartet wird, dass sich das Umfeld (die Einstellung der Menschen, die ökonomischen Rahmenbedingungen des Projekts, das Wissen über das Fachgebiet, das dem Projekt zugrunde liegt, sowie die Anforderungen, die es im Projekt gilt, umzusetzen, usw.) konstant verändert, transformiert und uns, als Teile des Projektteams, zur Anpassung zwingt.

Findet keine Adaption statt, dann laufen wir Gefahr, dass unsere Anstrengungen, das Projekt erfolgreich abzuschließen, schwinden. Es kommt wohl sehr selten vor (mir ist zumindest kein Fall bekannt), dass man sich in einem Projekt überhaupt nicht an geänderte Bedingungen anpassen musste.

Und doch gibt es in der Softwareentwicklung Tendenzen oder zumindest den Wunsch, die Erstellung von Anwendungen zu industrialisieren. Das äußert sich in Begriffen wie: Softwareproduktion und Softwarefabriken (engl. Software Factories).

Auch durch das Verwenden von Anleihen aus der industriellen Fertigung, selbst wenn es sich dabei um das Produktionssystem von Toyota (als Vorbild der schlanken (engl. lean) und flexiblen Herstellung) handelt, wird der Gedanke gefördert, dass es sich bei der Softwareerstellung um das serielle Erzeugen von gleichartigen Komponenten handle.

Dieser Eindruck ist jedoch falsch, denn der eigentliche *Softwareproduktionsprozess* besteht eigentlich in der Pressung der CD oder DVD, auf der das Softwarepaket in großen Stückzahlen an den Endkunden ausgeliefert werden soll.

In diesem Spannungsfeld verwundert es nicht, dass in uns ein Widerstreit herrscht, zwischen dem Wunsch, möglichst effizient Software herzustellen und gleichzeitig den Veränderungen der Rahmenbedingungen laufend Rechnung zu tragen. Es gibt immer wieder Probleme, besonders bei agilen Vorgehensweisen, beim Anpassen an die aktuellen Gegebenheiten. Wir wollen im Folgenden die Probleme der Adaption etwas detaillierter ausleuchten.

6.1 Warum Anpassung?

Im vorangegangenen Kapitel haben wir uns mit dem Prozess des vertieften Nachdenkens, der Reflexion, etwas genauer auseinandergesetzt und festgestellt, dass viele Probleme beim agilen Vorgehen der Tatsache entspringen, dass wir es entweder komplett versäumen zu reflektieren oder das unser Nachdenken durch unsere Vorurteile, kulturellen Filter und/oder unsere Inkonsequenz negativ beeinflusst wird.

Doch alles Reflektieren nützt nichts, wenn wir daraus keine Konsequenzen ziehen und unser Nachdenken keine Folgen zeitigt.

6.1.1 Anpassung = Lernen?

Anpassung allein ist nicht Lernen. Wir können uns einer Situation anpassen, ohne dass wir darüber bewusst nachdenken. Zur Vermeidung von negativen Konsequenzen passen wir unser Verhalten manchmal ganz automatisch an die Gegebenheiten an, z. B. wenn wir einem Vorgesetzten nachgeben, der von uns verlangt, etwas zu tun, das unserer Überzeugung zuwiderläuft. Haben wir dann aus der Notwendigkeit zur Anpassung etwas gelernt? In den meisten Fällen wohl nicht. Und in den verbleibenden Fällen lernen wir wohl nur, wie man Problemen aus dem Weg gehen kann.

Sowohl beim Lernen durch Einsicht[1] als auch beim situierten Lernen[2] finden wir jedoch Hinweise darauf, dass Wissen oder Erkenntnis angewandt und ausprobiert werden müssen, damit wir Lernen und somit das Wissen in unseren Erfahrungsschatz aufnehmen können. Die Theorie des situierten Lernens geht zudem davon aus, dass Lernen nur in einem Anwendungskontext möglich ist, was bedeutet, dass Lernen im Frontalunterricht, nur sehr wenig dazu beiträgt, dass Wissen verinnerlicht wird und es zu einem Lerntransfer kommt, d. h. dass wir in der Lage sind, das theoretische Wissen auch auf konkrete Situationen, die ähnlich gelagert sind, zu übertragen.

Das würde auch erklären, warum das gemeinsame machen von Erfahrungen und bewältigen von Problemen in einem eng gefügten Team (wie agile Teams eigentlich sein sollten) so ein machtvoller Mechanismus ist. Da sich der Lernkontext der einzelnen Teammitglieder überschneidet (Abbildung 6.1), kann erst ein gemeinsames Verständnis der Situation entstehen, eine kollektive „Bedeutung" den Ereignissen zugeordnet werden.

Auch Nonaka und Takeuchi empfehlen in ihrem einsichtigen Buch „The Knowledge-Creating Company", Teams gemeinsam Erfahrungen machen zu lassen und sozusagen ein „Feld hoher Dichte von Interaktionen" zu schaffen, also ein Umfeld, in dem sich die Projektmitarbeiter intensiv und häufig austauschen können und so gemeinsam lernen[3].

---

[1] http://de.wikipedia.org/wiki/Lernen_durch_Einsicht, Wikipedia, Stichwort: Lernen durch Einsicht, Stand Juli 2009

[2] http://de.wikipedia.org/wiki/Situiertes_Lernen, Wikipedia, Stichwort: Situiertes Lernen, Stand Juli 2009

[3] Ikujiro Nonaka & Hirotaka Takeuchi, The Knowledge-Creating Company, Oxford University Press, 1995

Abbildung 6.1: Lernen aus gemeinsamen Erfahrungen

Umso wichtiger ist es, dass Maßnahmen, die im Team beschlossen werden, auch gemeinsam umgesetzt werden, damit man auch gemeinsam daraus lernen kann. Unbeteiligte oder Nicht-Teammitglieder werden bei Weitem nicht denselben Nutzen aus diesen Erfahrungen ziehen können.

6.1.2 Faktoren, die Anpassung verlangen

Es gibt Momente, da müssen wir uns anpassen, ob wir wollen oder nicht. Oder wir denken zumindest aus unserer persönlichen Perspektive, wir müssten uns anpassen. Die Triebfeder einer solchen Anpassung ist in der Regel ein innerer oder äußerer Druck, dem wir uns selbst oder dem uns andere aussetzen.

Ursachen für solchen Druck können sein:

- Angst vor Strafe
- Angst vor dem Anderssein
- Leistungsdruck
- Mangelnde Selbstsicherheit

Der Druck, sich anpassen zu müssen, kann ein Druck sein, der positiv oder negativ wirkt. Angst vor Strafe kann bei uns bewirken, dass wir Dinge tun, von denen wir nicht überzeugt sind. Wir tun sie deshalb ohne Elan und nur widerwillig und haben die Tendenz, sie klammheimlich zu sabotieren.

Auch Leistungsdruck kann sich sowohl negativ als auch positiv auswirken. Werden wir z. B. von Versprechen der Verkaufsabteilung an Kunden, unter Druck gesetzt, möglichst viele neue Features in einem Release auszuliefern, dann können wir versucht sein, die Qualität dabei unter den Tisch fallen zu lassen, nur um nicht als diejenigen da zu stehen, die den Verkaufserfolg verhindert haben.

Ein positives Beispiel von Leistungsdruck ist das fokussierte Arbeiten innerhalb einer kurzen „Time Box". Wenn wir uns gemeinsame, realistische Ziele für die Iteration setzen (die erreichbar sind), dann können wir konstruktiv darauf hinarbeiten.

Oder wenn wir wissen, dass wir am Abend einen Code- oder Design-Review mit Knut, dem Superprogrammierer haben, dann werden wir uns an die vereinbarten Kodierrichtlinien halten und nicht versuchen, Codequalität zu unterschlagen.

Druck kann somit destruktiv wirken oder konstruktiv sein. Welcher Art von Druck wir in unserem Projektumfeld ausgesetzt sind oder welchen Druck wir persönlich auf Andere ausüben, müssen wir deshalb sorgfältig abwägen. Schnell kann es passieren, dass gut gemeintes Ausüben von Druck, das Gegenteil davon erreicht, was ursprünglich die Intention war.

Mit Grenzen oder Begrenzung für ein ganzes Team oder Projekt zu arbeiten, ist dabei oft empfehlenswerter, als mit Druck, der gegen Individuen gerichtet ist.

6.1.3   Wann ist etwas hart anzupassen?

Neben Situationen, die bedingen, dass wir uns anpassen, gibt es aber auch das Gegenteil davon: Dinge oder Situationen, die einer einfachen Adaption im Weg stehen. Spontan kommen da drei Gebiete in den Sinn: Technik, die einem im Weg steht, Mangel an Einfluss und Inkonsequenz. Schauen wir sie etwas genauer an.

Wenn Software nicht „soft" ist

Als jemand, der noch teilweise – sozusagen mit einem Fuß – in der Programmierung steht, kenne ich das Problem von Technik, die sich der einfachen Anpassung widersetzt, nur zu gut.

Einige technische Aspekte, denen ich in den vergangenen 20 Jahren immer wieder begegnet bin und die zu schwer anpassbarer Software geführt haben, sind Folgende:

■ Eine bestehende Codebasis (selbst von sehr großen Softwarepaketen), die keine oder eine schlechte Testabdeckung aufweist.

■ Softwareprodukte, die dank schlechter Architektur und viel Legacy-Code, den man sich nie getraut hat, anzupassen oder gar abzulösen, Schichten in den verschiedensten Technologien implementiert haben und deshalb sehr schwer zu warten sind. Die agile Gemeinschaft hat dafür sogar eine eigene Metapher erfunden: Das Bild der „technischen Schuld". Je länger man sie belässt, desto größere Schuldzinsen laufen auf und desto schwieriger wird es sein, wieder für Ordnung zu sorgen. Eine Weiterentwicklung auf einer solchen Basis bremst jedes noch so gute Team aus.

■ Softwaresysteme, bei denen ein großer Teil der Applikationslogik (meist unter dem Argument der Performanceverbesserung) in der Datenbank implementiert war und bei denen ein Umbau höchst schwierig und zeitaufwendig wurde.

■ Gut gemeinte, jedoch missglückte SOA-Initiativen, die lediglich eine serviceorientierte Integration von völlig heterogenen Systemen darstellen und die grundlegenden Ziele von Wiederverwendung und Vereinheitlichung von Diensten gar nicht erreichen. Dabei werden Systeme oberflächlich miteinander verbunden. Sie unterstehen den verschiedensten Stakeholdern, die alle nur sehr selten miteinander reden. Was dabei entsteht, sind Systemlandschaften, die weniger agil und flexibel sind, als ihre monolithischen Vorgänger.

- Es gibt scheinbar immer noch eine große Anzahl an Unternehmen oder Abteilungen in Unternehmen, die noch nie etwas von einem Build-System gehört haben und deshalb auch keines einsetzen.

- Monolithische Standardpakete, die monatelang konfiguriert werden müssen, bevor sie auch nur annähernd das tun, was man sich von ihnen erhofft. Kurze Iterationszyklen werden in Unternehmen, die solche Pakete einsetzen, sehr schnell als unmöglich und undurchführbar deklariert.

Software sollte eigentlich „weich", leicht modellier- und anpassbar sein. Doch meist entwickelt sie sich in heutigen Projekten zu einem Moloch, der schlecht zu warten ist und nur darauf wartet, vom nächsten Projekt auf der grünen Wiese überholt oder integriert zu werden, wodurch der Softwarekosmos im Betrieb wieder um eine Größenordnung komplizierter wird.

Anekdote: langsame Tests

Es waren einmal ein paar wenige Unit-Tests, die, nachdem endlich ein Build-System eingerichtet worden war, regelmäßig liefen. Doch der Build fiel des Öfteren um, da die Entwickler ihren Code eincheckten, ohne alle Tests laufen zu lassen. Was war der Grund dafür?

Sie argumentierten, dass sie ja nicht zwei Stunden nur dasitzen und warten konnten, bis die Tests durchgelaufen waren. Bei näherem Hinschauen hatten die Tests diverse Probleme.

Zum einen waren es keine richtigen Unit-Tests, denn sie testeten nicht nur eine Einheit, eine Klasse (engl. Unit), sondern meist viele andere Klassen dazu. Ein weiteres Problem war, das viele Tests Testdaten voraussetzten, die aber – es hieß wegen ihrer komplexen Struktur – direkt aus der Datenbank herausgelesen wurden.

Was wurde somit unternommen? Zuerst wurde versucht, die Testdaten direkt im Arbeitsspeicher zu erzeugen und nicht mit persistenten Daten zu arbeiten.

Danach wurde versucht, die Struktur der Applikation zu verbessern (zu Bedenken gilt, dass es sich um eine bestehende Applikation handelte). Abhängigkeiten wurden aufgelöst, eine Schicht von Services wurde eingeführt, um die einzelnen Codeteile besser voneinander zu entkoppeln. Das konnte natürlich nur angegangen werden, weil bereits (wenn auch langsame) Tests vorhanden waren. Zu einem späteren Zeitpunkt (mit dem Advent von Mocking-Frameworks) konnten für die bestehenden Services und andere Klassen Mock-Objekte eingesetzt werden, was die Tests zusätzlich beschleunigte.

Wie lange diese Geschichte dauerte? Rund drei Jahre. Und die Entwicklungsteams optimieren ihr Vorgehen laufend weiter. Selbst wenn das bedeutet, dass sie zusätzliche Zeit und Energie in das Vorhaben stecken müssen.

Mangel an Einfluss

Ist es dir auch schon so ergangen, werter Leser: Man will etwas ändern – an der Organisation, an bestehenden Abläufen oder Vorgehensweisen –, aber man scheint nichts machen zu können, da man das Gefühl hat, einem seien die Hände gebunden.

Manchmal ist das nicht nur ein Gefühl, sondern eine Tatsache. Wenn man zum Beispiel einen autokratischen Chef hat, der gerne im Befehlston mit einem redet und gerne alles selbstherrlich entscheidet, ohne seine Untergebenen zu konsultieren und lieber auf externe Ratgeber hört, die gar keine Ahnung der tatsächlichen Umstände in der Firma haben. Oder man muss mit Partnerfirmen zusammenarbeiten, die ihre eigene Kultur und Art der Abwicklung von Projekten haben, die sich mit unserer, möglicherweise agileren und unkomplizierten Vorgehensweise gar nicht decken. In solchen Fällen hat man die Wahl zwischen zwei extremen Standpunkten, natürlich mit einer Menge von denkbaren Schattierungen dazwischen:

- *Fatalismus*: Wir ziehen uns zurück, ändern nichts an unserer Situation und tun, wie uns befohlen wird oder wie wir am wenigsten Schwierigkeiten kriegen. Im besten Fall versuchen wir wenigstens, in unserem Wirkungsbereich kleinere Änderungen zu bewirken, und gegen außen befriedigen wir alle Anforderungen an Protokollierung, Berichterstattung und Vorgehensschablonen.

- *Krieg*: Wir weigern uns mit Personen zusammenzuarbeiten, die nicht agil vorgehen. Wir zwingen anderen Teams, Abteilungen oder Partnerfirmen unser Vorgehen auf und akzeptieren keine anderen Meinungen. Kompromisse werden als Verrat an der agilen Sache angesehen und wir sind bereit, eventuell negative Konsequenzen wie Entlassung, Projektabbruch oder Disziplinarmaßnahmen in Kauf zu nehmen.

Natürlich gibt es auch sensiblere Mittelwege, die man einschlagen kann. Zwei prominente Ansätze kommen einem hier in den Sinn:

- *Subversion*: Wir versuchen eine Schattenorganisation zur bestehenden offiziellen Organisation einzurichten. Dabei bedienen wir uns unserer Kontakte mit Gleichgesinnten in anderen Teams, Abteilungen und Firmen. Wir versuchen, Zusammenarbeit auf unterer Ebene so angenehm und effektiv wie möglich zu gestalten, unabhängig davon, wie auf oberer Organisationsebene entschieden wird. Wir gehen dabei davon aus, dass unser Tun in der oberen Etage entweder nicht verstanden oder gar nicht bemerkt wird. Oder wir hoffen, dass positive Erfahrungen und Ergebnisse bewirken, dass wir mit der Zeit unser Vorgehen „offiziell" machen können.

- *Konsens*: Diese Strategie basiert auf der Suche nach Konsens. Im Vorfeld eines Projekts und auch wenn ein Projekt bereits gestartet ist, versucht man, andere von den positiven Auswirkungen des agilen Vorgehens zu überzeugen. Man sucht sich Champions[4] in anderen Teilen der eigenen Organisation oder bei Partnerfirmen, die genügend Akzeptanz und Gewicht in ihren jeweiligen Einflussbereichen besitzen, um unsere Argumente zu stützen und zu verkaufen. Diese Art der Einflussnahme ist um einiges schwieriger umzusetzen, als zum Beispiel die subversive Variante, aber im Erfolgsfall ist die dadurch bewirkte Veränderung oft nachhaltiger und vor allem

---

[4]   Mary Lynn Manns & Linda Rising, Fearless Change: Patterns for Introducing New Ideas, Addison-Wesley, 2004

mit weniger Risiken verbunden, da offen und transparent kommuniziert wurde und wir nicht über eine versteckte Agenda operieren.

Natürlich gibt es hier viele Schattierungen und Spielvarianten, mit denen es möglich ist, Einfluss zu nehmen, selbst wenn man scheinbar keinen Einfluss hat. Die gewählte Strategie setzt eine tiefe Kenntnis der jeweiligen Organisation und ihrer Proponenten voraus und sie wird deshalb in der Regel in keinen zwei Projektkonstellationen gleich sein[5, 6].

Anekdote: Kenne deinen Kunden

Die Zusammenarbeit mit einem Kunden gestaltete sich sehr schwierig. Viele verschiedene Beteiligte auf Kundenseite hatten verschiedene Agenden und Ziele. Anforderungen standen zueinander im Widerspruch und Prioritäten waren ebenfalls unterschiedlich. Praktisch jeder sah seine Anforderungen als wichtig an, womit keine entsprechende Sortierung des Produkt-Backlogs möglich war.

Wie konnte man auf den Kunden Einfluss nehmen, obwohl man doch Teil einer anderen Organisation war? Ein Mitarbeiter des Softwarelieferanten erwies sich jedoch als wahrer Meister der Diplomatie. Er informierte sich nicht nur über die wahren Verhältnisse in der Kundenorganisation, sondern er begann auch auf die verschiedenen speziellen Bedürfnisse der einzelnen Abteilungen einzugehen.

Seine Erkenntnisse flossen ins Priorisieren des Produkt-Backlogs mit ein, sodass von da mehr Leute auf der Kundenseite ihre Anforderungen berücksichtigt sahen.

Inkonsequenz

Ein ganz typisches Hindernis für Fortschritt in Richtung agiles Vorgehen, ist Inkonsequenz im Umsetzen von beschlossenen Änderungen. Wer kennt das nicht: Wir haben bei einer Retrospektive beschlossen, ein oder zwei Dinge an unserem Vorgehen anzupassen und wir kommen einfach nicht dazu. Die Wochen und Monate vergehen und es passiert … NICHTS!

Uns ist klar: Es gibt keinen größeren Motivationskiller, als dass gemeinsam beschlossene Maßnahmen nicht implementiert werden. Wie begeistert werden die Teammitglieder in die nächste Retrospektive gehen? Wie lange werden sie Vorschläge zur Verbesserung machen?

Natürlich ist es nicht immer einfach, beschlossene Maßnahmen in die Tat umzusetzen. Folgende Punkte können uns dabei im Weg stehen:

- *Ein nachlässiger Scrum Master (beim Einsatz von Scrum) oder Teamleiter:* Seine Aufgabe wäre es ja, dem Team die Hindernisse aus dem Weg zu räumen. Hat er nicht genügend Zeit dazu, weil er sonst noch viele Aufgaben innehat (die er vielleicht gar nicht wahrnehmen müsste)? Hat er keinen Mut, sich für das Team einzusetzen? Oder ist er schlicht der falsche Mann dafür?

---

5   Allan R. Cohen & David L. Bradford, Influence without Authority, 2nd Edition, John Wiley & Sons, 2005
6   Geoffrey M. Bellman, Getting Things Done When You Are Not In Charge, 2nd Edition, Berrett-Koehler Publishers, 2001

- *Änderungen, die nicht einfach zu implementieren sind:* So sind z. B. Änderungen am Build-System oder Korrekturen von Designfehlern in alter Software gar nicht so einfach zu bewerkstelligen. Große Umstellungen könnten die Stabilität des Systems beeinträchtigen, falls die Testabdeckung noch unzureichend ist. Das könnte uns davon abhalten, notwendige Veränderungen anzupacken. Es kann auch sein, dass es dem Team an Wissen mangelt, wie man komplexe Probleme in kleinen Schritten löst, selbst wenn das bedeutet, dass sie sich erst in mehreren Iterationen erledigen lassen.

- *Keine Zeit, „die Säge zu schärfen":* Wir implementieren neue Funktionalität unter hohem zeitlichem Druck und erhalten keine Zeit oder nehmen uns keine Zeit, unser Vorgehen zu optimieren und effektiver zu gestalten. Wir entschuldigen uns sozusagen damit, dass wir keine Zeit haben, den Entwicklungsprozess zu verbessern, weil der Prozess so ineffizient ist.

- *Unsere persönliche Lethargie, Bequemlichkeit oder Angst:* Als Einzelne tun wir uns oft schwer damit, unsere Komfortzone auszudehnen und neue Fähigkeiten zu erlernen, um für das Team noch nützlicher zu sein. Selbst wenn wir erkannt haben, dass eine Anpassung notwendig wäre, haben wir oft die Tendenz, sie hinauszuschieben.

- *Angst, gegen bestehende Konventionen zu verstoßen:* Es kann sein, dass wir z. B. zu dem Schluss kommen, dass wir ein neues Tool im Team brauchen. Doch damit wir das Tool beschaffen können oder damit wir es überhaupt einsetzen dürfen, müssen wir zuerst bei einer zentralen Stelle einen Antrag stellen. Wir scheuen uns davor, da man dann vielleicht erkennen könnte, dass wir anders vorgehen, als andere Teams. Wir wollen nicht auffallen und zögern deshalb die Beschaffung hinaus.

Anekdote: Wofür die Ausbildung?

In einem Unternehmen gab es Bedarf, den Kunden enger in den Anforderungserfassungs- und Verifikationsprozess einzubeziehen. Man arbeitet lange Zeit nach User Stories, die in einem Issue-Tracking-Tool erfasst wurden, und verifizierte sie mit Tests, die sich durch das GUI navigierten. Man hatte auch einen Anlauf genommen FitNesse einzusetzen, jedoch mit beschränktem Erfolg. Vor allem war der Kunde immer noch nicht in der Lage, abzuschätzen, ob die Tests die Funktionalität abdeckten oder nicht, da die Testskripts in FitNesse auch schwer zu lesen waren. Ein Anwender allein war schlicht nicht in der Lage, etwas mit diesen Tests anzufangen.

Ein aufmerksamer Scrum Master hatte in der Zwischenzeit festgestellt, dass neue Tools in der Open-Source-Gemeinschaft ersonnen worden sind, um diesem Manko Abhilfe zu leisten. Diese Tools, unter dem Begriff „Behavior-Driven Development", konnten eventuell die Brücke zum Kunden schlagen. Die Fallszenarien lesen sich wie deutsche Prosatexte und folgen einem einfachen Muster.

Der Scrum Master sprach mit Einzelnen aus seinem Team darüber. Nachdem das Echo verhalten positiv war, organisierte er eine Schulung für die ganze Firma, mit zwei ausgewiesenen Spezialisten aus dem agilen Umfeld. Die Schulung wurde durchgeführt.

Dann passierte genau … NICHTS! Die Tage und Wochen vergingen und die einzelnen Teammitglieder fragten sich zusehends, ob man denn je etwas vom Gesehenen in die Tat umsetzen würde.

Egal welche Hindernisse bestehen, die die Adaption in unserem Umfeld erschweren, wichtig ist eigentlich nur eines: Dass eine Adaption erfolgt, und sei sie noch so klein. Es gibt kein perfektes agiles Vorgehen und noch weniger ein Team, das vollkommen dem idealen Vorgehen nahe kommt. Das bedeutet, dass wir alle Raum für Verbesserung haben.

Eine Hilfe dabei, tatsächlich Anpassungen vorzunehmen, ist natürlich auch, sich nicht zu viele Änderungen auf einmal vorzunehmen. Lieber weniger Anpassungen vornehmen und auch wirklich implementieren, als viele und lange keine Ergebnisse sehen.

Was man jedoch auf keinen Fall erwarten darf: Dass man keine Probleme bei Anpassungen der Vorgehensweise haben wird. Im Gegenteil, Schwierigkeiten sind nicht zu vermeiden, wie wir in den folgenden Abschnitten feststellen werden.

6.1.4 Satir Change Model

Die im letzten Kapitel erwähnte Familientherapeutin, Virginia Satir, hat neben dem bereits vorgestellten Interaktionsmodell auch ein sehr bekanntes Veränderungsmodell[7] (engl. Satir Change Model) formuliert (Abbildung 6.2).

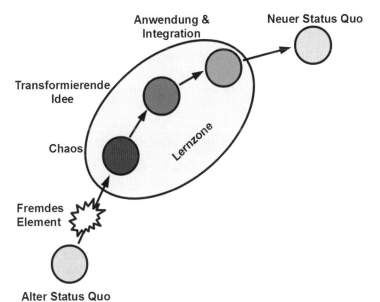

Abbildung 6.2: Das Satir Change Model

Das Modell beschreibt Phasen, die beobachtet werden können, wenn Einzelpersonen oder Personengruppen (somit auch Teams oder ganze Organisation) von einer Veränderung regelrecht durchgeschüttelt werden. Das interessante an diesem Modell ist, dass das eigentliche Ziel das Bewältigen einer neuen Herausforderung ist, die eine Verbesse-

---

[7] Virginia Satir, John Banmen, Jane Gerber, Maria Gomori, Satir Model: Family Therapy and Beyond, Science and Behavior Books, 1991

rung der Leistungsfähigkeit zur Folge hat (da wir ja Neues dazulernen wollen). Diese Verbesserung ist jedoch mit einigen Wehen verbunden.

Beim *alten Status Quo* wissen alle, was sie wie zu tun haben. Es gibt kaum Veränderung. Alle haben sich bequem eingerichtet. Es gibt keine Gründe, etwas zu verbessern und anzupassen, da wir kaum mit Überraschungen konfrontiert werden. Und wenn das geschieht, versuchen wir mit allen Mitteln, den aktuellen Zustand der Konstanz und Sicherheit beizubehalten.

Durch das Auftreten (von außen) oder Einführen (von innen) eines *fremden Elements* (eine innere Erkenntnis, sich zu verändern, oder der Druck eines äußeren Ereignisses, z. B. eines kritischen Projekts) wird das bisherige Vorgehen oder Verhalten massiv in Frage gestellt.

Der Wunsch, die dadurch entstehende Verunsicherung wieder los zu werden, führt zu unvorhersehbarem Verhalten der Beteiligten. Von Schuldzuweisung über Verweigerung bis zur Suche nach einer Lösung, kann alles beobachtet werden. Die Gruppe stürzt ins *Chaos*.

Ist das fremde Element stark genug, sodass mit den Mitteln des alten Status Quo diesem nicht beizukommen ist, dann wird nach einem Lösungsweg gesucht, nach Strategien, wie man mit den veränderten Umständen umgehen kann. Findet man einen gangbaren Weg, die *transformierende Idee* (das „Aha!"-Erlebnis), dann fast man Mut und hat das Gefühl, die Lage meistern zu können.

Man fängt an, entlang der transformierenden Idee, *Praktiken auszuprobieren und anzuwenden*, die einem bei der Bewältigung der Situation helfen könnten. Man hat Erfolge und Rückschläge damit, aber schlussendlich wird die neue Art des Arbeitens akzeptiert und *in die bestehende „Werkzeugkiste" integriert*.

Die neue Vorgehensweise bewährt sich und führt zu einem *neuen Status Quo*. Die Organisation erreicht ein neues Niveau und hat die neue Art des Vorgehens verinnerlicht.

Ein neuer Zustand relativer Ruhe tritt ein, bis zum nächsten fremden Element, das in Erscheinung tritt und das ganze Spiel wieder von vorne beginnt. Einige Dinge wollen wir aus diesem Modell für agiles Vorgehen ableiten:

1. Wollen wir einen neuen Status Quo erreichen, werden wir immer auf Widerstand stoßen, sobald wir neue Ideen einführen.

2. Neue Ideen als Reaktion auf ein zuvor eingetretenes störendes Element (eine Krise im Projekt, eine nie dagewesene Herausforderung für unsere Organisation usw.) werden eher akzeptiert, als wenn es scheinbar keinen Grund gibt, sich zu verändern.

3. Veränderung sollte in von der Organisation absorbierbaren Schritten erfolgen, sodass es dieselbe nicht „zerreißt", d. h. das Chaos zur Konstante wird. Die Schwierigkeit besteht darin, herauszufinden, welches Maß an Veränderung die Organisation verträgt.

4. Im Zustand des Status Quo herrscht Stasis und wir lernen nicht dazu. Die Zone des Lernens befindet sich im Bereich des Chaos bis zur Integration der neuen Methoden in unsere Arbeitsweise. Wollen wir somit laufend Neues dazulernen, müssen wir es schaffen, die Organisation immer wieder aufs Neue in Situationen zu bringen, bei denen Adaption notwendig wird und dann aber auch erlauben, dass diese stattfindet.

6.1.5   Was Anpassung nicht bedeutet

Damit wir verstehen, welche Art der Adaption für das agile Team oder Unternehmen wünschenswert ist, möchten wir uns auch ein wenig über unerwünschte Arten von Anpassung unterhalten.

Manche Befürworter agilen Vorgehens tendieren dazu, aus ihrem Standpunkt eine Religion zu machen. Sie möchten die Welt in zwei Lager spalten: Wir, die Guten, gegen den Rest der Welt. Wen man da nicht aufpasst, kann das zu einem sehr beschränkten Tunnelblick führen. Betrachten wir doch anhand von ein paar Beispielen, was Adaption nicht bedeutet:

■ *Kopfloses ausprobieren*: Man darf auch beim Anpassen des Vorgehens im agilen Umfeld über die Konsequenzen der Adaption nachdenken. Jede neue Praktik, jedes neue Tools muss nicht unbedingt schon Morgen eingeführt sein. In die gleiche Richtung geht auch das Einsetzen von Tools oder die Ausführung von Prozessschritten, die von oben herab pauschal verordnet werden.

■ *Bei nichts bleiben*: Eine Fortsetzung des ersten Punktes führt auch in die Richtung von konstanter Veränderung. Kein neues Vorgehen bleibt länger als eine Iteration in Kraft. Vor lauter Anpassung wissen die Beteiligten bald nicht mehr, was aktuell gerade gilt oder vereinbart wurde.

■ *Revolution*: Das Anpassen des Vorgehens ist normalerweise keine Revolution. Manchmal mag ein radikales „Sich-weg-wenden" angebracht sein, um veränderte Verhältnisse zu signalisieren. Vor allem dann, wenn das Management die Initiative unterstützt und ein Zeichen setzen will. Doch in der Regel sind Anpassungsbemühungen von Iteration zu Iteration klein, überschaubar, isoliert und fließend.

■ *Weg mit dem Alten*: Beschäftigen wir uns nachfolgend mit einigen weiteren Fallstricken rund um die Adaption.

6.2   Anpassung im Kleinen

Stete Adaption zeichnet agile Projekte aus. Der agile Einzelne und die agile Organisation nach Möglichkeiten konstant optimal und effektiv zusammenzuarbeiten. Dabei fängt Adaption in den kleinen Dingen an. Manchmal möchte man mit „Sieben-Meilen-Stiefeln" voranschreiten, muss aber feststellen, dass die Anpassung zu radikal und nicht nachhaltig war.

6.2.1   „Baby Steps"

Helden und Lebensmüde machen große Schritte, ohne dass sie die kleinen beherrschen. Mir scheint manchmal, dass dies das Hauptproblem ist, mit dem ich mich herumschlagen darf.

In der Softwarebranche scheint es, ebenso wie in vielen anderen Berufen, normal zu sein, sich selbst zu überschätzen. Deshalb nimmt man Änderungen vor, die sich desaströs auf einen selbst und auf das Team und ab und an sogar auf ein ganzes Projekt auswirken.

Die wahre Kunst ist stattdessen, Änderungen und Anpassungen nur in kleinen, verkraftbaren Dosen vorzunehmen. Betrachten wir dazu beispielhaft drei Gebiete.

Softwareerstellung

Es scheint sich unter Softwareentwicklern der Glaube zu halten, dass ein erfahrener Entwickler große Änderungen am Code durchführen darf und ein Neuling nur kleine Änderungen unter strenger Aufsicht. Diese Grundeinstellung ist sehr gefährlich und führt in Teams, die agil vorgehen möchten, immer wieder zu Problemen.

Wir überschätzen uns immer wieder, wenn wir Code ändern. Wir beginnen mit einer einfachen Änderung und sehen dabei, dass noch ein paar Anpassungen an Methodennamen gemacht werden sollten, damit diese mit den Namenskonventionen übereinstimmen. Nebenher führen wir noch schnell ein Refactoring durch, in dem wir eine Methode von einer Klasse auf eine andere verschieben und schon haben wir den Überblick verloren. Und wir haben ja nur drei Dinge getan. Selbst wenn wir unseren Code zuvor mit Tests abgedeckt haben, hatten wir viele Gelegenheiten, Fehler einzubauen, bevor irgendjemand sonst den Code zu Gesicht bekommt.

Anekdote: Agiler Bewerbertest

Der Wunsch, bei der Softwareerstellung möglichst kleine Schritte zu unternehmen, hat bewirkt, dass bei unserer Firma auch die Einstellungspraxis angepasst wurde.

Das Vorstellungsgespräch ist dreiteilig und besteht aus einem ersten Gespräch, bei dem man wie gewohnt auf den Lebenslauf und das Wissen des Kandidaten eingeht und die eigene Firma vorstellt. Gefällt uns der Kandidat grundsätzlich und scheint er zur Firma zu passen, dann laden wir ihn zu einem zweiten Treffen ein. Dabei stellen wir ihm im Detail vor, wie wir in der Softwareentwicklung arbeiten und er hat Gelegenheit, einem Entwickler über die Schulter zu schauen.

Anschließend folgt der praktische Teil, bei dem wir sehen wollen, wie der Kandidat arbeitet und wie er auf andere wirkt. Neben einem einstündigen Programmiertest muss er auch eine kurze Präsentation vor anderen, zukünftigen Kollegen halten.

Der Programmiertest ist dahingehend speziell, dass wir beurteilen wollen, ob der Kandidat in der Lage ist, in kleinen Schritten Codeänderungen zu machen. Dazu muss er ein gegebenes Stück Programmcode von einem schlechten in einen besseren Zustand überführen (refaktorisieren). Dabei beurteilen ihn die beiden Tester hinsichtlich seines Verständnisses für Design, seinen Überblick über den Code und seine Fähigkeit, zielgerichtet kleine Änderungen im Code durchzuführen, ohne das die bestehenden Unit-Tests brechen.

Die Erfahrung mit dieser Art Test war bisher durchweg positiv. Selbst die erfahrensten Kandidaten kamen dabei ins Schwitzen und der Test lässt sich auf die Erfahrung und das Können des Kandidaten gut anpassen.

Erschreckend aus meiner Erfahrung war, dass nur wirklich wenige in der Lage sind, sich zurückzuhalten und kleine Schritte zu machen. Die meisten überschätzen sich und laufen früher oder später in Probleme.

Und schon haben wir im agilen Team ein Problem, denn wenn wir Glück haben, bricht nach dem Einchecken der Build, weil wir etwas übersehen haben. Wenn wir hingegen

Pech haben, dann bleibt der Fehler unbemerkt und landet nach zwei Wochen auf dem Produktivsystem unseres Kunden und bewirkt, dass dessen Mitarbeiter einen Tag lang nicht arbeiten können.

Regeln

Agile Prozesse definieren nicht viele Regeln. Und die Regeln, die es z. B. in Scrum gibt, sind meist sehr einfach gehalten. Hier einige der Regeln, die in agilen Prozessen definiert sind:

- Der Kunde ist Teil des Teams oder zumindest ständig verfügbar.
- Ein Sprint ist erfolgreich, wenn „produktionsreife" Software entstanden ist, die umgehend vom Kunden eingesetzt werden kann.
- Tests sollen für jeglichen Code entstehen.
- Täglich sollen am Daily Scrum (Standup Meeting) folgende drei gleichen Fragen von jedem Teammitglied beantwortet werden: Was habe ich gestern getan?, Was werde ich heute tun?, Welche Probleme haben wir im Moment?
- Scrum kennt nur drei Rollen: Teammitglied, Product Owner, Scrum Master.
- Scrum definiert eine Sprintlänge von einem Monat.
- XP definiert als Vehikel für die Anforderungsaufnahme Karteikarten mit so genannten User Stories, die die Anforderungen grobgranular festhalten.
- Die Größe eines Teams in Scrum soll 7 (+/-2) Personen nicht überschreiten.

Viele, die beginnen, sich mit agilen Prozessen zu befassen, halten sich sehr genau an diese Regeln. Jede Abweichung davon gilt als Sakrileg. Andere wiederum stellen Fragen wie:

- Können wir Sprints von zwei Monaten Länge fahren?
- Kann der Kunde auch nur jeweils am Demo-Tag zugegen sein und dem Team Feedback geben?
- Wie wäre es, wenn wir Scrum um die Rolle eines Managers erweitern?
- Ich habe da ein Scrum-Team von 30 Leuten…

Es ist sicherlich positiv festzuhalten, dass das Fragenstellen der Weisheit Anfang ist. Doch interessant ist der Zeitpunkt, wann diese Fragen gestellt werden und worum es bei diesen Fragen geht: Es geht primär darum, den Prozess an die Bedürfnisse der eigenen Organisation anzupassen. Um herauszufinden, welche Motivation hinter diesen Fragestellungen steckt, kann man sich Folgendes überlegen:

1. Hat man einmal ausprobiert, mit den definierten Regeln zu arbeiten, bevor man sie anpasst?
2. Hat man sich bemüht, die dahinter liegenden Grundsätze zu verstehen?
3. Oder stellt man etwas in Frage, dass man noch nie so in Aktion gesehen hat?

Halten wir fest: Alle Regeln können grundsätzlich angepasst werden. Doch bevor wir sie umdefinieren, sollten wir verstehen, warum sie so sind, wie sie sind. Wir sollten uns mit den Grundsätzen und Prinzipien dahinter befasst haben, damit unsere Anpassungen im gleichen Geist vorgenommen werden.

Skalierung

Ein interessantes Thema, dass aktuell auf allen Mailinglisten, Foren und Konferenzen heiß diskutiert wird, ist das der Skalierung von agilen Prozessen.

Dabei wir ebenfalls häufig mit großen Schritten skaliert. Ab dem ersten Tag im Projekt gibt es zwanzig, in agilem Vorgehen geschulte Teams. Dabei vergisst man leicht, dass eine solche Einführung der Agilität selten zum Erfolg führt.

Ein zwei- bis fünftägiger Scrum-Crashkurs lässt die Mitarbeiter selten agile Prinzipien verinnerlichen. Ohne persönliche Erfahrungen, die die einzelnen Teammitglieder mit agilem Vorgehen gemacht haben, unter der Mithilfe von, in agilen Methoden erfahrenen Kollegen, wird die Initiative wahrscheinlich scheitern.

Man kann nicht einfach statt eines Teams zwanzig aufstellen und sagen: „Ihr seid ab jetzt agil!". Es müssen einige Dinge mitwachsen – und ich benutze bewusst das Wort „wachsen" –, damit ein kohärentes Ganzes entsteht. Und dieser Prozess – fast schon organisches Wachstum – lässt sich durch keine Anabolika beschleunigen, nicht ohne gravierende Folgen für die Nachhaltigkeit der Veränderungen.

Persönliche Adaption

Auch auf persönlicher Ebene möchte man sich Verändern, in der Regel zum Besseren. Dabei geht es im agilen Umfeld nicht nur um die Verbesserung von technischen Fähigkeiten, sondern um das bewusste, aktive Ausdehnen der eigenen Komfortzone. Fragen wir uns dazu persönlich:

- Wann habe ich das letzte Mal eine neue Programmiersprache erlernt?
- Wann habe ich das letzte Mal mein Wissen mit anderen geteilt?
- Wie lange ist es her, dass ich dem Team etwas Gutes getan habe?
- Welche Veränderung geht auf eine Idee von mir zurück?
- Bin ich aktiv, wenn es um die Planung der Iteration geht?
- Pflege ich einen regen Kontakt mit dem Kunden? Hole ich ihn regelmäßig ab?

Gibt es auch nur eine Frage, bei der ich mir nicht so sicher bin, dann kann ich etwas dafür tun, dass ich mich positiv verändere. Das kann kein anderer Mensch für mich tun, nur ich selbst.

6.2.2 Adaption im Team

Im Team gibt es auch einige Stolpersteine, die es uns erschweren, bleibende Veränderungen herbeizuführen. Schauen wir uns drei davon an.

Agile Geiselnahme

Ein Phänomen, das man in manchen agilen Teams beobachten kann, nenne ich „agile Geiselnahme", weil dabei einzelne Teammitglieder von anderen dominiert werden. Es kann sich dabei um starke Persönlichkeiten handeln, die anderen ihren Willen aufzwingen.

Doch das muss nicht immer ein Problem sein. Solange der Wortführer selbst ein Vorbild ist, in dem, was er anderen aufzwingt, und dann noch Erfolge damit feiern kann, kann alles eine Weile gut gehen. Doch wehe, diese Person wird nachlässig oder hat keine Zeit, selbst Hand anzulegen, um die von ihr angezettelte Anpassung umzusetzen. Dann kann eine Palastrevolution einsetzen, die sogar zum Rückfall in die „voragile" Welt führen kann.

„Agile Geiselnehmer" haben in der Regel alles Wissen auf ihrer Seite und möchten ihre Sichtweise der Dinge durchsetzen. Ihre Vorschläge und Anregungen bei Retrospektiven müssen durchgesetzt werden.

Wofür bin ich gut?

Erfolgreiche Adaption kann auch dann in Frage gestellt sein, wenn die Struktur und die Möglichkeiten des Teams nicht berücksichtigt werden. Das ist in der Regel der Fall, wenn von oben herab (vielleicht auch von einem Scrum Master), Anpassungen bestimmt werden, anstatt vom Team selbst zu kommen.

Wir wünschen uns zwar spezialisierte Generalisten, aber unsere Kollegen sind weder dazu in der Lage, in diese Rolle zu schlüpfen, noch haben sie die Lust dazu. Wir haben nun die Wahl zwischen zwei Strategien:

- Nichts zu tun, da sich die Situation mit den bestehenden Mitarbeitern nicht ändern wird.
- Oder wir können die Rahmenbedingungen für das Team so verändern, dass das Team sich in seiner selbstorganisierenden Eigenschaft neu aufstellt und somit Mittel und Wege findet, die neuen Parameter einzuarbeiten.

Das agile Team ist meist sehr heterogen: zusammengesetzt aus Menschen unterschiedlicher Erfahrung und unterschiedlichen Wissens. Muss das Team enger zusammenrücken und ist es dem Druck engerer Systemgrenzen ausgesetzt, wird es einen Weg finden, wie es am optimalsten die an das Team gestellten Erwartungen erfüllen kann.

Wichtig dabei ist, dass man nicht von außen (sprich oben) in die Entscheidungen des Teams eingreift, sondern es gewähren lässt.

Im Geschwindigkeitsrausch

Adaption kann auch in die falsche Richtung gehen, wenn das Team nur die „Geschwindigkeit" (engl. Velocity) im Sinn hat. Die Entwicklungsgeschwindigkeit wird im agilen Umfeld ja oft anhand der erledigten (engl. done) User Stories gemessen. Nur jede vollständig implementierte und fehlerfrei User Story zählt.

Wenn das Team bestrebt ist, möglichst viele User Stories pro Iteration zu erledigen, dann kann es in die Falle tappen, den Prozess dahingehend zu adaptieren, dass es in der Lage ist, dieses Ziel zu erreichen. Ein Mittel dazu wäre die Definition von „done", also des Begriffs „fertig", aufzuweichen. Vielleicht mit der Entschuldigung: Wir müssen weniger intensiv testen, denn der Kunde nimmt sowieso alles ab, ohne es genau zu prüfen. Bis jetzt hatte er ja nichts zu beanstanden. Da wird das gar nicht auffallen. Und wir sparen uns viel Arbeit, die wir in weitere Features investieren können.

Doch das ist glatter Selbstbetrug. Spätestens kurz vor der effektiven Inbetriebnahme (vielleicht wird nicht einmal pro Iteration auf ein Produktivsystem ausgeliefert), wird der Kunde auf die Barrikaden gehen, weil die Qualität nicht dem entspricht, was er insgeheim erwartet hat und nur nicht wagte, danach zu fragen.

Das erinnert mich an einen Spruch von Kent Beck, dem Vater von Extreme Programming. Er sagte in Bezug auf das Schreiben von Programmcode: „Make it run, make it good, make it fast." (zu Deutsch: „Mache, dass es funktioniert, mache es gut, mache es schnell.").

Dieselben Worte lassen sich auch auf den Prozess der Adaption anwenden:

1. Ziehe die Anpassung durch.
2. Mache, dass die Anpassung haften bleibt.
3. Optimiere die Anpassung bezüglich Effizienz.

Es gibt Parameter (wie Qualität), die der optimierenden Anpassung nicht zum Opfer fallen dürfen.

6.2.3   Auswirkungen der Anpassungen messen?

Lassen sich die Auswirkungen von Änderungen des Vorgehens messen? Das ist schwierig zu beantworten. Denn das ist weniger das Problem von nicht vorhandenen Metriken. Wir können immer z. B. die Qualität unseres Softwareprodukts messen, indem wir die Anzahl von neu erzeugten Defekten pro Iteration auf der Zeitachse über einen längeren Zeitraum verfolgen und so einen Trend errechnen können.

Nicht die Metriken oder Zahlen an sich sind das Problem, sondern die fehlende Brücke zu den kausalen Zusammenhängen. Dadurch sind wir nicht in der Lage, mit Sicherheit zu sagen, warum wir nun in den letzten fünfzehn Iterationen, weniger Fehler produziert haben. Das könnte mehrere Ursachen haben, die zusammenwirkten.

Und trotzdem können wir beurteilen, ob unsere Anpassungsanstrengungen auf die Dauer positiv waren oder nicht. Dazu genügt es als Team, einen gemeinsamen Blick in die Vergangenheit zu werfen um festzustellen, was wir bereits auf unserem Weg in die Agilität angepasst und verändert haben (Abbildung 6.3, Zeitlinie mit Ereignissen aus einem realen Projekt).

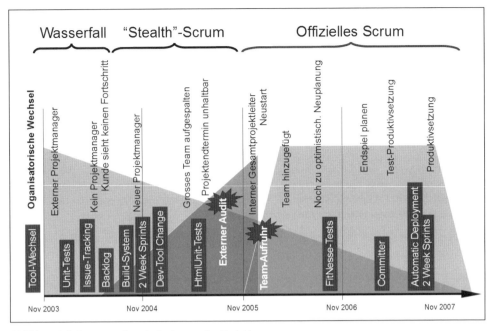

Abbildung 6.3: Anpassung innerhalb eines realen Projekts

Die dunklen Kästchen signalisieren signifikante Anpassungen bei den verwendeten Werkzeugen, während die weiteren schwarzen Einträge organisatorische Veränderungen anzeigen.

Die Zeitlinie zeigt in einer ungeschönten Übersicht, wie ein Adaptionsprozess in einer Unternehmung im Laufe der Zeit wirken kann.

6.3   Makroanpassung

Nachdem wir uns mit der Adaption im Kleinen befasst haben, wollen wir den Blick auf Anpassung und Adaption auf der Ebene von ganzen Entwicklungsprozessen befassen. Dabei betrachten wir besonders den Übergang von Traditionellen zu agilen Prozessen und die Integration von agilen Prozessen in andere Prozesse und Vorgehensrahmenwerke.

6.3.1   Von traditionell nach agil

Viele Organisationen kämpfen mit dem Übergang von einem traditionell vorgehenden Unternehmen zu einem Unternehmen, das agil vorgehen möchte. Manchmal möchte man sich ja gar nicht ändern, aber in der Zwischenzeit haben agile Vorgehensweisen so an Popularität zugelegt, dass bald kein Unternehmen herum kommt, sich nicht Gedanken über einen Übergang zu machen.

Einzelne Mitarbeiter sind da oft schon weiter und versuchen, agile Praktiken auf eigene Faust in Unternehmen zu etablieren. Mit unterschiedlichem Erfolg. Untersuchen wir, woran das liegen könnte.

Agile Managementinitiativen

In einigen Betrieben hört das Management von den Vorteilen agiler Softwareentwicklung und zeigt sich davon begeistert. Prompt werden Berater engagiert, die einen Schlachtplan entwerfen sollen, wie man diese neue leichtgewichtige Sache unter die Belegschaft bringt.

Schulungen werden veranstaltet, Vorträge gehalten, alle mit der Botschaft: „Ab nächsten Montag sind wir agil. Soundso müsst ihr vorgehen. Unsere Methodikabteilung hat ein Handbuch für die Anpassung unserer Entwicklungsprozesse herausgegeben. Bei Fragen stehen sie ihnen selbstverständlich zur Verfügung.".

Was stimmt mit dieser Anpassung der Vorgehensweise nicht? Warum verlaufen solche Initiativen meist im Sand?

Folgende Gründe könnte das haben:

- Eine meist einmalige Anpassung und keine kontinuierliche Adaption. Dazu sind die meisten Großbetriebe bereits auf Grund ihrer schieren Größe nicht in der Lage.

- Kein Einbezug und keine signifikante Konsultation seitens der Ausführenden. Ausführende besitzen den Verbesserungsprozess nicht, sondern sind lediglich Befehlsempfänger, womit Prinzipien der Selbstorganisation und der Verantwortlichkeit über Bord gehen.

- Oft schablonenhafte Prozesseinführung mit wenigen situationsabhängigen, einmaligen Konfigurationsmöglichkeiten. Leider ist die Realität nicht so simpel, dass solche Templates wirklich genutzt werden könnten.

Extreme Anpassung

Natürlich soll man agile Prozesse an die Bedürfnisse der eigenen Organisation anpassen. Das ist ja eine der Grundfesten von agilen Vorgehensweisen. Doch man kann die Anpassung auch übertreiben. Hier zwei Negativbeispiele:

- Man passt den Prozess so sehr der bestehenden Organisation an, dass er genau den Aufbau der aktuellen Organisation widerspiegelt und sich so nicht mehr groß (außer durch das Vokabular) vom bestehenden Vorgehen unterscheidet. So bleiben Testabteilungen bestehen und cross-funktionale Teams rücken in weite Ferne.

- Noch einfacher macht man es sich, wenn man bestehende Rollen und Artefakte einfach umbenennt: Der Businessanalyst wird auf einmal der Product Owner und der Architekt zum Scrum Master. Gleichzeitig benennt man „Use Cases" in „User Stories" um und hält ab sofort alle Sitzungen im Stehen ab.

Der Bottom-Up-Ansatz

In vielen Fällen entdecken die Ausführenden agile Vorgehensweisen und versuchen, sie ohne Autorität und direkte Unterstützung des Managements, manchmal sogar versteckt, einzusetzen. Obwohl das der vielversprechendste Ansatz ist, weil die Akzeptanz unter den Ausführenden bereits recht hoch ist, kann er trotzdem scheitern. Mögliche Gründe dafür sind:

- Keine rechtzeitige, offizielle Unterstützung durch das Management, vor allem, wenn es darum geht, das Vorgehen auch gegen Außen oder Dritte zu verteidigen.
- Uneinigkeit im Vorgehen, weil sich keine Meinung an der Basis durchsetzen kann.
- Implementation auf eigene Faust, ohne Einsichten von Leuten, die im agilen Umfeld bereits handfeste Erfahrungen gesammelt haben.
- Scheitern beim Integrieren mit Teams, die nicht derselben Philosophie folgen.
- Langsam beim Durchdringen der ganzen Firma.

6.3.2   Agil bleiben

Nun sind wir agil. Wir dürfen offiziell nach agilen Prinzipien arbeiten und wir wollen auch alles anwenden, was wir gelernt haben und noch lernen. Doch das Prinzip der Entropie macht vor Vorgehensweisen keinen Halt. Die Gefahr besteht, dass sich die anfängliche Euphorie legt und wir unmerklich unsere Agilität wieder verlieren. Wie kann das geschehen? Wir wollen sehen.

Rückfall in den alten Status Quo

So ein Rückfall in die Art und Weise, wie wir früher vorgegangen sind, kann uns aus verschieden Gründen ereilen. Dabei fallen wir auf den alten Status Quo zurück, den wir eigentlich verlassen wollten. Entweder waren die Turbulenzen des Chaos zu groß oder wir fanden keinen Weg, wie wir auf verlässliche Weise Software produzieren konnten. Folgende Ursachen könnten den Ausschlag geben:

- Es wurde angenommen, dass ein agiler Prozess die Probleme der Firma in der Projektabwicklung lösen könnte. Ein Trugschluss, denn agile Prozesse lösen keine Probleme, sondern zeigen sie nur auf.
- Die Organisation besteht aus Personen, die nicht in der Lage sind, ihre eigenen Probleme zu lösen. Vielleicht, weil die Mitglieder der Organisation sehr unerfahren oder sehr dickköpfig sind.
- Wenn die Organisation vorher keinen Entwicklungsprozess hatte, dann scheint sie wieder in alte, schlechte Gewohnheiten zurückgefallen zu sein. Das kann auf einen Mangel an Disziplin hindeuten.
- Der agile Prozess zeigte keine besseren Ergebnisse als der alte Prozess und wurde deshalb wieder verworfen. Man wollte sich die Risiken, die damit verbunden sind, die ganze Organisation umzukrempeln, ersparen.
- Man hat Agilität missverstanden und produziert keine Qualitätsarbeit. Probleme mit dem entstehenden Produkt führen zum Abbruch des Projekts und damit stirbt auch die agile Initiative.

Verwässerung

Man könnte diese Art der Adaption auch „homöopathische Agilität" nennen. Schritte, die wir unternehmen sollten, um agiler zu werden, schwächen wir so ab, dass die Wirkung nur noch im Glauben besteht, dass es uns jetzt besser geht. Hier einige Beispiele:

- Der Kunde möchte nicht so stark an der Entwicklung partizipieren, also zeigen wir ihm die Resultate unserer Arbeit nur alle drei Monate.

- Anforderungen können nicht wirklich zu Beginn eines Projekts definiert werden, also leben wir von der Hand in den Mund und verzichten ganz darauf, Anforderungen aufzunehmen.

- Der Kunde behauptet, ein teilweise implementiertes System nicht brauchen zu können, also beschließen wir, nicht einmal auf ein Testsystem beim Kunden regelmäßig auszuliefern.

- Enge Zusammenarbeit ist nicht wirklich möglich, da unsere Organisation stark verteilt ist, deshalb suchen wir nach Möglichkeiten, um „verteilt agil" zu entwickeln. Wir denken nicht einmal daran, etwas an unserer Organisationsstruktur zu ändern oder die Arbeiten anders zu segmentieren.

- Wir wollen unsere Jobtitel behalten und deshalb beharren wir auf klassischer Arbeitsteilung. Dabei nehmen wir einem Entwicklungsteam jegliche Schlagkraft.

- Statt integriert zusammenzuarbeiten, leben wir unsere klassischen Wasserfallprozess in Iterationen weiter. Entweder dadurch, dass wir eine Analyse-, eine Programmier- und eine Testiteration einführen oder indem wir Miniwasserfälle innerhalb jeder Iteration installieren.

- Wir wollen weiterhin unsere „Ressourcen", d. h. unsere Mitarbeiter optimal nutzen und lassen sie deshalb Spezialisten sein, die dann gerne ihr Wissen in mehreren, parallel arbeitenden Teams einbringen dürfen.

Integration mit anderen Prozessrahmenwerken

Manchmal werden wir gezwungen, unser Vorgehen in einem Projekt definierten Standards anzupassen (z. B. Prince, Hermes, V-Modell und wie sie alle heißen). Wir zwängen dann Iterationen in Meilensteine, Demo-Workshops in Abnahmen und Produkt-Backlogs in Gantt-Charts.

Dabei laufen wir Gefahr, die agilen Werte aufs Spiel zu setzen. Denn oft sind mit den Begriffen, die wir substituieren, andere Werte verbunden. Andere Erwartungen sind bei den Beteiligten im Projekt, die sich noch nie mit agilem Vorgehen beschäftigt haben, an sie geknüpft.

Zu starke Anpassung kann dazu führen, dass wir fast nichts aus der agilen Welt hinüberretten und unser Projekt ein Misserfolg wird. Zu schwache Anpassung kann hingegen bewirken, dass wir den Auftrag, das Projekt durchzuführen, aberkannt bekommen.

6.4 Erfolgreiche Anpassung?

Einige Aspekte und Rahmenbedingungen, die in einer erfolgreichen agilen Organisation, zu grundlegenden Qualitäten zählen, bergen auch Gefahren. Wir wollen nun im Folgenden einige davon etwas genauer betrachten.

Selbstorganisation

Selbstorganisation ist eines der führenden Prinzipien im agilen Ansatz. Man geht davon aus, dass die Ausführenden genau wissen, was sie tun und deshalb in der Lage sind, sich selbst erfolgreich zu steuern, um genau dass zu tun, was notwendig ist, damit sie ihr Ziel erreichen. Das ist eine reichlich optimistische Sichtweise.

Im Umfeld der Selbstorganisation gibt es einige Riffe, die es zu umschiffen gilt. Hier einige dieser Problembereiche:

- Wie bringt man mehrere selbstorganisierende Teams dazu, in die gleiche Richtung zu arbeiten, sodass sie gemeinsam an einem Strang ziehen. Geschieht das nicht, dann kann es sein, dass wir mehrere Insellösungen und nicht zueinander passende Einzelteile einer Applikation bekommen.

- Was passiert, wenn ein selbstorganisiertes Team in eine Pattsituation gerät, aus der es sich selbst nicht mehr befreien kann, z. B. wenn es darum geht, eine schwierige Entscheidung zu treffen und ein Konsens scheinbar nicht möglich ist? Kann diese Situation nicht bereinigt werden, kann sich das sehr negativ auf den Teamgeist auswirken. Außerdem kann durch das Eingreifen von außen die Selbstorganisation im Team empfindlich gestört werden.

- Was passiert, wenn sich das selbstorganisierende Team ganz anders entwickelt, als das Management es möchte? Zum Beispiel kann so ein Team für sich entscheiden, agiles Vorgehen ganz aufzugeben. Soll man da einschreiten?

- Was passiert, wenn die Selbstorganisation im Team nicht funktioniert und es gerne gesagt bekommt, was es zu ändern oder anzupassen hat? Soll es gezwungen werden, selbst Entscheidungen zu treffen, oder soll man ihm diese abnehmen?

Wichtig ist sicherlich, stets zu bedenken, dass Selbstorganisation ein Mittel zum Zweck ist und nicht eine Philosophie, die die allein selig machende ist. Bringt sie keinen Nutzen, dann darf man sich durchaus überlegen, welche andere Art der Organisation dem Projekt zuträglich ist.

Fehler machen erlaubt?

Natürlich macht man auch in agilen Teams nicht gerne Fehler. Wir alle haben gerne Mitarbeiter, die ihr Metier verstehen und deshalb nicht mehrere Anläufe brauchen, um eine Aufgabe zu erledigen. Doch agiles Vorgehen geht grundsätzlich davon aus, dass man neue Erkenntnis und neues Wissen über die Domäne und die Wünsche des Kunden laufend in die entstehende Anwendung integriert.

Man geht davon aus, dass es Iteration für Iteration und Inkrement für Inkrement erlaubt ist, Änderungen an bestehenden Teilen der Applikation vorzunehmen. Natürlich ist das mit zusätzlichen Kosten verbunden. Das heißt, dass ein Feature teurer zu stehen kommen kann, als ursprünglich dem Kunden besprochen. Das ist auch ein Vorwurf, den sich agil vorgehende Teams immer wieder von Außenstehenden anhören müssen.

Doch halten wir einmal inne. Liegt das daran, dass wir im agilen Vorgehen nicht gut genug planen oder dem Kunden sozusagen alles durchgehen lassen, d. h. alle Wünsche bedingungslos von den Augen ablesen und umsetzen und deshalb aus dem Budgetrahmen fallen?

Oder liegt es nicht viel mehr an einem anderen Versäumnis, nämlich den bekannten Produkt-Backlog richtig zu pflegen, zu priorisieren und den Kunden auch einmal darauf aufmerksam zu machen, was eine Änderung an einem Feature zusätzlich kostet? Außerdem wurde eventuell versäumt, den Kunden darüber in Kenntnis zu setzen, dass neue oder zusätzliche Anforderungen bedeuten, dass irgend etwas (weniger wichtiges) aus dem Product Backlog herausfällt, sollen die Kosten im Zaum gehalten werden.

Ist eine Kultur des „Fehler-machen-dürfens" nicht gegeben, dann kann das dazu führen, dass alte Gespenster, wie das vorgängige genaue und detaillierte Analysieren einer Aufgabenstellung, zurückkehrt und das Team davon abhält, inkrementell auszuliefern.

Doch noch ein Wort zur Vorsicht: Das bedeutet nicht, dass eine Mentalität der „Feuerwehrübungen" herrschen soll. Wenn wir nur am Feuerlöschen sind, dass heißt, wenn wir jeweils eine oder mehrere Iterationen brauchen, um Fehler aus einer vorangegangenen Iteration zu korrigieren, dann haben wir ein ganz anderes Problem: Unsere Qualität ist schlecht. Das hat dann mit agilem Vorgehen nichts mehr zu tun.

Fehler machen, soll man dürfen können. Mein Französisch-Lehrer am Gymnasium pflegte immer zu sagen: „Macht neue Fehler! Macht jeden Fehler nur einmal. Das ist ja langweilig, wenn ihr immer wieder dieselben Fehler macht." Das kann durchaus auch als Motto für eine gelungene Adaption gelten. Wenn wir in unserem Vorgehen ein Problem ausmachen oder wenn wir nicht den Erfolg mit unserer Handlungsweise haben, den wir uns wünschen, warum dann dieselben Dinge immer wieder tun?

Was ist wichtiger?

Ist der Entwicklungsprozess oder das Produkt, das durch die Zusammenarbeit unter diesem Prozess entsteht, wichtiger? Wenn unsere Anpassungen des Prozesses kosmetischer Natur sind oder nichts dazu beitragen, dass unser Produkt (das Resultat unseres Projekts) besser wird, dann kann es sein, dass wir gut auf diese Anpassungen verzichten können.

Im Gegenteil, unnütze Anpassungen können uns von den wahren Problemen unseres Vorgehens ablenken. Sie können auch dazu führen den Prozess mit unnötig viel Zeremonie auszustatten, mit Dingen, die die Sicht auf die essenziellen Dinge versperren (ähnlich, wie das in traditionellen Prozessen schon lange der Fall ist).

Das Produkt unserer Entwicklungsanstrengungen hat absoluten Vorrang und der Entwicklungsprozess ist nur dazu da, das Ziel eines auf den Kunden zugeschnittenen Produkts zu erreichen. Agile Prozesse zeichnen sich dadurch aus, dass sie genau das erreichen wollen und der Prozess nur gerade so kompliziert wie nötig ist.

Antizipation

Stehen Adaption und Antizipation im Widerspruch zueinander? Aus dem Umfeld von Extreme Programming stammt die Ansicht, dass Antizipation, also das Vorwegnehmen von wahrscheinlichen Entscheidungen für die Zukunft, zu vermeiden ist, denn man könne die Zukunft sowieso nicht richtig einschätzen.

Das bedeutet z. B. in der Praxis des Programmierens, dass man Programmcode nicht so schreiben soll, dass man den allgemeinen Fall antizipiert. Stattdessen soll man ein konkretes Problem lösen und erst wenn man ein zweites, ähnliches Problem zu lösen hat, kehrt man an die Stelle zurück, die man zuvor schon implementiert hat, und schreibt den Programmcode so um (refaktoriert), dass beide Stellen eine gemeinsame Abstraktion nutzen und dadurch Codeduplizierung vermieden wird.

Doch Antizipation muss nicht unbedingt schlecht sein. Philippe Kruchten behauptet, dass Antizipation und Adaption eigentlich zwei Seiten derselben Medaille sind: Die Antizipation treibe uns vorwärts und Adaption ändere dabei die Richtung. Das trifft natürlich nur so lange zu, wie wir eine ausgeglichene Ansicht über Antizipation an den Tag legen.

Auch im agilen Vorgehen wird Antizipation betrieben. Wir versuchen uns ein Bild, ein Modell der Kundenanforderungen zu schaffen, dass uns als Leitfaden für unsere Anstrengungen in der Umsetzung dient. Dieses Modell mag nicht hundert Prozent mit den tatsächlichen Wünschen des Kunden übereinstimmen. Doch wir werden durch Adaption dieses Bild immer besser an die Wirklichkeit angleichen.

Wenn jedoch unsere Antizipation so weit geht, dass wir einen Plan aufstellen, der unumstößlich als gegeben feststeht, dann gleicht unser Prozess wieder den traditionellen Ansätzen, die die finale Lösung schon zu Beginn eines Projekts festschreiben wollen.

Überforderung

Manchmal kann die gut geölte, agile Maschine einzelne Parteien überfordern. Anpassungen und laufende Verbesserungen des Entwicklungsprozesses können dazu führen, dass Einzelne durch die Intensität und das Tempo gestresst sind. Anzeichen dafür können sein:

- Der Kunde beklagt sich über die kontinuierliche Belastung durch den Aufwand für das Testen, den er in kurzem Abstand immer wieder leisten muss. Dabei testet er bereits nur neue Funktionalität, d. h. die Funktionen, die in der letzten Iteration hinzugekommen sind.

- Das Team ist gezwungen, öfters einen Hotfix-Release während einer Iteration zu bauen und auszuliefern, weil sich gravierende Mängel in das Produkt eingeschlichen haben. Vielleicht ist das Team noch nicht in der Lage, in der kurzen Zeitspanne (z. B. zwei Wochen) der Iteration, genügend Qualität zu liefern. Die Entscheidung, die Iterationslänge auf einen Zwei-Wochen-Rhythmus zu kürzen, war vielleicht noch verfrüht.

- Einzelne Teammitglieder kommen mit der Rolle, die sie im Moment als spezialisierte Generalisten spielen sollten, z. B. Anforderungen aufnehmen, nicht klar. Vielleicht haben sie noch nicht genügend Schulung genossen oder trauen sich einfach nicht. Sie weigern sich deshalb, in diese Rolle schlüpfen zu müssen.

Egal, wie sich Überforderung manifestiert, man sollte die Anzeichen ernst nehmen und lieber eine Anpassung in die entgegengesetzte Richtung vornehmen, d. h. einen Gang herunterschalten und die ganze Sache etwas langsamer angehen. Und das natürlich unter dem Beibehalten der sonstigen Attribute einer agilen Vorgehensweise: hohe Qualität, iteratives Vorgehen und starker Einbezug des Kunden. Vielleicht muss man nur die Art und Weise ändern, wie man z. B. mit dem Kunden umgeht.

6.5 Zusammen adaptieren

Adaption im Kleinen ist an sich schon nützlich, doch ohne passende Zusammenarbeit kann keine Adaption im Großen stattfinden.

Wie bereits angedeutet, ist es von Vorteil, wenn die Anstrengung, die gemeinsame Vorgehensweise anzupassen, nicht von Einzelnen oder nur von Oben herab kommt, sondern von allen im Team getragen wird. In Betrieben mit vielen Teams ist es auch überaus wichtig, dass diese Anpassungen nicht nur auf ein Team beschränkt bleiben.

Selbst Geschäftsprozesse, die nicht direkt mit der Softwareentwicklung zu tun haben und nur so genannte Hilfsprozesse darstellen, können von den Veränderungen betroffen sein. Einige Bereiche, die von Umstellungen im Entwicklungsvorgehen betroffen sein können, sind:

- *Der Verkaufsprozess:* Wir werden unter Umständen Projekte und Produkte auf eine ganz andere Art und Weise verkaufen müssen, damit der Kunde die richtigen Erwartungen bezüglich dessen, was er von einem agilen Prozess erwarten darf, hegt.

- *Die Personalpolitik:* Man wird unter Umständen ganz andere Profile haben, nach denen man neue Mitarbeiter sucht. Außerdem wird man unter Umständen bestrebt sein, nicht mehr so viel Outsourcing zu betreiben, oder zumindest nicht auf eine Weise, die agilen Prinzipien und Werten widerspricht (so werden z. B. nun auch Kundennähe und cross-funktionale Zusammenarbeit einen Einfluss haben). Auch erhalten Teamkomponenten beim Bestimmen von Mitarbeiterleistung (z. B. bei Lohnverhandlungen) ein viel stärkeres Gewicht.

- *Die Innenarchitektur:* Auf einmal werden andere Ansprüche auf den Ausbau und die Struktur der Räumlichkeiten gelegt, in denen sich agile Teams befinden. So ist man in solchen Teams gerne in Hörweite voneinander, damit Kommunikation ungehindert fließen kann.

Das waren nur drei Gebiete, auf denen Adaption ebenfalls gefragt ist. Doch im Umfeld der Zusammenarbeit hapert es manchmal ganz gewaltig. Viele Firmen versuchen Agilität auf ihre Zusammenarbeitssituation anzupassen, anstatt ihre Art der Zusammenarbeit zu überdenken. Im folgenden Kapitel wollen wir uns über einige dieser Hindernisse etwas eingehender unterhalten.

7 Gemeinsam sind wir schwach

„Das Ganze ist größer als die Summe seiner Teile."
Aristoteles

Die Aussage des Aristoteles stellt den idealen Fall einer Zusammenarbeit dar. Wenn mehrere Personen sich zusammen tun, um ein gemeinsames Ziel zu erreichen und jeder seinen kleinen Teil dazu beiträgt, kann Großes geschaffen werden. Denken wir z. B. an den Kölner Dom, ein monumentales Bauwert mit einer Bauzeit von rund 632 Jahren (Grundsteinlegung 1248 – Vollendung 1880). Das war kein agiles Projekt mit vielen historisch bedingten Baupausen. Doch schlussendlich konnte das Bauwerk fertiggestellt werden[1].

Doch fast ebenso häufig (in der Informatik mit rund 30-prozentiger Wahrscheinlichkeit des Eintreffens) ist die Zusammenarbeit von keinem Erfolg gekrönt, wie z. B. der Bau und der unrühmliche Untergang des königlichen Kriegsschiffes Vasa im Stockholmer Hafenbecken im Jahre 1628 illustriert[2].

Der Kollaboration im agilen Umfeld stehen viele Hindernisse im Weg. Wir haben in den vergangenen Kapiteln bereits einige davon gestreift. Wir wollen uns nun noch etwas genauer damit beschäftigen, was erfolgreiche Zusammenarbeit in einem agilen Team, Projekt oder Unternehmen ausmacht.

7.1 Agile Zusammenarbeit

Wir haben bereits im zweiten Kapitel gelernt, dass enge Zusammenarbeit ein eigentlicher Wert ist, der überhaupt agiles Arbeiten charakterisiert.

Agile Formen der Zusammenarbeit fußen auf den gleichen Grundprinzipien, die jeglichen Zusammenarbeitsformen (auch in traditionell abgewickelten Projekten) eigen sein sollten. Doch während in vielen traditionellen Projekten und Teams diesen Prinzipien zwar Lippendienst dargebracht wird, die tägliche Arbeit aber dann doch anderes aussieht, nimmt die agile Gemeinschaft diese viel ernster.

---

[1] http://de.wikipedia.org/wiki/K%C3%B6lner_Dom, Wikipedia, Stichwort: Kölner Dom, Stand August 2009
[2] Richard E. Fairley & Mary Jane Willshire, Why the Vasa Sank: 10 Problems and Some Antidotes for Software Projects, IEEE Software , März/April 2003

7.1.1   Voraussetzungen für Zusammenarbeit

Es gibt kulturelle Voraussetzungen, die gegeben sein müssen, damit gute Zusammenarbeit möglich ist. Treffen diese nicht zu, dann ist die Kollaboration im besten Fall mühsam für alle Beteiligten oder im schlimmsten Fall unmöglich oder nach kurzer Zeit zum Scheitern verurteilt.

Wir haben in Kapitel 4 bereits einiges über Firmenkultur gelernt, doch die genauen Faktoren für erfolgreiche Zusammenarbeit wollen wir etwas näher ausleuchten.

Evan Rosen nennt in seinem Buch „The Culture of Collaboration"[3] die folgenden 10 kulturellen Elemente, die in einer Organisation vorhanden sein müssen:

Element	Beschreibung
Vertrauen	Teammitglieder kennen und schätzen sich, sind vertraut miteinander, fühlen sich sicher, weil sie sich vertrauen.
Teilen	Ideen und Gedanken werden offen geteilt und fließen frei. Sie werden in der Gruppe verfeinert, hinterfragt, kritisiert und verbessert.
Ziele	Gemeinsame Ziele leiten Gedanken, Ideen und generieren scheinbar einheitliches Handeln in der Gruppe.
Innovation	Neuerungen sind erlaubt und ausdrücklich erwünscht. Neue, kreative Lösungsansätze werden begrüßt.
Umgebung	Physische und virtuelle Umgebung ist so gestaltet, dass sie die Zusammenarbeit und Kommunikation fördert.
Kollaboratives Chaos	Freiheit herrscht, auf welchem Weg man zu neuen Ideen und zum Arbeitsergebnis kommt.
Konstruktive Konfrontation	Rat wir eingeholt und als positiv angesehen. Konstruktive Kritik herrscht vor.
Kommunikation	Gedanken können frei fließen und werden intensiv ausgetauscht.
Gemeinschaft	Geteilte Interessen und Werte.
Wertschaffung	Das Schaffen von Wert wird als sinnstiftende Grundlage für Zusammenarbeit verstanden.

Tabelle 7.1: Notwendige kulturelle Elemente für funktionierende Zusammenarbeit nach Rosen

In agilen Teams wird normalerweise danach gestrebt, in einen dynamischen „Arbeitsfluss oder -rhythmus" zu gelangen und möglichst lange darin zu bleiben. Faktoren, die das begünstigen, hat ein weiterer Fachmann zusammengetragen: Professor Keith Sawyer, Assistenzprofessor an der Washington Universität in St. Louis, gibt uns in seinem Buch „Group Genius: The Creative Power of Collaboration"[4] einige Hinweise.

---

[3]   Evan Rosen, The Culture of Collaboration, Red Ape Publishing, 2009
[4]   Keith Sawyer, Group Genius: The Creative Power of Collaboration, Basic Books, 2007

Faktor	Beschreibung
Gemeinsames Ziel	Gruppe hat gemeinsames Ziel, damit sie in die gleiche Richtung arbeitet und zusammenhält.
Genaues Zuhören	Genaues Zuhören, darauf achtend, was andere in der Gruppe tun, um von ihnen zu lernen und sich gegenseitig zu helfen.
Absolute Konzentration	Ablenkungen sind Gift. Extremer Zeitdruck verhindert konzentriertes Arbeiten.
Selbstführung	Gruppe steuert ihre Handlungen und formt ihre Umgebung autonom.
Egos mischen	Einzelner stellt sein Ego zugunsten der Gruppe zurück und lässt andere Meinungen gelten.
Gleich große Beteiligung	Keine Person dominiert die Gruppe. Alle können sich ähnlich stark entfalten.
Vertrautheit	Teammitglieder kennen ihre Schwächen und Stärken. Gemeinsames Set von Normen und ungeschriebenen Gesetzen (engl. tacit knowledge) erleichtert den Umgang miteinander.
Kommunikation	Spontane Konversationen und ungezwungene Unterhaltungen sind an der Tagesordnung.
Vorwärtsbewegung	Variabilität (z. B. Fehler) wird als Gelegenheit für Verbesserung und Neuerung angesehen und durch Improvisation darauf aufgebaut. Statt dauernd „Ja, aber..." zu sagen dominiert „Ja, und...".
Möglichkeit des Fehlschlags	Mögliche Fehlschläge erzeugen Druck auf das Team. Das Team nutzt sie als Gelegenheit zum „Üben" und sich verbessern.

Tabelle 7.2: Erfolgsfaktoren für eine gute Zusammenarbeit nach Sawyer

Die beiden Tabellen erhalten – was nicht überraschend ist – einige gemeinsame Elemente: Vertrauen, gemeinsames Ziel, Kommunikation, Teilen, Selbstbestimmung, Freiheit in der Lösungsfindung und Kreativität, aufbauende und konstruktive Kritik sowie Gemeinschaftssinn und aufeinander hören.

Auffallend sind zusätzliche Faktoren: Rosen erwähnt den Einfluss der Arbeitsumgebung, sei sie nun physisch oder virtuell, auf die Art der Zusammenarbeit. Bei Sawyer ist es vor allem die Betonung der Gefahr von Ablenkung und von positivem, wie negativem Leistungsdruck durch die Möglichkeit und Anerkennung von Fehlschlägen, die hervorzuheben sind. Für agile Kollaboration wollen wir daraus einige Erkennungsmerkmale extrahieren.

7.1.2 Wann ist Kollaboration agil?

Wenn wir uns auf die bisher behandelten Prinzipien und Werte abstützen, dann können wir für eine Zusammenarbeit, die sich agil nennen will, die folgenden neun Merkmale festlegen:

- Eng
- Fokussiert

- Klar
- Offen
- Abgegrenzt
- Vernetzt
- Selbstorganisierend
- Cross-funktional
- Organisch

Keines dieser Merkmale ist in jeder Organisation gleich stark ausgeprägt. Das bedeutet, dass wir hier nicht schwarz-weiß malen können und auch wollen. Wir können jedoch definieren, dass, je mehr wir uns einem dieser Merkmale annähern, desto öfter es uns möglich wird, agil zu zusammenzuarbeiten.

Eng

Agile Zusammenarbeit bedeutet, eng zusammenzuarbeiten. Nicht eng im Sinne von sich gegenseitig auf die Füße stehen, sondern eng im Sinne von direkt, unmittelbar. Je näher diejenigen zusammen sind, die gemeinsam ein Ziel erreichen und ein Produkt herstellen wollen, desto besser.

Je loser und weiter entfernt die Beteiligten sind, desto ineffizienter und umständlicher ist ihre Zusammenarbeit. Da helfen auch technische Hilfsmittel wenig. Die Vorteile der Co-Lokation sind unbestritten[5].

Natürlich ist physische Proximität nicht immer möglich, doch sie stellt den Idealfall dar. Je weiter die Beteiligten auseinander sind, desto beschränkter die Kommunikationsmöglichkeiten und desto mehr Energie muss in das Aufrechterhalten von intensiver Interaktion gesteckt werden. Diese Energie geht natürlich der Produktion von Wert abhanden.

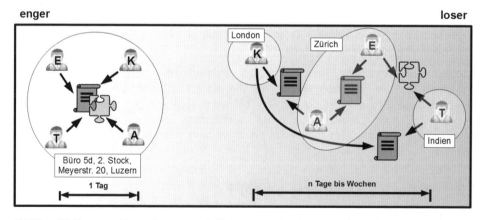

Abbildung 7.1: Engere und losere Zusammenarbeit

---

[5]   Donald G. Reinertson, Managing the Design Factory: A Product Developer's Toolkit, The Free Press, 1997

entwickler.press

Ein hoch verteiltes Team wird viel mehr Zeit und Anstrengungen in das Aufrechterhalten der Teamkommunikation und der Information aller Beteiligten investieren müssen, als ein Team, das im gleichen Raum ist und sozusagen „auf Zuruf" zusammenarbeiten kann.

Fokussiert

Agile Arbeit bedeutet fokussierte Arbeit. Ein agiles Team strebt ein gemeinsames Ziel (Feature-Set) an. Das tut es Iteration für Iteration aufs Neue.

Haben Teammitglieder jedoch verschiedene Ziele (jeder arbeitet an einem anderen Feature), dann fällt es dem Team schwieriger, sich als „ein Team" zu fühlen. Jeder ist bestrebt, „sein" Feature unter Dach und Fach zu bringen und die Kohäsion im Team leidet. Dasselbe trifft zu, wenn dem Team von außen Störaufgaben zugeteilt werden, die es von seinen Zielen ablenken.

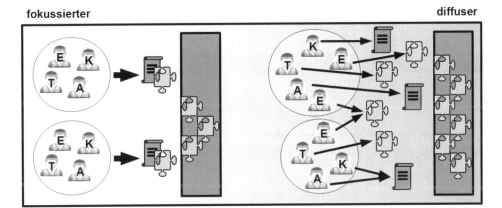

Abbildung 7.2: Mehr oder weniger Fokus

Das Gleiche gilt auch für ein cross-funktionales Team. Wenn jemand im Team bereits an einem Konzept arbeitet, das für die übernächste Iteration bestimmt ist, dann hat er am Teamgeschehen nur bedingt teil. Oft hat er auch nicht die Zeit, z. B. um Anforderungen, die in der Iteration umgesetzt wurden, genügend intensiv auf ihre Erfüllung zu prüfen, was wiederum zu Qualitätsmängeln führen kann.

Damit fokussiertes Arbeiten möglich ist, muss natürlich eine übergeordnete Vision für das Produkt und die Zusammenarbeit formuliert sein, damit sich der Einzelne danach ausrichten kann[6].

Klar

Unsere Projekte, das Verhältnis zum Kunden und unsere Interaktionen sind bereits kompliziert genug, als dass wir uns unserer Leben mit einer komplizierten Art des Arbeitens noch schwerer machen wollen.

---

[6]   Peter M. Senge, The Fifth Discipline, Revised Edition, Doubleday, 2006

Was für eine Organisation einfach und verständlich ist, muss jeder für sich entscheiden. Wichtig ist jedoch, dass wir uns im agilen Umfeld möglichst wenig mit überflüssigen oder verwirrenden Praktiken beschäftigen wollen. Wir wollen unsere Zeit möglichst gewinnbringend für den Kunden einsetzen.

Wenn es einfache Karteikarten tun, auf denen wir unsere User Stories notieren, dann werden wir sie verwenden. Wenn etwas mehr historisches Gedächtnis notwendig sein sollte, als das einfache Gedächtnis einzelner Mitarbeiter, dann werden wir vielleicht ein elektronisches Hilfsmittel bevorzugen.

 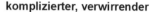

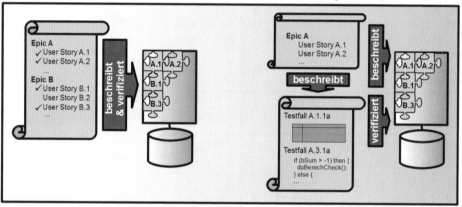

Abbildung 7.3: So einfach und verständlich wie möglich

Wichtig ist in diesem Zusammenhang, dass wir uns nicht mit dem aktuellen Status Quo zufrieden geben, sondern laufend nach Möglichkeiten suchen, unsere Arbeit noch einfacher und noch verständlicher für alle Beteiligten zu machen.

Abbildung 7.3 zeigt ein Beispiel: Die Anforderungen des Kunden sind in beiden Fällen in Form von User Stories formuliert. Beim rechten Fall werden davon abgeleitete Akzeptanztestfälle in Form von FitNesse-Tabellen oder Java-Code formuliert und verifizieren gegen eine installierte Applikationsinstanz, dass die Anforderungen korrekt umgesetzt wurden.

Obwohl dieser Ansatz funktioniert und es ermöglicht, das System auf recht agile Weise regelmäßig auszuliefern, besteht doch Raum für Verbesserung: Der Kunde selbst ist nicht in der Lage, auf Grund des Lesens und Beobachtens der Tests zu sagen, ob tatsächlich alle Anforderungen implementiert wurden. Er braucht dazu die Hilfe eines Entwicklers oder Testers, und selbst dann ist nicht alles klar.

Die linke Seite hingegen zeigt den Idealfall: User Stories werden direkt rot oder grün eingefärbt, sobald die dahinter liegenden Tests gegen das Testsystem laufen. Noch nicht implementierte User Stories hingegen werden gelb markiert. Dadurch ist eine raschere Verifikation von Entwicklungsresultaten möglich.

Fragen wir uns Folgendes: Sind Anforderungen in der Sprache des Kunden formuliert oder braucht es einen Übersetzer? Je mehr Übersetzungs- und Transformationsschritte es braucht, desto weniger transparent und agil ist unser Ansatz.

Offen

Offene Kommunikation ist ein Markenzeichen agilen Vorgehens. Jeder kann sich bei einem agilen Team direkt und ungefiltert informieren, wie denn gerade der Stand der Iteration ist und wie es um den nächsten Release steht.

Die gleiche Datenbasis, die dem Team zur Verfügung steht, steht auch Außenstehenden zur Verfügung. Wenn der Trend negativ ist (wie in Abbildung 7.6 gezeigt), dann wird das nicht verheimlicht.

Leider gibt es in vielen Organisationen die Tendenz, ohne böse Absicht Informationen aus den einzelnen Teams zu verdichten und zu übersimplifizieren. Man erzeugt für das obere Management separate Auswertungen (z. B. nach dem Ampelmodell) und zeigt an, dass zwar Probleme bestehen (Ampel auf gelb), wir aber alles im Griff haben.

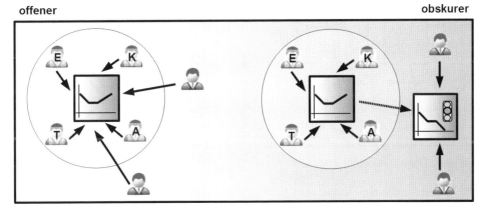

Abbildung 7.4: Transparenz nicht verhindern

Im Rahmen agiler Zusammenarbeit sollten alle sowohl ehrlich zu sich selbst, als auch zu allen anderen, sein. Wir sollten deshalb ein Auge auf unsere Metriken haben:

- Sind sie aussagekräftig?
- Können sie leicht „getürkt" werden?
- Sind sie objektiv?
- Wird das richtige gemessen?
- Stimmen sie mit dem tatsächlich Gelieferten überein?

Auch für das Verbreiten von Informationen gilt: Je einfacher und direkter ich an sie herankommen kann und übersichtlicher sie gestaltet sind, desto hilfreicher.

Abgegrenzt

Fokussierung ist nur möglich, wenn wir unser Tätigkeitsfeld begrenzen, besonders in einem komplexen Umfeld[7]. Ein agiles Team beschränkt deshalb bewusst den Umfang, z. B. des Product Backlog (in Scrum), und fixiert ihn. Nur so ist es dem Team möglich, sich voll auf das zu Leistende zu konzentrieren.

Es lässt sich deshalb von Außenstehenden nicht in die Planung der Iterationen reinreden (außer zurzeit der offiziellen Planungsmeetings). Deshalb hat das Team auch die Tendenz (und in Scrum zumindest der Scrum Master die Aufgabe), sich vom Rest der Umwelt für die Dauer der Iteration abzuschotten. Es entsteht so etwas wie eine semi-permeable Membran um das Team herum: Das Team holt sich Informationen, wo es sie – auch außerhalb – des Teams bekommen kann, lässt sich jedoch im Übrigen wenig von anderen reinreden (vor allem natürlich, wenn es um den Inhalt der Iteration geht).

abgegrenzter   **durchlässiger**

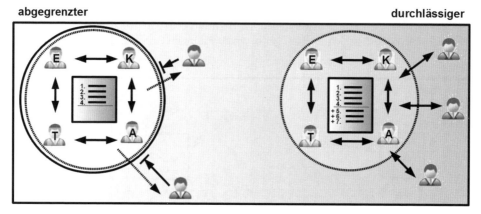

Abbildung 7.5: Wie ist Konzentration möglich?

Auch bei der Größe des Teams wird bewusst eine Grenze gesetzt[8, 9]. Zahlreiche Hinweise aus der Industrie deuten darauf hin, dass die Grundregel von sieben plus/minus zwei Teammitgliedern die optimalste Größe darstellt. In solch einem Team fließt Kommunikation am besten und der Overhead zur Organisation des Teams ist am kleinsten. Außerdem ist nur so eine ausgeglichene Beteiligung der einzelnen Teammitglieder möglich.

Vernetzt

Doch trotz Abgrenzung zur Außenwelt ist das agile Team keine isolierte Insel, sondern vernetzt mit seiner Umwelt, besonders mit benachbarten Teams. Besonders daran ist, dass diese Vernetzung selten vordefinierten Pfaden folgt, sondern informell erfolgt.

---

[7]   Glenda H. Eoyang, Coping with Chaos: Seven Simple Tools, Lagumo, 1997
[8]   Glenn M. Parker, Cross-Functional Teams, 2nd Edition, Jossey-Bass, 2003
[9]   Jon R. Katzenbach & Douglas K. Smith, The Discipline of Teams: A Mindbook-Workbook for Delivering Small Group Performance, John Wiley & Sons, 2001

Es wird auch bewusst nicht geregelt, wer sich mit wem unterhalten darf, sondern in einem agilen Umfeld werden nur die Gelegenheiten geschaffen, sodass die Einzelnen sich mit anderen treffen und austauschen können.

Besonders den Austausch von Know-how unter Mitarbeitern, die ähnliche Rollen im Projekt oder Team einnehmen, wird gefördert, indem sie ermuntert, so genannte „Gemeinschaften von Praktizierenden" zu bilden (engl. Communities of Practice)[10]. Dabei können Ideen über neue Ansätze beim Planen, Programmieren oder im Umgang mit Kunden erörtert und ausgetauscht werden, auch über Teamgrenzen hinweg.

Damit das überhaupt funktionieren kann, muss in einem Unternehmen in Kauf genommen werden, dass die Mitarbeiter dafür Zeit brauchen und Aufwand betreiben müssen. Sie sollten deshalb auch die notwendige Zeit dafür eingeräumt bekommen.

Nähe kommt dem Vernetzt-sein entgegen, denn auch das Zuhören innerhalb eines Teams stellt eine Aktivität dar, die dabei hilft, wie „ein Organismus" gemeinsam Probleme zu lösen und auf Herausforderungen zu reagieren. Genaues Zuhören innerhalb des Teams ermöglicht es, auf die Reaktion und Aussagen anderer einzugehen und zu reagieren. Das ist in einer verteilten Arbeitsumgebung praktisch unmöglich, mit einem nicht zu unterschätzenden Nachteil: Manche Probleme oder eventuell Lösungen für Probleme werden erst sehr spät zu entfernten Mitgliedern des Teams durchdringen. Manchmal zu spät.

vernetzter　　　　　　　　　　　　　　　　　　　　　　　　**entkoppelter**

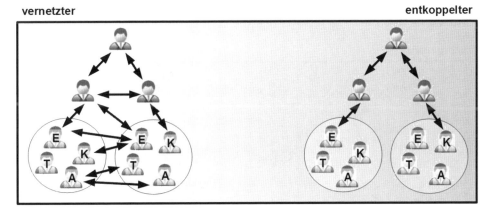

Abbildung 7.6: Frei fließende Kommunikation

Ein gut eingespieltes, agiles Team entwickelt eine Affinität zueinander. Die einzelnen Teammitglieder kennen sich, ihre Stärken und Schwächen und, wenn keine gravierenden Konflikte herrschen, sind sie schnell in der Lage, aufeinander einzugehen, ähnlich wie es auch in Theaterensembles[11] oder Sportmannschaften[12] funktioniert.

---

[10] Craig Larman & Bas Vodde, Scaling Lean & Agile Development, Addison-Wesley, 2009
[11] Rob Austin & Lee Devin, Artful Making: What Managers Need to Know About How Artists Work, Financial Times Prentice Hall, 2003
[12] Albert V. Carron & Heather A. Hausenblas, Group Dynamics in Sport, 2nd Edition, Fitness Information Technology, 1998

Selbstorganisierend

Agile Teams sollten selbstorganisierend sein. Warum? Weil sie dadurch die Freiheit haben, situativ schnell zu entscheiden, ohne bei jeder Kleinigkeit eine Hierarchiestufe über ihnen um Erlaubnis fragen zu müssen.

Besonders in komplexen Situationen und unter Druck haben sich selbstbestimmte und autonome Teams bewährt[13], [14].

Selbstorganisierend bedeutet auch, dass das Team selbst bestimmen kann, wie es innerhalb des Teams die Aufgaben aufteilt, z. B. wer programmiert, wer testet, wer mit dem Kunden spricht etc. Das bedeutet, dass die Rollenverteilung im Team, zumindest zu Beginn der Zusammenarbeit, nicht festgelegt ist. Das Team wird darum besorgt sein, sie den aktuellen Bedürfnissen jeweils anzupassen.

Das Team orientiert sich am vereinbarten Ziel und strebt dieses selbstständig an. Natürlich braucht es eine gute Portion Vertrauen seitens des oberen Managements in die Fähigkeiten des Teams, damit es unbehelligt selbstverwaltet arbeiten kann.

Das Gegenteil einer selbstorganisierenden Arbeitsweise wäre die fremdbestimmte Zusammenarbeit. Auf der rechten Seite in Abbildung 7.7 strebt ein Projektmanager mit seinen beiden Teams zwei unterschiedliche Ziele an und verteilt, koordiniert und kontrolliert die von ihnen geleistete Arbeit. Dieses Verhalten erstickt gewöhnlich Eigeninitiative im Keim, besonders wenn der Manager zum Mikromanagement neigt.

selbstorganisierend   **fremdbestimmt**

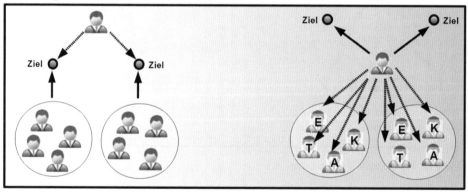

Abbildung 7.7: Weg von der Fremdbestimmung

Einige Fragen können uns helfen, die Situation in unserem Team zu beurteilen:

- Wie arbeitet das Team innerhalb einer Iteration zusammen?
- Hat es neben dem täglichen Standup-Meeting Berührungspunkte?
- Treffen sich mehrere Personen aus dem Team, um gemeinsam etwas zu erarbeiten?

---

[13] Karl E. Weick & Kathleen M. Sutcliffe, Managing the Unexpected, Jossey-Bass, 2001
[14] Kimball Fisher, Leading Self-Directed Work Teams, McGraw-Hill, 2000

■ Übernimmt immer die gleiche Person die Führung, wenn es darum geht, neue Arbeit in Angriff zu nehmen?

■ Ist das Teams selbst in der Lage, mit seinen Konflikten umzugehen?

■ Lernt es selbstständig aus seinen Fehlern?

Selbstorganisation leidet, wenn das Team nicht gemeinsam für sein Tun geradestehen muss (Verantwortlichkeit), wenn Einzelne aus dem Team die Führung an sich reißen und dominieren wollen und wenn nicht alle Teammitglieder mit gleichem Maßstab gemessen werden.

Cross-funktional

Ein agiles Team sollte selbstständig allen seinen Verpflichtungen und Arbeiten nachkommen können und nur minimal von Außenstehenden abhängig sein. Das kann nur erreicht werden, wenn das Team cross-funktional ist, d. h. aus Personen besteht, die alle Rollen, die für eine erfolgreiche Produktentwicklung notwendig sind, ausfüllen können. Natürlich können bei Bedarf kurzfristig Spezialisten hinzugezogen werden. Allerdings sind sie kein Teil des Teams.

Ein cross-funktionales Team ist auch eine Inkarnation der weiter oben besprochenen Nähe, besonders wenn der Kunde auch noch Teil des Teams ist, kann dieses sehr intensiv zusammenarbeiten (Glenn M. Parker, Cross-Functional Teams, 2nd Edition, Jossey-Bass, 2003.).

Doch nur weil Entwickler, Tester, Domänenexperten und andere zusammen einem Team zugeteilt sind, entsteht noch lange keine cross-funktionale Zusammenarbeit. Folgende Fragen rühren an den wichtigen Kriterien:

■ Arbeiten die verschiedenen Rollen Hand in Hand am selben Feature innerhalb einer Iteration zusammen?

■ Haben alle dasselbe Ziel?

■ Wechselt die Führung je nach Spezialgebiet dynamisch ab?

■ Können alle gleich stark partizipieren?

■ Gibt es Probleme mit Linienvorgesetzten (z. B. einer Testabteilung)?

■ Werden Erfolge geteilt oder einer bestimmten Rolle (z. B. den Entwicklern) zugesprochen?

■ Wird die Unterschiedlichkeit in den Sichtweisen im Team geschätzt?

■ Ist die Kundensicht genügend vertreten?

■ Ist es mit den im Team vorhandenen Fähigkeiten möglich, für den Kunden ein „komplettes" Produkt zu schaffen? Oder fehlt irgendeine Fähigkeit?

■ Sind alle Teammitglieder an den Teamaktivitäten (Planung, Retrospektive, Anforderungsaufnahme etc.) gemeinsam beteiligt?

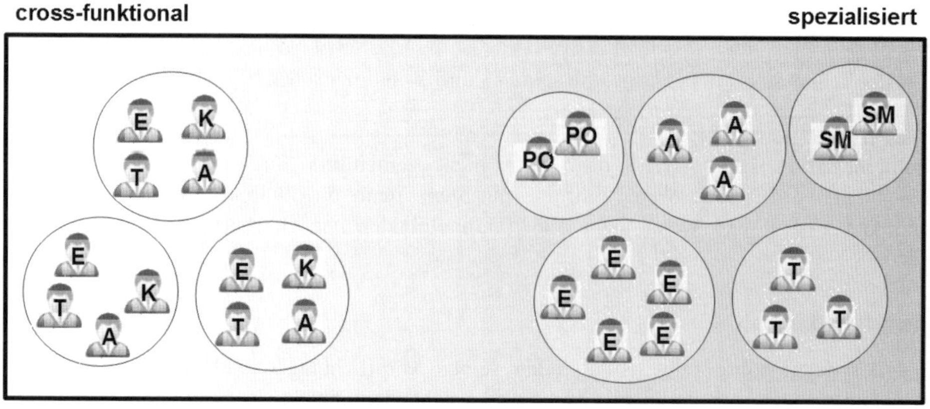

cross-funktional   **spezialisiert**

Abbildung 7.8: Nur ein cross-funktionales Team ermöglicht Autonomie

Beginnt man z. B. auch Product Owner oder Scrum Master von ihrem Team zu trennen, vielleicht mit der Absicht, sie in einer eigenen Abteilung zusammenzufassen, damit sie sich mit Ihresgleichen austauschen können, dann wird das cross-funktionale Team Gefahr laufen, an Kohäsion einzubüßen.

Cross-funktional bedeutet außerdem, dass die Teammitglieder, die meiste Zeit gemeinsam verbringen und idealerweise auch gemeinsam Räumlichkeiten teilen.

Organisch

Das letzte Wort gilt der Skalierung. Agile Teams müssen herangezogen (man könnte fast sagen, wie Blumen gezüchtet) werden. Agilität kann man nicht einer bestehenden Organisation überstülpen. Stattdessen muss man dafür sorgen, dass die einzelnen Personen darin, also in ihrem Denken und Handeln, agil werden.

Eine lineare Skalierung ist deshalb eigentlich nicht möglich. Natürlich hört man immer wieder von einem „Rollout" von agilen Praktiken in Großunternehmen. Doch diese Initiativen bewirken in der Regel nicht viel mehr, als andere großangelegte Änderungsvorhaben (denken wir an die letzte TQMi-Initiative): Ein Lippenbekenntnis, konformes Verhalten und Dienst nach Vorschrift.

Doch ist es das, was wir wollen? Wie es um den Einzelnen und die Teams wirklich bestellt ist, wird sich erst dann zeigen, wenn das Projekt, in dem sie stecken, unter Druck gerät, vielleicht unter Zeitdruck oder unter politischen Druck. Wie werden sich die Leute dann verhalten? Werden sie klein beigeben oder weiterhin agil sein, ihre Überzeugung nicht aufgeben und stattdessen nach neuen, kreativen Möglichkeiten suchen, das Projekt erfolgreich zu Ende zu führen?

organisch   industriell

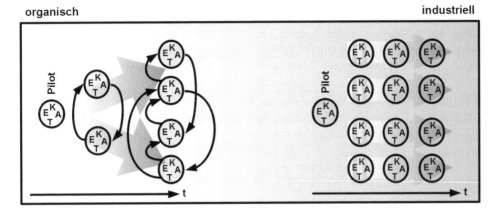

Abbildung 7.9: Prinzipien und Werte können nur organisch vermittelt werden

Richtig, organisches Wachstum geht nicht schnell vonstatten und ist mit viel Aufwand an Zeit und Energie verbunden. Aber es geht nicht nur darum, das nächste Projekt agil abzuwickeln, sondern eine agile Unternehmenskultur zu schaffen, in der agiles Vorgehen das natürlichste der Welt ist[15]. Und wir wissen, kultureller Wandel ist immer schwerfällig.

Dafür ist die Veränderung nachhaltig, weil sie die Unternehmung durchdringt. Das bedeutet natürlich, dass es sich um eine langanhaltende Strategie der Firma handeln muss. Agile Teams werden nicht von heute auf morgen aus dem Boden gestampft.

Wenn agile Teams organisch wachsen und ihr Wissen und ihre Expertise langsam an neue Teams weitergeben, bleiben auch die informellen, osmotischen Kommunikationswege erhalten, die die Teams untereinander verbinden sollten.

7.1.3   Einbettung in Organisationen

Es ist sehr selten, dass ein agiles Team in Isolation bestehen kann. Im Normalfall wird es in einer Organisation eingebettet sein. Bei der Zusammenarbeit über Teamgrenzen hinweg kann es diverse Komplikationen geben.

Die Einbettung von agilen Teams in nicht agile ist einerseits ein häufiges Phänomen, weil immer mehr traditionell operierende Unternehmen Interesse zeigen. Andererseits ist das auch eine zeitlich begrenzte Erscheinung, denn meist erfolgt entweder eine komplette Transformation des Unternehmens oder ein Rückfall in traditionelle Vorgehensweisen. Zwitteransätze sind sehr selten, da die sich daraus ergebenden Komplikationen die temporären Vorteile oft bei Weitem überwiegen.

Betrachten wir zwei Beispiele möglicher Zusammenarbeit und die sich daraus ergebenden Konsequenzen.

---

15   Roy Miller, Managing Software for Growth, Addison-Wesley, 2004

Die nicht agile Schnittstelle

Nehmen wir an, dass ein agiles Team in eine nicht agile Organisation eingebettet ist. Das Produkt, das sie erstellen, ist jedoch von anderen Produkten der Firma losgelöst. Es besteht keine Abhängigkeit zu anderen Komponenten aus der Organisation.

Das Team muss gewissen Richtlinien (z. B. was das Reporting und die Budgetierung angeht) und Auflagen (z. B. einer Zulassungsbehörde) genügen, die von der Firmenleitung erlassen worden sind bzw. gesetzlichen Bestimmungen entsprechen. Bei der Wahl der Werkzeuge ist es eingeschränkt, da das Unternehmen einen Standard durchsetzen möchte.

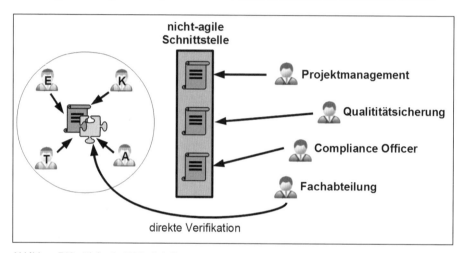

Abbildung 7.10: Minimale Abhängigkeiten

Die Herausforderungen für das agile Team stellen sich wie folgt dar:

- Wie können wir uns vom Gesamtunternehmen abgrenzen?
- Wie können wir den Richtlinien trotzdem entsprechen?
- Wie können wir Werkzeuge (z. B. ein Build-System), die wir brauchen, trotzdem beschaffen?
- Wie verhalten wir uns gegenüber Linienvorgesetzten unserer Teammitglieder?
- Wie schaffen wir es, einen Tester (einen DBA, Analytiker etc.) ins Team zu holen, damit wir nicht von anderen Abteilungen abhängig sind?
- Wer soll der Product Owner des Produkts sein?
- Wie laden wir die Stakeholder zu regelmäßigen Reviews ein?
- Wie rechtfertigen wir diese Reviews?
- Wie weisen wir unser Budget aus (z. B. wenn verlangt wird, dass wir Zahlen für Testing, Analyse und Implementation ausweisen)?
- Wie überzeugen wir die Fachabteilung, unsere Applikation früh in Produktion zu nehmen?

Diese Liste ist sicher nicht vollständig, zeigt aber die Probleme, denen sich solch ein Team gegenüber sehen kann. Je nach Firmenkultur, Zusammensetzung des Teams, seiner Verankerung in der Organisation und dem Ansehen, das seine Mitglieder in der

Unternehmung genießen, kann das Team verschiedene Dinge unternehmen, um diese lange Liste von Problemen (und die vielen, die es im Laufe des Vorhabens noch entdecken wird) langsam zu reduzieren.

Simulierte Komponenten

Neben den Problemen, die wir bereits im vorangegangenen Abschnitt betrachtet haben, hat ein agiles Team, das noch zusätzlich von Komponenten abhängig ist, die andere, nicht agile Teams liefern sollten, einige zusätzliche Hindernisse zu überwinden:

- Wie können wir unsere Komponente oder unser Subsystem bauen, ohne dass uns die Komponenten, von denen wir abhängen, zu Verfügung stehen?
- Wie können wir die Qualität unseres Subsystems sicherstellen?
- Wie können wir die Qualität unseres Subsystems selbst dann sicherstellen, wenn sich das Verhalten der Komponenten, von denen wir abhängen, ändert?
- Wie stellen wir möglichst früh fest, dass sich etwas an den Komponenten, von denen wir abhängen, ändern wird?
- Wie binden wir Entwickler (Tester etc.) der Komponententeams in unser eigenes Team ein, damit wir die Kommunikationswege verkürzen können?
- Können wir die Komponenten simulieren (als „S" markiert in Abbildung 7.11), damit wir ein genaues Verständnis über die definierten Schnittstellen erlangen können?

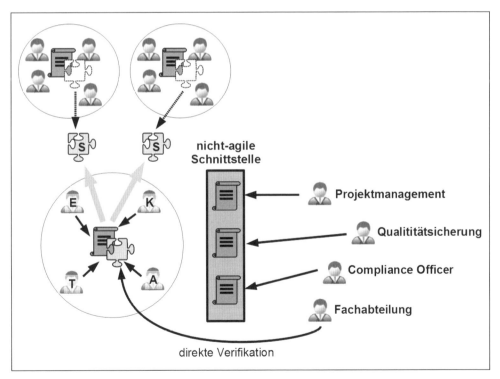

Abbildung 7.11: Abhängigkeit zu nicht agilen Komponententeams

Wir sehen, dass zusätzliche Abhängigkeiten auf Ebene des Arbeitsproduktes von anderen, nicht agilen Teams eine große zusätzliche Hypothek darstellen. Mit diesen zusätzlichen Abhängigkeiten haben wir vor allem gar keine Garantie mehr, dass das Gesamtprodukt auch tatsächlich das tun wird, was sich der Kunde (vielleicht eine interne Fachabteilung) davon versprochen hat. Bestenfalls können wir gewährleisten, dass das Subsystem das Erwartete tut. Doch die Komponenten, die von außen geliefert werden, können kurz vor Inbetriebnahme immer noch gravierende Fehler aufweisen oder den Performanceanforderungen nicht entsprechen.

Das agile Team würde sicher darauf drängen, dass es möglichst früh an Vorversionen der Komponenten gelangen kann, damit es die Annahmen in den simulierten Komponenten verifizieren und seine Testabdeckung auch dieser Komponentenschnittstellen verbessern kann.

Diese beiden Beispiele zeigen jedoch deutlich, dass eine Mischung von agilem Vorgehen mit traditionellen Ansätzen nur unter großen Einbußen an Produktivität machbar ist. Bei einem weitgehend unabhängigen Team beschränkt sich der Overhead oft auf das Erstellen zusätzlicher Dokumentation und zusätzlicher Auswertungen, damit gewissen Anforderungen genüge getan ist. Bei einem Team, das zusätzlich von nicht agilen Teams abhängig ist und nicht weiß, wann es mit ersten Arbeitsergebnissen rechnen kann, erhöht sich der Aufwand für die Simulation und die Abdeckung mit Tests dieser Komponenten erheblich. Die Leistungsfähigkeit des Teams wird zusätzlich reduziert und die Frage, ob der Aufwand den Nutzen nicht übersteigt, kann nur noch sehr schwer beantwortet werden.

7.2 Der Teufel steckt im ...

... Detail. So ist es auch bei der agilen Kollaboration. Viele Faktoren können die Zusammenarbeit stören. Jeder für sich muss noch nicht bedeuten, dass die Zusammenarbeit nicht funktioniert, doch kommt einer zum anderen, kann sie stark behindert werden. Sieben Bereiche wollen wir nun etwas näher untersuchen.

7.2.1 Distanzen

Distanzen spielen eine zentrale Rolle, wenn es darum geht, eine enge Zusammenarbeit zu pflegen. Dabei ist nicht nur die physische Distanz zueinander ausschlaggebend.

Physische Entfernung

Wir haben den Begriff „Co-Lokation" bereits verwendet. Studien zeigen, dass die Wahrscheinlichkeit, miteinander zu kommunizieren, abnimmt (von rund 30 % bei einer Distanz von weniger als 5 Metern zu unter 5 % ab 40 Metern), je weiter die Beteiligten voneinander physisch entfernt sind (Donald G. Reinertson, Managing the Design Factory: A Product Developer's Toolkit, The Free Press, 1997).

Interessant ist, dass selbst neue Kommunikationstechnologien wie Instant Messaging, Skype und soziale Netzwerke, an dieser Situation nichts ändern. Der Aufwand, die Kommunikationslücke zu schließen, ist in der heutigen Zeit vielleicht etwas kleiner geworden, doch die Bereitschaft, auch tatsächlich relevante Informationen auszutauschen, ist damit nicht größer geworden.

Anekdote: Kontaktscheu

Das Projekt hatte Bedarf an einem zusätzlichen Team, damit ein zusätzliches Modul im Projekt entwickelt werden konnte. Aus Mangel an schnell verfügbarer lokaler Verstärkung wurde im nahen deutschsprachigen Ausland gesucht und ein Team von vier zusätzlichen Mitarbeitern auf die Beine gestellt.

Das Team sollte weitgehend autonom als Scrum-Team funktionieren. In eine Scrum of Scrums (einem übergeordneten Standup-Meeting) sollte sich auch dieses Team über Skype zuschalten. Die offiziellen Meetings verliefen jeweils ohne Probleme. Doch die Zusammenarbeit im Team schien nicht optimal zu laufen. Warum nicht?

Wir stellten erst nach einigen Wochen fest, dass dieses Team selbst nicht beim Arbeitgeber co-loziert war, sondern verteilt über halb Deutschland operierte und jeder meist von zu Hause aus arbeitete. Das Team sah sich sehr selten und offensichtlich war auch der Austausch über elektronische Hilfsmittel sehr sporadisch und dürftig.

Das Team agierte selten konsistent und einheitlich. Entsprechend waren die Arbeitsergebnisse. Jegliche intensivere Kommunikation musste von uns aus initiiert werden und erst eine partielle Co-Lokation (3 Tage in der Woche) des Teams in der Schweiz, brachte Besserung.

Selbst wenn es nicht möglich ist, dass Teammitglieder die ganze Zeit über in einem Raum gemeinsam zusammenarbeiten, kann man sich doch bemühen, sie wenigstens zeitweise zusammenzubringen.

Anekdote: Teilzeit-Co-Lokation

Ein neues, geografisch entferntes Team sollte uns in der Weiterentwicklung unserer Software unterstützen. Nach einer mehrwöchigen Einarbeitungsphase, in der alle Mitglieder des Teams bei uns vor Ort täglich anreisten, sollten sie selbstständig arbeiten.

Anfänglich hatte das Team einige Mühe, sich selbst nach Scrum-Prinzipien zu organisieren. Sie waren weder in einem Raum zusammen, noch führten sie das Standup täglich durch. Als einmal ein anderes Mitglied des Teams als der designierte Teamleiter beim wöchentlichen Town-Meeting (teamübergreifend) erzählen sollte, was sein Team denn so tun würde, war er nicht in der Lage, zu sagen, woran das Team gerade arbeitete.

Es wurde zwar vereinbart, dass das Team einmal pro Woche einen Tag bei uns verbringen würde, damit es direkt mit unseren Entwicklern zusammenarbeiten konnte, doch diese Tage verliefen recht fade und das Team wirkte in seiner Ganzheit sehr unbeteiligt.

Erst das Zuteilen eines unserer Mitarbeiter (eines Entwicklers mit hoher Selbstmotivation und Erfahrung im Führen von Offshore-Teams) zu diesem Team, zeigte langsam Wirkung. Das Mittun im Team, ohne das er als Teamleiter auftrat, bewirkte die Entwicklung einer positiven Gruppendynamik, die dazu führte, dass die Zusammenarbeit mit diesem Team viel produktiver verlief.

Selbst wenn Teammitglieder geografisch weit auseinanderliegen, wirkt es sich positiv aus, wenigstens eine Zeit lang alle Teammitglieder physisch zusammenarbeiten zu lassen (mindestens mehrere Iterationen lang). Dadurch lernen sie sich kennen und können einen gemeinsamen Arbeitsrhythmus finden. Geschieht das nicht, dann bricht die Kommunikation im Team schneller zusammen.

Zeit

Geografische Distanz hat schnell zur Folge, dass auch der Zeitunterschied zwischen den verschiedenen Standorten ins Gewicht fällt. Sind Unterschiede von ein bis zwei Stunden noch verkraftbar, haben größere Zeitdifferenzen Auswirkungen auf die Art und Weise der Zusammenarbeit, die zur Belastung werden können.

Unternehmen, die z. B. in 8-Stunden-Schichten Software entwickeln, setzen drei Teams für die Entwicklung ein, die sich jeweils am Ende des Arbeitstages die Arbeit übergeben. Das erhöht natürlich den Koordinationsaufwand. Abgesehen von zusätzlichen Meetings müssen auch Designentscheidungen mit dem Schreiben der Software genau dokumentiert werden, damit jedes der nachfolgenden Teams das nachvollziehen kann.

Eine große Zeitdifferenz wirkt sich noch in einem weiteren Sinn negativ aus: Wenn zu viel Zeit zwischen der Aufnahme von detaillierten Anforderungen und ihrer Implementation verstreicht, dann besteht die Gefahr, dass der Aufwand, der zu Beginn betrieben wurden, um die Anforderungen aufzunehmen, nochmals betrieben werden muss, weil sich in der Zwischenzeit die Anforderungen geändert haben. Bei mehrjährigen Projekten kann das sogar bedeuten, dass die ursprünglichen Informationslieferanten (auf Kundenseite) gar nicht mehr beim Auftraggeber angestellt sind.

Kulturelle Distanz

Mit der geografischen Distanz stellen sich im Rahmen der globalisierten Wirtschaft oft auch kulturelle Unterschiede ein, die gar nicht so einfach zu überbrücken sind. So gibt es Kulturkreise, z. B. den indischen Subkontinent, wo es nicht Sitte ist, seine eigene Meinung zu betonen, vor allem nicht, wenn man noch jung und unerfahren ist. Deshalb kommt es in diesem Kontext des Öfteren vor, dass keine Kritik an Entscheidungen oder Vorschlägen des europäischen Vorgesetzten geübt wird, obwohl er durchaus im Unrecht sein kann.

Solche kulturellen Unterschiede zu berücksichtigen und zu kennen, besonders auch das Verhalten im Dialog, und es richtig zu interpretieren, wird umso schwieriger, wenn durch die geografische und zeitliche Distanz auch das direkte Gespräch behindert, wenn nicht gar verunmöglicht wird. Verbringen die „zu einem virtuellen Team" Vereinten nicht mindestens eine längere Zeit zusammen (sprich Monate), dann wird es beinahe unmöglich, ein schlagkräftiges Team auf die Beine zu stellen.

Organisatorische Distanz

Eine Distanz, die wir eigentlich im Griff haben könnten, aber vielfach trotzdem nicht in der Lage zu sein scheinen, sie zu meistern, ist die Distanz innerhalb einer Organisation oder eines Projekts. Unter dem Vorwand, dass Personen aus Fachabteilungen unabkömmlich seien, stehen sie einem Team nur sporadisch, wenn überhaupt direkt, zur Verfügung. Das sich durch diese Nichtverfügbarkeit, die Dauer des Projekts hinauszögern könnte und die betroffene Fachperson unter Umständen ein Vielfaches der geplanten Zeit für das Projekt aufwenden muss, wird gerne übersehen.

Zur organisatorischen Distanz gehört auch das Unterbringen von Mitgliedern eines Teams in ihren jeweiligen Fachabteilungen. Dort haben sie schließlich ihren festen Arbeitsplatz. Warum sollte man sie herausreißen?

Ein weiteres Problem stellt das „Mittelsmann"-Syndrom dar. Weil gewisse Mitarbeiter keine Autorität und auch keine Kompetenzen haben, muss immer über ihren Vorgesetzten kommuniziert werden. Dieser Umweg sei notwendig, damit dieser immer informiert sei, was seine Mitarbeiter denn gerade so tun. Dieser Mangel an Vertrauen wirkt sich verheerend auf eine effektive Zusammenarbeit aus.

Noch schlimmer wirkt es sich aus, wenn im Team Entscheidungen getroffen werden sollten, aber niemand im Team sich traut, die Entscheidung mitzutragen. Sind lange Entscheidungswege vorhanden, dann kann z. B. das Priorisieren eines Product Backlogs verunmöglicht werden.

7.2.2   Kommunikation

Die Lebensader jedes Teams und besonders agiler Teams ist die Kommunikation. Ohne intensiven Gedankenaustausch und ohne kritisches Auseinandersetzen miteinander wird nicht viel zustande kommen.

Strukturierte Kommunikation

Scrum, als prominentester Vertreter agiler Rahmenwerke, legt unter anderem fest, wie Teammitglieder untereinander und auch mit den Stakeholdern zu kommunizieren haben. Tägliche Standup-Meetings (engl. Daily Scrums), das Sprintplanungsmeeting, das Sprint-Review-Meeting sowie die Sprint-Retrospektive legen den Grundstein der Kommunikation.

Doch die Erfinder von Scrum haben nicht einfach Meetings festgelegt, weil wir nicht bereits genügend Sitzungen in Projekten hätten (manchmal wird Scrum ja sogar vorgeworfen, dass mehr Meetings stattfinden, als produktiv gearbeitet wird). Im Gegenteil, das Ziel ist eigentlich, durch diese Meetings viele andere, oft weniger zielgerichtete Sitzungen zu ersetzen und überflüssig zu machen.

Im Rahmen eines „Open Space"-Workshops, bei einem Scrum Gathering, habe ich mich einmal darüber unterhalten, ob es notwendig ist, diesen ritualisierten Meetings in Scrum bedingungslos zu folgen. Dabei kamen wir in der Runde zum Schluss, dass es durchaus angebracht ist, diese strukturierte Kommunikation zu pflegen, solange sie uns nicht „im Weg" ist. Sie unterstützt das Team beim Finden und Pflegen eines Entwicklungsrhythmus, der ihm hilft, regelmäßig und recht stabil qualitativ hochwertige Software zu liefern.

Allerdings kamen wir auch zum Schluss, dass ein herausragendes Team sehr wohl ohne diese streng strukturierten Meetings auskommen könnte. Warum? Weil es für dieses Team das Natürlichste der Welt wäre, sich untereinander und mit dem Kunden intensiv auseinanderzusetzen. Dieses Team würde eine eigene, vielleicht nicht so formale Struktur für seine Kommunikation finden.

Da die meisten unserer Teams jedoch nicht dem idealen Team entsprechen, sondern meist Probleme beim „Miteinander-sprechen" haben, sind wir froh um diese „Krücken", die Scrum empfiehlt, damit wir überhaupt sinnvoll miteinander umgehen. Sollten wir als Team lange zusammenarbeiten und eine sehr gute und ungezwungene Kommunikationskultur leben, dann kann es durchaus sein, dass wir diese Praktiken transzendieren können.

Osmotische Kommunikation

Während das Verhalten der Teammitglieder bei der strukturierten Kommunikation (z. B. bei den genannten Meetings, die Scrum postuliert), oft ein Indikator dafür ist, wie diszipliniert die Einzelnen zusammenarbeiten, ist die spontane Kommunikation ein Indikator dafür, ob wirklich ein gesunder Geist der Zusammenarbeit herrscht.

Ich nenne diese Kommunikation „osmotisch", weil es kein von Oben befohlener Austausch von Informationen ist, sondern ein Diffundieren von Informationen über Teamgrenzen hinweg. Ähnlich wie bei einer semi-permeablen Membran sind verschiedene Teams voneinander – meist durch eine physische Distanz – getrennt (auch in agil abgewickelten Projekten).

Ist die Zusammenarbeit gut, sowohl zwischen den Mitgliedern eines Team als auch mit Mitgliedern anderer Teams, ist das an den vielen Gesprächen zu beobachten, die außerhalb der offiziellen Meetings stattfinden.

Bestehen Möglichkeiten der informellen Begegnung innerhalb der Firma (an der Kaffeemaschine, beim gemeinsamen Mittagessen oder im Gang) und haben die Mitarbeiter die Zeit, um sich auszutauschen, dann sollte das an der Atmosphäre spürbar sein.

Osmotische Kommunikation kann auch zwischen weit entfernten Teammitgliedern funktionieren, wenn sie sich spontan und unaufgefordert moderne Kommunikationsmittel zunutze machen.

Wenn osmotische Kommunikation nicht funktioniert, können oft folgende Symptome beobachtet werden:

- Jeden Tag beinahe absolute Stille im Büro eines Teams
- Mitarbeiter, die dauernd hinter ihren Bildschirmen sitzen, mit Kopfhörern auf den Ohren
- Ein ausgestorbener Pausenraum
- Die Teammitglieder unterhalten sich nur über ihre Freizeit miteinander
- Team A weiß nicht, wann was Team B (in der aktuellen Iteration) tut (sie wurden ja nicht offiziell informiert)
- Anfragen für Hilfestellung erreichen das Team immer nur über offizielle Kanäle

entwickler.press

Zu viele Stakeholder?

Schaffen wir es manchmal nicht, unsere Planungs- und Review-Meetings zeitgerecht abzuschließen? Das kann zum einen an schlechter Vorbereitung von Seiten des Product Owners liegen, doch manchmal sind einfach zu viele Stakeholder anwesend. Gerade bei Großprojekten und Projekten mit vielen Kunden, die alle ein Standardprodukt mit individuellen Anpassungen erwarten, kann es eine große Herausforderung sein, die Zusammenarbeit so effektiv zu gestalten, dass niemand von ihnen zu kurz kommt und das Team nicht an zu vielen Fronten gleichzeitig kämpfen muss.

Vielleicht ist das Problem nur die Segmentierung der Arbeiten? Vielleicht hätte man lieber andere Teams gebildet (z. B. pro Kunden eines)? Oder die Kunden wählen eine Untermenge von ihnen als Repräsentanten für die Planungs- und Review-Meetings aus? Oder man geht anders an die Vorbereitung der Meetings heran und der Product Owner holt die Meinungen der verschiedenen Teilnehmenden im Voraus ein und moderiert die entsprechenden Meetings straffer.

Nimmt die Dauer von Meetings über die Massen zu, dann kann das ein Zeichen dafür sein, dass eine andere Organisationsstruktur für das Projekt unter Umständen optimaler wäre. In einer solchen Situation nichts zu unternehmen und einfach so weiterzufahren, weil man das zu Beginn eines Projekts so vereinbart hat, kann negative Konsequenzen auf die Agilität des Projekts haben.

Zu großes Team?

Ein zu großes Team hat eindeutige Konsequenzen auf die Kommunikation:

- Meetings dauern zu lange (besonders kurze wie das Standup-Meeting haben Probleme mit der gesetzten Zeitgrenze).
- Nicht alle haben die Gelegenheit, sich gleich stark in Diskussionen und Meetings einzubringen.
- Untergruppen und Cliquen bilden sich und blenden Einzelne aus dem Informationsfluss aus.
- Einige in der Gruppe arbeiten sehr selten eng zusammen.
- Die Gruppe verfolgt oft zu viele unterschiedliche Ziele.
- Die Leute haben in einem Raum oft gar keinen Platz mehr. Co-Lokation wird dadurch verunmöglicht.

Sollten sich solche Kommunikationsprobleme einstellen, dann wäre es an der Zeit, sich zu überlegen, ob es nicht besser wäre, das Team aufzuteilen. Geschieht das nicht, kann sich die Lage weiter zuspitzen und die Kommunikation mit weiterem Wachsen des Teams zusammenbrechen.

Mangelnde Bandbreite

Bei der Kommunikation spielt die verfügbare Bandbreite eine entscheidende Rolle dafür, wie gut wir uns verstehen. Bereits vor 50 Jahren wurde wissenschaftlich bestätigt, dass 65 % der sozialen Bedeutung einer Konversation nicht über die Stimme transportiert wird, d. h. unhörbar ist[16]. Das erklärt einerseits, warum Co-Lokation so wünschenswert ist, andererseits haben wir dadurch einen Hinweis, wie Kommunikation generell aussehen sollte (auch in verteilten Teams bzw. zwischen dem Team und dem Kunden): möglichst breitbandig. So ist eine Telekonferenzlösung besser als ein Telefonanruf und ein Telefonanruf besser als E-Mail.

Besteht die Kommunikation im Wesentlichen nur durch Austausch von Dokumenten, dann kann das Team nicht effektiv zusammenarbeiten und viele wichtige Informationen gehen verloren.

7.2.3 Mangel an Fokussierung

Wer kennt das Problem nicht? Der Burndown-Chart sollte von Beginn der Iteration in einen konstanten Sinkflug übergehen, doch es will und will nicht „herunterbrennen". Am Ende der Iteration bleibt eine gute Menge an Tasks übrig, die nicht fertiggestellt werden konnten.

Manchmal haben wir es mit einem Problem der Planung zu tun: Man hat sich wieder einmal überschätzt. Die Schätzungen waren zu optimistisch oder wir hatten keine verlässlichen Informationen über unsere tatsächliche Entwicklungsgeschwindigkeit, die uns erlaubt hätte, uns realistischere Ziele vorzunehmen. Doch manchmal ist es einfach ein Mangel an fokussierter Zusammenarbeit.

Keine Ablenkung erlaubt

Ablenkung kann verschiedene Gesichter annehmen. Nicht immer sind es Außenstehende, die uns unvorhergesehene Arbeit aufhalsen. Natürlich kann das auch geschehen, aber dann haben wir es mit einem Scrum Master oder Teamleiter zu tun, der seinen Aufgaben nicht gerecht wird. Nein, oft sind die Störaufgaben hausgemacht:

- Wir möchten unsere Build-Skripts verbessern.
- Die Infrastruktur läuft nicht sauber und benötigt immer wieder die Aufmerksamkeit des Teams.
- Wir machen uns daran, bestehende Tests zu verbessern, ohne dass es zu Beginn der Iteration geplant war.
- Gravierende Fehler in der produktiven Software erfordern ein sofortiges Einschreiten und ein Unterbrechen unserer Arbeit.
- Kollegen brauchen unsere Mithilfe, weil sie selbst nicht genügend Knowhow mitbringen[17].
- Neue Angestellte wollen unterstützt und ausgebildet werden.
- Zu viele Adhoc-Meetings bringen unseren Zeitplan durcheinander.

Natürlich ist es sinnvoll und wichtig, sich gegenseitig zu unterstützen und zu helfen. Darauf fußt ja auch die gute Zusammenarbeit. Deshalb ist es umso wichtiger, zu wissen, was man in den letzten paar Iterationen als Team in der Lage war, zu leisten. Dann wer-

---

[16] Edward T. Hall, The Silent Language, Doubleday, 1959
[17] Jason Cohen, Best Kept Secrets of Peer Code Review, Smart Bear Inc., 2006

entwickler.press

den wir uns realistischerweise nicht zu viel vornehmen. Zu berücksichtigen sind auch saisonale Unterschiede in der Verfügbarkeit von Mitarbeitern und Kundenvertretern (in Nordeuropa fallen die meisten Abwesenheiten gerne in die Sommermonate).

Gemeinsame Ziele

Wenn ich die einzelnen Teammitglieder in diesem Moment unabhängig voneinander befragen würde, welches denn das Ziel der aktuellen Iteration ist, was würden sie antworten? Würden ihre Antworten übereinstimmend sein? Würde ich fünf verschiedene Antworten bekommen?

Ein klares gemeinsames Ziel erleichtert die Zusammenarbeit, da es wie ein Filter wirkt. Dinge, die nicht zum Ziel gehören, werden vom Team ausgeblendet. Prioritäten im Team treten deutlicher zu Tage und bedürfen keiner speziellen Erklärung. Fehlt ein gemeinsames Ziel, äußert sich das unter anderem wie folgt:

- Desinteresse der Einzelnen an dem, was die Anderen am Standup-Meeting sagen
- Eine Vielzahl nicht erledigter und nicht zusammenhängender Tasks und Features am Ende einer Iteration
- Eine große Anzahl Kundenvertreter an den Reviews, von denen jeder Einzelne nicht viel gezeigt bekommt (Fragen wie: „Warum musste ich überhaupt anreisen?")
- Kein komplettiertes Feature-Set am Ende der Iteration, das der Kunde produktiv einsetzen kann

Backlog nicht zielgerichtet

Ziellosigkeit wirkt sich auch auf den Product Backlog sowie den Backlog der einzelnen Iteration negativ aus. Der Product Backlog ist in diesem Fall meist nicht gut gepflegt bzw. richtig priorisiert[18].

Die richtige Pflege des Backlogs ist jedoch eine Voraussetzung für klare Kommunikation mit dem Kunden, denn seine Erwartungen werden damit gespiegelt und teilweise auch beeinflusst. Das heißt im Umkehrschluss, dass ein schlecht priorisierter Backlog darauf hindeutet, dass weder dem Kunden noch dem Dienstleister klar ist, welche Prioritäten zu setzen sind. Hinweise, dass der Product Backlog nicht sinnvoll gepflegt ist, können sein:

- Der Product Backlog besteht aus sehr vielen detaillierten User Stories, die nicht nach Thema oder Features gruppiert sind.
- Alle User Stories haben die gleich hohe Priorität.
- Es befinden sich Anforderungen im Backlog, die niemand mehr genau kennt.
- Der Product Backlog ist zu umfangreich, d. h. zu viele Epen und User Stories wurden bereits zu detailliert erfasst (der größte Backlog, der mir bisher begegnet ist, enthielt rund 1200 offene Einträge und die Pflege war ein Albtraum)
- Das Bereinigen des Product Backlogs dauert mehrere Tage.

---

[18] Jean Tabaka, Collaboration Explained: Facilitation Skills for Software Project Leaders, Addison-Wesley, 2006

Anekdote: Bugfixing Sprints

In einem Projekt starteten wir mit einer riesigen technischen Schuld, die sich über mehrere Jahre hinweg angehäuft hatte. Zu allem Überfluss war auch die Qualität nicht gut genug gesichert. Es dauerte einige Jahre, bis die Testabdeckung ein Niveau erreicht hatte, dass man daran denken konnte, die Altlasten langsam abzubauen und die technische Schuld abzutragen.

Doch immer wieder kam es vor, dass größere Fehler im System auftauchten, die den Kunden verärgerten. Nach langem Diskutieren unter Einbezug des Kunden wurde festgelegt, dass das Entwicklungsteam immer wieder einen Bugfix-Sprint ausliefern sollte.

Das Team schaltete von nun an immer wieder einmal einen Bugfix-Sprint ein. Das ganze Team war auf die Fehlerbehebung fokussiert, was sich auf den Teamgeist positiv auswirkte, und der Stabilität des Systems war das sehr zuträglich.

Release nicht zielgerichtet

Was auf den Product Backlog zutrifft, ist auch auf einzelne Releases anwendbar. Unser Product Backlog wird in der Regel in Releases unterteilt, die eine oder mehrere Iterationen an Arbeit umfassen können.

Besonders in großen, lange andauernden Projekten möchte der Kunde in der Regel wissen, wann er mit welchen großen Funktionalitäten rechnen kann. Die Releaseplanung sollte eigentlich die Ziele über Iterationen hinweg definieren. Natürlich ist auch die Releaseplanung in einer agilen Vorgehensweise nicht in Stein gemeißelt. Der Kunde darf auch hier jederzeit seine Prioritäten umstellen.

Anekdote: Die vier Jahreszeiten

Ein Projekt zur Erweiterung einer bestehenden, produktiven Software sollte rund ein Jahr dauern. Obwohl weiterhin im 2-Wochen-Rhythmus Releases ausgeliefert wurden, war der Planungshorizont von einem Jahr einfach zu lang. Die Prioritäten der zweiwöchigen Iterationen konnten laufend angepasst werden. Doch der Kunde wünschte sich eine grobe Übersicht über das gesamte Packet.

Nach einigem Hin und Her, konnte man sich darauf einigen, vier quartalsweise Releases zu planen, die jeweils grobe Features (Epen) bzw. Themen definierten. Die Releases erhielten die Namen der vier Jahreszeiten. Auf diesem groben Raster konnten verschiedene grobe Neuerungen gegeneinander priorisiert und auch mit den terminlichen und gesetzlichen Erfordernissen synchronisiert werden. Als rollende Planung begleiteten uns die vier Jahreszeiten das ganze Jahr hindurch.

Zu kleines Team?

Kann ein agiles Team zu klein sein? Nicht wirklich. Doch in großen Unterfangen können einige negative Auswirkungen beobachtet werden, wenn ein Team eine gewisse Größe unterschreitet:

- Das Team ist nur in der Lage, sehr wenig Arbeit zu leisten.
- Hält der Zustand über längere Zeit an, dann können die Teammitglieder entmutigt sein.
- Kein genügender Gedankenaustausch und keine Peer-Review.
- Höhere Fehlerquote.

Natürlich hängen diese Auswirkungen davon ab, wie lange ein Team unterbesetzt ist und wie gut die einzelnen Mitglieder des Teams sind, sodass sie die fehlenden Personen (wenigstens eine Zeit lang) ersetzen können.

Anekdote: Teamschmelze

Wie schnell ein kleines Team dahinschmelzen kann, zeigt die folgende kleine Geschichte. Ein kleines Team von drei Entwicklern, einem Tester, einem Kundenvertreter und einem Product Owner, arbeitet an einem großen Projekt. Weitere Teams standen diesem Team zur Seite.

Das Team leistete recht gute produktive Arbeit, bis der Tag kam, als einer der Entwickler für einige Wochen in den Militärdienst musste. Die Belastung des Teams wurde stärker. Doch damit nicht genug. Jedes Team in der Firma musste im Rotationsprinzip einen Entwickler für das so genannte Supportteam stellen, dass sich nur um dringende Aufgaben kümmerte und so eigentlich die Teams entlasten sollte.

Und da war es: Noch ein Entwickler bei der Arbeit. Ganz klar, dass das Team bei Weitem nicht mehr so produktiv arbeiten konnte, wie vorher. Da das Phänomen nur vorübergehender Natur war, musste nichts unternommen werden.

Nicht nur die Größe des Teams ist entscheidend, sondern auch die Beständigkeit. So zeigt die Erfahrung, dass Teams, die viele Teilzeitkräfte beschäftigen oder Mitglieder haben, die noch andere Funktionen (z. B. in der Unternehmensführung) wahrnehmen müssen, viel mehr Probleme in der Planung von einzelnen Iterationen haben, da sie nie eine verlässliche Entwicklungsgeschwindigkeit (engl. Velocity) als Erfahrungswert für die Planung zukünftiger Iterationen heranziehen können.

7.2.4 Selbstorganisation

Selbstorganisation bleibt manchmal ein schönes Lippenbekenntnis. Warum? Weil das Management zwar offiziell deklamiert, dass jedes Team selbst darüber bestimmen kann, wie es vorgehen will, doch die Taten eine ganz andere Botschaft aussenden.

Manchmal ist die Absicht tatsächlich, das Team gewähren zu lassen. Doch gewisse Funktionen wie Product Owner oder Scrum Master werden gerne zentralisiert. Weshalb? Manchmal, weil man sich davon verspricht, dass sich die Inhaber dieser Rollen besser untereinander austauschen können. Manchmal, weil man Personal sparen möchte und der Ansicht ist: Ein Scrum Master ist mit einem Team sowieso nicht ausgelastet, also teilen wir ihn mehreren Teams zu. Die Gefahr dieser Konstellation ist, dass gewisse Personen die Arbeit in diesen zentralisierten Stellen falsch interpretieren.

Zentrale Organe

Das Selbstverständnis einer zentralen Product-Owner-Gruppe oder einer Gruppe von Scrum Mastern kann in einer Unternehmung das Prinzip der Supportorganisation hin zu einer elitären Gruppe kippen.

Der Auslöser für dieses Verhalten kann sein, dass in der Organisation eine verkehrte Ansicht über den Stellenwert der verschieden Rollen im agilen Team herrscht. Ist ein Product Owner mehr wert als ein Scrum Master oder ein Scrum Master mehr als irgendein anderes Teammitglied?

Gerade in kleineren Organisationen kann es deshalb geschehen, dass auf einmal der Product Owner oder Scrum Master einen sozialen Aufstieg erfährt. Sie sind z. B. auf einmal Teil der Bereichsleitung. Die Gefahr auf einmal mit Autorität aufzutreten und zu dominieren, zu bestimmen, wie gearbeitet werden soll oder gar zu befehlen, ist groß.

Doch damit bewirkt man genau das Gegenteil von dem, was man erreichen wollte: Selbstorganisation wird unterdrückt und die alten Zeiten von „Befehlen und Überwachen" (engl. Command and Control) stehen wieder als Schreckgespenster am Horizont.

Zentrale Supportorgane sollten nur Dienste leisten! Nicht mehr und nicht weniger. Eine „dienende" Kultur hilft, diese Situation zu vermeiden[19]. Hier einige Warnzeichen, die darauf hindeuten können, dass die Selbstorganisation nicht funktioniert:

- Der Product Owner oder der Scrum Master bestimmt, was im nächsten Sprint umzusetzen ist.
- Alle Teammitglieder erstatten dem Scrum Master am Standup Bericht.
- Bevor zwei Teammitglieder eine Entscheidung treffen, fragen sie immer den Scrum Master oder Product Owner um Erlaubnis.
- „Gewöhnliche" Teammitglieder kommen am Sprint-Review-Meeting kaum zu Wort.
- Alle „Verbesserungen" haben ihren Ursprung beim Product Owner oder Scrum Master.
- Wichtige Entscheidungen werden nie im Team getroffen, sondern vom Product Owner oder Scrum Master.
- Ein Team wird dazu „verurteilt" in einem Raum mit einem bestimmten Layout zu arbeiten.

---

[19] Peter Block, Stewardship: Choosing Service Over Self-Interest, Berrett-Koehler Publishers, 1996

Anekdote: Erdulden oder selbst gestalten?

Die Firma zog um. Ein Team hatte nun ein gemeinsames Büro, doch die Raumauftei-lung und die Lage der Arbeitsplätze gefiel den Leuten nicht. Die Mitarbeiter, noch traditionelle Vorgehensweisen gewohnt, kannten nur eine Reaktion: sich beklagen.

Nachdem man widerwillig die neue Arbeitsplätze bezogen hatte und die negativen Äußerungen nicht abbrachen, verwickelte einer der Entwickler die anderen in eine Diskussion, die in der Feststellung gipfelte: „Wenn euch die Raumaufteilung nicht gefällt, warum ändert ihr sie nicht einfach?!".

Gesagt, getan und die Wogen glätteten sich. Seither sind viele der Räume immer wie-der umgestaltet und gar umgebaut worden, jeweils auf Anregung der Mitarbeiter hin. Das Management hat ihnen dabei nie Steine in den Weg gelegt.

Selbstorganisation bewahren

Viel hängt im agilen Vorgehen davon ab, ob Selbstorganisation in einer Unternehmung verankert werden kann, sodass sie als selbstverständliche, natürliche Organisationform angesehen wird.

Selbst wenn die Teams einmal selbstorganisierend gestartet sind, stellt sich die Frage: „Wie kann Selbstorganisation auf Dauer erhalten bleiben?". Eines ist sicher: Selbstorga-nisation kann nicht konserviert werden. Sie muss in der ganzen Organisation verteilt gelebt werden. Kleine Inseln von Selbstorganisation haben einen schweren Stand.

Ohne dass Selbstorganisation täglich praktiziert wird, verkümmert die Fähigkeit. Damit Menschen bereit sind, die Risiken, die damit verbunden sind, einzugehen, muss eine Kultur der Sicherheit herrschen, in der das Machen von Fehlern erlaubt ist.

7.2.5   Arbeitsteilung

Ein Problem, vor dem viele agile Teams stehen, vor allem wenn das Projekt groß ist und mehrere Teams gebildet werden müssen: Wie segmentieren wir die Arbeit, damit wir optimal zusammenarbeiten können. Natürlich ist die Antwort: „Es kommt drauf an." Doch solche Antworten helfen uns wenig weiter, nicht wahr!

Deshalb wollen wir uns mit einigen Ansätzen beschäftigen, wie man Arbeit in einem agi-len Projekt aufteilen kann und dabei vor allem auch die Nachteile nicht verschweigen.

Zu viel abgebissen?

Manchmal ist das Stück, das sich ein Team vornimmt, einfach zu groß. Wenn eine User Story zu komplex ist, als dass sie in einer Iteration abgearbeitet werden kann, dann ist es wahrscheinlich, dass sie nicht gut genug in kleinere Teile zerlegt worden ist.

Oder wir haben vor uns als Team ein Feature (wie in Abbildung 7.12 dargestellt), das nach grober Schätzung mit der Kenntnis unserer bisherigen Leistung als Team (auch bezeichnet als Teamgeschwindigkeit) knapp zu bewältigen wäre. Allerdings haben wir eine sinkende Leistung im Team und es ist deshalb unwahrscheinlich, dass wir es schaf-fen könnten, dieses Feature innerhalb einer Iteration zu bewältigen.

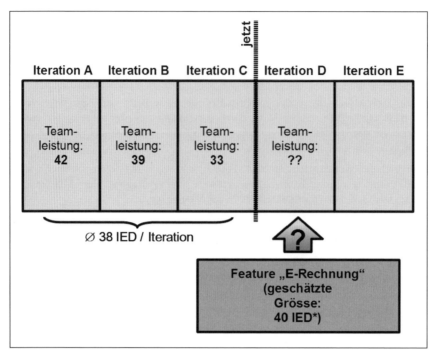

Abbildung 7.12: Ist der Bissen zu groß?

Wir haben verschiedene Optionen:

- Wir vertrauen auf unser Glück und stürzen uns in die Arbeit (wir werden schon einen kreativen Weg finden, wie wir die Arbeit in weniger Zeit bewerkstelligen können).

- Wir versuchen einen Weg zu finden, das Feature in kleinere Teile zu zerlegen, die eigenständig dem Kunden auch einen Nutzen bringen können.

- Oder, wenn das ganze Feature unbedingt in der nächsten Release muss, versuchen wir (falls möglich), ein anderes Team zu gewinnen, das uns einen Teil der Arbeit abnimmt.

Jeder dieser möglichen Lösungsansätze hat seine eigenen Probleme:

- Der erste Ansatz ist sehr risikoreich. Sollten unverhofft Probleme auftauchen, hat das Team keinen Puffer, um noch etwas zu korrigieren. Im schlimmsten Fall droht dem Team eine iterative Nullrunde, d. h. sie haben nichts Fertiges vorzuweisen.

- Der zweite Ansatz minimiert das Risiko, dass nichts ausgeliefert werden kann. Gleichzeitig aber wird das Feature das Team mehr als eine Iteration lang beschäftigen. Bei einem knappen Zeitplan kann das eine schmerzliche Verzögerung bedeuten.

- Der dritte Ansatz könnte von Erfolg gekrönt sein, vorausgesetzt, man findet ein Team, dass diese Hilfe leisten kann (und Zeit dafür bekommt) und für welches die Lernkurve nicht zu steil ist.

Schlecht geschätzte, grobkörnige Features haben sich bisher immer als komplizierter und schwieriger, als erwartet, herausgestellt. Strategien, um dieses Risiko zu minimieren, sollten unbedingt verfolgt werden.

Zu viele Abhängigkeiten

Ähnlich wie in der objektorientierten Programmierung, wo Klassen mit vielen externen Beziehungen zu anderen Klassen als schlecht designt angesehen werden, ist auch ein Team, das die ihm gestellte Aufgabe nicht ohne signifikante externe Hilfe lösen kann, unter Umständen mit den falschen Dingen beschäftigt.

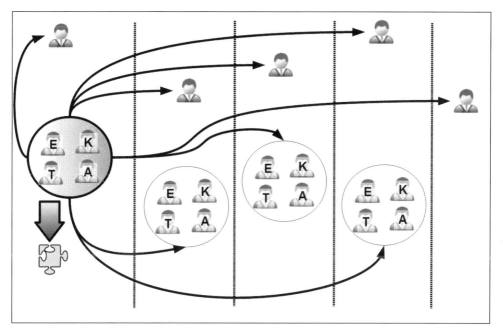

Abbildung 7.13: Hat das agile Team zu viele externe Abhängigkeiten?

Das Problem ist nicht so sehr, dass überhaupt mit vielen Parteien zusammengearbeitet werden muss. Vielmehr besteht das Problem darin, dass es ab einer bestimmten Anzahl externer Kontakte schwierig wird, rechtzeitig an alle relevanten Informationen zu kommen, damit die Anforderungen innerhalb einer Iteration implementiert werden können.

Manchmal ist es besser, ein Feature aufzuteilen und den jeweiligen Teams zuzuordnen, die näher „am Ball" sind und das notwendige Wissen bereits besitzen. Oder man findet eine Person, die tiefes Domänenwissen abteilungsübergreifend mitbringt, die dann als Proxy dem Team zur Verfügung stehen kann.

Wenn man dem Team die Freiheit lässt, für sich selbst die beste Organisationstruktur zu bestimmen und mit dem Kunden auszuhandeln, dann wird es eine für die besondere Situation passende Lösung finden.

Serviceteams

In gewissen Organisationen mag es notwendig sein, oder man hält es zumindest für notwendig, so genannte Serviceteams zu bilden. Man geht davon aus, dass es verschiedene Qualitäten an Entwicklern braucht ein technisches Rahmenwerk (engl. Framework) zu unterhalten bzw. eine Applikation zu entwickeln.

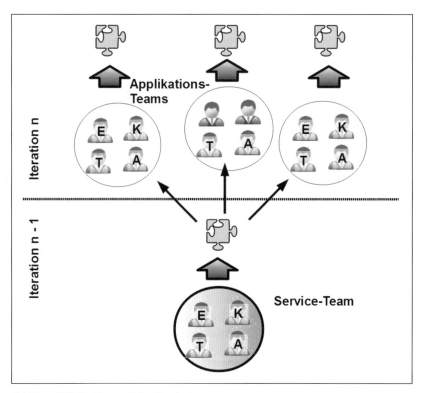

Abbildung 7.14: Probleme mit dem Serviceteam

Das Team operiert dann etwa so, wie in Abbildung 7.14 festgehalten. Sehr selten kann das Serviceteam in der genau gleichen Iteration, wie die von ihm abhängigen Teams, die neue Funktionalität implementieren. Deshalb geschieht es oft, dass das Serviceteam eine Iteration vor den Applikationsteams seine Funktionalität fertigstellt, damit sie in der nachfolgenden Iteration verwendet werden kann.

Das setzt natürlich ein sehr fähiges Serviceteam voraus. Funktioniert die Komponente nicht oder nicht zufriedenstellend, dann sind alle abhängigen Teams ebenfalls betroffen. Außerdem wird ein eventueller Entwicklungsrückstand des Serviceteams tendenziell an die abhängigen Teams weitervererbt.

Ein weiterer Nachteil eines solchen Serviceteams ist, dass Know-how (auch über die tieferen technischen Details) nur schwer an Mitglieder der anderen Teams weitergegeben wird.

Featureteams

Featureteams implementieren ein bestimmtes Feature komplett, d. h. durch alle Layer hindurch, von der Datenbankstruktur bis zur Benutzeroberfläche. Sie testen das Ganze und liefern es dann an den Kunden aus. Der Vorteil von Featureteams ist vor allem das ganzheitliche Verständnis des Systems, das Verteilen von Know-how innerhalb des Teams, das Heranziehen von spezialisierten Generalisten und die gemeinsame Verantwortlichkeit für die Qualität des Produkts.

Doch auch Featureteams können ihre Probleme haben. Ein Punkt, den ich auch schon beobachten konnte, ist die Schichtenbildung innerhalb des Teams:

Jeder spezialisiert sich auf das, was er am besten kann, weil er sich bei dieser Arbeit besonders wohl fühlt. Der eine bevorzugt z. B. alle datenbanknahen Arbeiten, während jemand anders gerne die User Stories aufnimmt. Obwohl ein Team so durchaus sehr leistungsfähig sein kann (siehe z. B. die Geschichte des „Quattro Pro for Windows"-Teams bei Borland in den 90er Jahren[20]), besteht dabei Möglichkeit, dass sich Flaschenhälse bilden, sobald sich die Ansprüche an das Team ändern.

Klebrige Features

Da ist man sehr gut als Entwickler und man arbeitet mit einem Kunden zusammen, mit dem man sich gut versteht. Man löst seine Probleme und liest ihm die Wünsche von den Augen. Kurz gesagt, man macht einen guten Job.

Da man hilfsbereit ist und darauf getrimmt wird, kundenorientiert zu arbeiten, denkt man sich nicht viel beim ersten Anruf: „Herr Müller, ich habe da ein kleines Problem... können nicht kurz auf unserem System... sie haben doch damals das Feature programmiert."

Auch im Management ist klar: der Entwickler Müller kennt das Problem genau, also ist er die beste Person, im Fehlerfall Hilfe zu leisten. Aus einer Hilfestellung kann sehr schnell eine lebenslange Verbindung entstehen. Das Feature, das man einmal vor 5 Jahren implementiert hat, bleibt an einem kleben und damit auch der Kunde.

Aus dieser anfänglich positiven Situation kann sich aber für ein agiles Team auch ein Problem ergeben: Wenn gewisse Featureerweiterungen ins Haus stehen oder Fehler an diesem Feature zu beheben sind, dann hat die Aufgabe die Tendenz, zum ursprünglichen „Vater" des Features zu fließen.

Neben der Konzentration von Know-how auf eine Person, sind solche Verbindungen, vor allem auch mit dem Kunden, sehr gut dazu geeignet, Störaufgaben für ein Team zu produzieren. Ein aufmerksames Team wird sich bemühen, solche Quereinflüsse in geordnete Bahnen zu lenken.

---

[20]   James O. Coplien & Neil B. Harrison, Organizational Patterns of Agile Software Development, Pearson Prentice Hall, 2005

Anekdote: Persönlicher Programmierer

Er kannte die Kundenvertreterin seit Jahren gut. Sie war kompetent in ihren Aussagen und ein zuverlässiger Partner, wenn es darum ging, die Anforderungen für den Teil der Applikation aufzunehmen, die es zu entwickeln galt.

Dieses durchaus positive Kundenverhältnis hält nun schon mehrere Jahre an. Der Kunde schätzt das auch sehr. Er erhält umgehend Hilfe, sollte es irgendwelche Probleme geben. Er muss sich mit keiner Warteliste begnügen, die ihm verspricht, dass er seine Änderung oder sein Feature erst in vier Wochen bekommt.

Und auf einmal soll alles anders werden? Plötzlich soll der Kunde warten und sich in Reih und Glied stellen, damit er gemeinsam mit weiteren Kunden eine Standardsoftware erhält, die nur noch auf ihn angepasst werden muss. Ein harter Weg und mit Opfern des Kunden verbunden.

7.2.6 Rollenverständnis

Rollen in agilen Teams haben nur einen Zweck: effektive und einfache Zusammenarbeit. Das Zuordnen von Verantwortung zu gewissen Rollen, wie das im traditionellen Umfeld Gang und Gäbe ist, hat dort keinen Platz. Ein Managementakronym, das manchmal in diesem Zusammenhang herumgeistert, kommt einem dabei unweigerlich in den Sinn. Es verkörpert das Gegenteil von dem, was man im agilen Umfeld bezüglich des Rollenverständnisses erreichen will: RASCI. Diese Abkürzung steht für:

- *R*esponsible (Verantwortlich)
- *A*ccountable (Rechenschaftspflichtig)
- *S*upportive (Unterstützend)
- *C*onsulted (Konsultiert)
- *I*nformed (Informiert)

In der Managementliteratur wird empfohlen, eine Matrix anzulegen, die definiert, wer in einem Prozess wofür verantwortlich, rechenschaftspflichtig sowie unterstützend ist bzw. konsultiert oder informiert werden soll[21]. So würden Missverständnisse ausgeschlossen und Änderungsprozesse könnten so effizient durchgeführt werden.

Doch so sieht das agile Rollenverständnis nicht aus. Jeder in einem agilen Team oder Projekt hat das Vorrecht, verantwortlich, rechenschaftspflichtig, unterstützend, konsultiert oder informiert zu sein, und zwar alles auf einmal.

Doch auch beim Ausfüllen der Rollen, die agile Prozesse kennen, gibt es Fallstricke, die man gerne vermieden hätte. Betrachten wir doch im Folgenden einige Rollen am Beispiel von Scrum.

---

[21] http://en.wikipedia.org/wiki/Responsibility_assignment_matrix,   Wikipedia,   Stichwort: Responsibility Assignment Matrix, Stand August 2009

Probleme eines Kunden

Der Kunde in einem Scrum-Team spielt eine zentrale Rolle. Füllt er diese nicht richtig aus, dann kann das Probleme für das ganze Team, ja das ganze Projekt bedeuten. Einige Punkte helfen uns, über die Kundenrolle nachzudenken:

- Trägt der Kunde wirklich seinen Teil zur Produktentwicklung bei?
- Nimmt er sich die notwendige Zeit, selbst wenn das in Zusammenhang mit seiner täglichen Arbeit eine Mehrbelastung bedeutet?
- Wie intensiv arbeitet er mit dem Team zusammen?
- Wie oft trifft man ihn, neben den regulären Meetings, bei der Zusammenarbeit (z. B. Verifikation der Arbeitsergebnisse) mit seinen Teamkollegen an?
- Kennt er die Gründe dafür, warum er etwas tun muss?
- Ist er genauso gut informiert, wie der Rest des Teams?
- Wie gut testet er frühe Releases der Software? So genau, als ob sie in Produktion gingen oder eher oberflächlich?

Probleme des Product Owners

Auch der Product Owner kann viel zur guten Zusammenarbeit beitragen. Tut er das nicht, dann zeigt sich das unter anderem in folgenden Symptomen:

- Der Product Backlog ist schlecht gepflegt, d. h. Prioritäten sind nicht klar, die User Stories sind unvollständig, zu grob oder zu detailliert formuliert.
- Das Team geht in ein Sprintplanungsmeeting und weiß noch gar nicht, was mit dem Kunden besprochen werden soll und wo der Fokus liegen wird. Es ist unvorbereitet in diesem Meeting und braucht sehr viel Zeit, um gemeinsam eine Planung aufzustellen.
- Der Product Owner holt den Kunden nicht ab, d. h. er geht zu wenig auf die Bedürfnisse des Kunden ein und hilft dem Kunden nicht, in geordneten Bahnen zu denken, damit ein Release Hand und Fuß hat.
- Der Product Owner entscheidet ohne den Kunden. Aussagen, wie „Ich bin länger in diesem Business als der Kunde, also weiß ich auch besser, was er braucht." sind ein Hinweis.
- Der Product Backlog ist zu groß.
- Die enthaltenen User Stories werden nicht auf der richtigen Granularität gehalten, die dem aktuellen Zeithorizont entspricht.
- Der Product Owner vermittelt nicht zwischen mehreren Kunden, die unterschiedliche Anforderungen an die gleiche Software haben.
- Der Product Owner mischt sich ins Projektmanagement ein und möchte dominieren.

Probleme des Scrum Masters

Ein Scrum Master, der seine Rolle nicht ausfüllt, kann sehr viel Schaden anrichten. Teams ohne Scrum Master sind manchmal sogar besser dran, als mit einem schlechten Scrum Master. Der Scrum Master hat unter Umständen gravierende Probleme (und verursacht selbst welche), wenn folgende Symptome zu beobachten sind:

- Eine lange Liste von Hindernissen und Problemen, die aber nie kürzer wird, d. h. der Scrum Master löst keine Probleme.

- Der Scrum Master ist zu selten beim Team, d. h. meist abwesend.

- Er spielt sich als Teamleiter auf, obwohl er keiner ist.

- Der Scrum Master führt eigenmächtig irgendwelche Tools ein, die das Team brauchen „darf".

- Der Scrum Master tut nichts für das Team, sondern überlässt es sich selbst und sagt, das sei Selbstorganisation.

- Der Scrum Master hat keine Zeit, Scrum Master zu sein, denn er hat noch andere Aufgaben (wie programmieren etc.).

- Dem Team wird reingeredet und der Scrum Master schaut zu.

- Der Scrum Master führt Protokolle der Standups.

- Der Scrum Master führt zweimal im Jahr Mitarbeitergespräche mit „seinem" Team durch.

- Der Scrum Master führt die Kennzahlen des Teams nach.

- Der Scrum Master entscheidet über die Länge des Sprints.

Anekdote: Scrum Master nur Manager?

Der Scrum Master ist offiziell kein Teil des Teams, sondern er ist für das Team da. Er sollte es eigentlich vor negativen Einflüssen von außen und Ablenkungen schützen sowie dafür sorgen sein, dass dem Team alle anderen Hindernisse aus dem Weg geräumt werden. Eine große Aufgabe.

Doch wie erlangt ein Scrum Master die Akzeptanz des Teams? Wie wird der Scrum Master Teil des Teams, ohne dass er das offiziell wäre?

Ein Scrum Master, der auch ein erfahrener Softwareentwickler war, zeigte, was es heißt, für das Team da zu sein. Als das Team Probleme mit dem Build-Server hatte, setzte er alles in Bewegung, damit sie behoben wurden und man weiterarbeiten konnte. Fehlte einmal notwendige Hardware, war sie innerhalb kürzester Zeit besorgt. War einmal Not am Mann, als es darum ging, eine mühsame, langwierige, manuelle Codeänderung durchzuführen, war er sich nicht Schade, mit anzupacken.

Er sprang überall ein, wo Hilfe benötigt wurde. Er stand nicht nur mit den Händen im Hosensack da, abwartend, bis das Team seine Probleme selbst löste.

Auf der anderen Seite konnte ich einen Scrum Master beobachten, der nur damit beschäftigt war, das Burndown-Chart aktuell zu halten, darauf zu achten, dass die Teammitglieder ihre Zeit rapportiert hatten und gute Ratschläge auszuteilen.

Welcher Scrum Master stand bei seinem Team in höherem Ansehen?

Scrum Master zu sein wird von ehemaligen Managern oft als neue Projektmanagerrolle (einfach mit anderem Namen) interpretiert. Das äußert sich dann häufig in Mikromanagement der Teammitglieder.

Auch der Ruf nach einem Vollzeit-Scrum Master pro Team wird gerne verwässert. Ein Scrum Master pro fünf Teams tut es ja auch. Bei einem Team hat er ja nichts zu tun.

Der Balanceakt zwischen Führen und Ermöglichen ist eine große Herausforderung für die Meisten, die in diese Rolle schlüpfen.

7.3 Wo bleiben die Empfehlungen?

Wir haben nun in den letzten fünf Kapiteln eine Menge von Problemen in den Bereichen Emotionen, Kultur, Reflexion, Adaption und Kollaboration betrachtet und wir können uns nun fragen, wie wir all diese Fallstricke, Problemkreise und Schlingen vermeiden können.

Die Antwort auf diese Frage ist gar nicht so leicht zu geben. Denn was sind die *wahren* Ursachen für die Probleme in Ihrer Unternehmung, werter Leser? Das kann nur jeder für seine eigene Situation im Nachhinein, nachdem das Problem aufgetreten ist, feststellen.

Wir haben uns ja bereits über die trügerische, retrospektive Kohärenz unterhalten, die uns zwar rückblickend eruieren lässt, welche Faktoren für unsere aktuelle Situation ausschlaggebend waren, die uns aber gleichzeitig nicht zuverlässig erkennen lässt, was wir in Zukunft tun sollten, um ähnliche Probleme zu vermeiden.

Trotz des Versuches, keine einfachen Rezepte anzubieten, habe ich sicher in der einen oder anderen Feststellung durchscheinen lassen, dass ich gewisse Strukturen, Handlungsweisen und Einstellungen favorisiere, wenn es darum geht, einen möglichst günstigen Ausgang mit agilen Mitteln zu erreichen.

Und trotzdem werde ich mich nicht dazu verleiten lassen, explizit zu sagen: „Tut das und es wird euch gut gehen" oder „Tut dieses und ihr werdet keine Probleme mit der Agilität in eurem Unternehmen haben." Das wäre verantwortungslos und irreführend.

Stattdessen möchte ich im letzten Kapitel auf Dinge eingehen, die wir als Organisation und als Einzelne tun können, um in einem komplexen und unvorhersehbaren Umfeld – der agilen Softwareentwicklung – unsere Erfolgschancen zumindest intakt halten zu können.

8 Vermeidungshaltung?

„Wer ein Problem definiert, hat es schon halb gelöst."
– Aldous L. Huxley

„Alles in allem würde ich ihnen gerne eine positive Botschaft mit auf den Weg geben – ich habe aber keine. Würden Sie eventuell auch zwei negative nehmen?"
– Woody Allen

Ich kann keine konkrete Anleitung für Ihre Situation geben, werter Leser, so gerne ich dies auch möchte. Dazu müsste ich mich einige Zeit in Ihrer Organisation bewegen, darin leben, darin atmen und beobachten können. Ich müsste die Protagonisten des organisatorischen Schauspiels und ihre Einstellungen, sowie die kulturellen Gegebenheiten spüren können, bevor ich auch nur einen konkreten Rat geben könnte.

Wenn hier also alles so generell und allgemein klingt, dann ist es nichts anderes. Interventionen, die in den Unternehmen funktioniert haben, in denen ich gewirkt habe, haben deshalb funktioniert, weil sie den Umständen angepasst waren und weil mit viel Geduld und Hingabe reflektiert, adaptiert und gehandelt wurde. Dabei wurde in der Organisation mancher Irrweg beschritten, doch langfristig haben die Bemühungen in die richtige Richtung geführt.

Und selbst nach relativ langer Zeit (über fünf Jahre), in der die Organisation, in der ich mich aktuell bewege, versucht, agil zu handeln, ist es immer noch ein Kampf gegen die Erosion und die Verwässerung agiler Prinzipien und Werte – selbst wenn in der Zwischenzeit viel mehr Personen innerhalb der Organisation zu Mitstreitern geworden sind und viele Verhaltensweisen agiler Natur nicht mehr aus dem Alltag wegzudenken sind.

Es liegt deshalb an Ihnen, werter Leser, Wege und Mittel in Ihrer Organisation zu suchen, sie zu beeinflussen und Agilität gemäß den geltenden Prinzipien zu leben. Der Gefahr zu widerstehen, sie zu verwässern oder so sehr anzupassen, dass sie ihre Wirksamkeit verlieren und Agilität nur wieder ein weiterer gescheiterter Versuch ist, nach dem idealen Softwareentwicklungsprozess zu greifen, ist die große Herausforderung.

In diesem abschließenden Kapitel wollen wir nun trotzdem einige positive Akzente setzen. Ich möchte ein paar Punkte herausheben, die ich persönlich, aufgrund der gemachten Erfahrungen der letzten 10 Jahre mit agilen Prozessen, für wichtig erachte, damit Agilität in einer Organisation Fuß fassen und gedeihen kann.

8.1 Agil sein!

Das Vermitteln und Lehren von agilen Praktiken alleine funktioniert nicht. Wir können keine agilen Prozesse „einführen", indem wir die Mitarbeiter in Kurse setzen und Frontalunterricht erteilen. Checklisten sind schöne Hilfsmittel, um unerfahrenen Neulingen in Sachen Agilität einen Start zu ermöglich. Aber da hört ihre Nützlichkeit bereits auf.

Wie schrieb doch der Lernpädagoge Otto Herz einmal treffend[1]:

> *„Eine positive Einstellung zum Lernen ist in dem Maße wahrscheinlicher, in dem der Einzelne aktiv in Planung und Lernprozess einbezogen ist, in dem er Subjekt des Lernens wird und nicht nur Objekt der Lehrenden bleibt. "*

Agilität muss erlebt werden, mit allen ihren Tücken und Problemen, damit jeder Einzelne lernt, im Angesicht der konstanten Veränderung und der sich ändernden Rahmenbedingungen, agil zu denken und zu handeln.

Nachhaltigkeit agiler Vorgehensweise entsteht nicht, wenn wir agile Prozesse im Betrieb definieren und sich alle daran halten müssen. Stattdessen müssen wir als Einzelne *agil sein*, d. h. jeder von uns, der in einer Organisation tätig sein möchte, die sich agile Werte und Prinzipien auf die Fahne geschrieben hat, muss diese Werte verinnerlichen und die Prinzipien begriffen haben. Je mehr Personen das tun, desto mehr wird die Betriebskultur Agilität wiederspiegeln.

Die Konsequenz daraus wird sein, dass die Aussagen des Managements und die Handlungen der Angestellten für einmal kongruent und übereinstimmend sein werden. Das bedeutet in letzter Konsequenz, dass die Mitarbeiter nicht mehr mit agilen Parolen und totaler Kontrolle zu entsprechendem Verhalten „gedrängt" werden, sondern dass sie es aus eigenen Stücken tun, weil sie den Wert solchen Handelns verstanden haben.

Das wird sich vor allem in Situationen auszahlen, in denen der Einzelne unter Druck kommt. Vielleicht weil das Projekt unter Termindruck gerät oder wenn der Kunde nicht so genau weiß, was er will oder nicht nach agilen Prinzipien vorgehen möchte. Er wird sich dann nicht auf faule Kompromisse einlassen und denken, dass er mit einer „Abkürzung" hier oder dort etwas gewinnt, obwohl er in Wahrheit langfristig auf der Verlustseite sein wird.

Der nette Nebeneffekt wird außerdem sein, dass man als Organisation Qualitätszertifikate (z. B. nach dem ISO-9001-Standard) fast beiläufig erhalten und erneuern kann, ohne dass jedesmal Panik ausbricht, wenn ein Auditor das Haus betritt. Warum? Weil eben die wenigen, schriftlich festgehaltenen Prinzipien auch tatsächlich gelebt werden und ein externer Beobachter jederzeit unangemeldet vorbeikommen kann und kein Theater vorgespielt bekommt, sondern diese Prinzipien quer durch die Organisation in Aktion erlebt.

---

[1]   Otto Herz, Schulkonflikte lösbar machen, Rowohlt Verlag, 1982

Agil sein bedeutet, nicht nur die entsprechenden Prinzipien und Werte verinnerlicht zu haben, sondern auch zu wissen, wie sie auf verschiedenste Situationen anzuwenden sind. Und das ist auch der große Vorteil von Prinzipien gegenüber Geboten und Verboten. Während Erstere universelle Gültigkeit haben, sind Letztere genau in einem bestimmten Kontext gültig. Verändert sich der Kontext, dann verliert auch das spezifische Gebot oder Verbot seine Gültigkeit.

Natürlich erleben wir Prinzipien in konkreten Situationen, in denen sie befolgt oder auch manchmal außer Acht gelassen werden. Doch nur wenn wir die Prinzipien gemeinsam durch Reflexion und Diskussion extrahieren und dadurch betonen und verstärken, werden sie auch sichtbar und können von den Beteiligten in anderen Situationen erfolgreich angewandt werden.

Agil sein bedeutet auch, aktiv seine Umgebung zum Besseren beeinflussen zu wollen und entsprechende Schritte zu unternehmen, statt passiv die Entscheidungen anderer abzuwarten und erst dann gehorsam zu tun, was sich andere ausgedacht haben.

Natürlich ist mir bewusst, dass nicht alle Mitarbeiter eine aktive Rolle im Leben der Agilität einnehmen wollen und werden, doch je mehr Mitarbeiter wir überzeugen können, dass es sich lohnt, agil zu sein, desto mehr Gewicht wird diese Bewegung innerhalb unserer Organisation bekommen und desto leichter wird es uns fallen, selbst die mitzuziehen, die eine skeptische oder gleichgültige Grundhaltung pflegen.

Agil sein funktioniert primär im Kleinen, d. h. beim Einzelnen. Doch wird es eine einzelne Person, in einem nicht agilen Umfeld sehr schwer haben. Gelingt es ihr nicht, ihre Prinzipien anderen schmackhaft zu machen und sie innerhalb einer nützlichen Frist zu überzeugen, wird sie sich entweder resigniert anpassen oder eine Firma suchen, die denselben Werten verpflichtet ist. Das bedeutet im Umkehrschluss, dass agil sein eine Eigenschaft ist, die alle Bereiche und Hierarchiestufen einer Firma durchdringen muss, damit die Vorteile voll zur Geltung kommen.

Doch halt! Agil sein bedeutet auf keinen Fall Gleichschaltung und Konformismus. Stattdessen bedeutet agil sein, gemeinsam nach dem besten und unkompliziertesten Weg zu suchen, ausgezeichnete Software zu erstellen, so wie sie sich der Kunde wünscht. Das bedeutet manchmal, nicht der gleichen Meinung zu sein, engagierte und intensive Diskussionen zu führen über das Wie und Warum. Doch es bedeutet auch, sich schlussendlich auf eine Stoßrichtung zu einigen und ganzherzig diese zu verfolgen – bis ein noch besserer Weg gefunden wird.

8.2   Konstante Adaption

Ein zweiter wichtiger Punkt ist, dass es keine Agilität ohne Adaption geben kann. Unsere Umgebung, der Kontext und die Rahmenbedingungen unserer Projekte und Kunden ändern sich ständig. Sowohl auf technischem als auch auf kommerziellem und zwischenmenschlichem Gebiet bleibt nie lange alles gleich.

Dieser Veränderung nicht Rechnung zu tragen, ist sträflich und entspricht dem überholten Weltbild von Taylor. Dieses Weltbild ist darauf ausgelegt, Variationen zu unterdrücken, in der Hoffnung, dass dadurch der Produktionsprozess berechenbarer wird. Doch das ist ein Trugschluss, besonders im Softwareentwicklungsumfeld.

Variation lässt sich nur in sehr wenigen Bereichen der Softwareentwicklung sinnvoll vermeiden (vor allem in Bereichen, die vollständig automatisierbar sind). Das bedeutet, dass wir sie nicht einfach ignorieren dürfen, sondern ihr aktiv Rechnung tragen müssen. Nur der agile Ansatz hilft, mit seinen kleinen Inspektions- und Adaptionsschritten, mit dieser konstanten Veränderung verantwortungsvoll umzugehen. Wie im Kapitel 1 ausgeführt, ist die Adaption Teil eines Kreislaufs von Handeln, Sondieren und Anpassen, der immer wieder aufs Neue durchlaufen werden muss, damit er von Nutzen ist. Ähnlich wie bei der Navigation auf dem Meer laufend Kurskorrekturen notwendig sind, diese aber nicht ohne kontinuierliche Positionsbestimmung sinnvoll möglich sind (wegen sich ändernden Strömungen und Winden verschiedener Stärke aus unterschiedlichen Himmelsrichtungen), genauso verhält es sich im agilen Projekt.

Keinem Reeder der Welt würde es in den Sinn kommen, ein Schiff ohne feine Manövrierfähigkeit und eine erfahrende Besatzung von London nach New York zu senden. Zu wertvoll die Fracht und zu unberechenbar die See. Doch genau das passiert manchmal mit agilen Projekten. Man legt ein bestimmtes Vorgehen fest und belässt es für die komplette Projektdauer dabei, obwohl man in der Zwischenzeit vielleicht bereits stark vom Kurs abgekommen ist.

Wichtig ist vor allem, dass die Steuerbefehle direkt von der Besatzung des agilen „Schiffs" kommen und nicht von einem Mitarbeiter der Reederei, 5000 Seemeilen entfernt, der nur über Funk mit dem Schiff Kontakt hält. Die Reaktionszeit auf gefährliche Situationen wäre sonst ungebührlich lang.

Eines möchte ich hier nochmals betonen: Adaption bedeutet nicht, kopflose „Feuerwehrübungen" durchzuführen, um eine brenzlige Situation zu lösen. Es bedeutet auch nicht, Aktionismus im Sinne von „ändern wir etwas, damit nicht alles gleich bleibt". Auch will Adaption nicht heißen, dass man immer alles von Grund auf umkrempelt.

Stattdessen geht der Adaption ein Moment der Reflexion voraus, man sondiert die Lage, überlegt sich mögliche Gründe für die bestehenden Probleme und macht anschließend eine oder zwei Änderungen, die bewirken könnten, dass sich der bestehende Status Quo zum Positiven verändert.

Dabei machen wir gerne kleine, übersichtliche und angemessene Schritte. Wir holen nicht zu einem großen Rundumschlag aus (außer es herrscht Chaos um uns herum und wir möchten etwas fundamental und rigoros verändern). Damit kleine Schritte möglich sind, setzen wir bewusst Grenzen, was unseren Aktionsradius und unser Arbeitspensum angeht.

Wird somit Adaption in einer Organisation behindert, z. B. dadurch, dass nur das obere Management oder die Projektleitung Änderungen bestimmen darf, oder indem durch komplizierte Bewilligungswege eigene Initiative unterdrückt wird, dann kann Agilität nicht wirklich gelebt werden.

Die Ermächtigung – ja sogar die Verantwortung – für Adaption muss bei den Ausführenden im Projekt liegen. Nur so werden Probleme dort gelöst, wo sie anfallen und wo das notwendige Know-how besteht, um sie zu lösen.

entwickler.press

8.3 Enge Zusammenarbeit

Ein weiterer Pfeiler des agilen Vorgehens ist die enge – ich würde fast sagen, die engste – Zusammenarbeit, die möglich ist, und zwar auf allen Ebenen und in allen Beziehungen. Das bedeutet eine Entflechtung der Firmen- und/oder Projektorganisation. Hierarchien müssen verschwinden oder dürfen direkte Zusammenarbeit zwischen den Ausführenden eines Projekts nicht behindern.

Kommunikation muss so direkt und breitbandig wie möglich sein, damit sie kein Hindernis darstellt. „Angesicht zu Angesicht" ist immer noch die effektivste Art der Kommunikation und kann durch kein technologisches Mittel gleichmächtig ersetzt werden und ist im agilen Umfeld unumgänglich.

Verteilung von Aufgaben auf – manchmal sogar global – verteilte Teams ist immer mit einem Verlust an Agilität, Flexibilität und Effektivität verbunden, egal wie viele Personen das Gegenteil behaupten wollen. Das ist eine natürliche Folge der Distanz, dem Verlust an Bandbreite in der Kommunikation und der zusätzlich notwendigen Koordination.

Sinnvolles Unterteilen der Aufgaben in Teilprojekte kann die Kopplung von globalen Teams teilweise reduzieren und dadurch auch den Verwaltungsaufwand niedrig halten. Allerdings ist nicht immer eine einfache Unterteilung zu bewerkstelligen. Offshoring- oder Nearshoring-Vorhaben werden mit agilen Mitteln nur dann Erfolg haben, wenn ganzheitliche, cross-funktionale Teams gemeinsam am entfernten Standort arbeiten, zusammen mit einem eigenen, lokalen Scrum Master und Product Owner. Das große unüberwindbare Problem ist hier meistens die zu große Distanz zum Kunden, der nicht so leicht ausgelagert werden kann.

Besonders darf man die enge Zusammenarbeit mit dem Kunden nicht vernachlässigen. Sehr leicht kommt es vor, dass der Kunde außerhalb des agilen Teams agiert, ähnlich wie bei einem traditionell durchgeführten Projekt. Das widerspricht direkt den Prinzipien des agilen Manifests.

Es gibt keine Entschuldigung dafür, den Kunden nicht eng einzubinden. Natürlich gefällt es dem Kunden nicht unbedingt, so stark am Projekt beteiligt zu sein. Es geht nicht an, sich zurücklehnen und abwarten, was die Experten da zusammenbrauen. Der Einsatz des Kunden ist fundamental für den Erfolg eines agil geführten Projekts, und das nicht nur zu Beginn und am Ende des Projekts.

Ein stark eingebundener Kundenvertreter wird erfahrungsgemäß gut 40 % seiner Zeit der Projektmitarbeit widmen müssen. Es liegt am agilen Team, den Zeitaufwand auf Kundenseite so gering wie möglich zu halten (z. B. durch den Einsatz einer Person einer Abteilung über eine kleinere Anzahl von Iterationen hinweg – ermöglicht durch fokussiert und qualitativ hochwertige Arbeit für diese Abteilung).

Der Kunde sollte nicht unvorbereitet in ein agiles Projekt starten. Oft wird er erst im Laufe eines Projektes damit „überrascht". „Wir würden Sie gerne alle zwei Wochen zu einem Review-Workshop einladen.", heißt es dann. Der Kunde ist völlig überrumpelt und weiß nicht, was ihn da genau erwartet, z. B. dass er auch Pflichten und Rechte hat oder was er von einem Team erwarten darf.

Es ist nur recht und billig, den Kunden auf die Intensität und Güte der Zusammenarbeit vorzubereiten, damit er keine falschen Erwartungen hegt und später seinen Unmut äußert. Das gebietet schon unser Wunsch nach Transparenz und Offenheit. Eng zusammenzuarbeiten, bedeutet unter anderem:

- Nähe (geografisch, zeitlich und organisatorisch)
- Cross-funktionale, ganzheitliche Teams
- Starke Einbindung des Kunden
- Kurze Entscheidungswege
- Offene, hürdenfreie Kommunikation
- Ein gemeinsames Ziel
- So viele Aktivitäten, wie möglich, gemeinsam ausführen

Enge Zusammenarbeit durchzusetzen wird jedoch nur möglich sein, wenn mit Mut und Entschlossenheit gegen alle organisatorischen Hürden vorgegangen wird, die sie behindern mögen.

8.4 Dienende Haltung

Eine dienende Haltung an den Tag zu legen, ist nicht modern. Vielleicht geht es noch an, sich gegenseitig unter Gleichberechtigten beizustehen und zu helfen. Doch eine solche Haltung zu fördern und zu bewahren, trotz Druck und unterschiedlichen Persönlichkeiten, lohnt sich in einem agilen Umfeld.

Eine kürzlich gestellte Frage auf der Scrum-Mailing-Liste zeigt, dass eine solche Grundeinstellung gar nicht so selbstverständlich als positiv angesehen wird. Es ging um Co-Lokation und um die Frage, ob durch das nahe Beisammensein die einzelnen Entwickler nicht zu sehr von ihren eigenen Aufgaben abgelenkt würden, weil sie von den anderen zur Hilfe gerufen würden.

Unglaublich, dass man sich überhaupt solch eine Frage stellen kann. Natürlich kann ich nicht an einer Aufgabe arbeiten und gleichzeitig meinem Kollegen helfen, aber, und jetzt kommt das große ABER, wenn ich am gleichen Ziel arbeite, dann helfe ich ja nur, gemeinsam das Ziel zu erreichen. Also habe ich nichts Schlechtes getan. Im Gegenteil, womöglich erlange ich sogar noch ein besseres Verständnis der gesamten Problemstellung und kann meine Teilaufgabe eventuell gar effektiver lösen, als ohne dieses Wissen.

Herrscht eine dienende Haltung vor, dann will jeder nur, dass die anderen mit ihm zusammen das gesetzte Ziel erreichen. Er tut deshalb alles dafür, dass nicht nur er selbst gut dasteht, sondern das ganze Team, ja die ganze Organisation eines Projekts. Dabei sollte die Rolle und der Dienstgrad (oder die Stellenbeschreibung) eigentlich keine Auswirkung auf meine Arbeit haben. Ich werde mich überall dort einsetzen, wo ich Bedarf sehe. Ich werde mir die Freiheit nehmen, etwas zu unternehmen, wenn ein Problem beseitigt werden muss, egal ob ich offiziell die Autorität dazu habe oder nicht.

Besonders für Vorgesetzte oder erfahrene Fachleute kann es manchmal schwierig sein, eine dienende Haltung zu bekunden. Sind nicht sie berechtigt, ja verpflichtet, den Untergebenen zu sagen, wo es lang geht und die Neulinge zu belehren? Sollen sie nicht alles wissen und auf alles eine Antwort bereit haben? In traditionell geführten Unternehmen ist das oft so.

Eine solche paternalistische (väterliche) Einstellung vermittelt manchmal zwar eine gewisse Sicherheit, doch gleichzeitig ist sie für autonome, selbstorganisierende Teams Gift. Für solche Teams stellen wir eigentlich Leute ein, die intelligent und gut ausgebildet sind. Sie sind Experten auf ihrem Gebiet. Vor allem sind es erwachsene Leute, die sehr gut auch in der Lage sind, gute Entscheidungen zu treffen.

Dazu brauchen sie keine Bevormundung oder jemanden, der ihnen sagt, was richtig oder falsch ist, sondern nur den gleichen Umfang und die gleiche Qualität an Informationen, wie das Management, sowie ein klares Ziel vor Augen, das es zu erreichen gilt. Damit das aber auch funktioniert, braucht es noch etwas mehr: Diese Mitarbeiter müssen mit diesen Informationen auch etwas anfangen können, damit sie sich tatsächlich selbstständig organisieren können. Dazu gehört, dass sie die Fähigkeiten, sich selbst zu verwalten, erlernen müssen. Dazu gehören Dinge, die immer jemand anderes für sie getan hat, z. B.:

- Qualität messen, beobachten, beurteilen und verbessern
- Kontinuierliche Verbesserung des Entwicklungsprozesses definieren und umsetzen
- Sich gegenseitig, den Kunden und das obere Management informieren
- Selbstständig mit dem Kunden planen und Fortschritte überwachen
- Benötigte Kapazitäten planen und budgetieren
- Kundenkontakt pflegen und verbessern

Für alle diese Dinge brauchte es bisher einen Manager. Das sollte im agilen Team der Vergangenheit angehören, da das Team selbst dafür sorgt, dass diesen notwendigen Dingen Rechnung getragen wird. Natürlich müssen die Mitarbeiter diese Selbstkontrolle auch wollen, sonst nützt jegliche Übertragung von Verantwortung wenig.

8.5   Bitte, kein Ballast

Ein übergewichtiger Fechter hätte im Wettkampf keine reelle Chance, den Sieg zu erringen, weil der Fechtsport agile, dynamische und geschmeidige Qualitäten voraussetzt.

Genauso verhält es sich mit agilen Teams. Sie müssen an ihrer Agilität laufend arbeiten. Es genügt nicht, einmal agil zu werden und dann ist man es automatisch für die nächsten 50 Jahre. Tut ein Team das nicht, setzt es im übertragenen Sinn „Fett" an. Es wird behäbig, träge und selbstgefällig. Das gilt es zu verhindern, indem wir uns (als Organisation) immer wieder selbst nach neu angesammeltem Ballast durchstöbern. Wenn wir nichts tun, dann sammelt er sich immer wieder an. Oft geschieht das langsam und unmerklich.

Umso wichtiger ist es, unseren Entwicklungsprozess immer wieder reflektierend zu hinterfragen und in Frage zu stellen. Denken wir doch einmal an folgende Beispiele, bei denen Ballast zu einem späteren Zeitpunkt wieder Einzug in die Vorgehensweise eines agilen Teams fand:

- Wir haben uns auf ein absolut notwendiges Minimum an Dokumentation geeinigt, die dafür lebt und mit dem Programmcode immer synchron ist. Unter dem Hinweis, dass für ein schweizerisches Bundesprojekt Hermes als Dokumentationsleitfaden verwenden werden soll, führt das Management ein großes Set von Dokumenten ein, die niemand liest und die im Nu veralten.

- Man hat ein gut funktionierendes und sehr produktives Team von 8 Personen in Deutschland und möchte dieses nun um die 10-fache Anzahl von Entwicklern aufstocken. Weil man so viele Entwickler in Deutschland nicht so schnell findet, schließt man einen Vertrag mit einem Offshoring-Partner ab. Da man dadurch ein Missverhältnis von Entwicklern zu Testern erhält, stockt man auch gleich noch mit 40 Testern, ebenfalls in Indien, auf.

- Man führt täglich in einem autonomen Team ein Standup-Meeting durch. Mit der Zeit fügt man zum Standup ein geschriebenes Protokoll hinzu, obwohl es die meisten nicht lesen.

Die Liste ließe sich natürlich beliebig fortsetzen. Doch auch hier ein Wort zur Vorsicht: Manchmal macht es durchaus Sinn, ein wenig Overhead in Kauf zu nehmen, um damit andere Produktivitätsgewinne zu erzielen. Doch der Balanceakt ist schwierig und es sollte selbstverständlich sein, auf der Seite von weniger Ballast zu irren.

Ballast, der sehr schwierig zu entdecken ist, sind oft Qualitätsmängel, die nicht mit der entsprechenden Konsequenz vermieden werden. Diese wirken sich oft sehr subtil später im Projekt aus, meist an Orten, an denen man sie nicht erwartet.

Mancher Ballast wird von denen, die ihn geschaffen haben, gar nicht als solcher wahrgenommen, denn es gibt ja immer einen triftigen Grund, warum man ein bestimmtes Verhalten, ein bestimmtes Artefakt oder eine besondere Regel eingeführt hat. Man sollte somit auf diejenigen Stimmen achten, die einem auf diesen Overhead aufmerksam machen. Dabei sollte man sich mit einbeziehen, wenn es darum geht, eine weniger belastende Lösung für ein bestimmtes Erfordernis zu finden. Einige Bereiche, die in der agilen Entwicklung schnell Ballast ansetzen können, sind:

- Programmcode (Designschuld, kontinuierlicher Codezerfall, steigende Codekomplexität)

- Mangelnde Testabdeckung des Codes (dadurch wird der Code weniger leicht änderbar und Änderungen werden riskanter)

- Skalierung (voreilige Skalierung, vor allem entlang von Rollenverteilung, Hinzufügen von entfernten Mitarbeitern)

- Dokumentation (Einführung von Dokumenten, die niemand braucht, nur um bestimmten Templates oder bürokratischen Erfordernissen zu entsprechen)

- Größe von Iterationen (Ausdehnen der Größe über einen Monat hinweg, führt zu zusätzlichem Aufwand und Mehrarbeit bei der Überprüfung der Korrektheit des Systems, sowie langsameren Entwicklungszyklen)

- Planung (zu detaillierte Planung im voraus, dadurch ist pro Iteration ein zu großer Product Backlog zu pflegen und zu priorisieren)

Das erkennen und beseitigen von Ballast ist jedermanns Sache. Keiner im Team ist davon ausgenommen und keinem Einzelnen kann diese Aufgabe losgelöst zugeteilt werden.

Wird der Ballast nicht reduziert, wird die Entwicklungsgeschwindigkeit über die Dauer eines Projekts nicht zunehmen, sondern immer mehr degradieren, bis wir wieder bei dem Niveau angelangt sind, das wir vor der agilen Initiative hatten.

8.6 Gesunder Rhythmus

Ein weiterer wichtiger Punkt, den ein Zeichen für ein gesundes agiles Vorgehen ist, ist ein steter, gleichmäßiger Entwicklungsrhythmus. Jedes Team hat seinen eigenen idealen Takt, in dem es Software herstellen kann, ohne dabei überfordert oder unterfordert zu sein.

Dieser Rhythmus entspricht der Schlagzahl eines Ruderboots. Nehmen wir als Beispiel einen Achter (der schnellsten Kategorie im Rudersport und passend wegen der ähnlichen Größe zu einem agilen Team). Mein Vater, der ein olympischer Ruderer in dieser Bootsklasse war, hat mir bereits als kleinem Jungen erzählt, wie wichtig eine gute Schlagzahl für eine Rudermannschaft war. Die Distanz beim Rennen beträgt zwei Kilometer. Es geht nun darum, diese Strecke so schnell wie möglich zurückzulegen, ohne dabei auf den letzten 500 Metern zusammenzubrechen.

Eine gut eingespielte Mannschaft kennt ihre aktuelle Form und weiß genau, mit welcher Schlagzahl sie rudern muss, damit die ganze Strecke bewältigt werden und sie sich noch auf den letzten 500 Metern steigern kann. Hat die Mannschaft jedoch einen schlechten Rhythmus und startet zu schnell ins Rennen, dann kann es sein, dass sie auf den letzten Metern keine Kraft mehr hat und das Rennen verliert. Weil jede Mannschaft diese Situation vermeiden will, versucht sie während der ganzen Trainingsphase, ihre durchschnittliche Schlagzahl zu steigern.

Die Anstrengungen einer Rudermannschaft zeichnet das Folgende aus, das auch für den Rhythmus von agilen Teams seine Gültigkeit hat:

- Der gleiche Rhythmus gilt für alle in einem Team (denn Ruderer sitzen buchstäblich im selben Boot).
- Das Team kennt seinen Rhythmus genau.
- Es kennt aber auch seine (physischen) Grenzen.
- Das Team strebt gemeinsam nach der Steigerung des Rhythmus.
- Der Rhythmus muss über eine lange Strecke aufrecht erhalten werden können.
- Der Rhythmus darf nicht zu langsam sein, damit das Team nicht verliert.
- Der Rhythmus darf aber auch nicht zu schnell sein, damit es ihn bis zum Schluss durchhalten kann.

Der Entwicklungsrhythmus eines agilen Teams wird von allen gemeinsam bestimmt. Kein Außenstehender kann und darf den Rhythmus bestimmen. Das ist die alleinige Verantwortung des Teams. Auch ist das Team selbst bemüht, im Verlauf der Zeit den Rhythmus zu steigern, doch nur im Rahmen des Möglichen und Nachhaltigen (Projekte gleichen oft eher Marathon- als 100-Meter-Läufen, selbst wenn Iterationen Sprints heißen).

Damit der Entwicklungsrhythmus über lange Zeit durchgehalten werden kann, darf sich das Team nicht in jeder Iteration übernehmen. Es muss eine realistische Verpflichtung eingehen können. Das ist nur möglich, wenn es seine aktuelle Entwicklungsgeschwindigkeit kennt und wenn es seine Fähigkeiten richtig einschätzt.

Deshalb sind auch andauernde Überzeiten in agilen Teams ein rotes Tuch. Sie mindern auf Dauer die Qualität der geleisteten Arbeit und führen nur zu zusätzlichem Ballast.

Ein gesunder Rhythmus gibt dem Team in einer unsicheren und komplexen Umgebung außerdem ein gewisses Maß an Sicherheit. Er stellt sozusagen einen periodischen Attraktor dar[2], der zu einem gewissen Grad unsere komplexe Welt ordnet. Das vermittelt dem Team eine gewisse Ruhe, da es genau weiß, was es leisten kann und wo seine Grenzen liegen. Es lotet diese Grenzen jeweils aus und weitet sie idealerweise nur Stück um Stück aus. Dadurch befindet sich das Team die meiste Zeit nicht in der roten Zone der Überforderung und die Handlungsweisen der einzelnen Teammitglieder sind entsprechend ruhig, gefasst und überlegt.

8.7 Diplomatenstatus

Was hat Agilität mit Diplomatie zu tun? Sehr viel, wenn man bedenkt, dass Vieles mit Verhandlungsgeschick und Beeinflussen von Meinungen zu hat, wie auf der Weltbühne der Politik.

Wir wollen ja meist politisch korrekt sein und nicht zugeben, dass wir die Meinung anderer beeinflussen möchten. Aber jeder, der mit bestehendem Vorgehen oder der herrschenden Meinung uneins ist, versucht auf die eine oder andere Weise andere davon zu überzeugen, dass ihre Ansichten entweder nicht (mehr) stimmen oder veraltet sind und revidiert werden sollten.

Politik ist ein schmutziges Wort geworden in der heutigen Zeit. Das verdanken wir sicherlich zu einem guten Teil unehrlichen und korrupten Politikern, die ihre Wahlkampfversprechen nicht halten und eher auf eigene Vorteile bedacht zu sein scheinen, als auf das Allgemeinwohl.

Das ist nicht die Politik, die ich meine. Einer der Werte von agilem Vorgehen ist ja schlussendlich Transparenz und Offenheit. Ehrlichkeit gegenüber allen Beteiligten und dem Kunden ist fundamental.

Allerdings sind wir im organisatorischen und auch im Kundenumfeld in einer konstanten Interaktion mit unserer Umgebung. Besonders, wenn sie nicht unseren agilen Idealen entspricht, versuchen wir sie dahingehend zu beeinflussen, dass sie unseren Bemühungen gegenüber so positiv wie möglich eingestellt ist. Dabei bemühen wir uns

- das Richtige zum richtigen Zeitpunkt zu sagen
- Verbündete im Durchsetzen agiler Prinzipien zu finden
- Vorurteile umzustoßen

---

[2] Glenda H. Eoyang, Coping with Chaos: Seven Simple Tools, Lagumo, 1997

- Kompromisse einzugehen, die unsere agilen Werte nicht untergraben
- Entscheidungen zugunsten agilen Vorgehens zu beeinflussen

Dabei bedienen wir uns legitimer Mittel, aber es ist doch Manipulation, die wir da betreiben, ja betreiben müssen, wenn wir eine Veränderung bewirken wollen.

Damit wir unsere Ziele erreichen können, ist ein Wissen darüber, wie man andere beeinflussen kann, wichtig und zwar nicht nur auf der Managementetage, sondern bei jedem Einzelnen im agilen Team.

Beeinflussung ist nicht so sehr großangelegte, psychologische „Kriegsführung", sondern eine Strategie der „kleinen Schritte", bei der wir durch Konversationen, kombiniert mit entsprechenden Taten, die Sichtweise von Projektbeteiligten formen.

Dabei ist Kongruenz zwischen Worten und Taten essenziell. Wenn unsere Worte nicht mit dem, was wir tun übereinstimmen, dann sind wir unglaubwürdig und haben einen schweren Stand, irgend jemanden von der Anwendbarkeit agiler Prinzipien zu überzeugen.

Doch wie erreicht man, dass übereinstimmend alle im Team ins gleiche Horn stoßen? Nur indem gemeinsam eine Vision verfolgt wird. Jedes Teammitglied kann dann seine Worte und Handlungen daran ausrichten.

Welche Kreise brauchen besonders Überzeugung? Folgende Stakeholder sollten Ziel unserer „diplomatischen" Bemühungen sein:

- Kundenvertreter (besonders der Auftraggeber sowie diejenigen, die am Projekt direkt beteiligt sein werden, aber auch andere einflussreiche Persönlichkeiten, die nur indirekt vom Projekt betroffen sind, aber die Meinung innerhalb der Kundenorganisation beeinflussen können)
- Unser eigenes Management (oder auch andere Entscheidungsträger innerhalb unserer Organisation, die in bestimmten Gremien sitzen und dort Einfluss ausüben können)
- Mitglieder anderer, nicht agiler Teams, mit denen wir direkt zusammenarbeiten müssen
- Entscheidungsträger in Partnerorganisationen, mit denen wir eng zusammenarbeiten sollen
- Geldgeber und Sponsoren des Projekts

Es versteht sich von selbst, dass es unumgänglich ist, die verschiedenen Entscheidungsträger und Beeinflusser in einer Organisation gut zu kennen. Manchmal ist gar nicht so offensichtlich, wer die Entscheidungsfindung oder die Meinung innerhalb eines Betriebs maßgeblich beeinflusst. Auch in diesem Bereich zahl sich aus, mit dem Kunden oder mit anderen Abteilungen der eigenen Organisation möglichst eng zusammenzuarbeiten, um herauszufinden, wer welchen Einfluss ausübt.

8.8 Klein, aber fein

Agilität kann man nicht skalieren. Punkt und Schluss. Warum ich das so kategorisch vertrete? Nun, weil Agilität und Größe sich implizit widersprechen. Agil kann ein einzelner Mitarbeiter sein, aber nicht eine gesamte Organisation. Was auf den ersten Blick ein Widerspruch scheint, ist jedoch im Grunde genommen keiner.

Was wir agile Organisation nennen, ist nur eine Ansammlung von agilen Individuen. Die so genannte agile Organisation definiert sich über die Agilität ihrer kleinsten Komponente, der Mitarbeiter.

Insofern skalieren wir nicht die Agilität, sondern wir versuchen, agile Prinzipien und Werte innerhalb unserer Organisation zu verbreiten. Das Wort „Skalierung" hat sowieso einen mechanischen Beigeschmack, der aus der Systemtechnik stammt, wo er sich auf die Verteilung von Last auf viele synchronisierte Systeme bezieht. Deshalb wollen wir es lieber nicht verwenden.

Möchte eine Organisation große Vorhaben auf agile Weise umsetzen, dann muss das nicht erst mit dem Projektbeginn aufgegleist werden, sondern das Unternehmen muss bereits einen Pool von Personen zur Verfügung haben, der die Prinzipien agilen Vorgehens verinnerlicht hat.

Ist das der Fall, dann hat man eine gute Grundlage, auf der sich Teams formen können, die den Auftrag zur Zufriedenheit des Kunden ausführen können.

Haben wir hingegen noch keine agile Mitarbeiterschar, dann wird die Sache massiv schwieriger. Die Mitarbeitenden werden eine gute Zeit lang (manchmal mehrere Monate lang) mit den typischen Dysfunktionen einer nicht agilen Umgebung und Grundeinstellung zu kämpfen haben, bevor sich das agile Vorgehen produktiv auszahlen kann.

Natürlich kann diese steile Lernkurve durch Schulung und intensive Mitarbeit von erfahrenen agilen Coachs etwas abgeflacht werden, doch jeder Einzelne ist für sein eigenes Lernen verantwortlich und deshalb wird die Durchdringung der Organisation mit agilen Prinzipien ihre bestimmte Zeit in Anspruch nehmen. Sie kann nicht wirklich beschleunigt werden.

Doch nicht nur beim Einteilen der Organisation in agile operierende Einheiten ist kleiner schöner. Auch in anderen Bereichen ist das wichtig, damit Agilität gefördert werden kann, so z. B.:

- Beim Umfang des gesamten Product Backlogs
- Beim definieren von Sprintinhalten
- Bei der Größe von User Stories
- Beim Design von Codeklassen
- Kurze, signifikante Meetings

Doch warum tun wir uns so schwer mit dem Kleinhalten? Manchmal wird uns eingeredet, ein bestimmtes Problem sei so umfangreich und komplex, dass wir eine große Anzahl an Leuten und Teams darauf ansetzen müssen. Doch müssen wir das wirklich?

In einem der letzten Projekte haben wir ein Softwaresystem für eine Sozialversicherung in der Schweiz in Betrieb genommen, das von rund 30 Leuten über vier Jahre hinweg realisiert worden war. Wären wir mit 300 Personen schneller vorwärts gekommen? Manche Personen würden mit einem klaren Ja antworten. Ich habe da so meine Zweifel. Warum?

Weil ein gleichartiges System, das von einer Konkurrenzfirma mit rund 300 Personen implementiert wird, bis heute noch kein greifbares Resultat geliefert hat (und wohl gemerkt, das Projekt befindet sich in seinem neunten Jahr). Das zeigt deutlich, dass ein fokussiertes kleines Team manchmal deutlich effektiver Software entwickeln kann als eine große Anzahl an Personen.

8.9 Transition zur Agilität

Nun möchte man als Betrieb zu einer agilen Vorgehensweise wechseln. Was kann man da tun? Was bedeutet das für die Organisation?

8.9.1 Weg zu agilem Vorgehen

Zum einen muss man sich mit Geduld wappnen. Das umschwenken auf eine agile Vorgehensweise ist zu aller erst ein kultureller Wandel, dem ein neues (vielleicht eher fremdes) Wertesystem zugrunde liegt, dass im Betrieb verankert werden möchte.

Ganz klar, dass mit zunehmender Größe eines Unternehmens auch die Durchdringung mit agilen Werten eine längere Zeit in Anspruch nimmt. Manche sprechen von rund fünf Jahren (vorausgesetzt, dass alle am gleichen Strick ziehen), bis ein erkennbarer kultureller Wandel stattgefunden hat. Pessimisten gehen davon aus, dass eine ganze Generation von Mitarbeitern das Unternehmen verlassen muss, bevor sich neue Ideen wirklich durchsetzen können.

Wir haben im Verlauf des Buchs festgestellt, dass Agilitätsinitiativen, die vom oberen Management ins Leben gerufen wurden, selten die Akzeptanz erreicht, die benötigt wird, damit ein wirklicher Wertewandel stattfindet. Nur wenn das Management mit gutem Beispiel sichtbar und nachvollziehbar sich den gleichen Werten unterstellt, wird die Initiative glaubwürdig erscheinen und Früchte tragen. Leider ist das Ansehen vieler Manager in der Vergangenheit arg ramponiert worden, weshalb es oft schwierig ist, sie als Leitfiguren heranzuziehen.

Doch auch an der Basis hapert es oft. Obwohl sie guten Willens sind, befinden sich viele Mitarbeiter in einer Position der Schwäche, wenn es darum geht, den Entwicklungsprozess zu beeinflussen, da ihnen die Kompetenz aberkannt wird, sich darum kümmern zu dürfen.

Die Beständigeren unter ihnen setzen sich jedoch weiter dafür ein, dass sie wenigstens in ihrem eigenen Team agil vorgehen dürfen. Doch ohne Unterstützung und Legitimierung von Oben sind sie auf Dauer dazu verurteilt, ein Mauerblümchendasein zu führen, bis sie eines Tages wieder in alte Gepflogenheiten zurückfallen oder von anderen, nicht agilen Teams absorbiert werden. Nur selten hört man von erfolgreichen Teams, die isoliert über Jahre hinweg in der Lage waren, die agile Fahne hochzuhalten.

Doch welche Voraussetzungen müssen gegeben sein, damit ein Übergang von traditioneller Projektabwicklung zu agiler erfolgreich stattfinden kann? Einige Faktoren begünstigen diesen Vorgang:

■ Die Einsicht eines Teils der Mitarbeiter (egal, ob im Management oder bei den Ausführenden), dass die bestehenden, traditionellen Ansätze nur schlecht funktionieren und deshalb Handlungsbedarf für einen Neuanfang besteht.

■ Die Initiative für agiles Vorgehen kommt von der Basis, weil sie darin Vorteile für ihre Arbeit sieht.

■ Offene Ohren des oberen Managements für die Bedürfnisse der Mitarbeiter, statt einer Abwehrhaltung, weil die Idee nicht von Oben kommt.

■ Oder zumindest ein Sponsor (ein Sympathisant oder Befürworter) in der Teppichetage, den man informell über den Vorteil des Vorgehens aufklären kann.

■ Sobald erst Experimente mit agilem Vorgehen erfolgreich waren, braucht es eine offizielle Stellungnahme des Managements, damit der Ball wirklich ins Rollen kommen kann. Ohne Managementunterstützung kann es sehr lange dauern, bis man erfolgreich ist (es sei denn, das Management lässt einem die volle Freiheit, was aber doch recht selten der Fall ist).

■ Das Hereinholen von Personen, die Erfahrung mit agilen Prozessen haben (und zwar nicht nur als Berater, sondern als vollwertige Projektmitarbeiter, wenn auch vielleicht nur auf Zeit), kann den Lernprozess der Teams zusätzlich anstoßen.

■ Das Management muss den agilen Teams die Verantwortung übertragen, sich agile Werte zu eigen zu machen und den Entwicklungsprozess entsprechend anzupassen. Kein Vorgesetzter oder/und kein externer Coach kann das für das Team übernehmen.

8.9.2 Koexistenz mit traditionellen Prozessen?

Können agile Prozesse mit traditionellen Prozessen in einem Unternehmen koexistieren. Ja! Sollte man agile und traditionelle Prozesse nebeneinander existieren lassen. Nein!

Eines muss ganz klar sein, die agile Welt koexistiert schlecht mit der traditionellen Welt der Softwareerstellung. Sie wird durch die diametral entgegengesetzten Wertevorstellungen ausgebremst und gestört.

Für eine kurze Übergangszeit wird es nicht zu vermeiden sein, dass einige Teams agil vorgehen, während andere noch auf traditionelle Weise arbeiten. Doch diese Zeit sollte so kurz wie möglich gehalten werden, damit die negativen Effekte nicht überhand nehmen oder gar den gesamten Transformationsprozess in Frage stellen. Folgende Probleme werden sonst überhand nehmen:

■ Es braucht viel Aufwand und Energie, verschiedene Vorgehensweisen zu pflegen, miteinander zu synchronisieren und Konflikte zu schlichten

■ Verschiedenste Prozessbeschreibungen wollen parallel zueinander gepflegt werden.

- Hilfsprozesse müssen beide Vorgehensweisen unterschiedlich unterstützen (z. B. beim Einstellungsprozess, bei der Budgetierung, beim Rapportieren, bei Audits etc.).

- Zentralisierte Stellen werden Konflikte mit der Vorgehensweise agiler Teams haben (z. B. ein zentrales Architekturteam, das jegliche Architekturentscheidungen zuerst absegnen möchte).

- Koordination und Kommunikation zwischen agilen und nicht agilen Teams werden unnötig komplex.

- Informationen aus den Teams müssen zentral in Kennzahlen konvertiert werden, die es irgendwie erlauben, die verschiedenen Teams miteinander zu vergleichen – ein schier unmögliches Unterfangen.

- Strukturelle Mehrkosten durch neue Räumlichkeiten (wo agile Teams co-loziert werden können), zusätzliche oder gar andere Tools etc.

- Mehr personelle Abgänge, weil zunehmend Personen nicht mit dem kulturellen Wandel einverstanden sein werden (sei es in agilen Teams, denen die agile Initiative nicht weit genug geht, als auch bei den bestehende Teams, die sich vielleicht gegen agiles Vorgehen wehren).

8.9.3   Stagnation erkennen

Sicher möchte man diese Probleme auf Dauer nicht haben. Wichtig in dieser Hinsicht ist, dass man nicht nur eine Transition in die Wege leitet, sondern auch überprüft, ob nicht irgendwo Zeichen einer Stagnation wahrgenommen werden können. Zeichen, die man zum Beispiel beobachten könnte, wären:

- Bleiben die erhofften Resultate der agilen Teams aus?
- Konnte die Produktivität nicht gesteigert werden?
- Sind die Leute im Team unzufrieden?
- Stimmt die Qualität des Produkts nicht?

Halbherzige Initiativen, agiles Vorgehen in eine Organisation einzuführen, sind zum Scheitern verurteilt und werden nie die Ergebnisse hervorbringen, die eine gute agile Implementation zeitigen kann. Ohne kulturellen Wandel bleibt der Umbau in eine agile Organisation ein leerer Traum, der wie eine Seifenblase platzen wird.

8.10 Ein Appell

Zu guter Letzt lassen Sie mich, werter Leser, einen Appell loswerden.

Die Stimmen unter Anwendern von agilen Prozessen mehren sich, agile Vorgehensweisen zu „professionalisieren". Sicher, agile Prozesse sind noch relativ jung (erst etwas mehr als 10 bis 15 Jahre alt). Doch sind sie unprofessionell? Kaum! Warum kann man das nicht sagen?

Weil sie keine einsame Insel neuer, revolutionärer Ideen sind, sondern extrahierte Prinzipien aus über 50 Jahren Softwareentwicklungsgeschichte darstellen. Natürlich, verschiedene neue Praktiken und Werkzeuge sind entstanden, die diese Art der Softwareentwicklung unterstützen und zum Teil gar erst möglich machen (z. B. das automatisierte Testen und zentrale Build-Systeme). Doch die grundlegenden Werte und Prinzipien lagen guten Entwicklern bereits in der Vergangenheit am Herzen.

Mit dem Begriff „professionalisieren" muss somit etwas anderes gemeint sein. Im Kontext, wie er heutzutage gebraucht wird, bedeutet das in etwa:

■ Verfügbarkeit von Zertifizierungen

■ Eine Gilde von agilen Vordenkern, die ein Gremium bilden, um zu entscheiden, ob eine Firma, ein Vorgehen oder ein Individuum agil ist oder nicht

■ Anerkannte und klar definierte und dokumentierte Rollenverteilung

■ Prozesse, die genau beschrieben und nachvollziehbar sind

■ Anerkennung in der Softwareindustrie als „gleichberechtigter" Prozess, neben traditionellen Vorgehensweisen

Es scheint somit, dass agile Prozesse erst dann „professionell" sein werden, wenn sie vom Gros der Informatikgemeinde akzeptiert und anerkannt sind. Damit sind wir wieder im gleichen Fahrwasser, wie mit den traditionellen Prozessen. Wir fügen agilen Vorgehensweisen zusätzliche Zeremonie und Komplexität bei, damit es so aussieht, als ob sie ernst zu nehmende Alternativen zu den anderen Prozessen seien[3]. Ob wir so die Agilität bewahren? Ich zweifle daran.

8.10.1 Verwässerung vermeiden

Als Gemeinschaft von Menschen, die daran interessiert ist, unserer Branche die Glaubwürdigkeit wieder zurückzugeben, die sie in den letzten Jahrzehnten mit allen fehlgeschlagenen oder nahe am Abgrund verlaufenen Projekten beinahe verspielt hat, dürfen wir nicht zulassen, dass die agilen Prinzipien bis zur Unkenntlichkeit verwässert werden. Dazu kann jeder einzelne Anwender agiler Vorgehensweisen beitragen. Doch dazu ist es notwendig, dass sich jeder von uns tagaus, tagein fragt, ob seine Worte und seine Handlungsweise im Projekt die eingangs erwähnten Werte wiederspiegeln.

Denselben Maßstab sollten wir anwenden, wenn es darum geht, neue Werkzeuge oder neue Praktiken, die uns jemand nahebringen oder verkaufen möchte, zu beurteilen. Dasselbe gilt, wenn uns jemand dazu überreden möchte, gewisse Kompromisse einzugehen, wenn es z. B. um die Zusammenarbeit mit nicht agilen Teams geht oder wenn der Kunde lieber traditionell im Projekt arbeiten möchte.

Dazu gehört eine gehörige Portion Mut, denn oft werden wir mit unseren agilen Werten auf taube Ohren stoßen. Sei es, dass uns erzählt wird, wir müssten das Projekt an Land ziehen, egal wie wir dann dabei vorgehen, oder sei es, dass uns Leute drohen, dass sie mit uns nicht zusammenarbeiten wollen, wenn wir nicht parieren.

[3]   Bernd Oestereich & Christian Weiss, APM – Agiles Projektmanagement: Erfolgreiches Timeboxing für IT-Projekte, dpunkt.verlag, 2008

8.10.2 Praktiken sind gut, solange ...

... sie nicht agile Prinzipien und Werte untergraben. Deshalb werden wir für neue Praktiken sowie Tipps, wie wir sie anwenden können, dankbar sein. Im Gegenteil, wir werden uns gerne mit Gleichgesinnten austauschen, in der Hoffnung etwas Neues dazu zu lernen.

Betrachten wir Kritik am agilen Vorgehen als willkommene Gelegenheit zur Überprüfung unserer Werte und Prinzipien. Sind sie immer noch gültig? Gibt es einen blinden Fleck, wo noch ein Wert fehlt?

Die Stärke der agilen Vorgehensweise ist der Reflexions- und Adaptionszyklus. Wenn wir einen Fehler machen, dann hoffentlich nur eine oder zwei Iterationen lang. Spätestens dann sollten wir Schritte unternommen haben, um unser Vorgehen zu verbessern.

Bedenken wir auch, dass Erfahrungen aus einem Unternehmen nicht einfach pauschal auf beliebige andere Firmen übertragen werden können. Denn jede Arbeitsumgebung und jedes Projekt ist verschieden.

Was wir jedoch getrost tun können, ist, Prinzipien abzuleiten, die uns helfen, situativ „in situ" die wahrscheinlich richtige Entscheidung zu treffen.

A Ursachenforschung

„Kann der Flügelschlag eines Schmetterlings in Brasilien
einen Tornado in Texas auslösen?"
– Edward N. Lorenz

Retrospektive Kohärenz lässt uns im Nachhinein erkennen, was die Ursachen für unsere gegenwärtigen Probleme tatsächlich waren. Doch das lässt uns unschlüssig darüber, was die Ursachen für Probleme sein werden, die uns in der Zukunft erwarten. Es ist deshalb unerlässlich, dass wir einen Überblick darüber haben, aus welchen Ecken die Probleme kommen können und was mögliche Ursachen sein könnten, damit wir just im Moment, da die Probleme auftauchen, reagieren und eine informierte Entscheidung treffen können.

Die nachfolgenden Tabellen enthalten eine Auswahl von Symptomen und ihren möglichen Ursachen bzw. Ursachen und mögliche, beobachtbare Symptome, um uns Ausgangspunkte für mögliche Interventionen zu bieten. Natürlich sollte jeder innerhalb einer agilen Organisation mit diesen möglichen Ursachen und ihren Symptomen vertraut sein, damit er situativ eingreifen kann. Diese Tabellen sind nicht nur für Product Owner, Scrum Master oder das obere Management bestimmt.

A.1   Symptome und mögliche Ursachen

Die nachstehende Tabelle gibt einen Überblick über die häufigsten Symptome, die andeuten, dass etwas mit dem agilen Entwicklungsprozess nicht stimmt. Die große Anzahl möglicher Ursachen zeigt, dass nicht einfach pauschal ein Urteil abgegeben werden kann, bezüglich der /den wahren Ursache(n) eines Problems. Vielmehr muss jeder Einzelne seinen individuellen Fall und seine persönliche Situation betrachten und seine eigenen Rückschlüsse ziehen.

Doch seien Sie gewarnt: Nicht immer sind die offensichtlichen Gründe die wahren Ursachen. Jedem ist es überlassen, sich selbst weitere mögliche Ursachen zu jedem Symptom bzw. weitere Symptome für eine bestimmte Ursache zu überlegen.

Symptom	Mögliche Ursachen
Entwicklungsprozess bei Iteration n ist genau so wie bei Iteration 1	▸ Unwissen ▸ Keine Zeit, an der Verbesserung zu arbeiten ▸ Blindes Befolgen der Anweisungen von oben ▸ Kein Druck etwas zu verbessern („Der Kunde ist ja zufrieden.") ▸ Keine Reflexion ▸ Keine Adaption
Iteration ist nicht immer gleich lang (nicht time-boxed)	▸ Unverständnis, warum Iterationen gleich lang sein sollen ▸ Kein Entwicklungsrhythmus ▸ Angst (vor dem Kunden, vor Konsequenzen, wenn es nichts zu zeigen gibt, vor dem eigenen Management etc.)
Iterationsziel mehrfach nicht erreicht	▸ Selbstüberschätzung ▸ Inkonsequenter Kunde ▸ Kunde weiß nicht, was sein Recht ist (z. B. das Ergebnis abzulehnen) ▸ Keine Reflexion ▸ Keine Adaption (nichts am Prozess verbessert)
Iterationsergebnisse mehrfach zurückgewiesen	▸ Selbstüberschätzung ▸ Keine Reflexion ▸ Keine Adaption (nichts am Prozess verbessert) ▸ Unfähigkeit, einen guten Release zu liefern (technische Probleme oder fachliches Unverständnis) ▸ Keine enge Zusammenarbeit mit dem Kunden
Zu viele Stakeholder am Sprint-Review-Meeting zugegen	▸ Zu viele Iterationsziele im Team ▸ Kein sinnvolles Stakeholder-Management ▸ Kein Kunden-Proxy
Team zu groß	▸ Zu wenige Scrum Master oder Product Owner ▸ Unbemerkt gewachsen ▸ Starke Teambande ▸ Keine Reflexion (Ineffizienz unbemerkt) ▸ Unaufmerksamer Scrum Master ▸ Unwissen
Team zu klein	▸ Mangel an geeigneten Mitarbeitern ▸ Andere Projekte ziehen Mitarbeiter ab ▸ Teilprojekt zu unwichtig
Builds schlagen zu oft fehl	▸ Keine gemeinsame Verantwortlichkeit ▸ Undisziplinierte Mitarbeiter ▸ Mangel an Qualität ▸ Zu wenig Gemeinschaftssinn ▸ Technisches Unvermögen
Keine Builds	▸ Technisches Unvermögen ▸ Ignoranz („Funktioniert auf meiner Maschine!") ▸ Kein Interesse an Qualität ▸ Keine echte Zusammenarbeit

entwickler.press

Symptom	Mögliche Ursachen
Keine kontinuierliche Integration	▶ Technisches Unvermögen ▶ Altlasten ▶ Zu langsame Tests ▶ System nicht modular aufgebaut (ist zu groß, zu viele Abhängigkeiten)
Build bricht und niemand fühlt sich verantwortlich	▶ Kein Teamgeist ▶ Unfähigkeit, die fehlgeschlagenen Tests zu flicken ▶ Schlecht verteiltes fachliches Know-how
Auslieferung am Ende der Iteration trotz fehlerhaftem Build	▶ Angst (vor dem Kunden, vor Konsequenzen, wenn es nichts zu zeigen gibt, vor dem eigenen Management etc.) ▶ Unehrlichkeit (Vorspielen falscher Tatsachen, in der Hoffnung, dass der Kunde das nicht bemerkt) ▶ Der Kunde wollte es so
Notwendigkeit von „Bugfix"-Iterationen	▶ Mangelnde Qualität ▶ Altlasten, die nun behoben werden müssen (z. B. bei Legacy-Systemen) ▶ Schlechte Abnahme der Iterationsergebnisse durch Kunden
Team stellt nicht alles fertig, wozu es sich zu Beginn der Iteration verpflichtet hat	▶ Selbstüberschätzung ▶ Angst vor Kritik („Ihr habt euch nur so wenig vorgenommen?!") ▶ Technische Probleme ▶ Störaufgaben erledigt ▶ Scrum Master nicht gut genug im Schützen des Teams vor Störungen
Implementation von Tasks dauert immer länger als geschätzt	▶ Schlechte Schätzungen ▶ Keine Reflexion (Warum schätzen wir schlecht?) ▶ Keine Adaption (Wir wissen, dass wir uns verbessern sollten, tun aber nichts oder wissen nicht wie) ▶ Gleichgültigkeit
Schätzungen sind immer zu optimistisch	▶ Selbstüberschätzung ▶ Keine Reflexion (Warum schätzen wir schlecht?) ▶ Keine Adaption (Wir wissen, dass wir uns verbessern sollten, tun aber nichts oder wissen nicht wie) ▶ Gleichgültigkeit ▶ Kein Teamgeist
Andere Person schätzt Task, als diejenige, die ihn implementieren soll	▶ Unwissen ▶ Dominanz des Teamleiters ▶ Schlechte Backlog-Pflege ▶ Verantwortung nicht beim Team
Tasks werden vom Scrum Master oder Product Owner einzelnen Personen zugeteilt	▶ Unwissen ▶ Dominanz einer Person ▶ Verantwortung nicht beim Team
Product Backlog ist nicht priorisiert	▶ Product Owner tut seine Arbeit nicht ▶ Kunde findet alle User Stories gleich wichtig ▶ Keine Zeit ▶ Keine Planung ▶ Angst vor dem Kunden

Symptom	Mögliche Ursachen
User Stories haben keine Schätzungen	▶ Product Owner tut seine Arbeit nicht ▶ Team tut seine Arbeit nicht ▶ Verantwortung liegt bei niemandem ▶ Keine Planung ▶ Keine Zeit
Zu Beginn des Projekts existiert bereits eine große Zahl detaillierter User Stories	▶ Wasserfallmentalität herrscht vor ▶ Kunde möchte genau wissen, wie lange das Projekt dauern wird ▶ Unwissen über Konsequenzen ▶ Falsche Annahmen
Unmittelbar vor Sprint-beginn gibt es nur Epen (sehr grobkörnige User Stories)	▶ Planung vernachlässigt ▶ Product Owner tut seine Arbeit nicht ▶ Unwissen ▶ Keine Zusammenarbeit ▶ Keine Zeit
Product Backlog ist riesig	▶ Zu hoher Detaillierungsgrad, und das zu früh ▶ Wasserfallmentalität herrscht vor ▶ Unwissen über Konsequenzen ▶ Nicht erledigte User Stories fliegen nie raus ▶ Schlechte Backlog-Pflege ▶ Viele offene User Stories
Sprint-Backlog nach der Planung nicht fixiert (neue Tasks rutschen laufend hinein)	▶ Scrum Master tut seine Arbeit nicht (Team beschützen) ▶ Unklares Iterationsziel ▶ Keine Normen im Team ▶ Schlechte Planung ▶ Keine Disziplin ▶ Zu viele Notfälle („Feuerwehrübungen")
In Iteration werden auch viele Tasks niedriger Priorität erledigt	▶ Unklares Iterationsziel ▶ Kein Teamgeist ▶ Nur kleine „Füller", wenn Wartezeit (Iterationsziel trotzdem erreicht)
Es wird gefordert, dass die genaue Dauer, die an einem Task gearbeitet wurde, rapportiert wird	▶ Kontrolle am falschen Ort ▶ Erfordernis des Kunden ▶ Falsche Metrik ▶ Verantwortung nicht beim Team
Scrum Master prüft rapportierte Zeit	▶ Kontrolle am falschen Ort ▶ Scrum Master ist Chef ▶ Verantwortung nicht beim Team
Scrum Master führt Burndown-Chart nach	▶ Kontrolle am falschen Ort ▶ Scrum Master ist Chef ▶ Verantwortung nicht beim Team ▶ Team am Prozess nicht interessiert
Der Scrum Master führt Tools (für QS, Reporting, Entwicklung etc.) ein	▶ Interesse des Scrum Masters ▶ Kontrolle am falschen Ort ▶ Team an Prozessverbesserung nicht interessiert ▶ Verantwortung nicht beim Team

Symptom	Mögliche Ursachen
Scrum Master löst Konflikte im Team	▶ Interesse des Scrum Masters ▶ Kontrolle am falschen Ort ▶ Verantwortung nicht beim Team ▶ Team kann seine Probleme nicht selbst lösen
Scrum Master beseitigt keine Hindernisse	▶ Gleichgültigkeit ▶ Keine Zeit ▶ Kein Mut ▶ Team löst seine Probleme selbst
Scrum Master ist selten beim Team	▶ Zu viele andere Aufgaben ▶ Betreut mehrere Teams ▶ Kein Interesse ▶ Unwissen ▶ Keine dienende Haltung
Scrum Master betreut mehrere Teams	▶ Unwissen ▶ Sozialer Status ist wichtiger als die Rolle ▶ Keine dienende Haltung ▶ Kontrolle am falschen Ort
Scrum Master ist gleichzeitig Teil des Teams (z. B. Entwickler)	▶ Zu wenig Mitarbeiter ▶ Wenig Arbeit für Scrum Master (z. B. einfaches Projekt) ▶ Gutes Team (Team löst Probleme meist selbst) ▶ Kann sich nicht aus alter Rolle lösen ▶ Kein Interesse an der Rolle
Scrum Master vertritt Team immer beim Scrum of Scrums (oder anderen über-greifenden Meetings)	▶ Kontrolle am falschen Ort ▶ Verantwortung nicht beim Team ▶ Sozialer Status ist wichtiger als die Rolle ▶ Scrum Master ist Chef
Team ist an der Release-planung nicht beteiligt	▶ Kein Interesse ▶ Verantwortung nicht beim Team ▶ Product Owner tut seine Arbeit nicht ▶ Wenig Zusammenarbeit ▶ Effizienz ist wichtiger als gemeinsames Ziel
Team ist nicht Cross-funktio-nal	▶ Silos ▶ Wasserfallmentalität herrscht vor ▶ Unwissen ▶ Keine „fertigen" Ergebnisse erwartet
Team ist funktional in Abteilungen (Entwicklung, QS etc.) verteilt	▶ Silos ▶ Wasserfallmentalität herrscht vor ▶ Unwissen ▶ Keine „fertigen" Ergebnisse erwartet

Symptom	Mögliche Ursachen
Team ist geografisch verteilt	▶ Silos ▶ Global operierende Organisation mit starren Strukturen ▶ Unwissen ▶ Bewusstes „In-Kauf-nehmen" ▶ Kein Mut, die Situation zu ändern ▶ Kein Einfluss
Kunde ist nicht Teil des Teams	▶ Kunde hat keine Zeit ▶ Unwissen ▶ Kein Mut, die Situation zu ändern ▶ Kein Einfluss ▶ Wasserfallmentalität herrscht vor ▶ Gleichgültigkeit (Ergebnisse sind nicht so wichtig)
Kunde sieht Ergebnis erst am Sprint-Review-Meeting (keine Kommunikation während des Sprints)	▶ Kunde hat keine Zeit ▶ Schlechte Zusammenarbeit (kein direkter Kontakt zum Team) ▶ Verantwortung nicht beim Team ▶ Team nimmt seine Verantwortung nicht war
Phaseniterationen (Analyse, Design, Programmierung, Test getrennt)	▶ Wasserfallmentalität herrscht vor ▶ Unwissen ▶ Silos ▶ Schlechte Zusammenarbeit
Wasserfalliterationen (Analyse ist bis zum Test sequenziell innerhalb der Iteration)	▶ Wasserfallmentalität herrscht vor ▶ Unwissen ▶ Silos ▶ Schlechte Zusammenarbeit ▶ Keine automatisierten Tests
Scrum Master wird als für das Team verantwortlich deklariert	▶ Verantwortung nicht beim Team ▶ Scrum Master als Chef ▶ Keine Selbstorganisation
Geschwindigkeit des Teams wird nicht gemessen	▶ Unwissen ▶ Gleichgültigkeit ▶ Keine Planung ▶ Kein externer Druck
Geschwindigkeit des Teams schwankt stark	▶ Viele Störaufgaben ▶ Anzahl der Mitarbeiter ist nicht konstant im Team ▶ Viele Abwesenheiten
Geschwindigkeit des Teams wird nicht zur Planung herangezogen	▶ Falsche Metriken ▶ Keine Planung ▶ Gleichgültigkeit ▶ Keine empirische Projektkontrolle
Keine empirische Projektkontrolle	▶ Fixierte Planung ▶ Keine Reflexion ▶ Keine Adaption

Symptom	Mögliche Ursachen
Projektfortschritt wird nicht in fertigen User Stories gemessen	▶ Falsche Metriken ▶ Unwissen ▶ Angst vor der Wahrheit (Fortschritt ausweisen, obwohl nicht vorhanden)
Keine Teamdefinition von „Fertig" vorhanden	▶ Unwissen ▶ Keine Teamnormen ▶ Mangel an Qualitätsbewusstsein ▶ Keine Fortschrittskontrolle ▶ Schlechte Planung ▶ Keine Reflexion
Große User Stories werden nicht gesplittet	▶ Schlechte Planung ▶ Keine Zeit ▶ Kunden sind zu wenig einbezogen ▶ Mangel an Qualitätsbewusstsein
Keine Produktvision vorhanden	▶ Unwissen ▶ Gleichgültigkeit ▶ Kein Marketing ▶ Stakeholder sind sich uneins ▶ Keine Strategie ▶ Kunden sind zu wenig einbezogen
Kein Commitment im Team zu Beginn eines Sprints	▶ Kein gemeinsames Ziel ▶ Verantwortung liegt nicht beim Team ▶ Keine Rechenschaft am Ende des Sprints verlangt ▶ Keine Teamnormen
Teamnormen werden nicht beachtet (z. B. Ausführen von Unit-Tests vor Check-in etc.)	▶ Keine Disziplin ▶ Verantwortung wird vom Team nicht wahrgenommen ▶ Gleichgültigkeit ▶ Widerstand ▶ Keine enge Zusammenarbeit ▶ Kein externer Druck (Ergebnisse zu liefern)
Keine Peer Review	▶ Verantwortung wird nicht vom Team wahrgenommen ▶ Kein Wunsch nach Verbesserung ▶ Keine Kritik erwünscht ▶ Wunsch nach Effizienz (Peer Reviews sind Overhead) ▶ Mangel an Qualitätsbewusstsein
Codekönigreiche	▶ Schlechte Wissensverteilung (eventuell historisch gewachsen) ▶ Egoismus ▶ Keine gemeinsame Verantwortung ▶ Protektionismus ▶ Heldentum ▶ Angst vor Zweitmeinung

Symptom	Mögliche Ursachen
Keine Retrospektiven	▶ Keine Reflexion ▶ Keine Zeit ▶ Gleichgültigkeit ▶ Kein Wunsch nach Verbesserung („Wir sind gut genug!") ▶ Selbstsicherheit („Wir wissen, was zu tun ist.") ▶ Verantwortung liegt nicht beim Team
Retrospektiven ohne Konsequenzen	▶ Keine Adaption ▶ Inkonsequenz ▶ Keine Zeit ▶ Scrum Master tut seine Arbeit nicht ▶ Änderungen können nicht umgesetzt werden (z. B. wegen Mangel an Kompetenzen etc.)
Retrospektiven fast ohne Teambeteiligung	▶ Gleichgültigkeit ▶ Kein Wunsch nach Verbesserung ▶ Kein Teamgeist ▶ Keine Selbstorganisation ▶ Verantwortung liegt nicht beim Team ▶ Enttäuschung (z. B. weil Retrospektiven keine Konsequenzen haben)
Burndown-Chart (oder andere Informations-radiatoren) sind nicht vorhanden	▶ Team ist nicht an Fortschritt interessiert ▶ Verantwortung liegt nicht beim Team („Management soll sich darum kümmern.") ▶ Angst vor Kontrolle ▶ Keine Reflexion ▶ Team ist nicht stolz auf Resultate
Burndown-Chart sinkt nicht	▶ Technische Probleme ▶ Störaufgaben ▶ Schlechte Schätzungen ▶ Commitment ist zu groß ▶ Team arbeitet nicht zusammen ▶ Altlasten (z. B. technische Schuld) ▶ Neue Aufgaben in Backlog aufgenommen (Backlog nicht fixiert)
Sprint-Backlog enthält immer einige nicht erledigte Aufgaben	▶ Technische Probleme ▶ Störaufgaben ▶ Schlechte Schätzungen ▶ Commitment ist zu groß ▶ Team arbeitet nicht zusammen ▶ Altlasten (z. B. technische Schuld) ▶ Neue Aufgaben in Backlog aufgenommen (Backlog nicht fixiert) ▶ Keine Reflexion ▶ Keine Adaption
Standup-Meeting findet nicht statt	▶ Kein Interesse an Fortschritt ▶ Schlechter Informationsaustausch ▶ Sehr guter Informationsaustausch (auch ohne Standup) ▶ Keine Teamnormen ▶ Angst vor Bloßstellung

Symptom	Mögliche Ursachen
Teammitglieder kommen immer zu spät zum Standup-Meeting	▶ Keine Teamnormen ▶ Keine Disziplin ▶ Keine Wertschätzung ▶ Verantwortung liegt nicht beim Team ▶ Kein gemeinsames Ziel
Standup-Meeting dauert immer zu lange (> 15 Min.)	▶ Gute, aktive Beteiligung (großes Interesse der Beteiligten) ▶ Keine Rücksicht ▶ Zu großes Team ▶ Scrum Master tut seine Arbeit nicht (keine Moderation) ▶ Keine Teamnormen
Teammitglieder am Standup-Meeting unbeteiligt, apathisch	▶ Kein gemeinsames Ziel ▶ Schlechter Teamgeist (tiefere Gründe?) ▶ Team müde (tiefere Gründe?) ▶ Stille Opposition
Teammitglieder rapportieren dem Scrum Master am Standup-Meeting	▶ Scrum Master als Chef ▶ Verantwortung liegt nicht beim Team ▶ Keine Selbstorganisation ▶ Alte Gewohnheiten
Außenstehende mischen sich im Standup-Meeting ein	▶ Scrum Master tut seine Arbeit nicht ▶ Störaufgaben im Anmarsch ▶ Team ist nicht geschützt ▶ Keine Teamnormen ▶ Angst (übertriebener Respekt) vor Management
Wenn der Scrum Master nicht da ist, wird das Standup-Meeting nicht durchgeführt	▶ Dienst nach Vorschrift ▶ Sinn des Standup-Meetings nicht begriffen ▶ Scrum Master als Chef ▶ Keine Kohäsion im Team ▶ Gleichgültigkeit ▶ Keine Teamnormen
Zentrale Stelle entscheidet, wie Teams vorgehen sollen (z. B. Scrum nach Vorschrift) und überprüft die Einhaltung	▶ Hierarchische Organisation ▶ Verantwortung liegt nicht beim Team ▶ Keine Selbstorganisation ▶ Silos ▶ Entmündigung ▶ Gleichschaltung ▶ Mitarbeiter besitzen den Prozess nicht
Teammitglieder werden in Praktiken geschult, ohne Vermittlung von Prinzipien oder zu wissen warum	▶ Hierarchische Organisation ▶ Verantwortung liegt nicht beim Team ▶ Keine Selbstorganisation ▶ Silos ▶ Entmündigung ▶ Gleichschaltung ▶ Mitarbeiter besitzen den Prozess nicht

Symptom	Mögliche Ursachen
Eine Scrum-Checkliste wird geführt, an die sich alle halten müssen	▶ Hierarchische Organisation ▶ Verantwortung nicht beim Team ▶ Keine Selbstorganisation ▶ Silos ▶ Entmündigung ▶ Gleichschaltung ▶ Mitarbeiter besitzen nicht den Prozess ▶ Teams machen erste Schritte mit Agilität
Scrum-Coach besucht Team, tut aber nie selbst reale Arbeit	▶ Verantwortung liegt nicht beim Team ▶ Keine Selbstorganisation ▶ Entmündigung ▶ Gleichschaltung ▶ Mitarbeiter besitzen Prozess nicht
Team befolgt Scrum-Regeln genau, aber schlägt nie Verbesserungen vor	▶ Verantwortung liegt nicht beim Team ▶ Keine Selbstorganisation ▶ Entmündigung ▶ Gleichschaltung ▶ Mitarbeiter besitzen den Prozess nicht ▶ Gleichgültigkeit ▶ Stille Opposition
Kunde weiß nicht, dass sein Projekt agil entwickelt wird	▶ Schlechte Zusammenarbeit ▶ Keine Offenheit und Transparenz ▶ Keine Schulung ▶ Rolle des Kunden unterschätzt ▶ Scrum Master tut seine Arbeit nicht ▶ Angst vor Konsequenzen ▶ Verkauf losgelöst von der Entwicklung ▶ Kein Mut
Kunde weiß nicht, was seine Rolle in einem agilen Team wäre	▶ Schlechte Zusammenarbeit ▶ Schlechte Kommunikation ▶ Keine Schulung ▶ Rolle des Kunden unterschätzt ▶ Scrum Master tut seine Arbeit nicht
Verträge trotz agilem Vorgehen in allem fixiert (Qualität, Umfang, Zeit, Kosten)	▶ Keine Offenheit und Transparenz ▶ Angst vor Konsequenzen (z. B. Ausschreibung verlieren) ▶ Verkauf losgelöst von Entwicklung ▶ Kein Mut
Große Projekte werden nicht auf kleine Brocken zerteilt	▶ Unwissen (wie tun?) ▶ Kein Mut ▶ Kein Risikomanagement ▶ Kunde weiß nicht, dass agil entwickelt werden soll (schlechte Information, Angst vor Konsequenzen) ▶ Überschätzung

entwickler.press

Symptom	Mögliche Ursachen
Agile Teams werden „wachsen" nicht organisch, sondern werden „geklont"	▶ Verantwortung nicht beim Team ▶ Keine Selbstorganisation ▶ Menschen als austauschbare Ressourcen betrachtet ▶ Top-Down-Management ▶ Entmündigung ▶ Zeitlicher Druck ▶ Ökonomischer Druck ▶ Unvorbereitete Organisation
Team liefert schlechtes Ergebnis am Ende der Iteration, aber nichts passiert	▶ Verantwortung liegt nicht beim Team ▶ Kein Ziel ▶ Inkonsequenz ▶ Keine Reflexion ▶ Kein externer Druck (bezüglich eines Ergebnisses)
Einzelne Mitarbeiter werden vom Management auf Grund von individuellen Metriken auf ihre Produktivität beurteilt	▶ Verantwortung liegt nicht beim Team ▶ Keine Selbstorganisation ▶ Top-Down-Management ▶ Entmündigung ▶ Teamarbeit nicht betont
Einzelne Teammitglieder präsentieren, was sie persönlich implementiert haben an der Sprint-Review	▶ Arbeitsteilung ▶ Kein gemeinsames Ziel ▶ Kein Teamgeist ▶ Keine gemeinsame Verantwortung
Aussagen wie „Das ist der Fehler von Herrn Müller…"	▶ Kultur der Schuldzuweisungen ▶ Kein Teamgeist ▶ Keine gemeinsame Verantwortung
Keine Tests (Unit, Akzeptanz, manuell etc.)	▶ Kein Qualitätsbewusstsein ▶ Zu großer externer Druck ▶ Unwissen ▶ Kein iteratives Vorgehen
Keine automatisierten Tests	▶ Kein Qualitätsbewusstsein ▶ Zu großer externer Druck ▶ Unwissen ▶ Kein iteratives Vorgehen
Langsame Tests	▶ Zu großer externer Druck ▶ Unwissen (wie beschleunigen?) ▶ Zu viele Datenbankabhängigkeiten ▶ Tests testen zu viel (z. B. Unit-Tests sind keine richtigen Unit-Tests)
Teammitglieder schreiben nur Tests für Code, den sie selbst geschrieben haben	▶ Arbeitsteilung ▶ Kein gemeinsames Ziel ▶ Kein Teamgeist ▶ Keine gemeinsame Verantwortung

A.2 Probleme und mögliche Symptome

Die nachfolgende Tabelle führt, ausgehend von den bestehenden Problemen, mögliche Symptome auf. Treffen mehrere Symptome zu, dann ist die Wahrscheinlichkeit groß, dass das Problem tatsächlich vorhanden ist. Doch auch hier gilt: Meist gibt es mehrere Probleme gleichzeitig und man sollte sich deshalb vor vorschnellen Urteilen hüten.

Bedenken wir auch, dass die angeführten Probleme nicht die wahren, tiefer liegenden Ursachen sein müssen, sondern selbst wieder Ursachen haben, die meist in einem verdrehten Wertesystem verankert sind. Es bleibt uns nur, vorsichtig zu sagen: „Das genau ist unser Problem!".

Natürlich ist auch diese Tabelle unvollständig und könnte noch mit vielen weiteren Problemen ergänzt werden.

Problem	Mögliche Symptome
Unwissen	▶ *Entwicklungsprozess bei Iteration n ist genau so wie bei Iteration 1* ▶ *Team ist zu groß* ▶ *Andere Person schätzt Task, als diejenige, die ihn implementieren soll* ▶ *Tasks werden vom Scrum Master oder Product Owner einzelnen Personen zugeteilt* ▶ *Zu Beginn des Projekts existiert bereits eine große Zahl detaillierter User Stories* ▶ *Unmittelbar vor Sprintbeginn gibt es nur Epen (sehr grobkörnige User Stories)* ▶ *Scrum Master ist selten beim Team* ▶ *Product Backlog ist riesig* ▶ *Scrum Master betreut mehrere Teams* ▶ *Team ist nicht Cross-funktional* ▶ *Team ist funktional in Abteilungen (Entwicklung, QS etc.) verteilt* ▶ *Team ist geografisch verteilt* ▶ *Kunde ist nicht Teil des Teams* ▶ *Phaseniterationen (Analyse, Design, Programmierung, Test getrennt)* ▶ *Wasserfalliterationen (Analyse ist bis zum Test sequenziell innerhalb der Iteration)* ▶ *Geschwindigkeit des Teams wird nicht gemessen* ▶ *Projektfortschritt wird nicht in fertigen User Stories gemessen* ▶ *Keine Teamdefinition von „Fertig" vorhanden* ▶ *Große Projekte werden nicht auf kleine Brocken zerteilt* ▶ *Keine Tests (Unit, Akzeptanz, manuell etc.)* ▶ *Keine automatisierten Tests* ▶ *Langsame Tests (Unwissen, wie es zu beschleunigen ist)* ▶ *Iteration ist nicht immer gleich lang (nicht time-boxed)* ▶ *Eine Scrum-Checkliste wird geführt, an die sich alle halten müssen (da unerfahrenes Team)*

Problem	Mögliche Symptome
Keine Zeit	▶ *Entwicklungsprozess bei Iteration n ist genau so wie bei Iteration 1* ▶ *Product Backlog ist nicht priorisiert* ▶ *User Stories haben keine Schätzungen* ▶ *Unmittelbar vor Sprintbeginn gibt es nur Epen (sehr grobkörnige User Stories)* ▶ *Scrum Master beseitigt keine Hindernisse* ▶ *Kunde ist nicht Teil des Teams (er hat keine Zeit)* ▶ *Kunde sieht Ergebnis erst am Sprint-Review-Meeting (keine Kommunikation während des Sprints)* ▶ *Große User Stories werden nicht gesplittet* ▶ *Keine Retrospektiven* ▶ *Retrospektiven ohne Konsequenzen*
Verantwortung liegt nicht beim Team (meist irgendwo anders, sprich, ist oben angesiedelt)	▶ *Entwicklungsprozess bei Iteration n ist genau so wie bei Iteration 1* ▶ *Andere Person schätzt Task, als diejenige, die ihn implementieren soll* ▶ *User Stories haben keine Schätzungen* ▶ *Tasks werden vom Scrum Master oder Product Owner einzelnen Personen zugeteilt* ▶ *Es wird gefordert, dass die genaue Dauer, die an einem Task gearbeitet wurde, rapportiert wird* ▶ *Scrum Master prüft rapportierte Zeit* ▶ *Scrum Master führt Burndown-Chart nach* ▶ *Der Scrum Master führt Tools (für QS, Reporting, Entwicklung etc.) ein* ▶ *Scrum Master löst Konflikte im Team* ▶ *Scrum Master vertritt Team immer beim Scrum of Scrums (oder anderen übergreifenden Meetings)* ▶ *Team ist an der Releaseplanung nicht beteiligt* ▶ *Kunde sieht Ergebnis erst am Sprint-Review-Meeting (keine Kommunikation während des Sprints)* ▶ *Scrum Master wird als für das Team verantwortlich deklariert* ▶ *Kein Commitment im Team zu Beginn eines Sprints* ▶ *Keine Retrospektiven* ▶ *Retrospektiven sind fast ohne Teambeteiligung* ▶ *Burndown-Chart ist nicht vorhanden („Management soll sich darum kümmern.")* ▶ *Teammitglieder kommen immer zu spät zum Standup-Meeting* ▶ *Teammitglieder rapportieren dem Scrum Master im Standup-Meeting* ▶ *Zentrale Stelle entscheidet, wie Teams vorgehen sollen (z. B. Scrum nach Vorschrift) und überprüft die Einhaltung* ▶ *Teammitglieder werden in Praktiken geschult, ohne Vermittlung von Prinzipien oder zu wissen warum* ▶ *Eine Scrum-Checkliste wird geführt, an die sich alle halten müssen* ▶ *Scrum-Coach besucht Team, tut aber nie selbst reale Arbeit* ▶ *Team befolgt Scrum-Regeln genau, aber schlägt nie Verbesserungen vor* ▶ *Agile Teams „wachsen" nicht organisch, sondern werden „geklont"* ▶ *Team liefert schlechtes Ergebnis am Ende der Iteration, aber nichts passiert* ▶ *Einzelne Mitarbeiter werden vom Management auf Grund von individuellen Metriken auf ihre Produktivität beurteilt*

Problem	Mögliche Symptome
Keine gemeinsame, geteilte Verantwortung	▸ *Builds schlagen zu oft fehl* ▸ *Mangel z. B. an Testern wird im Team nicht wett gemacht* ▸ *Teamnormen werden nicht beachtet (z. B. Ausführen von Unit-Tests vor Check-in etc.)* ▸ *Codekönigreiche* ▸ *Einzelne Teammitglieder präsentieren, was sie persönlich implementiert haben an der Sprint-Review* ▸ *Aussagen wie „Das ist der Fehler von Herrn Müller…"* ▸ *Teammitglieder schreiben nur Tests für Code, den sie selbst geschrieben haben*
Team nimmt seine Verantwortung nicht war	▸ *Kunde sieht Ergebnis erst am Sprint-Review-Meeting (keine Kommunikation während des Sprints)* ▸ *Teamnormen werden nicht beachtet (z. B. Ausführen von Unit-Tests vor Check-in etc.)* ▸ *Keine Peer Review* ▸ *User Stories haben keine Schätzungen*
Kein (externer) Druck, etwas zu verbessern oder zu verändern	▸ *Entwicklungsprozess bei Iteration n ist genau so wie bei Iteration 1* ▸ *Geschwindigkeit des Teams wird nicht gemessen* ▸ *Teamnormen werden nicht beachtet (z. B. Ausführen von Unit-Tests vor Check-in etc.)* ▸ *Team liefert schlechtes Ergebnis am Ende der Iteration, aber nichts passiert*
Keine Reflexion	▸ *Entwicklungsprozess bei Iteration n ist genau so wie bei Iteration 1* ▸ *Iterationsziel wurde mehrfach nicht erreicht* ▸ *Iterationsergebnisse wurden mehrfach zurückgewiesen* ▸ *Team ist zu groß (Ineffizienz unbemerkt)* ▸ *Implementation von Tasks dauert immer länger als geschätzt* ▸ *Schätzungen sind immer zu optimistisch* ▸ *Keine empirische Projektkontrolle* ▸ *Keine Teamdefinition von „Fertig" vorhanden* ▸ *Keine Retrospektiven* ▸ *Burndown-Chart (oder andere Informationsradiatoren) sind nicht vorhanden* ▸ *Sprint Backlog enthält immer einige, nicht erledigte Aufgaben* ▸ *Team liefert schlechtes Ergebnis am Ende der Iteration, aber nichts passiert* ▸ *Team ist zu groß*
Keine Adaption	▸ *Entwicklungsprozess bei Iteration n ist genau so wie bei Iteration 1* ▸ *Iterationsziel wurde mehrfach nicht erreicht* ▸ *Iterationsergebnisse wurden mehrfach zurückgewiesen* ▸ *Implementation von Tasks dauert immer länger als geschätzt* ▸ *Schätzungen sind immer zu optimistisch* ▸ *Keine empirische Projektkontrolle* ▸ *Retrospektiven ohne Konsequenzen* ▸ *Sprint-Backlog enthält immer einige, nicht erledigte Aufgaben* ▸ *Team ist zu groß*

entwickler.press

Problem	Mögliche Symptome
Angst (vor dem Kunden, vor Konsequenzen, wenn es nichts zu zeigen gibt, vor dem eigenen Management etc.)	▶ *Iteration ist nicht immer gleich lang (nicht time-boxed)* ▶ *Auslieferung am Ende der Iteration, trotz fehlerhaftem Build* ▶ *Team stellt nicht alles fertig, wozu es sich zu Beginn der Iteration verpflichtet hat (Angst vor Kritik: „Ihr habt euch nur sooo wenig vorgenommen?!")* ▶ *Product Backlog ist nicht priorisiert (aus Angst vor dem Kunden)* ▶ *Projektfortschritt wird nicht in fertigen User Stories gemessen (Angst vor der Wahrheit, da man nicht in der Lage ist, „fertige" Features zu liefern)* ▶ *Codekönigreiche (Angst vor Zweitmeinung)* ▶ *Burndown-Chart nicht vorhanden (Angst vor Kontrolle)* ▶ *Standup-Meeting findet nicht statt (Angst vor Bloßstellung)* ▶ *Außenstehende mischen sich im Standup-Meeting ein (Zulassen aus Angst oder übertriebenem Respekt)* ▶ *Kunde weiß nicht, das sein Projekt agil entwickelt wird (nichts gesagt, aus Angst vor Konsequenzen)* ▶ *Verträge trotz agilem Vorgehen in allem fixiert (Qualität, Umfang, Zeit, Kosten)* ▶ *Große Projekte werden nicht auf kleine Brocken zerteilt (aus Angst, jemandem damit „auf die Füße zu stehen")*
Selbstüberschätzung	▶ *Iterationsziel mehrfach nicht erreicht* ▶ *Iterationsergebnisse mehrfach zurückgewiesen* ▶ *Team stellt nicht alles fertig, wozu es sich zu Beginn der Iteration verpflichtet hat* ▶ *Schätzungen sind immer zu optimistisch*
Inkonsequenz	▶ *Iterationsziel mehrfach nicht erreicht (Kunde pocht nicht auf seinem Recht, z. B. das Ergebnis abzulehnen)* ▶ *Retrospektiven ohne Konsequenzen* ▶ *Team liefert schlechtes Ergebnis am Ende der Iteration, aber nichts passiert* ▶ *Einzelne Teammitglieder führen ohne Folgen ein Eigenleben innerhalb des Teams oder der Organisation*
Unfähigkeit und Unverständnis (technisch, organisatorisch, fachlich)	▶ *Iterationsergebnisse wurden mehrfach zurückgewiesen* ▶ *Keine Builds* ▶ *Builds schlagen zu oft fehl* ▶ *Build bricht und niemand fühlt sich verantwortlich (niemand ist in der Lage, Tests zu flicken)* ▶ *Keine kontinuierliche Integration* ▶ *Retrospektiven ohne Konsequenzen*

Problem	Mögliche Symptome
Keine echte, enge Zusammenarbeit	▶ *Iterationsergebnisse mehrfach zurückgewiesen (Kunde nicht genügend eingebunden)* ▶ *Keine Builds* ▶ *Unmittelbar vor Sprintbeginn gibt es nur Epen (sehr grobkörnige User Stories)* ▶ *Team ist an der Releaseplanung nicht beteiligt* ▶ *Kunde sieht Ergebnis erst am Sprint-Review-Meeting (keine Kommunikation während des Sprints)* ▶ *Phaseniterationen (Analyse, Design, Programmierung, Test getrennt)* ▶ *Wasserfalliterationen (Analyse ist bis zum Test sequenziell innerhalb der Iteration)* ▶ *Teamnormen werden nicht beachtet (z. B. Ausführen von Unit-Tests vor Check-in etc.)* ▶ *Kunde weiß nicht, das sein Projekt agil entwickelt wird* ▶ *Kunde weiß nicht, was seine Rolle in einem agilen Team wäre* ▶ *Burndown-Chart sinkt nicht* ▶ *Sprint-Backlog enthält immer einige, nicht erledigte Aufgaben*
Kein gemeinsames Ziel (pro Iteration, Release, Team) definiert oder dieses ist unklar	▶ *Zu viele Stakeholder am Sprint-Review-Meeting zugegen* ▶ *Sprint-Backlog ist nach der Planung nicht fixiert (neue Tasks rutschen laufend hinein)* ▶ *In der Iteration werden auch viele Tasks niedriger Priorität erledigt* ▶ *Kein Commitment im Team zu Beginn eines Sprints* ▶ *Teammitglieder kommen immer zu spät zum Standup-Meeting* ▶ *Teammitglieder am Standup-Meeting unbeteiligt, apathisch* ▶ *Team liefert schlechtes Ergebnis am Ende der Iteration, aber nichts passiert* ▶ *Einzelne Teammitglieder präsentieren, was sie persönlich implementiert haben an der Sprint-Review* ▶ *Teammitglieder schreiben nur Tests für Code, den sie selbst geschrieben haben*
Kein sinnvolles Stakeholder-Management	▶ *Zu viele Stakeholder am Sprint-Review-Meeting zugegen*
Kein Kunden-Proxy	▶ *Zu viele Stakeholder am Sprint-Review-Meeting zugegen*
Zu wenige Scrum Master oder Product Owner	▶ *Team zu groß*
Starke Teambande	▶ *Team zu groß* ▶ *Teammitglieder nehmen sich gegenseitig in Schutz* ▶ *Team liefert schlechtes Resultat und verteidigt es* ▶ *Team bezeichnet sich als „bestes Team" (obwohl dem unter Umständen gar nicht so ist)*
Mangel an geeigneten Mitarbeitern	▶ *Teams zu klein* ▶ *Team ohne eigenen Scrum Master, Product Owner oder Tester* ▶ *Mitarbeiter zwischen Teams geteilt* ▶ *Mitarbeiter zwischen Teams hin und her geschoben*

Problem	Mögliche Symptome
Andere Projekte ziehen Mitarbeiter ab	▶ *Team wird immer kleiner* ▶ *Gewisse Rollen bleiben im Team unbesetzt*
Teilprojekt zu unwichtig	▶ *Team wird immer kleiner*
Mangel an Disziplin	▶ *Builds schlagen zu oft fehl* ▶ *Sprint-Backlog ist nach der Planung nicht fixiert (neue Tasks rutschen laufend hinein)* ▶ *Teamnormen werden nicht beachtet (z. B. Ausführen von Unit-Tests vor Check-in etc.)* ▶ *Teammitglieder kommen immer zu spät zum Standup-Meeting*
Mangel an Qualität	▶ *Builds schlagen zu oft fehl* ▶ *Notwendigkeit von „Bugfix"-Iterationen* ▶ *Zu viele Notfälle („Feuerwehrübungen")*
Mangel an Qualitäts-bewusstsein	▶ *Keine Builds* ▶ *Keine Teamdefinition von „Fertig" vorhanden* ▶ *Große User Stories werden nicht gesplittet* ▶ *Kunde zu wenig involviert* ▶ *Keine Peer Review* ▶ *Keine Tests (Unit, Akzeptanz, manuell etc.)* ▶ *Keine automatisierten Tests* ▶ *Automatisierte Tests vor Check-in nicht ausgeführt*
Kein oder zu wenig Teamgeist und Gemeinschaftssinn (tiefere Gründe?)	▶ *Builds schlagen zu oft fehl* ▶ *Build bricht und niemand fühlt sich verantwortlich* ▶ *Schätzungen sind immer zu optimistisch* ▶ *In der Iteration werden auch viele Tasks niedriger Priorität erledigt* ▶ *Retrospektiven fast ohne Teambeteiligung* ▶ *Teammitglieder am Standup-Meeting unbeteiligt, apathisch* ▶ *Einzelne Teammitglieder präsentieren, was sie persönlich implementiert haben an der Sprint-Review* ▶ *Aussagen wie „Das ist der Fehler von Herrn Müller..."* ▶ *Teammitglieder schreiben nur Tests für Code, den sie selbst geschrieben haben*
Ignoranz	▶ *Keine Builds („Funktioniert auf meiner Maschine!")*
Altlasten (technische Schuld, organisatorisch)	▶ *Keine kontinuierliche Integration möglich, z. B. weil das System nicht modular aufgebaut ist (zu groß, zu viele Abhängigkeiten)* ▶ *Notwendigkeit von „Bugfix"-Iterationen* ▶ *Team stellt nicht alles fertig, wozu es sich zu Beginn der Iteration verpflichtet hat* ▶ *Burndown-Chart sinkt nicht* ▶ *Sprint-Backlog enthält immer einige, nicht erledigte Aufgaben* ▶ *Teammitglieder rapportieren dem Scrum Master im Standup-Meeting (nach alter Gewohnheit)*
Zu langsame Tests	▶ *Keine kontinuierliche Integration* ▶ *Automatisierte Tests vor Check-in nicht ausgeführt* ▶ *Build dauert zu lange*

Problem	Mögliche Symptome
Unehrlichkeit	▸ *Auslieferung am Ende der Iteration, trotz fehlerhaftem Build* ▸ *Zu großes Commitment*
Kunde denkt nicht agil	▸ *Auslieferung am Ende der Iteration, trotz fehlerhaftem Build (der Kunde will es so)* ▸ *Schlechte Abnahme und ungenügende Tests der Iterationsergebnisse* ▸ *Kunde findet alle User Stories gleich wichtig*
Technische Probleme	▸ *Team stellt nicht alles fertig, wozu es sich zu Beginn der Iteration verpflichtet hat* ▸ *Burndown-Chart sinkt nicht* ▸ *Sprint-Backlog enthält immer einige, nicht erledigte Aufgaben*
Störaufgaben	▸ *Team stellt nicht alles fertig, wozu es sich zu Beginn der Iteration verpflichtet hat* ▸ *Geschwindigkeit des Teams schwankt stark* ▸ *Burndown-Chart sinkt nicht* ▸ *Sprint-Backlog enthält immer einige, nicht erledigte Aufgaben* ▸ *Außenstehende mischen sich im Standup-Meeting ein*
Scrum Master tut seine Arbeit nicht	▸ *Team stellt nicht alles fertig, wozu es sich zu Beginn der Iteration verpflichtet hat (weil durch Störaufgaben beschäftigt)* ▸ *Sprint-Backlog ist nach der Planung nicht fixiert (neue Tasks rutschen laufend hinein)* ▸ *Scrum Master beseitigt keine Hindernisse* ▸ *Scrum Master ist selten beim Team* ▸ *Retrospektiven ohne Konsequenzen* ▸ *Standup-Meeting dauert immer zu lange (> 15 Min.)* ▸ *Außenstehende mischen sich am Standup-Meeting ein* ▸ *Kunde weiß nicht, das sein Projekt agil entwickelt wird* ▸ *Kunde weiß nicht, was seine Rolle in einem agilen Team wäre*
Schlechte Schätzungen	▸ *Implementation von Tasks dauert immer länger als geschätzt* ▸ *Schätzungen sind immer zu optimistisch* ▸ *Schätzungen werden nicht im Team gegengeprüft (Zweitmeinung)* ▸ *User Stories haben keine Schätzungen* ▸ *Burndown-Chart sinkt nicht* ▸ *Sprint-Backlog enthält immer einige, nicht erledigte Aufgaben*

Problem	Mögliche Symptome
Gleichgültigkeit	▶ *Implementation von Tasks dauert immer länger als geschätzt* ▶ *Schätzungen sind immer zu optimistisch* ▶ *Scrum Master beseitigt keine Hindernisse* ▶ *Team ist an der Releaseplanung nicht beteiligt* ▶ *Kunde ist nicht Teil des Teams* ▶ *Geschwindigkeit des Teams wird nicht gemessen* ▶ *Geschwindigkeit des Teams wird nicht zur Planung herangezogen* ▶ *Keine Produktvision vorhanden* ▶ *Teamnormen werden nicht beachtet (z. B. Ausführen von Unit-Tests vor Check-in etc.)* ▶ *Keine Retrospektiven* ▶ *Retrospektiven fast ohne Teambeteiligung* ▶ *Burndown-Chart nicht vorhanden* ▶ *Wenn der Scrum Master nicht da ist, wird das Standup-Meeting nicht durchgeführt* ▶ *Team befolgt Scrum-Regeln genau, aber schlägt nie Verbesserungen vor*
Dominanz einer Person (z. B. des Teamleiters oder Scrum Masters)	▶ *Andere Person schätzt Task, als diejenige, die ihn implementieren soll* ▶ *Tasks werden vom Scrum Master oder Product Owner einzelnen Personen zugeteilt*
Schlechte Backlog-Pflege (Product Owner tut seine Arbeit nicht)	▶ *Andere Person schätzt Task, als diejenige, die ihn implementieren soll* ▶ *Product Backlog ist nicht priorisiert* ▶ *User Stories haben keine Schätzungen* ▶ *Product Backlog ist riesig* ▶ *Unmittelbar vor Sprintbeginn gibt es nur Epen (sehr grobkörnige User Stories)*
Keine Planung oder vernachlässigt	▶ *Product Backlog ist nicht priorisiert* ▶ *Viele offene User Stories* ▶ *User Stories haben keine Schätzungen* ▶ *Unmittelbar vor Sprintbeginn gibt es nur Epen (sehr grobkörnige User Stories)* ▶ *Sprint-Backlog ist nach der Planung nicht fixiert (neue Tasks rutschen laufend hinein)* ▶ *Geschwindigkeit des Teams wird nicht gemessen* ▶ *Geschwindigkeit des Teams wird nicht zur Planung herangezogen* ▶ *Keine empirische Projektkontrolle* ▶ *Keine Teamdefinition von „Fertig" vorhanden* ▶ *Große User Stories werden nicht gesplittet* ▶ *Nicht erledigte User Stories fliegen nie raus* ▶ *Team ist an der Releaseplanung nicht beteiligt*

Problem	Mögliche Symptome
Wasserfallmentalität herrscht vor	▸ *Zu Beginn des Projekts existiert bereits eine große Zahl detaillierter User Stories* ▸ *Product Backlog ist riesig* ▸ *Team ist nicht Cross-funktional* ▸ *Team ist funktional in Abteilungen (Entwicklung, QS etc.) verteilt* ▸ *Kunde ist nicht Teil des Teams* ▸ *Phaseniterationen (Analyse, Design, Programmierung, Test getrennt)* ▸ *Wasserfalliterationen (Analyse ist bis zum Test sequenziell innerhalb der Iteration)* ▸ *Keine empirische Projektkontrolle*
Teamnormen existieren nicht oder werden nicht durchgesetzt	▸ *Sprint-Backlog ist nach der Planung nicht fixiert (neue Tasks rutschen laufend hinein)* ▸ *Keine Teamdefinition von „Fertig" vorhanden* ▸ *Kein Commitment im Team zu Beginn eines Sprints* ▸ *Standup-Meeting findet nicht statt* ▸ *Teammitglieder kommen immer zu spät zum Standup-Meeting* ▸ *Standup-Meeting dauert immer zu lange (> 15 Min.)* ▸ *Außenstehende mischen sich im Standup-Meeting ein* ▸ *Wenn der Scrum Master nicht da ist, wird das Standup-Meeting nicht durchgeführt*
Falsche Metriken	▸ *Es wird gefordert, dass die genaue Dauer, die an einem Task gearbeitet wurde, rapportiert wird* ▸ *Geschwindigkeit des Teams nicht zur Planung herangezogen* ▸ *Projektfortschritt wird nicht in fertigen User Stories gemessen* ▸ *Performance des Einzelnen, statt eines Teams gemessen*
Kontrolle am falschen Ort (bzw. Scrum Master ist Chef)	▸ *Es wird gefordert, dass die genaue Dauer, die an einem Task gearbeitet wurde, rapportiert wird* ▸ *Scrum Master wird als für das Team verantwortlich deklariert* ▸ *Scrum Master betreut mehrere Teams* ▸ *Scrum Master prüft rapportierte Zeit* ▸ *Scrum Master führt Burndown-Chart nach* ▸ *Scrum Master löst Konflikte im Team* ▸ *Scrum Master an individueller Mitarbeiterbeurteilung beteiligt* ▸ *Der Scrum Master führt Tools (für QS, Reporting, Entwicklung etc.) ein* ▸ *Scrum Master vertritt Team immer beim Scrum of Scrums (oder anderen übergreifenden Meetings)* ▸ *Teammitglieder rapportieren dem Scrum Master am Standup-Meeting* ▸ *Wenn der Scrum Master nicht da ist, wird das Standup-Meeting nicht durchgeführt* ▸ *Sätze des Scrum Masters wie: „Ich habe meinem Team gesagt, es soll... "*

Problem	Mögliche Symptome
Desinteresse	▸ *Burndown-Chart nicht vorhanden (Team ist nicht daran interessiert, sich oder andere zu informieren)* ▸ *Scrum Master führt Burndown-Chart nach (niemand sonst will das machen)* ▸ *Der Scrum Master führt Tools (für QS, Reporting, Entwicklung etc.) ein, da sich sonst niemand darum kümmern möchte* ▸ *Scrum Master ist selten beim Team* ▸ *Standup-Meeting findet nicht statt* ▸ *Keine Peer Review* ▸ *Keine Retrospektiven* ▸ *Scrum Master ist gleichzeitig Teil des Teams (z. B. Entwickler und nicht an Scrum Master-Rolle interessiert)*
Ablenkung	▸ *Scrum Master ist selten beim Team (hat zu viele andere Aufgaben oder betreut mehrere Teams)* ▸ *Burndown-Chart sinkt nicht* ▸ *Sprint-Backlog enthält immer einige, nicht erledigte Aufgaben*
Kein Mut, Situation zu ändern (bzw. Konsequenzen zu tragen)	▸ *Scrum Master beseitigt keine Hindernisse* ▸ *Team ist geografisch verteilt* ▸ *Kunde ist nicht Teil des Teams* ▸ *Kunde weiß nicht, dass sein Projekt agil entwickelt wird* ▸ *Verträge trotz agilem Vorgehen in allem fixiert (Qualität, Umfang, Zeit, Kosten)* ▸ *Große Projekte werden nicht auf kleine Brocken zerteilt* ▸ *Es werden Dokumente erzeugt die niemand braucht, die aber vorgeschrieben sind*
Zu wenige Mitarbeiter	▸ *Scrum Master ist selten beim Team* ▸ *Scrum Master ist gleichzeitig Teil des Teams (z. B. Entwickler)*
Keine dienende Haltung	▸ *Scrum Master ist selten beim Team* ▸ *Scrum Master betreut mehrere Teams*
Silos	▸ *Team ist nicht Cross-funktional* ▸ *Team ist funktional in Abteilungen (Entwicklung, QS etc.) verteilt* ▸ *Team ist geografisch verteilt* ▸ *Phaseniterationen (Analyse, Design, Programmierung, Test getrennt)* ▸ *Wasserfalliterationen (Analyse ist bis zum Test sequenziell innerhalb der Iteration)* ▸ *Zentrale Stelle entscheidet, wie Teams vorgehen sollen (z. B. Scrum nach Vorschrift) und überprüft die Einhaltung* ▸ *Teammitglieder werden in Praktiken geschult, ohne Vermittlung von Prinzipien oder zu wissen warum* ▸ *Eine Scrum-Checkliste wird geführt, an die sich alle halten müssen*
Gutes Team (löst seine Probleme größten Teils selbst)	▸ *Scrum Master ist gleichzeitig Teil des Teams (z. B. Entwickler)*
Kein Einfluss	▸ *Team ist geografisch verteilt* ▸ *Kunde ist nicht Teil des Teams*

Problem	Mögliche Symptome
Bewusstes „In-Kauf-nehmen"	▶ *Team ist geografisch verteilt*
Keine Selbstorganisation (Entmündigung, Gleichschaltung, Mitarbeiter besitzen Prozess nicht)	▶ *Scrum Master wird als für das Team verantwortlich deklariert* ▶ *Retrospektiven fast ohne Teambeteiligung* ▶ *Teammitglieder rapportieren dem Scrum Master im Standup-Meeting* ▶ *Zentrale Stelle entscheidet, wie Teams vorgehen sollen (z. B. Scrum nach Vorschrift) und überprüft die Einhaltung* ▶ *Teammitglieder werden in Praktiken geschult, ohne Vermittlung von Prinzipien oder zu wissen warum* ▶ *Eine Scrum-Checkliste wird geführt, an die sich alle halten müssen* ▶ *Scrum-Coach besucht Team, tut aber nie selbst reale Arbeit* ▶ *Team befolgt Scrum-Regeln genau, aber schlägt nie Verbesserungen vor* ▶ *Agile Teams „wachsen" nicht organisch, sondern werden „geklont"* ▶ *Einzelne Mitarbeiter werden vom Management auf Grund von individuellen Metriken auf ihre Produktivität beurteilt*
Kunden zu wenig einbezogen	▶ *Große User Stories werden nicht gesplittet* ▶ *Geschäftswert (engl. „Business Value") nicht bekannt* ▶ *Kunde an Sprint-Reviews nicht dabei* ▶ *Kunde arbeitet während der Iteration nicht mit dem Team direkt zusammen* ▶ *Keine Produktvision vorhanden* ▶ *Kunde weiß nicht, das sein Projekt agil entwickelt wird*
(Stille) Opposition	▶ *Teamnormen werden nicht beachtet (z. B. Ausführen von Unit-Tests vor Check-in etc.)* ▶ *Teammitglieder am Standup-Meeting unbeteiligt, apathisch* ▶ *Wenn der Scrum Master nicht da ist, wird das Standup-Meeting nicht durchgeführt* ▶ *Team befolgt Scrum-Regeln genau, aber schlägt nie Verbesserungen vor*
Keine „fertigen" Ergebnisse erwartet	▶ *Team ist nicht Cross-funktional* ▶ *Team ist funktional in Abteilungen (Entwicklung, QS etc.) verteilt* ▶ *Resultat von Sprints geht nicht in Produktion* ▶ *Kein Commitment im Team zu Beginn eines Sprints*
Zu großer externer Druck (zeitlich, ökonomisch, politisch)	▶ *Agile Teams „wachsen" nicht organisch, sondern werden „geklont"* ▶ *Keine Tests (Unit, Akzeptanz, manuell etc.)* ▶ *Keine automatisierten Tests* ▶ *Langsame Tests (keine Zeit zum Optimieren)*
Commitment zu groß	▶ *Burndown-Chart sinkt nicht* ▶ *Sprint-Backlog enthält immer einige, nicht erledigte Aufgaben*
Stolz (Heldentum, Egoismus, Perfektionismus, Selbstsicherheit, Kritikfeindlichkeit)	▶ *Codekönigreiche* ▶ *Keine Peer Review* ▶ *Keine Retrospektiven*
Enttäuschung	▶ *Retrospektiven fast ohne Teambeteiligung („Es nützt ja doch nichts")*

Problem	Mögliche Symptome
Kultur der Schuldzuweisungen	▸ *Aussagen wie „Das ist der Fehler von Herrn Müller..."* ▸ *Keine Peer Review* ▸ *Teammitglieder am Standup-Meeting unbeteiligt, apathisch*
Kein Risikomanagement	▸ *Große Projekte werden nicht auf kleine Brocken zerteilt* ▸ *Kunde nicht für Sprint-Reviews eingeladen* ▸ *Kunde erhält kein Resultat am Sprint-Ende*
Menschen als austauschbare Ressourcen betrachtet	▸ *Agile Teams „wachsen" nicht organisch, sondern werden „geklont"* ▸ *Beliebiges verschieben von Mitarbeitern von Team zu Team* ▸ *Beliebiges Ersetzen von Mitarbeitern durch Neue*
Zu großes Team	▸ *Standup-Meeting dauert zu lange (> 15 Min.)* ▸ *Teamkommunikation bricht zusammen (Informationen dringen nicht mehr zu allen durch)* ▸ *Cliquen und Gruppen bilden sich innerhalb des Teams* ▸ *Wir bringen nicht mehr alle in einen Raum*
Viele Abwesenheiten	▸ *Iterationsziele oft nicht erreicht* ▸ *Geschwindigkeit des Teams schwankt stark* ▸ *Informationen müssen mehrfach weitergegeben werden* ▸ *Keine vernünftige Planung von Iterationen möglich*

A.3 Sammlung von Problemen

Da ich hier unmöglich alle Probleme aufführen kann, die in agilen Projekten auftauchen können, ist es nur billig, einen Ort zu haben, wo die agile Community sich über Probleme, Ursachen und Symptome weiter unterhalten und austauschen kann.

Unter *www.agiledoctor.org* werde ich bemüht sein, eine solche Plattform in den nächsten Wochen ins Leben zu rufen. Neben dem hier aufgeführten Katalog wollen wir dort weitere Probleme, Ursachen und Symptome sowie Geschichten dazu sammeln, sodass wir hoffentlich alle in unseren agilen Unterfangen erfolgreicher werden.

Stichwortverzeichnis

entwickler.press